培优系列教材
财经商贸大类大数据与会计专业
技能应用型教材

管理会计

（第4版）

贯成海　肖佩民　杨贵凌　主　编

熊玉梅　李艳艳　陈　成　范　铭　副主编

電子工業出版社
Publishing House of Electronics Industry
北京 • BEIJING

内 容 简 介

本书科学、系统、深入浅出地阐述了管理会计的理论和方法，同时尽量突出实用性和可操作性，突出高等职业教育的特色。

本书共分为 13 个项目，内容主要有：管理会计总论，成本管理：成本性态分析，成本管理：变动成本法，营运管理：本量利分析，营运管理：营运预测，营运管理：营运决策，投融资管理：投资管理，预算管理，成本管理：存货控制，成本管理：标准成本法，成本管理：作业成本法，绩效管理和责任会计等。为方便教与学，突出重点、难点，各项目设计了学习导航、学习目标、引言导读和训练巩固等部分。

本书可供高等职业技术学院、高等专科学校、成人高等学校及应用型本科院校等高等学校财经类专业学生使用，也可作为广大财会工作者及各类经济管理人员工作、进修和参加职称考试的参考书。

图书在版编目（CIP）数据

管理会计 / 贾成海，肖佩民，杨贵凌主编. —4 版. —北京：电子工业出版社，2023.2
ISBN 978-7-121-44734-1

Ⅰ. ①管… Ⅱ. ①贾… ②肖… ③杨… Ⅲ. ①管理会计 Ⅳ. ①F234.3

中国版本图书馆 CIP 数据核字（2022）第 245240 号

责任编辑：贾瑞敏
印　　刷：天津千鹤文化传播有限公司
装　　订：天津千鹤文化传播有限公司
出版发行：电子工业出版社
　　　　　北京市海淀区万寿路 173 信箱　邮编　100036
开　　本：787×1 092　1/16　印张：16.25　字数：436.8 千字
版　　次：2013 年 9 月第 1 版
　　　　　2023 年 2 月第 4 版
印　　次：2023 年 2 月第 1 次印刷
定　　价：49.80 元

凡所购买电子工业出版社图书有缺损问题，请向购买书店调换。若书店售缺，请与本社发行部联系，联系及邮购电话：（010）88254888，88258888。

质量投诉请发邮件至 zlts@phei.com.cn，盗版侵权举报请发邮件至 dbqq@phei.com.cn。

本书咨询联系方式：（010）88254019，jrm@phei.com.cn。

前　言

本书是在《管理会计（第 3 版）》的基础上修订而成的。

本书自 2005 年出版以来，在我国高等职业教育的教学实践中取得了较好的效果。本次修订的主要内容如下。

1. 与时俱进，更新内容。随着我国管理会计的发展和高等职业教育改革的深化，管理会计理论与实务的一些内容需要适时修订。

2. 为更好地适应教与学的需要，对全书内容按照管理会计指引体系进行了全面修订，对项目三和项目八的内容进行了重述，将本书第 3 版项目十三中的平衡计分卡内容进行了充实，并将其调入本版项目十二中。

3. 开拓视野，适量补充管理会计相关新内容，如新增项目十二绩效管理，在项目十三中新增管理会计报告等内容。

修订后的《管理会计（第 4 版）》，内容新颖，更加突出实用性和可操作性，更加强化教材的科学性、趣味性、先进性，并具有结构严谨、说理浅显、例题较多、通俗易懂、便于自学的特点。

本书可供高等职业技术学院、高等专科学校、成人高等学校及应用型本科院校等高等学校财经类专业的学生使用，也可作为广大财会工作者及各类经济管理人员工作、进修和参加职称考试的参考书。

本书由贾成海（安徽商贸职业技术学院）、肖佩民（湖南有色金属职业技术学院）、杨贵凌（陕西交通职业技术学院）担任主编，熊玉梅（广西物流职业技术学院）、李艳艳（哈尔滨石油学院）、陈成（安康职业技术学院）、范铭（沈阳城市学院）担任副主编。在修订过程中，得到了有关部门，有关院校领导、专家和教师们的支持和帮助，同时也得到了电子工业出版社的大力支持，在此一并表示衷心的感谢。

本书编者在修订过程中虽做了力所能及的努力，但书中不妥、疏漏之处在所难免，敬请同行专家和广大读者批评指正。

贾成海

目　　录

项目一　管理会计总论

【学习导航】

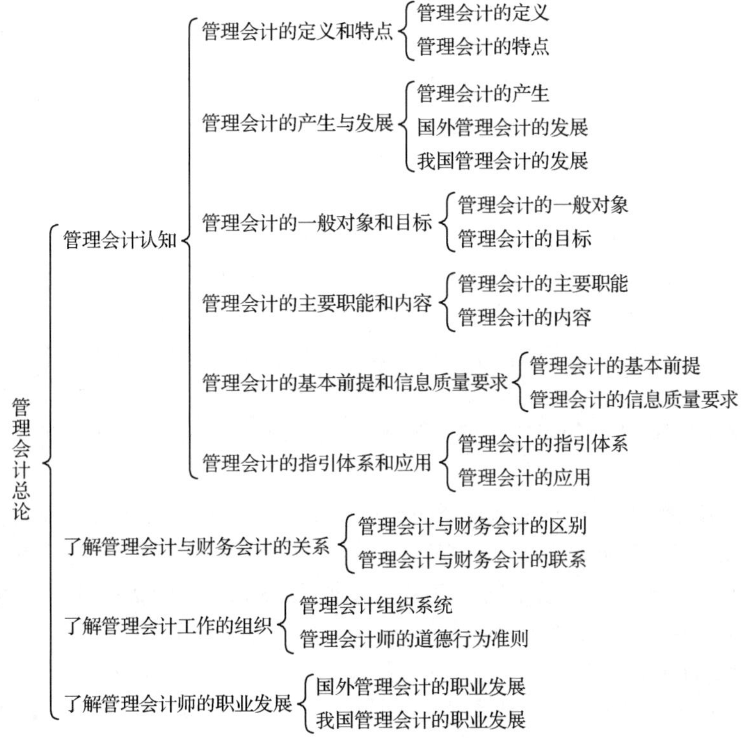

【学习目标】

☆ 理解管理会计的定义和特点

☆ 了解管理会计的产生与发展

☆ 理解管理会计的一般对象、职能、方法和目标

☆ 理解管理会计的基本前提和信息质量要求

☆ 理解管理会计与财务会计的关系

☆ 了解管理会计工作的组织及管理会计师的职业发展

☆ 培育管理会计制度自信

【引言导读】

众所周知，会计信息的作用在于它有助于信息使用者做出有根据的判断与决策。如何向各利益相关者提供相关的会计信息，是企业财务会计研究的议题。如何使会计信息得到有效使用，管理会计学科责无旁贷。本项目作为管理会计学科的总论，主要阐述了现代管理会计的一些基本概念和基本理论。

任务一　管理会计认知

一、管理会计的定义和特点

1. 管理会计的定义

管理会计（Management Accounting）作为一门新兴的学科和会计的一个新兴领域，其定义目前尚未有定论。各家众说纷纭，不尽相同，主要分为广义的管理会计和狭义的管理会计两大类。

1981 年，美国全国会计师协会（National Association of Accountants，NAA）下设的管理会计实务委员会（Management Accounting Practice Committee，MAPC）在其发布的《管理会计公告（Standard of Management Accounting，SMA）》的“MA1A：管理会计的定义”中称：“管理会计是指向企业管理当局提供关于企业内部计划、评价、控制以及确保企业资源的合理使用和经营责任的履行所需的财务信息的确认、计量、归集、分析、编报、解释和传递过程。管理会计还包括为诸如股东、债权人、规章制定机构及税务当局等非管理集团编制财务报告。”1982 年，MAPC 在其发布的《管理会计公告（SMA）》的“MA1B：管理会计的目标”中称：“管理会计师负责完成管理会计的目标，管理会计师是广义的，它包括从事主计、司库、财务分析、计划与预算、成本会计、内部审计以及普通会计等工作的各种人员。”1982 年，英国成本与管理会计师协会（The Institute of Cost and Management Accountants，ICMA）称：“管理会计包含财务会计、成本会计、编制计划预算和国库筹措资金等工作活动，即是一种‘大会计’观点。”这些是关于广义的管理会计的定义。

1958 年，美国会计学会（American Accounting Association，AAA）下设的管理会计委员会（Management Accounting Committee，MAC）称：“管理会计是运用适当的技术和概念，处理和分析某个主体的历史的或预测的经济资料，以帮助管理当局制定适当的经营目标，编制计划，作出一系列的决策，从而达到企业的经营目标。”1966 年，AAA 在其发布的《基本会计理论公报》（A Statement of Basic Accounting Theory）中称：“管理会计是运用适当的技术和概念，加工历史和未来的经济信息，以帮助管理人员制定合理的经济目标，并为实现该目标作出合理的经济决策。”1988 年，国际会计师联合会（International Federation of Accountants，IFAC）下设的财务和管理会计委员会（Financial and Management Accounting Committee，FMAC）称：“管理会计是指在一个组织内部，对管理当局用于计划、评价和控制的（财务和经营）信息进行确认、计量、积累、分析、编报、解释和传输的过程，以确保其资源的合理利用并对它们承担经营责任。”2014 年，财政部在其发布的《关于全面推进管理会计体系建设的指导意见》称：“管理会计是会计的重要分支，主要服务于单位（包括企业和行政事业单位）内部管理需要，是通过利用相关信息，有机融合财务与业务活动，在单位规划、决策、控制和评价等方面发挥重要作用的管理活动。”也有一些学者称，管理会计是向企业内部报告的会计，是对经营管理起作用的会计，是决策会计，等等。这些是关于狭义的管理会计的定义。

综合众家所言，现对管理会计定义如下：

管理会计是会计的一个重要分支，它是以现代科学管理理论为依托，运用管理会计工具方法，对单位管理活动产生的资金运动进行预测、决策、计划、控制和考评，并为推动单位实现战略规划提供有用信息的管理活动。它是现代科学管理和会计相结合的产物，是为单位管理人员提供管理信息的会计，是单位管理信息系统的一个子系统，也是决策支持系统的重要组成部分。

2. 管理会计的特点

管理会计是会计和科学管理相结合的产物，是从会计分离出来的一个重要会计信息系统，也是现代企业管理的重要组成部分。

管理会计一般有以下特点。

（1）管理会计以现代科学管理理论为依托。从管理会计的产生和发展可以看出，管理会计是随着现代管理科学的产生而产生的，也必将随着现代管理科学的发展而不断向前发展，管理会计始终离不开现代管理科学。

（2）管理会计以单位管理活动产生的资金运动为研究对象。管理会计研究的资金运动在时间上侧重于现在或未来；在空间上侧重于部分或专题，而不是单位整体的全部生产经营活动产生的资金运动。

（3）管理会计以专门的技术分析方法为工具。管理会计主要运用的技术分析方法有成本性态分析、本量利分析、作业成本管理、贴现现金流法和平衡计分卡等。

（4）管理会计以推动单位实现战略规划为目标。管理会计强调对管理会计主体的管理活动进行标准管理、责任管理和目标管理等，在重视经济效益的同时，更注重实现单位战略规划。

二、管理会计的产生与发展

1. 管理会计的产生

管理会计的萌芽可以追溯到 20 世纪初，被誉为“科学管理之父”的美国管理学家弗雷德里克·温斯洛·泰勒（Frederick Winslow Taylor）创立了科学管理学说，为管理会计的产生奠定了基础。当时自由资本主义经济向垄断资本主义经济过渡，手工业作坊发展为较大的企业，生产规模不断扩大，生产过程日益复杂，市场竞争越来越激烈。泰勒根据自己多年来对劳动过程和作业成果的研究，于 1911 年发表了《科学管理原理》（*Principles of Scientific Management*）专著，提出在工厂管理中，单凭个人的直接经验和传统的管理方法不行，必须提高生产和工作效率，通过对劳动过程进行具体记录、计算，科学地安排各道工序，制定严格的作业效率标准，确定标准工时定额，推行计件工资制，实行“最完善的计算和监督制度”管理。借鉴泰勒的“科学管理”思想，会计领域提出了“标准成本”的概念，进而产生了“标准成本制度”、“预算控制制度”和“差异分析制度”，这些在以后都成为管理会计内容体系的重要组成部分。

第二次世界大战后，资本主义经济进入战后发展阶段，生产规模越来越大，机械化程度越来越高，市场竞争加剧，为了便于企业管理者制定经营决策，加强对生产经营活动的规划和控制，于是产生了专门用于加强企业内部管理的“责任会计”与“成本—业务量—利润分析”等专门方法，并得到了广泛的应用。1952 年，国际会计师联合会（IFAC）的前身——国际会计师代表大会（International Congress of Accountants，ICA）正式通过了“管理会计”这个专用名词，这基本标志了管理会计的正式形成。可见，社会生产力的发展和企业管理的发展是管理会计产生的根本原因。

2. 国外管理会计的发展

随着社会经济、科学技术的飞速发展，现代数学、行为科学和管理科学也被广泛地应用于管理会计，传统的执行性管理会计也在不断发展，大致经历了决策性管理会计、变革性管理会计、战略性管理会计三个阶段。

（1）决策性管理会计阶段（20 世纪 50～70 年代）。从 20 世纪 50 年代起，科学技术的快速发展，缩短了产品的生产周期，加快了产品升级换代的速度，生产专业化程度空前提高，跨国公司大量涌现，市场竞争日趋激烈。在这种外部环境剧烈变化的情况下，企业实现管理现代化的转型势在必行。而传统的管理会计是在企业经营方针、基本决策等重大问题已经确定的前提下，以泰勒的科学管理学说为基础，协助企业在执行中进行科学管理，实行高度标准化操作，以提高生产和工作效率的会计信息系统。它忽视了企业管理的全局性以及企业作为一个整体与企业外部的联系，也忽视了劳动者的主观能动性，因而不能适应企业新的管理要求。随着科学管理学说逐渐被现代管理理论取代，在丰富和发展了执行性管理会计的基础上，形成了以"决策与计划会计"和"执行会计"为主体，并把决策与计划会计放在首位的决策性管理会计。它是一种全局性的、以服务于提高企业经济效益为核心的管理会计。

（2）变革性管理会计阶段（20 世纪 70～80 年代）。从 20 世纪 70 年代起，管理会计开始进入一个大变革、大发展的时期。随着高新技术的发展和全球性市场竞争的加剧，产品成本结构与市场竞争模式大大改变。管理会计的发展视角由单纯的生产经营过程管理和重股东财富，扩展到与顾客需求及利益直接相关的、包括产品设计和产品使用环节的产品生命周期管理，更加关注产品的顾客可察觉价值；同时要求企业更加注重内部组织管理，尽可能地消除各种增加顾客价值的内耗，以获取市场竞争优势。这就要求管理会计不断开拓新有领域，以更加适应社会经济和科学技术新发展所产生的企业内部和外部环境的变化。如作业成本计算与作业管理、适时制生产系统与存货管理、质量成本管理、产品生命周期成本管理、目标成本法等。

（3）战略性管理会计阶段（20 世纪 80 年代以后）。自 20 世纪 80 年代以来，随着战略管理理论的发展和完善，英国著名管理学家 K．西蒙兹（K．Simmonds）于 1981 年首次提出了"战略管理会计（Strategic Management Accounting，SMA）"一词。SMA 应当提供基于企业战略管理需要的内外部会计信息，并且重点关注本企业与竞争对手的对比，收集、加工、整理和提供有关竞争对手的市场份额、定价、成本、产量等方面的信息。由于 SMA 源于企业未来战略管理，那么不同企业战略所要求的 SMA 的侧重点也就不同。一般来说，SMA 研究的主要内容包括市场份额的评估、战略预算的编制、竞争地位的变化研究等。战略性管理会计是管理会计的未来发展方向。

3．我国管理会计的发展

自 20 世纪 50 年代开始，管理会计在我国逐渐获得应用和发展，先后经历了以经济责任为基础的执行性管理会计体系建设期、以市场为导向的计划决策性管理会计体系发展期和以价值创造为核心的战略管理会计体系建设发展期等三个阶段。

（1）以经济责任为基础的执行性管理会计体系建设期（1950～1991 年）。这个阶段，我国还处于计划经济占据主导地位、市场经济体制尚未明确和建立的阶段。从 1950 年到 1978 年，我国还是单一的计划经济时代，国家是一个巨型企业，国营企业只是这个巨型企业的一个生产车间，生产计划由国家统一确定下达，产品由国家统一定价。从管理会计的角度看，企业充其量是一个"成本中心"，最多也就是一个"人为利润中心"。因此，成本及其考核是这个时期唯一可作为的事情。这种对以成本为核心的内部责任会计的重视使得我国企业在这个阶段涌现出大量对管理会计的探索性应用，包括班组核算、经济活动分析和资金成本归口分级管理等。从 1979 年到 1991 年，我国进入改革开放初期，政府的经济建设思维从单一的计划经济转向计划经济与市场经济并举，且市场经济的成分逐渐加重。企业开始把目光转向市场和企业内部，向管理要效益，形成了以企业内部经济责任制为基础的具有中国特色的管理会计制度，如责任会计制度等。

（2）以市场为导向的计划决策性管理会计体系发展期（1992～2008 年）。随着我国市场经济体制的建立、市场竞争的兴起和全球化进程的加速，管理会计的内涵不再仅仅表现为成本管理，

而是进一步改变为成本管理与资金管理结合，管理会计开始由与市场无关的执行性管理会计转变为以市场为导向的计划、决策性管理会计，全面预算管理、平衡计分卡等西方先进的管理会计工具和方法开始进入中国，信息系统在管理会计领域的研发和应用开始萌芽和发展。以财政部、国资委为主的企业管理部门出台了一系列重要的制度和办法，推动了企业管理会计的应用和发展，出现了“邯钢模式”和“海尔管理模式”等中国企业管理会计经典案例。

（3）以价值创造为核心的战略管理会计体系建设发展期（2009 年以后）。一场金融危机引发了全球企业管理界的学者和实践者们开始反思传统管理和商业模式的弊端，先行者们开始探讨和寻找能更好适应这个时代特征的管理模式。身处互联网和信息技术变革时代，要想在经济环境不确定性和模糊性日增、信息技术发展日新月异、全球化竞争日趋白热化的局面中谋取优势、脱颖而出，必须从粗放式管理向精细化管理转变，从战术经营向战略管理转变，即从机会导向向战略导向转变，从简单资源整合向核心能力培养转变，从巧妙运作关系向系统管理战略转变，而管理会计正是帮助中国企业成功实现转变的一门学科。我国管理会计的发展在金融危机后呈现一片如火如荼之势，监管层频频出台政策助力推动企业管理升级，各类管理会计工具的应用与创新此起彼伏。伴随着战略经营的思想在企业经营中占据主流，我国管理会计开始迈入“战略管理会计”时代，其研究和应用进入了一个与国际趋同和本土化发展相适应的多内容、多视角、多学科的创新时期，并将继续得到进一步的发展。

三、管理会计的一般对象和目标

1. 管理会计的一般对象

一般来说，管理会计的对象是指管理会计观察或思考的客体，或是指管理会计行为的目标。由于管理会计是为改善生产经营管理、提高经济效益服务的，因此管理会计的对象与企业生产经营活动密切相关。企业的生产经营活动实质上是资金价值和使用价值的创造过程。资金在生产经营活动中可以采用不同存在形式，如货币资金、实物资金（原材料、产成品、固定资产等）、无形资金，它们虽然形式不一，但具有质的同一性，都代表了一种价值，可以用观念的货币来统一表现，因而价值运动也就表现为货币的运动。在货币转化为资金的条件下，资金运动成为价值运动的表现形式。资金运动贯穿于企业生产经营活动的全过程，完整地描述着价值系统静态和动态的变化，从而更全面地反映着企业价值运动。因此，管理会计的一般对象是指管理会计预测、决策、计划、控制、考评等的资金运动。

2. 管理会计的目标

管理会计的目标是通过运用管理会计工具方法，参与单位规划、决策、控制、评价活动并为之提供有用信息，推动单位实现战略规划。为实现推动单位实现战略规划的最终目标，管理会计应当实现以下两个主要目标。

（1）参与管理会计主体的管理活动。在现代管理理论的指导下，管理会计正在积极参与企业的经营管理，其主要表现为制定各种战略、战术及经营决策，帮助协调组织企业工作等方式，从而将会计核算拓展为会计管理。管理会计参与企业的经营管理，不仅有利于各项决策方案的落实，而且也有利于企业在总体上确保长期、中期和短期利益的最优化。

（2）为管理会计主体的管理活动提供有用信息。各层级管理人员的需求不同，管理会计提供的管理信息应当有所不同。管理会计应当向各层级控制经营活动过程的管理人员提供与计划、控制和评价企业经营活动有关的各类信息；也应当向各层级资产管理人员提供与维护企业资产安全、完整及资源有效利用有关的各类信息；还应当向企业外部利益相关者（股东、债权人及其他企业外部利益关系者）提供与其投资、借贷等决策有关的信息。

四、管理会计的主要职能和内容

1. 管理会计的主要职能

会计的职能是会计本身所固有的、不以人们意志为转移的内在功能。它不是一成不变的，将会随着社会经济的发展和企业管理的要求而不断发展。管理会计是从企业会计中派生出来的一个重要分支，它把传统的会计职能发展为以下五个主要职能。

（1）预测职能。管理会计主要利用财务会计的历史资料及其相关资料，对各种生产经营方案的各项经济指标进行科学预测，借以揭示未来经济活动的发展趋势，从而减少企业经营管理决策的盲目性。可见，预测职能是管理会计的一项重要职能。

（2）决策职能。管理会计根据经营管理决策的特定要求，收集、整理、分类和汇总专门的决策信息，并采用各种科学决策方法在众多备选方案中选择最优方案。决策是否正确至关重要，甚至关系到一个企业的成败。

（3）计划职能。管理会计在对相关经济指标进行预测和决策后，进行周密计划，编制全面预算和责任预算，在企业内部层层分解、落实各项经济指标，确保企业实行计划管理，减少盲目经营，以便达到企业管理预期的目标。

（4）控制职能。管理会计将根据计划职能确定的全面预算和责任预算的各项经济指标在实际工作中的执行情况，进行对比和分析，采取各种有效的控制方法（如现金流量控制、标准成本控制和责任会计控制等），在事前对经济活动进行调节，以实现预算目标。

（5）考评职能。管理会计在事后对各责任单位所编制的责任报告进行考核和评价，将其实际数与预算数进行对比，计算出差异并分析原因，以便奖勤罚懒、奖优罚劣，充分调动企业各级员工的积极性和创造性。考评职能是其他职能能否实现的关键。

2. 管理会计的内容

管理会计随着社会经济和管理科学的不断发展，其内容也在不断地充实和发展。一般来说，管理会计主要由基础性管理会计、决策与计划管理会计、执行管理会计和战略管理会计四个方面组成，它们相互联系不可分割，共同构成了管理会计体系。

（1）基础性管理会计。基础性管理会计包括成本性态分析法、变动成本法和本量利分析法等内容。它们是管理会计的工具。

（2）决策与计划管理会计。决策与计划管理会计以“决策管理会计”为核心，利用所掌握的财务会计信息资源，对利润、成本、销售及资金等进行科学分析，在此基础上，将确定的目标任务以现金流量的形式加以计算、汇总、协调和综合，预测企业未来的生产经营活动，并根据生产经营活动预测的结果进行决策，确定是否要采取某项活动或在几个方案中选出最优方案。计划（预算）是以决策为基础，把通过决策程序选用的有关方案所要达到的目标，用货币形式进行计量，形成企业的各种预算，并把它们加工、汇总成一个相互协调的预算体系，作为企业开展生产经营活动的准绳。因此，决策与计划管理会计主要包括营运预测、营运决策、投融资管理和预算管理等内容。

（3）执行管理会计。执行管理会计是以“决策与计划管理会计”为基础，将企业年度预算所定的各项指标一方面结合主要对象的特点进行分解、落实和具体化，分别建立专业性的计量、控

制系统，如按照存货形成和使用的特点，建立存货控制系统，按照成本形成和积累的特点，建立标准成本系统、作业成本系统；另一方面按照企业内部各个责任中心进行分解、落实和具体化，形成各个“责任中心”的责任预算，并以此为基础，建立企业内部的责任会计体系。因此，执行管理会计主要包括存货控制、标准成本法、作业成本法和责任会计等。

（4）战略管理会计。战略管理会计是以企业战略为目标的管理会计。它通常包括目标成本法、质量成本法、生命周期成本法和环境管理会计等内容。

五、管理会计的基本前提和信息质量要求

1. 管理会计的基本前提

管理会计的基本前提又称为管理会计假设，是指管理会计人员对那些未经确切认识和无法正面论证的经济业务事项，根据客观情况和趋势所做出的合乎情理的判断和解释。它是管理会计理论体系的重要组成部分，也是管理会计开展工作不可或缺的基础。管理会计一般有以下几个基本前提。

（1）管理会计主体。管理会计主体又称为多层会计主体，是指对管理会计对象运行空间范围的限定。由于管理会计主要是向特定主体内部管理者提供有用决策信息的内部会计，那么根据特定主体内部不同的管理者需要，管理会计主体可以是整个特定主体，也可以是特定主体内部各个层次的责任单位。

（2）持续经营。持续经营又称为经营持续性，是指在可以预见的将来，管理会计主体将会按当前的规模和状态继续经营下去，不会大规模削减业务或停业，也不会被清理、终止。持续经营可以保证管理会计人员在开展预测、决策、计划、控制与考评等工作时使用的专门方法能够保持稳定、有效。

（3）管理会计分期。管理会计分期又称为灵活会计分期，是指管理会计主体持续经营活动可以根据其经营管理的实际需要灵活划分为一定的期间。管理会计分期具有很大的弹性，可以短到一天、一周，也可以长到十年、十五年，以便提供有用的管理会计信息。

（4）货币时间价值。货币时间价值是指货币在不同的时点上具有不同的价值。它不仅是管理会计人员开展预测、决策、计划、控制与考评等工作的前提，也是管理会计人员提供科学、合理的会计信息的保障。

2. 管理会计的信息质量要求

为了满足管理会计主体管理和决策的信息要求，管理会计信息的质量必须达到以下要求。

（1）可靠性。可靠性要求管理会计人员应当以管理会计主体相关的经济业务事项为依据进行预测、决策、计划、控制与考评，做到不偏不倚，保证管理会计信息客观可靠、内容完整。

（2）相关性。相关性要求管理会计人员提供的会计信息应当与管理会计主体管理者管理和决策的需要相关，从而有助于管理会计主体管理者进行科学、合理的管理和决策。相关性取决于管理会计主体管理者管理和决策的目标、性质以及范围，不同性质的管理和决策需要不同的会计信息。

（3）可理解性。可理解性要求管理会计人员提供的会计信息应当清晰明了，便于管理会计主体管理者理解和使用。

（4）可比性。可比性要求管理会计人员提供的会计信息应当口径一致，相互可比。即针对管理会计主体在不同时期的相同或者相似的经济业务事项，应当采用一致的管理会计专门方

法，不得随意变更，确保提供的会计信息口径一致、相互可比。

（5）重要性。重要性要求管理会计人员应当向管理会计主体管理者提供所有重要的会计信息。会计信息的重要性应当从其质和量两个方面确定。

（6）及时性。及时性要求管理会计人员应当及时向管理会计主体管理者提供会计信息。过时的会计信息无任何价值。会计信息的及时性包括三层含义：一是及时收集；二是及时加工；三是及时报送。

（7）经济性。经济性要求管理会计人员提供的会计信息成本应当小于管理会计主体管理者使用该信息产生的收益。在不影响管理会计主体管理者管理和决策的前提下，管理会计人员在收集、加工会计信息时应当遵循成本效益原则。

六、管理会计的指引体系和应用

1. 管理会计的指引体系

目前，我国已经形成了以管理会计基本指引为统领、以管理会计应用指引为具体指导、以管理会计案例示范为补充的管理会计指引体系。管理会计指引体系包括基本指引、应用指引和案例库，用以指导单位管理会计实践。基本指引在管理会计指引体系中起统领作用，是制订应用指引和建设案例库的基础。应用指引是立足于管理会计实践、服务单位管理会计工作的具体指导，具有注重指导性、应用性、开放性、操作性等特点。案例库为应用指引的应用提供操作示范性案例。

2. 管理会计的应用

管理会计应用包括应用主体、应用原则和应用要素。

（1）管理会计的应用主体。管理会计应用主体视管理决策主体确定，可以是单位整体，也可以是单位内部的责任中心。

（2）管理会计的应用原则。单位应用管理会计应遵循下列原则：

① 战略导向原则。管理会计的应用应以战略规划为导向，以持续创造价值为核心，促进单位可持续发展。

② 融合性原则。管理会计应嵌入单位相关领域、层次、环节，以业务流程为基础，利用管理会计工具方法，将财务和业务等有机融合。

③ 适应性原则。管理会计的应用应与单位应用环境和自身特征相适应。单位自身特征包括单位性质、规模、发展阶段、管理模式、治理水平等。

④ 成本效益原则。管理会计的应用应权衡实施成本和预期效益，合理、有效地推进管理会计应用。

（3）管理会计的应用要素。单位应用管理会计应包括应用环境、管理会计活动、工具方法、信息与报告等四要素。

① 应用环境。单位应用管理会计，应充分了解和分析其应用环境。管理会计应用环境，是单位应用管理会计的基础，包括内、外部环境。内部环境主要包括与管理会计建设和实施相关的价值创造模式、组织架构、管理模式、资源保障、信息系统等因素。外部环境主要包括国内外经济、市场、法律、行业等因素。

② 管理会计活动。管理会计活动是单位利用管理会计信息，运用管理会计工具方法，在规划、决策、控制、评价等方面服务于单位管理需要的相关活动。

③ 工具方法。工具方法是单位应用管理会计时所采用的战略地图、滚动预算管理、作业成本管理、本量利分析、平衡计分卡等模型、技术、流程的统称。它是实现管理会计目标的具体手段，具有开放性，随着实践发展不断丰富完善。管理会计工具方法主要应用于战略管理、预算管理、成本管理、营运管理、投融资管理、绩效管理、风险管理等领域。

④ 信息与报告。管理会计信息包括管理会计应用过程中所使用和生成的财务信息和非财务信息。管理会计报告是管理会计活动成果的重要表现形式，旨在为报告使用者提供满足管理需要的信息。

任务二　了解管理会计与财务会计的关系

管理会计与财务会计并列，同属于企业会计的重要分支之一。两者之间既有区别又有联系，互相配合，互为补充，为企业管理提供服务。

一、管理会计与财务会计的区别

1. 会计主体与对象不同

管理会计主要以企业内部各个责任单位为会计主体，同时也从整个企业的全局出发，认真考虑各项工作的协调、配合和综合平衡，为企业内部各级管理人员提供有关会计数据和其他资料，帮助他们针对特定的生产经营活动做出专门的预测、决策、计划和控制，以强化企业内部管理、提高经济效益，即为“内部会计”或“对内报告会计”。而财务会计则主要以整个企业为主体，虽然对内、对外都能提供有关企业最基本的财务成本信息，但主要是向企业外界各利害关系人报告企业的财务状况、经营成果和现金流量，即为“外部会计”或“对外报告会计”。

2. 核算依据与程序不同

管理会计不受会计准则或国家统一的会计制度制约，可以根据企业内部优化管理的需要，运用有关学科的知识进行核算，其核算程序一般不固定，有较大的自由选择性。而财务会计则必须以严格的会计准则或国家统一的会计制度为核算依据，其核算程序比较固定，具有强制性，从会计凭证、会计账簿到会计报表都有规定的格式和程序。

3. 工作重点与信息不同

管理会计的工作重点在于面向未来，算“活账”，所需要的信息具有“未来定向性”，属于“经营型会计”，其一般提供选择的、部分的、特定的管理信息，且不对外公开发表，也不具有法律责任。而财务会计的工作重点则反映和监督过去已经发生的经济业务事项，算“呆账”，所需要的信息具有“历史性”，属于“报账型会计”，其一般提供系统的、连续的、综合的财务信息，且对外公开发表，也具有法律责任。

4. 会计方法与行为不同

管理会计的专门方法在一定时期内可灵活多样，以便提出不同的备选方案，除主要以货币度量外，还大量使用非货币度量，并且最关心计量结果和责任报告对管理人员的日常行为的影响。而财务会计在一定时期内只能采用同一种专门方法，其虽然也使用非货币度量，但最终要换算为货币度量进行综合反映，并且最关心如何计量和传输财务信息，一般不重视对管理人员的日常行为的影响。

5. 会计期间与精确度不同

管理会计的会计期间有较大的弹性，可以短到一天、一周，也可以长到十年、十五年，由于其着眼于未来，不确定因素较多，因此报告的数据不要求绝对精确，一般计算只求近似值即可。而财务会计的会计期间则弹性很小，通常为月度、季度、半年度、年度，由于其着眼于过去，一般都是肯定性的经济业务事项，因此报告的数据要求精确到小数点的后两位。

二、管理会计与财务会计的联系

1. 两者研究对象相似

总的来说，管理会计与财务会计的研究对象是一致的，即企业的经济活动及其产生的会计信息。但两者因为分工的不同，在时间和空间上各有所侧重。管理会计的研究对象在时间上侧重于现在的、未来的（或预期的）经济活动及其产生的会计信息；在空间上侧重于部分的、可供选择的、特定的经济活动及其产生的会计信息。而财务会计的研究对象在时间上侧重于过去的、已经发生的（或历史的）经济活动及其产生的会计信息；在空间上侧重于企业整体的全部经济活动及其产生的会计信息。

2. 两者资料来源相同

管理会计与财务会计的原始资料都来源于企业发生的各项经济业务事项。只不过财务会计是对这些原始资料按发生的先后顺序，进行全面的记录、计算、记账和报账，以形成一系列的会计信息。而管理会计则直接利用这些会计信息进行分析、加工、调整和延伸，为强化企业内部经营管理提供信息。

3. 两者最终目标相同

管理会计与财务会计的最终目标是一致的，即都为企业提高经济效益这一根本目标服务。但管理会计是为企业内部经营管理人员提供管理信息，借以强化内部管理、提高企业经济效益。而财务会计主要是为企业外部各利害关系人提供财务信息，借以提高企业经济效益。

综上所述，管理会计与财务会计的区别与联系如图 1-1 所示。

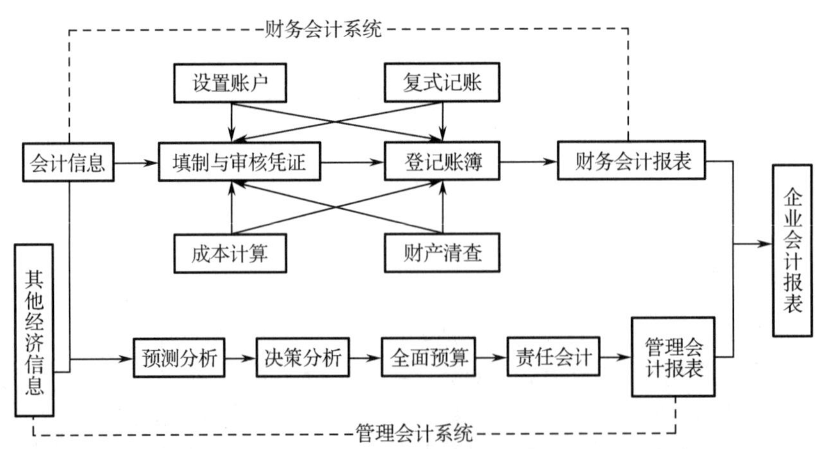

图 1-1　管理会计与财务会计的关系示意图

任务三　了解管理会计工作的组织

一、管理会计组织系统

在西方企业的组织机构里，财务与会计工作通常有明确的分工。会计部门的工作，通常由主计长（总会计师）负责，他与负责财务工作的财务长一起，同为财务副总经理的直接下属，都是财务副总经理的参谋。企业的会计部门组织系统如图 1-2 所示。

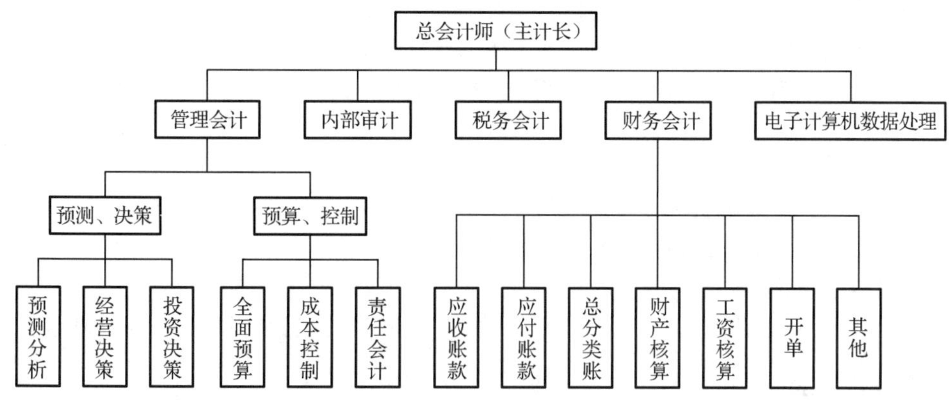

图 1-2　企业会计部门组织系统图

在我国，大中型企业的财务与会计工作并无明确分工，且均在总会计师（相当于西方企业财务副总经理）的领导下工作，有关管理会计的工作，通常由财会人员来完成，在财务会计人员较忙的情况下，管理会计工作往往被忽视，影响管理会计预测、计划与控制的作用。因此，我国有必要在总会计师领导下，设置专门的负责管理会计的机构，并配备必要的管理会计人员，从事这方面的工作。会计工作中的管理会计岗位可参照图 1-2 设置。

财务部门由财务长领导，主管财务工作。主计长和财务长在工作上有联系，但他们的职责分工不同，如表 1-1 所示。

表 1-1　主计长与财务长的职责分工

序　　号	主计长职责	财务长职责
1	规划和控制	资金筹集
2	报告与解释	与投资人联系
3	绩效评价与咨询	短期融资
4	税务管理	出纳
5	向政府报告	资信调查与收账
6	资产保护	投资
7	经济评估	保险

二、管理会计师的道德行为准则

管理会计师对其服务的机构、行业，对公众以及其自己都有义务保持最高的职业道德规范。美国管理会计师协会（The Institute of Management Accountants，IMA）的前身——全国会计师协会（NAA）下设的管理会计实务委员会（MAPC）认识到这项义务的重要性，于 1983 年颁布《管理会计师道德行为准则》，并于 2005 年修订了《管理会计师道德行为准则》。遵守这些准则与实现“管理会计目标”密切相关。管理会计师不应做出有悖于准则的行为，也不应容忍机构内的他人有有悖于准则的行为。准则主要内容如下。

1．能力（Competence）

该标准要求管理会计师必须做到：

（1）不断更新知识，提高业务水平，保持专业胜任能力。

（2）遵循有关法律、规章和业务标准，履行专业职责。

（3）提供准确、清晰、简明和及时的决策支持信息和建议。

（4）识别并沟通有可能影响职业判断或职能履行的职业局限或限制。

2．保密（Confidentiality）

该标准要求管理会计师必须做到：

（1）严守在工作中获得的机密信息，不得泄露，除非得到批准或者法律上有义务这样做。

（2）将工作中所得的信息根据其机密程度酌情通告下属，但要督促下属恪守机密。

（3）严于律己，绝不利用或通过第三者利用工作中获得的机密信息谋取不道德或违法利益。

3．正直（Integrity）

该标准要求管理会计师必须做到：

（1）避免实际发生或即将发生的利害冲突，协调可能发生冲突的有关各方。

（2）回避任何影响其按道德规范履行义务的活动。

（3）禁止从事或支持任何有损于职业声誉的活动。

4．客观（Credibility）

该标准要求管理会计师必须做到：

（1）公允、客观地反映信息。

（2）披露所有预期将影响使用者对管理会计师所提供的报告、评论和建议的理解的相关信息。

（3）披露在企业政策或适用法律的一致性方面出现的关于内部控制、及时性、信息处理的延误或不足信息。

需要说明的是，全球大部分会计师组织发布的管理会计师职业道德准则，其许多内容都与以上类似。

任务四　了解管理会计师的职业发展

一、国外管理会计的职业发展

英国在 1919 年就成立了成本会计师协会（Institute of Cost Accountants，ICA），1972 年该协会更名为成本和管理会计师协会（ICMA），侧重于成本和管理会计的研究与实践，主要是为企业内部管理服务。随着英国对管理会计认识的提高和该协会较高的专业水平，成本和管理会计协会于 1986 年被英国皇家特许机构批准更名为皇家特许管理会计师公会（Chartered Institute of Management Accountants，CIMA），它是全球最大的国际性管理会计师组织，是英国特许管理会计师的考试、管理与认证机构，同时负责出版《管理会计》月刊和《管理会计研究》季刊，发布《管

理会计正式术语》。CIMA 重视管理会计的理论研究与实践活动，经常有计划地举办管理会计研讨会，召集管理会计学者和实务界人士共同探讨管理会计的一些理论问题和实际问题。为了帮助 CIMA 会员应对道德问题，CIMA 确认了管理会计师道德行为标准。CIMA 资格认证不仅为企业衡量和提升财务管理人员素质和业务水平提供依据，也为各行各业的高级财务人员和管理精英创造展示实力的平台和个人发展的通途。CIMA 会员可以在地方政府机构中担任财务总监的要职，拥有比其他专业人员更多的机会成为企业的中层和高层管理者。CIMA 会员的薪酬也跃居财务人员薪酬的榜首。

美国也在 1919 年成立了全国成本会计师协会（National Association of Cost Accountants，NACA），成立之初以专门研究成本会计问题为宗旨，后来研究范围扩展至整个管理会计领域。1935 年 NACA 建立 NACA 总部图书馆。1957 年 NACA 更名为全国会计师协会（NAA）。1969 年 NAA 下设管理会计实务委员会（MAPC）。1972 年 MAPC 启动了美国注册管理会计师（Certified Management Accountant，CMA）认证项目，开始举办 CMA 资格考试；同年 MAPC 发布第一个《管理会计公告（SMA）》阐明合同成本核算概念，旨在为解决管理会计问题提供指导原则，建立管理会计体系。1983 年 MAPC 发布了美国第一个《管理会计师道德行为准则》。1991 年 NAA 更名为美国管理会计师协会（The Institute of Management Accountants，IMA），从而成为 CMA 的专业组织。1994 年 IMA 庆祝成立 75 周年并出版《为过去而骄傲——75 年的成就》一书。1996 年 IMA 启动注册财务管理师（Certified Financial Manager，CFM）认证项目，开始举办 CFM 资格考试。1999 年 IMA 重新推出并将其旗舰杂志更名为《战略财务》，提供在线阅读；同年 IMA 推出《管理会计》季刊。2009 年 IMA 推出 IMA 专属的在线专业社区 Linkup IMA。CMA 资格考试促进管理会计职业的发展，使得 CMA 在现代管理活动中积极发挥其重要的作用，美国的 CMA 是企业高层管理人才的后备人力资源储备。美国会计学会（AAA）也成立了管理会计委员会（MAC），以指导和组织管理会计的理论研究工作。

CIMA 和美国注册会计师协会（American Institute of Certified Public Accountants，AICPA）于 2012 年初联合推出管理会计师新头衔——全球特许管理会计师（Chartered Global Management Accountant，CGMA）。双方将继续发挥各自优势，在全球范围内推广管理会计发展。

二、我国管理会计的职业发展

我国自引进西方管理会计以来，在理论和实践上，同西方发达国家相比都存在较大差距。我国企业的管理会计水平总体不高，没有充分发挥其参与企业经营管理的应有作用，难以适应我国市场经济进一步发展和深化改革的需要。随着我国对企业管理的效率和精细化的提升，管理会计师的作用将显得更加突出。

中国管理会计师协会（China Management Accountant Association，CMAA）是一个研究、推动中国管理会计和 CFO 领域思想创新，以企业发展战略为宗旨，引领管理会计和 CFO 管理型人才进行职业化发展的高端组织机构。

中国会计学会（Accounting Society of China，ASC）在 1999 年专门成立了管理会计与应用专业委员会（Management Accounting and Application of Professional Committee，MAAPC）；同年 4 月，MAAPC 在中国总会计师协会（China Association of Chief Financial Officers，CACFO）的配合下，发起了“中国管理会计典型案例经验总结与研究”的活动。在这次活动中，我国会计学术界将同实务界密切合作，通过对全国不同行业的大中型企业开展典型案例研究，将我国企业应用管理会计的经验加以系统总结并上升为理论，最终目的是要通过这一活动建立有中国特色的管理会计理论与方法体系。

根据中国共产党十八届三中全会对全面深化改革的总体部署，财政部顺时应势，大力发展管理会计。2014 年，财政部发布《关于全面推进管理会计体系建设的指导意见》明确了建立与我国社会主义市场经济体制相适应的管理会计体系的主要目标。争取 3～5 年内，在全国培养出一批管理会计人才；力争通过 5～10 年的努力，中国特色的管理会计理论体系基本形成，管理会计指引体系基本建成，管理会计人才队伍显著加强，管理会计信息化水平显著提高，管理会计咨询服务市场显著繁荣，我国管理会计接近或达到世界先进水平。

训练巩固

在线测试

思考题

1. 什么是管理会计？它有哪些特点？
2. 简述管理会计的产生与发展。
3. 管理会计的主要职能有哪些？
4. 简述管理会计的指引体系。
5. 简述管理会计的应用。
6. 管理会计与财务会计有哪些区别和联系？
7. 管理会计师应遵循哪些职业道德准则？

项目二　成本管理：成本性态分析

【学习导航】

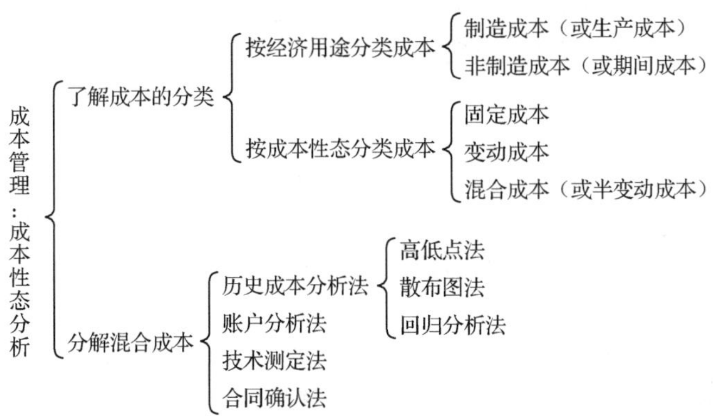

【学习目标】

☆ 掌握成本按经济用途分类及其优缺点
☆ 掌握成本按性态分类及其优缺点
☆ 掌握固定成本、变动成本和混合成本的定义、特性及其分类
☆ 理解固定成本和变动成本的相关范围
☆ 掌握混合成本的历史成本分析法
☆ 理解混合成本的账户分析法、技术测定法和合同确认法
☆ 培育精益求精的工匠精神

【引言导读】

管理会计是以成本会计为基础、与管理学紧密结合发展起来的专门会计。因此，管理会计不仅研究成本，而且还遵循管理学上的“不同的目的需要不同意义的成本”原则，在研究中使用多种成本信息。其中按照成本性态研究的成本信息，是管理会计开展工作的基础。本项目主要阐述成本性态分析的内容及其在混合成本分解中的应用。

任务一　了解成本的分类

在经济生活中，人们在不同意义上频繁使用“成本（Cost）”一词。不同类型的成本概念反映了不同的管理需求。为了满足企业经营管理上的不同需求，可以将成本按照不同的标准进行分类。

一、按经济用途分类成本

在传统的财务会计中，成本是根据财务报表的需要定义的，并且由会计准则或会计制度严格规范，因而称为报表成本、制度成本、法定成本或应用成本。它通常按照经济用途（或经济职能）划分为制造成本（Manufacturing Cost）和非制造成本（Non-manufacturing Cost）两大类。

1. 制造成本

制造成本，也称生产成本（Production Cost），是指企业为生产产品或提供服务而发生的直接材料（Direct Material）、直接人工（Direct Labor）和制造费用（Manufacturing Overhead）的总和。

（1）直接材料是指直接用于产品生产、构成产品实体的材料成本。

（2）直接人工是指直接参加产品生产或服务提供的人员的职工薪酬。

（3）制造费用是指企业的分厂、车间等生产单位为了组织和管理生产经营而发生的除直接材料和直接人工以外的各项间接费用，包括间接材料、间接人工和其他制造费用。

2. 非制造成本

非制造成本，也称期间成本（Period Cost），是指不能直接归属于某个特定对象（如产品、服务等）而应归属于一定会计期间的非生产性耗费，包括销售费用、管理费用和财务费用。

（1）销售费用是指企业在销售产品或提供服务过程中发生的应由其负担的各项费用，如广告费、运杂费、展览费等。

（2）管理费用是指企业行政管理部门为了组织和管理生产经营活动而发生的各项费用，如行政管理工作人员的职工薪酬、业务招待费、办公费等。

（3）财务费用是指企业为筹集生产经营资金所发生的各项费用，如利息、汇兑损失、手续费等。

综上所述，成本按经济用途（或经济职能）分类如图 2-1 所示。

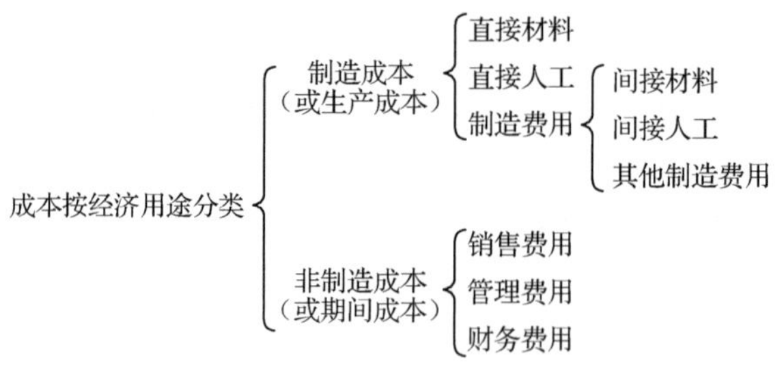

图 2-1　成本按经济用途分类

成本按经济用途（或经济职能）分类能够反映成本的基本构成，揭示成本的实际形成过程，从而有助于了解成本发生的具体情况，分析成本升降的原因和寻求降低成本的途径。但是，这种成本分类方法在企业营运管理和预算管理等方面，不能起到较好的作用。

二、按成本性态分类成本

为了提高企业经济效益，适应企业在营运管理和预算管理等方面的需要，管理会计通过对成本问题的大量调查和研究，发现了成本与业务量①（Volume）之间的相互依存关系。这种关系是客观存在的，是成本本身所固有的性质，故称为成本性态，也称为成本习性（Costs Behavior）或成本特性。成本性态是管理会计的一大发现。一般来说，成本按成本性态可以分为固定成本（Fixed Cost）、变动成本（Variable Cost）和混合成本（Mixed Cost）或半变动成本（Semi-variable Cost）三大类。

① 业务量可指生产量或销售量，它既可以直接用产品的实物单位数来表示，也可以用反映生产工作量的直接人工小时或机器小时等来表示。

1. 固定成本

固定成本是指在相关范围（Relevant Range）（一定时期和一定业务量）内，其总额不随业务量变动而增减变动，但单位成本随业务量增加而相对减少的成本。

【例 2-1】 皖巢公司生产甲产品所需要的加工设备是按年限平均法计提折旧的。该设备最大的生产能力为 10 000 件/年，计提的年折旧额为 12 000 元。当该公司年生产甲产品在 10 000 件以内时，其固定资产折旧总成本一般不随产量的变动而变动。

要求：采用数学模型对该公司生产甲产品的固定资产折旧成本进行成本性态分析。

现假设甲产品的年产量（业务量）为 X，折旧总成本（固定成本总额）为 a，每件甲产品的折旧成本（单位固定成本）为 a/X。它们之间的关系如表 2-1 所示。

表 2-1　甲产品的年产量、折旧总成本与单位固定成本三者之间的关系

年产量（X）/件	折旧总成本（a）/元	单位固定成本（a/X）/（元/件）
2 000	12 000	6
4 000	12 000	3
6 000	12 000	2
8 000	12 000	1.5
10 000	12 000	1.2

如果将表 2-1 中的数据用坐标图 2-2、图 2-3 来表示，便可以很直观地反映出固定成本的成本性态。

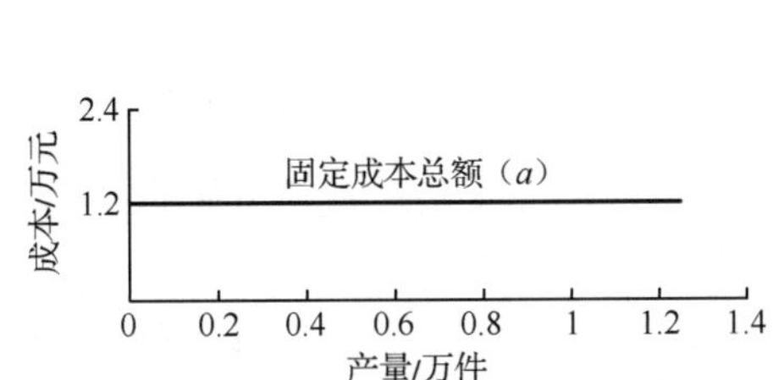

图 2-2　固定成本总额与产量之间的关系

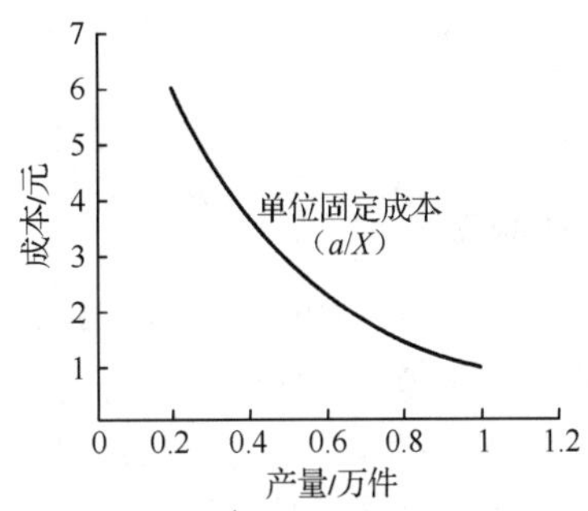

图 2-3　单位固定成本与产量之间的关系

图 2-2 揭示了固定成本总额不受年产量变动的影响，而保持固定不变的特征，即在图中表现为一条与横轴（产量）平行的直线。图 2-3 则显示了单位固定成本与产量呈反比例变动的基本特征，即在图中表现为一条随着产量的增加而递减的曲线。因此，要想降低产品成本，在允许的相关范围内，应尽可能地形成一定的生产规模。

固定成本还可以根据其支出数额是否可以在一定期间内改变，进一步划分为约束性固定成本和酌量性固定成本两类。

（1）约束性固定成本。约束性固定成本，也称为经营能力成本，是指管理当局通过决策行动不能改变其支出数额的固定成本，如固定资产的折旧费、保险费、管理人员的职工薪酬等。这些支出是企业为完成经营目标所提供和维持生产经营需要的设施、机构而付出的最低成本，是维持整个企业生产能力且在短期内一般不能轻易改变的具有很大约束性的成本。

（2）酌量性固定成本。酌量性固定成本，也称为可调整固定成本，是指管理当局通过决策行动能够改变其支出数额的固定成本，如职工培训费、广告费、新产品研究开发费等。这些支出可以随时根据实际需要和财务承受能力进行改变，对提高企业的竞争能力是有益的，并不是可有可无的。从较短的时期看，酌量性固定成本的发生额同企业的业务量并无直接关系，这一点是同约束性固定成本相一致的，因而，两者共同组成固定成本。

需要说明的是，固定成本的“固定性”并不是绝对的，而是有限定条件的。这一条件通常称为“相关范围”，即特定的期间、特定的业务量。从较长时期看，所有成本都是可变的。只有在特定的期间内，企业的约束性固定成本才具有不随业务量变动的固定性特征。诚然，即使在特定的期间内具有固定特性的成本，其固定特性也是针对特定的业务量而言的，因为业务量一旦超过现有的生产能力，势必要增大固定成本（如折旧费、修理费、管理人员的职工薪酬等）的支出数额，使固定成本不再具有“固定性”。

假设在例2-1中，该公司所生产的甲产品的产量要增加到12 000件，则需要再增加一台同类设备，以满足生产的需要，因而此时的固定成本（折旧费）将增加到24 000元。现将有关数据用图2-4表示，可以形象地揭示“相关范围”的含义。

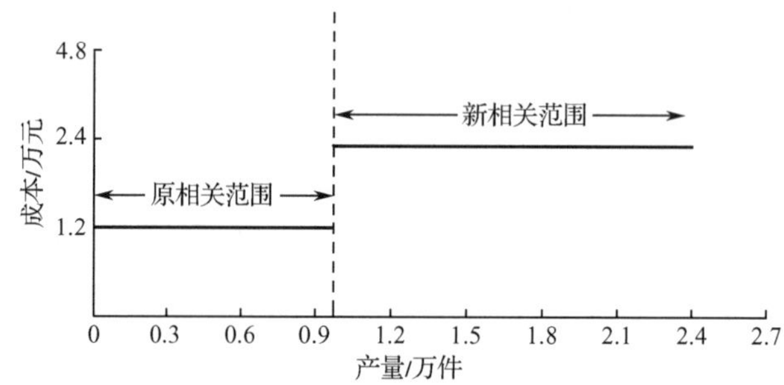

图2-4　固定成本与产量在“相关范围”内的关系

2. 变动成本

变动成本是指在相关范围（一定时期和一定业务量）内，其总额随业务量变动发生相应的正比例变动，而单位成本保持不变的成本。

【例2-2】　皖巢公司生产乙产品每台需要一件外购零件，每件零件的外购价为200元。当该公司生产的乙产品产量发生变动时，其耗用的外购零件的总成本随乙产品的产量呈现正比例变动，但每台乙产品的外购零件成本仍保持200元不变。

要求：采用数学模型对该公司生产乙产品的外购零件的成本进行成本性态分析。

现假设乙产品的生产量（业务量）为X，每台乙产品的外购零件成本（单位变动成本）为b，则乙产品的外购零件总成本（变动成本总额）为bX。它们之间的关系如表2-2所示。

表2-2　乙产品的生产量、外购零件总成本与单位变动成本三者之间的关系

生产量（X）/台	外购零件总成本（bX）/元	单位变动成本（b）/（元/台）
10	2 000	200
20	4 000	200
30	6 000	200
40	8 000	200
50	10 000	200

如果将表 2-2 中的数据用坐标图 2-5、图 2-6 来表示，便可以很直观地反映出变动成本的成本性态。

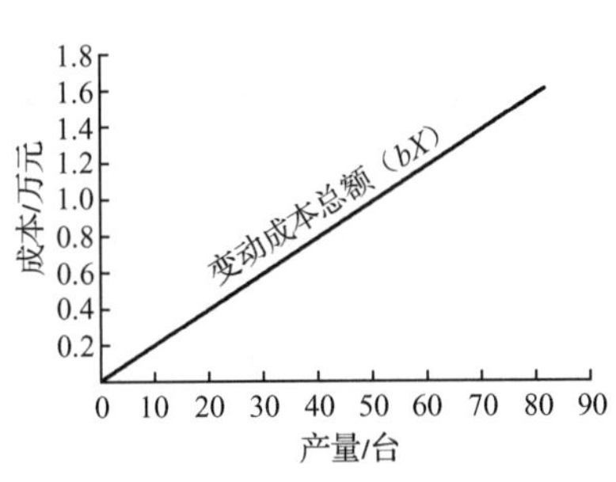

图 2-5　变动成本总额与产量之间的关系

0.04
成本/万元
单位变动成本（b）
0.02
0 10 20 30 40 50 60 70 80
产量/台

图 2-6　单位变动成本与产量之间的关系

图 2-5 揭示了变动成本总额随着产量变动而呈正比例变动的特征，即在图中表现为一条通过坐标原点的直线。图 2-6 则显示了单位变动成本不受产量变化的影响，而保持固定不变的基本特征，即在图中表现为一条与横轴（产量）平行的直线。因此，降低产品成本的途径是在允许的相关范围内，尽可能地降低单位产品的耗用量。

变动成本也可以根据其支出数额是否可以在一定期间内改变，进一步划分为技术性变动成本和酌量性变动成本两类。

（1）技术性变动成本。技术性变动成本是指管理当局通过决策行动不能改变其支出数额而与产量有明确的技术或实物关系的变动成本。这类成本的实质是企业利用现有生产能力进行生产所必然发生的成本。若企业不生产产品，则理论上其技术性变动成本为零。企业只能通过技术革新或提高劳动生产率等降低此类变动成本。

（2）酌量性变动成本。酌量性变动成本是指不受客观因素影响、可以由管理当局通过决策行动改变其支出数额的变动成本。例如，按销售收入的一定百分比支出的销售佣金、技术转让费、材料采购成本等。降低这类变动成本的途径是在不影响企业正常生产经营的前提下，通过合理决策、控制支出，以增加现金净流量。

需要说明的是，变动成本与业务量成正比例关系（即完全的线性关系）也并不是绝对的，和固定成本相似，也存在一个“相关范围”问题，即特定的期间、特定的业务量。超出了这一相关范围，它们之间就不一定存在正比例关系（即表现为非线性关系）。例如，当企业生产一种产品时，通常在生产的初始阶段，产量较低，单位产品上耗费的直接材料、直接人工等都可能较多；随着时间的推移，当产量增加到一定规模时，由于可以更为合理经济地下料和利用工时，单位产品上耗费的直接材料、直接人工等都可能降低。因此，在产量增加的初期，变动成本就不会同产量呈现正比例的变动。一般来说，成本的增加幅度低于产量的增加幅度，因而使其总成本线呈现一定的向下弯曲的非线性状态（其斜率随着产量的增加而减小）；而当产量增加到一定规模以后，若再继续增加，就可能出现一些新的不经济因素（如支付额外的加班加点工资、津贴等），从而提高了单位产品变动成本。这时，其总成本线呈现一定的向上弯曲的非线性状态（其斜率随着产量的增加而增大）。在产量增加的中间阶段，有关经济指标可能趋于平稳，使其成本与产量之间成完全的线性关系。变动成本的“相关范围”就是针对这一段而言的。这些错综复杂的情况可用图 2-7 表示。

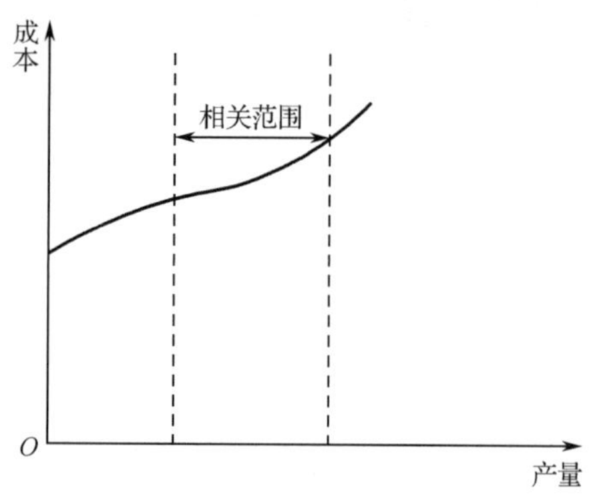

图 2-7　变动成本与产量在“相关范围”内的线性关系

3. 混合成本

成本按其性态划分为固定成本和变动成本，它们只是诸多成本性态中的两种极端类型。经济工作中，很多成本与业务量之间的相互依存关系兼有固定成本和变动成本的性质，而且总额随业务量变动但不呈现正比例变动，这些成本在管理会计中称为混合成本或半变动成本。通常，混合成本可进一步分为“以一定的初始量为基础的变动成本”“阶梯式变动成本（或半固定成本）”“延伸变动成本”“曲线变动成本”四类。

（1）以一定的初始量为基础的变动成本。这类变动成本是指在一定初始基数的基础上随业务量变动发生相应的正比例变动的成本，如机器设备的维护费、修理费，各种公用事业服务费（包括水费、电费、电话费、煤气费、有线电视费）等。这类变动成本的特点是：它通常有一个初始量（即基数），一般不变，相当于固定成本，代表为提供服务所必需的、基本的最低支出部分（即不管当期是否使用或使用多少都必须支付）；但在这个基数之上，业务量增加了，成本也会呈现相应的正比例增加，这部分成本又类似于变动成本（即根据实际耗用量的多少乘以单价而计算的部分）。

【例 2-3】　皖巢公司为了保证某一设备处于完好的和随时可以开动的状态，需要每年支付维护保养费 1 000 元，在此基础上，该设备每运转 1 小时维护保养费需增加 30 元。

要求：采用数学模型对该公司维护保养费进行成本性态分析。

该公司维护保养费从性质上看，就属于以一定的初始量为基础的变动成本模式，如图 2-8 所示。可以用数学模型表示，设 Y 代表以一定的初始量为基础的变动成本总额，a 代表其中的固定成本部分，b 代表单位变动成本，X 代表业务量(设备工作量)，则有

$$Y=a+bX=1\,000+30X$$

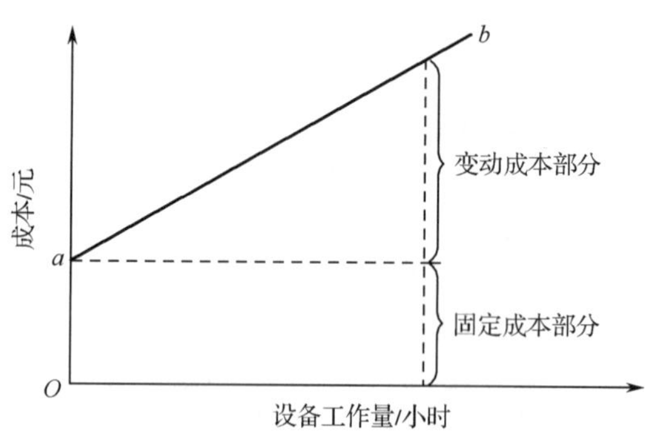

图 2-8　设备维护保养支出中的固定成本与变动成本

（2）阶梯式变动成本（或半固定成本）。这类变动成本是指当业务量在一定范围内增加时，其发生额保持不变，具有固定成本的特征；当业务量增加超过一定限度时，其发生额会突然地跳跃到一个新的水平，然后在业务量增加的一定范围内又保持不变，直到下一个新的跳跃为止的成本。这种变动成本在一定业务量范围内其发生额是固定的，所以称为半固定成本。又由于这种成本呈现阶梯式的变动，因此又称为阶梯式变动成本，如产品质量的检验员、化验员的工资等。

【例 2-4】　皖巢公司根据实践经验，一个质检员每月最多只能检验 1 000 件丙产品，每增加丙产品 1 000 件，就需要增加一名质检员，假定每个质检员的月工资为 1 000 元。

要求：采用数学模型对该公司质检员工资费用进行成本性态分析。

这项质检员的工资支出从性质上看，就属于阶梯式变动成本这种模式，如图 2-9 所示。设 Y 代表阶梯式变动成本总额，a_n 代表其中的固定成本部分，b 代表单位变动成本，X_n 代表成本发生额跳跃时的业务量，则

$$Y=\begin{cases}a_1 & 0\leqslant X\leqslant X_1\\ a_2 & X_1\leqslant X\leqslant X_2\\ a_n & X_{n-1}\leqslant X\leqslant X_n\end{cases}$$

不难看出，用这种数学模型反映阶梯式变动成本是较为困难的。在实际工作中，可以依据阶梯式变动成本变动的相关范围的大小，将其归属于固定成本或变动成本。如在例 2-4 中，当产量的变动范围较小时（如为 0～1 000 件），质检员的工资可视为固定成本，因为在这个相关产量范围内，质检员的工资是固定不变的，具有固定成本的特征；当产量变动的范围为 1 000～4 000 件，或产量在 4 000 件以上，则可视为变动成本，其单位变动成本为 1 元（即 1 000÷1 000），因为此时能保证质检员工资固定不变的相关产量范围只占整个计算的极小部分，可以采用加权平均将其曲线成本模式变为直线成本模式，如图 2-9 中的虚线所示，即 $Y=bX$。

（3）延伸变动成本。延伸变动成本是指其总额在一定业务量范围内固定不变，但当业务量超过这一特定范围后，则随业务量呈现完全的线性增加的成本。例如，企业支付给职工的工资一般是固定不变的，但当职工加班时，则要根据加班的时间成比例支付加班的工资。

【例 2-5】 皖巢公司某位操作工每月完成的产品在 1 000 件以内，只能取得基础工资 1 000 元；超过 1 000 件时，可以按超产数额取得超额工资，假定每件超额工资为 1 元。

要求：采用数学模型对该公司该操作工的月工资费用进行成本性态分析。

该操作工的月工资支出从性质上看，就属于延伸变动成本这种模式，如图 2-10 所示。

设 Y 代表延伸变动成本总额，a 代表其中的固定成本部分，b 代表单位变动成本，X 代表业务量，则

$$Y=\begin{cases}a & 0\leqslant X\leqslant X_0\\ a+bX & X_0<X\end{cases}$$

从图 2-10 中可以看出延伸变动成本的主要特征是，在 1 000 件以下的成本表现为固定成本，超过 1 000 件部分的成本即为变动成本。

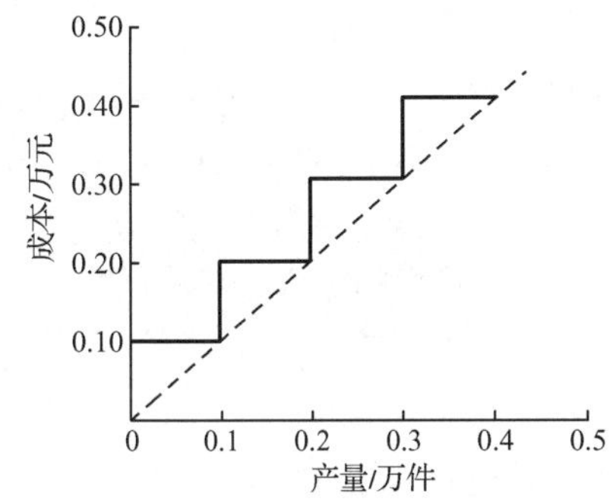

图 2-9　质检员的工资支出总额与产量的关系

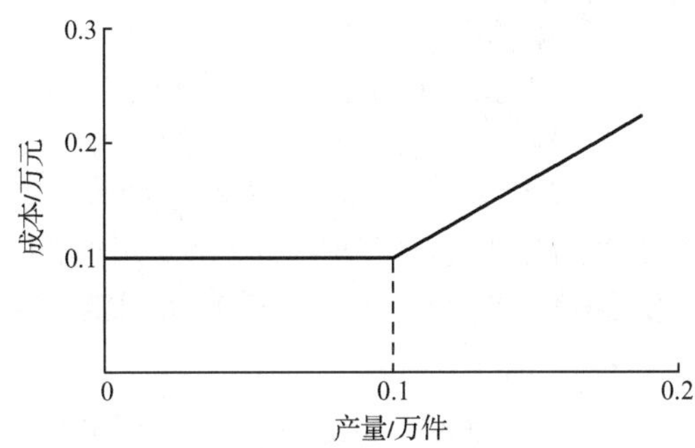

图 2-10　操作工的月工资支出总额与产量的关系

（4）曲线变动成本。曲线变动成本是指成本总额与业务量之间表现为非线性关系的成本。这类成本通常有一个初始量，相当于固定成本，但在这个初始量的基础上，随着业务量的增加，成本也逐步增加（或减少），但两者的增减幅度并不一致，因而呈现出抛物线上升或下降趋势，分别称为递增曲线变动成本和递减曲线变动成本。例如，热处理用的电炉设备，每班都需要预热，因预热而耗用的成本（初始量）属于固定成本性质，而预热后进行热处理的耗电成本，则随业务量的增加，呈现出抛物线上升的趋势，但上升越来越慢，其变化率是递减的。其成本性态如图 2-11 所示。

曲线变动成本也可以在相关范围内近似地看作是变动成本，从而大大简化计算过程，尽管其实际并非直线，但与直线的差别不大。

总的来说，总成本与混合成本有着相同的性态，即两者都同时包含固定成本和变动成本，均可用 $Y=a+bX$ 数学模型表示，如图 2-8 所示。

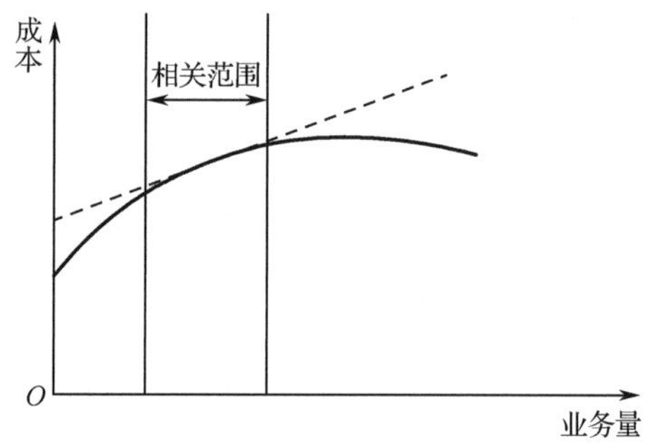

图 2-11　曲线变动成本总额与业务量的关系

任务二　分解混合成本

为了给正确制订经营决策，科学进行成本计划、成本控制和成本评价与考核等工作提供有用信息，必须对混合成本进行成本性态分析。成本性态分析是指企业基于成本与业务量之间的关系，运用技术方法，将业务范围内发生的成本分解为固定成本和变动成本的过程。混合成本的分解是指运用一定的方法估计成本与业务量之间的关系，并建立相应的成本函数模型。在管理会计实务中，一般是先将混合成本按其性质相近进行分类汇总，然后以某类成本在各种不同的业务量水平下采用适当的方法将其中的固定成本和变动成本分解出来，这样做既可以减少分解成本，又可以得到一个相对准确的结果。

混合成本的分解方法主要包括历史成本分析法（Historical Cost Analysis Method）、账户分析法（Account Classification Method）、技术测定法和合同确认法等四类。

一、历史成本分析法

历史成本分析法，也称为数学分解法，是指根据过去一定时期内的业务量与成本的历史资料，采用适当的数学方法对混合成本加以分解的一种方法。常用的历史成本分析法有高低点法（High-low Method）、散布图法（Scatter Diagram Method）和回归分析法等三种。

1．高低点法

高低点法是指企业以过去某一会计期间的总成本和业务量资料为依据，从中选取业务量最高点和业务量最低点，将总成本进行分解，得出成本模型 $Y=a+bX$ 的方法。这种方法先计算单位变动成本，再代入业务量最高点或最低点的混合成本模型，从而将混合成本分解为固定成本和变动成本。这种方法主要适用于生产经营活动比较正常，增减变动趋势平稳的混合成本的分解。

【例 2-6】 皖巢公司 2022 年 1～6 月混合成本维修费（Y）与业务量机器工时（X）的资料如表 2-3 所示。

表 2-3　皖巢公司 2022 年 1～6 月混合成本维修费与业务量机器工时资料

项　目	1 月	2 月	3 月	4 月	5 月	6 月
机器工时/小时	7 000	6 000	9 000	4 000	8 000	5 000
维修费/元	105	110	120	85	115	100

要求：采用高低点法对混合成本维修费进行性态分析。

（1）根据已知历史资料，找出业务量最高点（$X_{高}$）和最低点（$X_{低}$）的总成本。

由表 2-3 资料可得，机器工时（X）最高点 9 000 小时和最低点 4 000 小时的修理费（Y）分别为 120 元、85 元。

（2）计算维修费平均单位变动成本为：

$$b=\frac{Y_{高}-Y_{低}}{X_{高}-X_{低}}=\frac{120-85}{9\,000-4\,000}=0.007（元/小时）$$

（3）计算维修费的固定成本为：

$$a=Y_{高}-bX_{高}=120-0.007\times 9\,000=57（元）$$

或

$$a=Y_{低}-bX_{低}=85-0.007\times 4\,000=57（元）$$

（4）则该项混合成本修理费的性态分析模型为：$Y=57+0.007X$

高低点法计算简单，易于应用。但所选业务量最高点和业务量最低点往往具有偶然性，不能代表有关资料的变化关系，计算误差较大。

2. 散布图法

散布图法，也称为分布图法、直观法（Visual-fit Method）或目测法，是指将相关范围内的业务量（X）以及与之相应的混合成本（Y）的历史数据，悉数标在坐标纸上，通过目测画出一条尽可能与上下两侧各点距离相等的直线，据此推算出固定成本和单位变动成本的一种方法。这种方法比较形象直观，当业务量（X）为0时，直线与混合成本（Y轴）的交点即为固定成本（a），直线的斜率即为单位变动成本（b）；但由于靠目测决定直线，容易造成误差，因此运用时需根据实际情况同其他方法结合使用。

【例2-7】　承例2-6资料。

要求：采用散布图法对混合成本维修费进行性态分析。

（1）将6个月的维修费历史资料形成的相应坐标点分别标在坐标纸上，形成散布图，如图2-12所示。

（2）通过目测，画一条直线，尽可能使各坐标点离此直线的距离相等。

（3）读出直线截距资料 a=56（元）。

（4）在直线上任取一点（0.6，110），则

$$b=\frac{110-56}{0.6}=90（元/万小时）$$

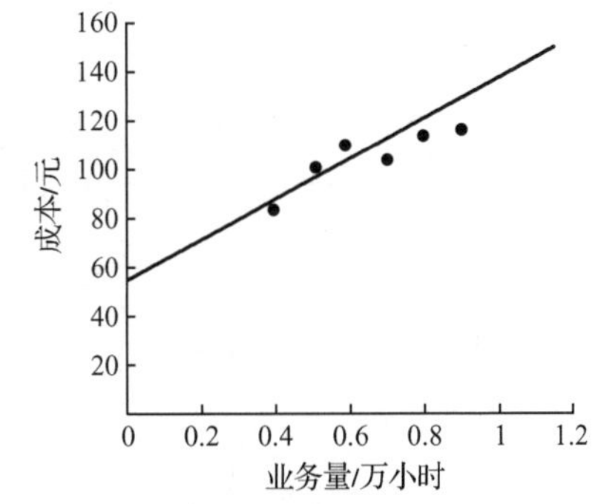

图2-12　建立混合成本维修费性态模型的散布图

（5）混合成本维修费性态模型为：$Y=56+90X$

散布图法能全面考虑已知的所有历史成本数据，排除了高低点法带来的偶然性。但由于目测画出的反映成本变动趋势的直线，仍带有主观随意性，计算结果不是很精确。

3. 回归分析法

回归分析法，也称回归直线法（Regression Line Method）或最小平方法（Least-squares Method），是指企业根据过去一定期间的业务量（X）和混合成本（Y）的历史资料，应用最小二乘法原理，计算最能代表业务量与混合成本关系的回归直线，借以确定混合成本中固定成本和变动成本的方法。这种方法的基本原理是先将过去某一期间的有关混合成本的历史资料，逐一在坐标图上标明，形成若干个成本散布点，然后确定一条直线，使所有成本散布点到该直线距离误差平方和最小。

回归分析法分解混合成本中的固定成本（a）和单位变动成本（b）的计算公式如下。

$$a=\frac{\sum X^2\sum Y-\sum X\sum (XY)}{n\sum X^2-\left(\sum X\right)^2} \tag{2-1}$$

$$b=\frac{n\sum (XY)-\sum X\sum Y}{n\sum X^2-\left(\sum X\right)^2} \tag{2-2}$$

必须指出的是，采用回归分析法对混合成本进行性态分析的前提条件是混合成本和业务量之间必须具有线性关系，因此，需要对线性的相关性（Relevancy）做出检验。

在数理统计上，线性关系通常用相关系数（r）来反映。相关系数（r）是指两个变量之间相关程度及其方向的系数。其计算公式为：

$$r=\frac{n\sum XY-\sum X\sum Y}{\sqrt{\left[n\sum X^2-\left(\sum X\right)^2\right]\left[n\sum Y^2-\left(\sum Y\right)^2\right]}} \tag{2-3}$$

相关系数（r）的取值范围在 0 与±1 之间。当 $r=0$ 时，说明变量（X）和（Y）之间不存在相关关系；当 $r=1$ 时，说明变量（X）和（Y）之间存在完全正相关关系；当 $r=-1$ 时，说明变量（X）和（Y）之间存在完全负相关关系；当 $0<|r|<1$ 时，$|r|$的数值反映变量（X）和（Y）之间相关程度，数量越大，相关程度越大；数量越小，相关程度越小。一般来说，$|r|>0.8$ 时，变量（X）和（Y）之间的关系，可以采用回归分析法分析。

【例 2-8】 承例 2-6 资料。

要求：采用回归分析法对混合成本维修费进行性态分析。

（1）对已知资料进行加工、计算，并列表如表 2-4 所示。

表 2-4　回归分析法加工计算表

月　份	X	Y	XY	X^2	Y^2
1 月	7	105	735	49	11 025
2 月	6	110	660	36	12 100
3 月	9	120	1 080	81	14 400
4 月	4	85	340	16	7 225
5 月	8	115	920	64	13 225
6 月	5	100	500	25	10 000
n=6	$\sum X$=39	$\sum Y$=635	$\sum XY$=4 235	$\sum X^2$=271	$\sum Y^2$=67 975

（2）将加工计算的表 2-4 资料代入式（2-3），得

$$r=\frac{6\times 4\,235-39\times 635}{\sqrt{(6\times 271-39^2)(6\times 67\,975-635^2)}}\approx 0.93$$

表明混合成本维修费与业务量机器工时之间存在线性相关性。

（3）将加工计算的表 2-4 资料代入式（2-1）、式（2-2），得:

$$a=\frac{271\times 635-39\times 4\,235}{6\times 271-39^2}\approx 65.90$$

$$b=\frac{6\times 4\,235-39\times 635}{6\times 271-39^2}\approx 6.14$$

（4）此项混合成本维修费性态分析模型为：$Y=65.90+6.14X$

回归分析法计算结果较为精确，但计算工作量大，如果能够借助电子计算机的回归分析程序计算回归系数，那么可以适用于对增减变动趋势较大的混合成本分解。

二、账户分析法

账户分析法，也称为会计分析法或账户分类法，是指企业根据有关成本账户及其明细账的内容，结合其与产量的依存关系，判断其比较接近的成本类别，将其视为该类成本的方法。由于每个账户所记录的成本性质不同，或者成本估计要求的准确性不同，运用账户分析法分解成本的具体做法也就有所不同。

（1）近似分类法。某个账户所记录的成本项目，其性质接近固定成本的，应当将其归集为固定成本；某个账户所记录的成本项目，其性质接近变动成本的，应当归集为变动成本。

（2）比例分配法。如果某个账户所记录的成本项目，其性质不宜简单地归集为固定成本或变动成本，应当通过一定的比例将其分解成固定成本和变动成本两部分。

【例 2-9】　皖巢公司的某一商店 2022 年 5 月成本发生额如表 2-5 所示。

表 2-5　皖巢公司某商店 2022 年 5 月成本账户分析表

项　　目	总成本/元	固定成本/元	变动成本/元
商品成本	80 000		80 000
职工工资	20 000	15 000	5 000
职工福利费	2 100	2 100	
房地产经营租赁费	3 000	3 000	
广告费	4 000	3 000	1 000
水电费	260	260	
保险费	300	300	
修理费	140	140	
易耗品	800	560	240
利息费用	1 000	1 000	
折旧费	300	300	
合　　计	111 900	25 660	86 240

要求：采用账户分析法对该商店的成本进行性态分析。

根据上述资料，对每个成本项目进行研究，根据固定成本和变动成本的定义及其特点，并结合该公司具体情况判断它们属于哪一类成本。经过研究分析，商品成本与商店业务量关系密切，基本上属于变动成本；职工福利费、房地产经营租赁费、保险费、修理费、水电费、利息费用和折旧费等基本上与业务量无关，可以作为固定成本。但是，职工工资、广告费和易耗品等与典型的两种成本性态差别较大，不能简单地归集为固定成本或变动成本，应当使用技术测定法、合同确认法或历史成本分析法寻找一个比例，将其分为固定成本和变动成本两部分。

假设易耗品为包装用品，使用技术测定法进行分析，其总成本的性态分析模型为：

$$Y=700+0.003X$$

该商店正常业务量为销售额 100 000 元，则正常业务量的易耗品成本为：

$Y=700+0.003\times100\,000=1\,000$（元），其中固定成本比重=700÷1 000=70%，变动成本比重=1−70%=

30%。因此，2022 年 5 月该商店易耗品的固定成本=800×70%=560（元），变动成本=800×30%=240（元）。

账户分析法较为简便易行，但比较粗糙且带有主观判断。它主要适用于特定期间总成本的分析。

三、技术测定法

技术测定法，也称为工业工程法（Engineering Analysis Method）或工程研究法，是指企业根据生产过程中各种材料和人工成本消耗量的技术测定来划分固定成本和变动成本的方法。运用技术测定法分解成本的一般步骤为。

（1）选择需要研究的成本项目。

（2）观察现行方法并记录投入的成本和产出的数量。

（3）进行全面的科学分析，研究出最实用、最有效、最经济的新的工作方法。

（4）把新的方法确定为标准的方法，并测定新方法的每项投入成本，凡与业务量有关的部分归集为单位变动成本，凡与业务量无关的部分归集为固定成本。

【例 2-10】 皖巢公司铸造车间的燃料主要用于铸造工段的熔炉，具体分为点火（耗用木柴和焦炭）和熔化铁水（耗用焦炭）两项操作。经过对这两项操作进行观测和技术测定，寻找出的最佳操作方法为：每次点火要使用木柴 0.1 千克、焦炭 1.1 千克，熔化 1 千克铁水要使用焦炭 0.13 千克；每个工作日点火一次，全月工作 22 天。已知木柴成本为 200 元/千克，焦炭成本为 380 元/千克。

要求：采用技术测定法对混合成本燃料费进行性态分析。

根据上述资料，点火燃料费属于固定成本；熔化铁水燃料费与产量相联系，属于变动成本。

设每月燃料费成本为 Y 元，每月铸件产量为 X 千克。

每日燃料费固定成本=0.1×200+1.1×380=438（元）

每月燃料费固定成本=438×22=9 636（元）

每千克铸件燃料费变动成本=0.13×380=49.40（元）

因此，此项混合成本燃料费性态分析模型为：Y=9 636+49.40X

技术测定法仅适用于投入成本和产出数量之间有规律性联系的成本分解。尤其是在建立标准成本和制订预算时，使用技术测定法比历史成本分析法更加科学。

四、合同确认法

合同确认法，也称契约检查法（Contract Confirm Method），是指企业根据订立的经济合同或协议中关于支付费用的规定，来确认并估算哪些项目属于变动成本，哪些项目属于固定成本的方法。它一般要配合账户分析法使用。

【例 2-11】 皖巢公司与某供电公司签订的供电合同中规定：该公司的变压器维持费每月为 5 000 元，每千瓦时电费 0.80 元，用电量额度每月 20 000 千瓦时，超额用电量按正常电费的 2 倍计价。已知该公司每件产品平均用电量 3 千瓦时，照明用电量平均每月 2 000 千瓦时。

要求：采用合同确认法对混合成本电费进行性态分析。

$$\text{该公司每月用电量额度内最大产量}=\frac{\text{每月用电量额度}-\text{每月照明用电量}}{\text{单件产品平均用电量}}$$

$$=\frac{20\,000-2\,000}{3}=6\,000\text{（件）}$$

设每月电费为 Y 元，每月产量为 X 件。

（1）该公司每月产品产量在 6 000 件以内时，电费性态分析模型为：

Y=（照明用电量+生产用电量）×单价+变压器维持费

$=(2\,000+3X)\times0.80+5\,000$

$=6\,600+2.4X$

（2）该公司每月产品产量在 6 000 件以上时，电费性态分析模型为：

Y=6 000 件的电费+6 000 件以上部分的电费

$=(6\,600+2.4\times6\,000)+(X-6\,000)\times3\times0.80\times2$

$=-7\,800+4.8X$

采用合同确认法一般不依赖于历史成本数据，而是依据有关的正式文件。它适用于有明确计算办法的各项混合成本的分解，如电费、水费、电话费、燃气费、折旧费、专用工具费用分摊费、工资费用支付等。

需要指出的是，上述各种成本分解的方法，并不是完全独立的。企业不能指望使用一种方法解决全部成本分解问题，应当把这些方法看成一个总体，根据不同对象选择适用的方法，并尽可能使用其他方法进行补充或印证。如果不同方法得出的结果有较大差距，则需要判断哪种方法更适合该对象。成本分解实际上是一个探索特定成本性态的“研究”过程，而不仅仅是一个简单的计算过程。另外，固定成本与变动成本的划分是相对的，带有某种程度的假定性，很难计算准确，所以在相关范围内，如果混合成本数额变动不大，也可全部视为固定成本处理，不必进行分解，以便简化性态分析工作。

训练巩固

在线测试

思考题

1. 成本按经济用途如何分类？这种分类有何优点、缺点？
2. 何为成本性态？在管理会计中为何要按成本性态分类？
3. 简述固定成本的定义、特征及其分类。
4. 简述变动成本的定义、特征及其分类。
5. 如何理解固定成本和变动成本的“相关范围”？
6. 简述混合成本的定义及其分类。
7. 管理会计为什么要对混合成本进行分解？其常见的分解方法有哪几种？其中数学分解法又分为哪几种？试分别予以评价。

实训题

1. 皖巢公司 2022 年上半年某项混合成本资料如表 2-6 所示。

表 2-6 皖巢公司 2022 年上半年某项混合成本资料表

项　目	1月	2月	3月	4月	5月	6月
生产量（X）/件	6	8	4	7	9	5
混合成本（Y）/元	110	115	85	105	120	110

要求：

（1）采用高低点法分解该混合成本，并写出其总成本模型。

（2）采用回归分析法分解该混合成本，并写出其总成本模型。

（3）若 2022 年 7 月份的生产量为 8 件，则该混合成本为多少？

2．皖巢公司 2022 年 7～12 月修理费用（Y）与产量（X）的资料，如表 2-7 所示。

表 2-7　总成本修理费用与业务量产量资料表

项　　目	7 月	8 月	9 月	10 月	11 月	12 月
产量/件	60 000	50 000	55 000	70 000	75 000	72 000
修理费用/元	16 820	142 500	14 980	170 200	176 250	17 320

假定该公司的修理费用包括固定成本、变动成本和混合成本三部分。该公司会计部门已对产量最低点为 50 000 件（8 月份）的修理费用 142 500 元做出了性态分析，其结果是固定成本为 60 000 元、变动成本为 50 000 元和混合成本为 32 500 元。

要求：

（1）采用高低点法将该公司修理费用中的混合成本进行分解，并写出混合成本模型。

（2）采用高低点法将该公司修理费用总成本进行分解，并写出其总成本模型。

（3）若 2023 年 1 月份生产 76 000 件，则该公司的修理费总成本为多少？

3．皖巢公司铸造车间的电费成本主要用于电磁炉烧结方式加工精密金属零件，具体分为电磁炉的预热和烧结两项操作。经过对这两项操作进行观测和技术测定，寻找出的最佳操作方法为：电磁炉每次从开始预热至达到可烧结的温度需要耗电 100 千瓦时，烧结 1 千克零件需要耗电 5 千瓦时；每个工作日预热一次，全月工作 22 日。已知电费成本为 0.80 元/千瓦时。

要求：采用技术测定法对混合成本电费进行性态分析。

项目三　成本管理：变动成本法

【学习导航】

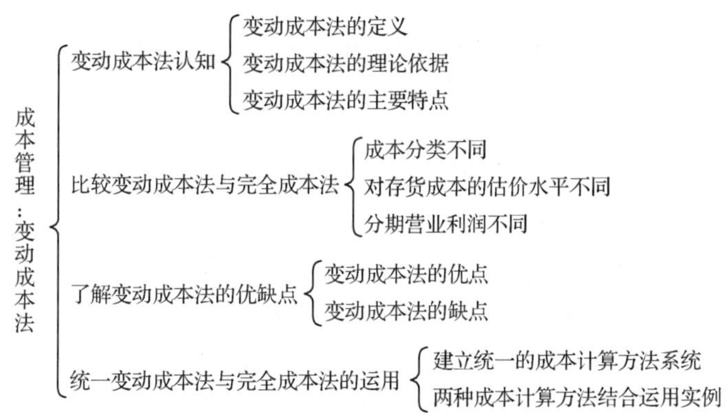

【学习目标】

☆ 掌握变动成本法的定义及其主要特点

☆ 理解变动成本法的理论依据及其优缺点

☆ 掌握两种成本计算方法下营业利润表的编制及其营业利润差异产生的原因

☆ 掌握变动成本法与完全成本法的主要区别及其结合运用方法

☆ 培育业财融合的创新创业能力

【引言导读】

随着市场竞争的日益激烈，企业倍加重视内部日常控制与决策。这就需要管理会计能够提供贴合企业内部管理方面的信息。变动成本法是提供企业内部管理信息的重要工具。本项目在介绍变动成本法的基本内容基础上，主要阐述其与完全成本法的区别及结合运用。

任务一　变动成本法认知

一、变动成本法的定义

变动成本法（Variable Costing），也称为变动成本计算法、直接成本法（Direct Costing）或边际成本法（Marginal Costing），是指在组织日常的产品成本计算时，以成本性态分析为基础，只包括产品生产过程直接消耗的直接材料、直接人工和变动制造费用（不包括固定制造费用），而将所有的固定制造费用（即固定生产成本）作为期间成本，在发生的当期全额从当期收益中扣除的一种产品成本计算方法。在变动成本法下，产品成本的构成如图 3-1 所示。

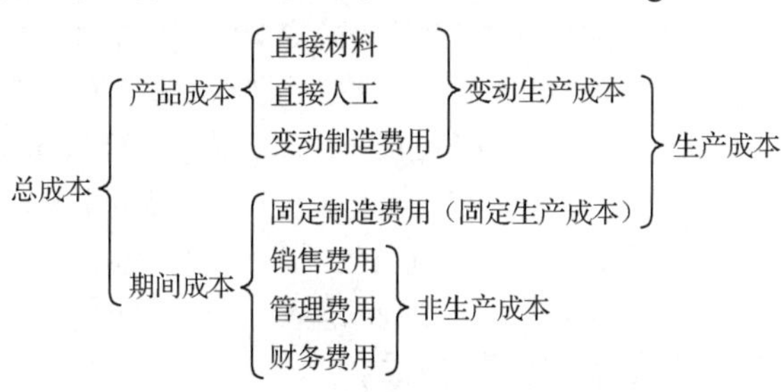

图 3-1　变动成本法下的产品成本构成示意图

变动成本法最早是由美国会计学家哈里斯于1936年提出的，由于变动成本法以部分制造成本作为产品成本，这与传统财务会计公认的以制造成本作为产品成本（与变动成本法相对应，我们称之为完全成本法、全部成本法或吸收成本法）的归属原则不同，从而引起会计学界的争议。但是由于变动成本法比完全成本法更能提供广泛而实用的经济信息，因此，自20世纪60年代以来，变动成本法在美国及其他西方国家被普遍应用于企业内部管理。

二、变动成本法的理论依据

变动成本法在计算产品成本时，之所以仅包括变动生产成本，而固定制造费用（即固定生产成本）作为期间成本处理，是基于以下理由。

管理会计认为，产品成本是指那些随产品实体的流动而流动，可能递延到下期，只有在产品实现销售时才能与相关收入实现配比、得到补偿的成本。这类成本的补偿期可能不止一个。期间成本是指那些不随产品实体的流动而流动，不能递延到下期，只能在发生的当期从当期收入中全额得到补偿的成本。这类成本的补偿期只有一个。因此，与产量有关的变动生产成本是随产品实体的流动而流动的成本，它构成产品成本的内容。而固定制造费用（即固定生产成本）主要是为企业提供一定的生产经营条件而发生的，这些生产经营条件一经形成，不论其实际利用程度如何，有关费用照常发生，同产品的实际生产没有直接联系，并不随产品实体的流动而流动，应作为期间成本处理。

三、变动成本法的主要特点

与传统的完全成本法相比，变动成本法一般具有以下几个主要特点。

（1）变动成本法以成本性态分析为基础。变动成本法是以按成本性态将所有成本划分为固定成本和变动成本两大部分为基础的，仅把产品生产过程中与生产量有直接联系的变动成本计入产品成本，而把产品生产过程中与生产量没有直接联系的固定成本作为期间成本直接计入当期损益。

（2）变动成本法以边际贡献为基础确定营业利润。在变动成本法下，企业确定营业利润是以边际贡献为基础的，分两个步骤计算。其计算公式如下。

第一步：边际贡献=营业收入-变动成本　　（3-1）

第二步：营业利润=边际贡献-固定成本　　（3-2）

（3）变动成本法主要应用于企业内部的经营管理。变动成本法不仅是一种比较成熟的成本计算方法，而且也是企业内部的一种成本会计制度。在采用变动成本法时，成本必须按成本性态进行分类、记录、归集、分配、对内报送等。而有关的会计准则要求企业按完全成本法提供的成本资料编制对外的财务报表，所以变动成本法主要应用于企业内部的经营管理。

任务二　比较变动成本法与完全成本法

如前所述，管理会计中的变动成本法是与财务会计中的完全成本法相对应的一个新概念。所谓完全成本法，是指在组织常规的产品成本计算时，以成本按经济用途分类为基础，将全部生产成本（即制造成本）作为产品成本的构成内容，而将非生产成本（即非制造成本）作为期间成本的一种产品成本计算方法。在完全成本法下，产品成本的构成如图3-2所示。

由于变动成本法与完全成本法对固定制造费用（即固定生产成本）的处理方法不同，因而使这两种方法存在着一系列的差异。其主要表现在成本分类不同、对存货成本的估价水平不同和分期营业利润不同三个方面。

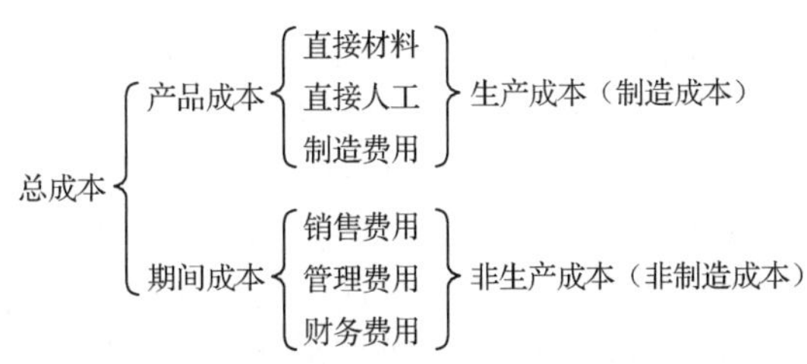

图 3-2　完全成本法下的产品成本构成示意图

一、成本分类不同

变动成本法要求把完全成本按成本性态分为变动成本和固定成本两大部分。其中，对于生产成本要按生产量划分为变动生产成本和固定生产成本（即固定制造费用）；对于期间费用（即非生产成本）要按销售量划分为变动期间费用和固定期间费用。其产品成本只包括变动生产成本，固定生产成本和非生产成本则全部作为期间成本处理。

完全成本法要求把完全成本按经济用途分为生产成本和非生产成本两大部分。其中，对于在生产领域中为生产产品发生的成本要划为生产成本，而把发生在服务或流通领域中为组织日常经营管理而发生的成本划为非生产成本。其产品成本包括全部生产成本，只有非生产成本作为期间成本处理。

变动成本法和完全成本法的成本分类区别如表 3-1 所示。

表 3-1　变动成本法和完全成本法的成本分类区别表

项　　目	变动成本法	完全成本法
分类的基础	以成本的性态分析为基础	以成本的经济用途为基础
划分的成本类别	变动成本 固定成本	生产成本 非生产成本
产品成本包含的内容	变动生产成本： 直接材料 直接人工 变动制造费用	生产成本（制造成本）： 直接材料 直接人工 制造费用
期间成本包含的内容	固定成本： 固定制造费用（固定生产成本） 固定销售费用 固定管理费用 固定财务费用	非生产成本（非制造成本）： 销售费用 管理费用 财务费用
	变动成本： 变动销售费用 变动管理费用 变动财务费用	

【例 3-1】　皖巢公司只产销一种产品，该产品期初在产品、产成品的数量分别为 700 件、600 件，成本总额分别为 3 172.47 元、4 235.10 元，其中：直接材料分别为 1 400 元、1 200 元，直接人工分别为 735 元、1 260 元，变动制造费用分别为 665 元、1 140 元，固定制造费用分别为 372.47

元、635.10 元；本期投产数量为 4 300 件，本期完工数量为 4 500 件，本期销售数量为 4 700 件，单位售价为 15 元/件；本期投入直接材料为 8 600 元、直接人工为 9 240 元、变动制造费用为 8 360 元，固定制造费用为 5 400 元，单位变动销售费用为 2 元/件，固定销售费用为 2 000 元，单位变动管理费用为 1 元/件，固定管理费用为 3 000 元，单位变动财务费用为 0.05 元/件，固定财务费用为 900 元。假设该产品耗用的材料费用在生产开工时一次性投入，期末在产品加工费用投入程度平均为 50%，期末在产品按约当产量法计价，生产费用分配率保留小数点后四位，分配尾差计入本期完工产品成本；期末产成品按期末一次加权平均法计价，加权平均单价保留小数点后四位，尾差计入本期发出产成品成本；且不考虑其他因素。

要求：分别采用变动成本法和完全成本法计算该公司的本期完工产品成本和期末在产品成本。

根据上述资料，现分别按变动成本法和完全成本法计算本期完工产品成本和期末在产品成本，如表 3-2 所示。

表 3-2　变动成本法和完全成本法的本期完工产品成本和期末在产品成本计算表

项　目		变动成本法		完全成本法	
		总成本/元	单位成本/（元/件）	总成本/元	单位成本/（元/件）
期初在产品	直接材料	1 400	2	1 400	2
	直接人工	735	1.05	735	1.05
	变动制造费用	665	0.95	665	0.95
	固定制造费用	—	—	372.47	0.532 1
	合　计	2 800	4	3 172.47	4.532 1
本期投入产品	直接材料	8 600	2	8 600	2
	直接人工	9 240	2.1488	9 240	2.148 8
	变动制造费用	8 360	1.9442	8 360	1.944 2
	固定制造费用	—	—	5 400	1.255 8
	合　计	26 200	6.093	31 600	7.348 8
本期完工产品	直接材料	9 000	2	9 000	2
	直接人工	9 450	2.1	9 450	2.1
	变动制造费用	8 550	1.9	8 550	1.9
	固定制造费用	—	—	5 468.64	1.215 3
	合　计	27 000	6	32 468.64	7.215 3
期末在产品	直接材料	1 000	2	1 000	2
	直接人工	525	1.05	525	1.05
	变动制造费用	475	0.95	475	0.95
	固定制造费用	—	—	303.83	0.607 7
	合　计	2 000	4	2 303.83	4.607 7

二、对存货成本的估价水平不同

一般来说，广义的产品有销货和存货两种实物形态。在期末存货和本期销货均不为零的条件下，本期发生的产品成本最终表现为销货成本（即已销产品成本）和存货成本（即在产品成本和产成品成本）。在完全成本法下，各会计期间所发生的固定制造费用同其他生产成本一样在本期完工产成品和期末在产品之间（按一定方法）进行分配；完工产成品在销售时，完全成本需要在已

销产品和未销产品之间（按一定方法）进行分配。这样，已销产品、库存产成品、在产品均“吸收”了一定份额的固定制造费用，也就是说，各会计期末的产成品和在产品都按制造成本（包括变动成本和一部分固定制造费用）计价。在变动成本法下，产品成本只包括变动成本，无论是在产品、库存产成品还是已销产品，其成本均只包含变动成本。这样，期末存货是按变动成本计价的，并不包括固定成本。

由此可见，变动成本法和完全成本法对存货的估价不同，且完全成本法对存货的估价必然高于变动成本法对存货的估价。

【例 3-2】 承例 3-1 资料。

要求：分别采用变动成本法和完全成本法计算确定该公司的本期销售产品成本和期末产成品成本。

根据上述资料，现分别按变动成本法和完全成本法计算本期销售产品成本和期末产成品成本，如表 3-3 所示。

表 3-3　变动成本法和完全成本法的本期销售产品成本和期末产成品成本计算表

项　目		变动成本法		完全成本法	
		总成本/元	单位成本/（元/件）	总成本/元	单位成本/（元/件）
期初产成品	直接材料	1 200	2	1 200	2
	直接人工	1 260	2.1	1 260	2.1
	变动制造费用	1 140	1.9	1 140	1.9
	固定制造费用	—	—	635.10	1.058 5
	合　计	3 600	6	4 235.10	7.058 5
本期完工产品	直接材料	9 000	2	9 000	2
	直接人工	9 450	2.1	9 450	2.1
	变动制造费用	8 550	1.9	8 550	1.9
	固定制造费用	—	—	5 468.64	1.215 3
	合　计	27 000	6	32 468.64	7.215 3
本期销售产品	直接材料	9 400	2	9 400	2
	直接人工	9 870	2.1	9 870	2.1
	变动制造费用	8 930	1.9	8 930	1.9
	固定制造费用	—	—	5 625.02	1.196 8
	合　计	28 200	6	33 825.02	7.196 8
期末产成品	直接材料	800	2	800	2
	直接人工	840	2.1	840	2.1
	变动制造费用	760	1.9	760	1.9
	固定制造费用	—	—	478.72	1.196 8
	合　计	2 400	6	2 878.72	7.196 8

三、分期营业利润不同

如前所述，变动成本法的主要特点是，产品成本中只包括变动生产成本，而把固定生产成本（即固定制造费用）当作期间成本，直接在发生的当期全额列入利润表，期末资产负债表中的在产品、产成品均按变动生产成本计价；而完全成本法则把生产成本或制造成本（包括变动生产成本和固定生产成本）计入产品成本，并使本期已销的产品和期末的在产品、产成品具有相同的成本构成。这个特点对分期营业利润计算有重大影响，主要表现在当产销不平衡时，以这两种成本计算方法为基础所确定的分期营业利润不同。

【例 3-3】 承例 3-1 资料。

要求：分别采用变动成本法和完全成本法编制该公司贡献式营业利润表和职能式营业利润表。

根据上述资料，现分别按变动成本法和完全成本法编制该公司的贡献式营业利润表和职能式营业利润表，如表 3-4 所示。

表 3-4 按变动成本法和完全成本法编制的营业利润表 单位：元

贡献式营业利润表（按变动成本法编制）		职能式营业利润表（按完全成本法编制）	
项 目	金 额	项 目	金 额
营业收入（4 700 件×15 元/件）	70 500	营业收入（4 700 件×15 元/件）	70 500
减：变动成本	—	减：营业成本	—
期初库存产成品变动生产成本	3 600	期初库存产成品生产成本	4 235.10
本期完工入库产成品变动生产成本	27 000	本期完工入库产成品生产成本	32 468.64
本期可供销售产成品变动生产成本	30 600	本期可供销售产成品生产成本	36 703.74
减：期末库存产成品变动生产成本	2 400	减：期末库存产成品生产成本	2 878.72
本期销售产成品变动生产成本	28 200	本期销售产成品生产成本	33 825.02
变动销售费用（4 700 件×2 元/件）	9 400		
变动管理费用（4 700 件×1 元/件）	4 700		
变动财务费用（4 700 件×0.05 元/件）	235		
变动成本合计	42 535		
边际贡献	27 965	营业毛利	36 674.98
减：固定成本	—	减：期间成本	—
固定制造费用	5 400	销售费用	11 400
固定销售费用	2 000	管理费用	7 700
固定管理费用	3 000	财务费用	1 135
固定财务费用	900		
固定成本合计	11 300	期间成本合计	20 235
营业利润	16 665	营业利润	16 439.98

为了更全面地说明这两种成本方法计算的营业利润不同的原因，下面再列举两种不同情况下连续各期的营业利润计算。

1．在连续各期完工产量稳定而销售量变动下，两种计算方法对分期营业利润的影响

【例 3-4】 承例 3-1 资料。皖巢公司过去连续三期的产销存业务量资料如表 3-5 所示。各期除固定制造费用均为 5 000 元外，其他固定费用和单位变动成本均保持不变。

表 3-5 皖巢公司产品各期的产销存业务量资料表

业 务 量	第 一 期	第 二 期	第 三 期	合 计
期初在产品数量/件	0	0	0	0
期初产成品数量/件	0	0	1 000	0

续表

业务量	第一期	第二期	第三期	合计
当期投产数量/件	5 000	5 000	5 000	15 000
当期完工产品数量/件	5 000	5 000	5 000	15 000
当期销售产品数量/件	5 000	4 000	6 000	15 000
期末在产品数量/件	0	0	0	0
期末产成品数量/件	0	1 000	0	0

要求：根据上述资料，分别按两种成本方法计算确定各期营业利润。

根据上述资料，现分别按两种成本方法计算确定各期营业利润，如表3-6所示。

表3-6　皖巢公司编制的各期营业利润表　　单位：元

项目	第一期	第二期	第三期	合计
贡献式营业利润表（按变动成本法编制）				
营业收入（销售量×15元/件）	75 000	60 000	90 000	225 000
减：变动成本				
期初库存产成品变动生产成本	0	0	6 000	0
本期完工入库产成品变动生产成本	30 000	30 000	30 000	90 000
本期可供销售产成品变动生产成本	30 000	30 000	36 000	90 000
减：期末库存产成品变动生产成本	0	6 000	0	0
本期销售产成品变动生产成本	30 000	24 000	36 000	90 000
变动销售费用（销售量×2元/件）	10 000	8 000	12 000	30 000
变动管理费用（销售量×1元/件）	5 000	4 000	6 000	15 000
变动财务费用（销售量×0.05元/件）	250	200	300	750
变动成本合计	45 250	36 200	54 300	135 750
边际贡献	29 750	23 800	35 700	89 250
减：固定成本				
固定制造费用	5 000	5 000	5 000	15 000
固定销售费用	2 000	2 000	2 000	6 000
固定管理费用	3 000	3 000	3 000	9 000
固定财务费用	900	900	900	2 700
固定成本合计	10 900	10 900	10 900	32 700
营业利润	18 850	12 900	24 800	56 550
职能式营业利润表（按完全成本法编制）				
营业收入（销售量×15元/件）	75 000	60 000	90 000	225 000
减：营业成本				
期初库存产成品生产成本	0	0	7 000	0
本期完工入库产成品生产成本	35 000	35 000	35 000	105 000
本期可供销售产成品生产成本	35 000	35 000	42 000	105 000
减：期末库存产成品生产成本	0	7 000	0	0
本期销售产成品生产成本	35 000	28 000	42 000	105 000
营业毛利	40 000	32 000	48 000	120 000

续表

项　　目	第 一 期	第 二 期	第 三 期	合　　计
减：期间成本				
销售费用	12 000	10 000	14 000	36 000
管理费用	8 000	7 000	9 000	24 000
财务费用	1 150	1 100	1 200	3 450
期间成本合计	21 150	18 100	24 200	63 450
营业利润	18 850	13 900	23 800	56 550

比较表 3-6 得出的这两种成本方法计算确定的营业利润，可以发现在完工产量稳定而销售量变动的情况下：

（1）第一期，期初、期末的存货数量相等且均为零，当期的完工产量等于销售量，即产销绝对平衡。在这种情况下，两种成本方法都将当期发生的固定制造费用（固定生产成本）全部转入期间成本，因而这两种成本方法计算确定的营业利润相等。

（2）第二期，期初、期末的在产品数量相等且均为零，当期的完工产量大于销售量，即产量大于销量。在变动成本法下，应当将当期发生的固定制造费用 5 000 元全部转入期间成本，期末产成品不负担固定制造费用；在完全成本法下，应当将当期发生的固定制造费用 5 000 元全部转入当期产成品，并随当期销售产成品 4 000 件转入期间成本 4 000 元，这样期末产成品 1 000 件就“吸收”了固定制造费用 1 000 元。因此，按变动成本法计算确定的营业利润比按完全成本法计算确定的营业利润少 1 000 元。

（3）第三期，期初、期末的在产品数量相等且均为零，当期的完工产量小于销售量，即产量小于销量。在变动成本法下，应当将当期发生的固定制造费用 5 000 元全部转入期间成本；在完全成本法下，应当将当期发生的固定制造费用 5 000 元全部转入当期产成品，并随当期销售产成品转入期间成本，而且还应当将期初产成品 1 000 件“吸收”的固定制造费用 1 000 元随当期销售产成品转入期间成本。因此，按变动成本法计算确定的营业利润比按完全成本法计算确定的营业利润多 1 000 元。

（4）从较长时期来看，这两种成本方法所计算确定的营业利润应该趋于相等。在例 3-4 中，连续三期的完工产量之和与销售量之和均为 15 000 件，且期初、期末均无存货，因此，这两种成本方法计算确定的连续三期的营业利润之和相等，均为 56 550 元。从长时期来看，企业的产销量应该趋于相同，无论按完全成本法计入营业成本的固定制造费用，还是按变动成本法计入期间成本的固定制造费用，其总额也趋于相等。因此，这两种成本方法计算确定的各期营业利润的差异趋于相互抵销，确定的长期营业利润之和趋于相等。

2. 在连续各期销售量稳定而完工产量变动下，两种计算方法对分期营业利润的影响

【例 3-5】 承例 3-1 资料。皖巢公司过去连续三期的产销存业务量资料如表 3-7 所示。各期除固定制造费用均为 5 000 元外，其他固定费用和单位变动成本均保持不变。

表 3-7　皖巢公司产品各期的产销存业务量资料表

业 务 量	第 一 期	第 二 期	第 三 期	合　　计
期初在产品数量/件	0	0	0	0
期初产成品数量/件	0	1 000	1 000	0
当期投产数量/件	6 000	5 000	4 000	15 000

续表

业　务　量	第　一　期	第　二　期	第　三　期	合　　计
当期完工产品数量/件	6 000	5 000	4 000	15 000
当期销售产品数量/件	5 000	5 000	5 000	15 000
期末在产品数量/件	0	0	0	0
期末产成品数量/件	1 000	1 000	0	0

要求：根据上述资料，分别按两种成本方法计算确定各期营业利润。

根据上述资料，现分别按两种成本方法计算确定各期营业利润，如表 3-8 所示。

表 3-8　皖巢公司编制的各期营业利润表　　单位：元

项　　目	第　一　期	第　二　期	第　三　期	合　　计
贡献式营业利润表（按变动成本法编制）				
营业收入（销售量×15 元/件）	75 000	75 000	75 000	225 000
减：变动成本				
期初库存产成品变动生产成本	0	6 000	6 000	0
本期完工入库产成品变动生产成本	36 000	30 000	24 000	90 000
本期可供销售产成品变动生产成本	36 000	36 000	30 000	90 000
减：期末库存产成品变动生产成本	6 000	6 000	0	0
本期销售产成品变动生产成本	30 000	30 000	30 000	90 000
变动销售费用（销售量×2 元/件）	10 000	10 000	10 000	30 000
变动管理费用（销售量×1 元/件）	5 000	5 000	5 000	15 000
变动财务费用（销售量×0.05 元/件）	250	250	250	750
变动成本合计	45 250	45 250	45 250	135 750
边际贡献	29 750	29 750	29 750	89 250
减：固定成本				
固定制造费用	5 000	5 000	5 000	15 000
固定销售费用	2 000	2 000	2 000	6 000
固定管理费用	3 000	3 000	3 000	9 000
固定财务费用	900	900	900	2 700
固定成本合计	10 900	10 900	10 900	32 700
营业利润	18 850	18 850	18 850	56 550
职能式营业利润表（按完全成本法编制）				
营业收入（销售量×15 元/件）	75 000	75 000	75 000	225 000
减：营业成本				
期初库存产成品生产成本	0	6 833.30	6 972.20	0
本期完工入库产成品生产成本	41 000	35 000	29 000	105 000
本期可供销售产成品生产成本	41 000	41 833.30	35 972.20	105 000
减：期末库存产成品生产成本	6 833.30	6 972.20	0	0
本期销售产成品生产成本	34 166.70	34 861.10	35 972.20	105 000
营业毛利	40 833.30	40 138.90	39 027.80	120 000

续表

项　　目	第一期	第二期	第三期	合　计
减：期间成本				
销售费用	12 000	12 000	12 000	36 000
管理费用	8 000	8 000	8 000	24 000
财务费用	1 150	1 150	1 150	3 450
期间成本合计	21 150	21 150	21 150	63 450
营业利润	19 683.30	18 988.90	17 877.80	56 550

比较表 3-8 得出的这两种成本方法计算确定的营业利润，可以发现在销售量稳定而完工产量变动的情况下。

（1）当期初、期末均无在产品，且每期销售量相同时，在变动成本法下，每期的产成品成本、期间成本水平均保持不变，因而各期的营业利润均相等。可见，在这种情况下，各期完工产量的变化对营业利润没有影响。

（2）当期初、期末均无在产品时，在完全成本法下，由于三期完工产量不同，各期单位产成品所分摊的固定制造费用也就不相等，从而导致各期的单位产成品成本存在差异。因此，在这种情况下，即使各期销售量相同，其销货成本也不会相等，从而导致各期营业利润不相等。

（3）当期初、期末均无在产品时，在各期完工产量变动的情况下，即使各期销售量相同，两种成本方法计算确定的营业利润也会出现差异。在例 3-5 中，第一期完工产量大于销售量 1 000 件，按变动成本法计算确定的营业利润比按完全成本法计算确定的营业利润少 833.30 元；第二期完工产量与销售量平衡，按变动成本法计算确定的营业利润比按完全成本法计算确定的营业利润少 138.90 元；第三期完工产量小于销售量 1 000 件，按变动成本法计算确定的营业利润比按完全成本法计算确定的营业利润多 972.20 元。

（4）从较长时期来看，这两种成本方法所计算确定的营业利润应该趋于相等。在例 3-5 中，连续三期的完工产品数量之和与销售量之和均为 15 000 件，且期初、期末均无存货，因此，这两种成本方法计算确定的连续三期营业利润之和相等，均为 56 550 元。从长时期来看，企业的产销量应该趋于相同，无论按完全成本法计入营业成本的固定制造费用，还是按变动成本法计入期间成本的固定制造费用，其总额也趋于相等。因此，这两种成本方法计算确定的各期营业利润的差异趋于相互抵销，确定的长期营业利润之和趋于相等。

综上所述，可以得出以下结论：即使存货各期成本水平、销售单价和计价方法等都不变，按变动成本法计算确定的营业利润和按完全成本法计算确定的营业利润也可能相等或不相等。导致这两种成本方法计算确定的营业利润之间存在差异及其差异大小不等的原因不是产销量是否平衡（如例 3-5 中的第二期虽然同例 3-4 中的第一期一样是产销量平衡，但按变动成本法计算确定的营业利润却小于按完全成本法计算确定的营业利润），也不是这两种成本方法对固定制造费用的处理不同（如例 3-4 中的第一期，这两种成本方法计算确定的营业利润相等，尽管这两种成本方法对固定制造费用的处理方式不同），而是这两种成本方法计入当期的固定制造费用水平是否存在差异及其差异的大小。

在变动成本法下，计入当期营业利润表的固定制造费用数额是当期发生的全部固定制造费用。即

$$\left(\begin{array}{l}\text{变动成本法下计入当期营}\\\text{业利润表的固定制造费用}\end{array}\right)=\left(\begin{array}{l}\text{当期发生的固}\\\text{定制造费用}\end{array}\right) \tag{3-3}$$

而在完全成本法下，计入当期营业利润表的固定制造费用数额，不仅受到当期发生的固定制造费用水平的影响，而且还受到期初、期末存货包含的固定制造费用的影响。即

$$\begin{pmatrix}\text{完全成本法下计入当期营}\\\text{业利润表的固定制造费用}\end{pmatrix}=\begin{pmatrix}\text{当期发生的固}\\\text{定制造费用}\end{pmatrix}+\begin{pmatrix}\text{期初存货释放的}\\\text{固定制造费用}\end{pmatrix}-\begin{pmatrix}\text{期末存货吸收的}\\\text{固定制造费用}\end{pmatrix}\tag{3-4}$$

因此，当其他条件不变时，在完全成本法下，如果某期期初存货“释放”的固定制造费用与期末存货“吸收”的固定制造费用水平不同，就意味着这两种成本方法计入当期营业利润表的固定制造费用水平不同，则一定会使这两种成本方法计算确定的当期营业利润出现差异，且差异的大小等于期初存货“释放”的固定制造费用与期末存货“吸收”的固定制造费用之差。如例 3-3 中，期初存货“释放”的固定制造费用为 1 007.57 元，其中期初在产品为 372.47 元（700×0.532 1）、期初产成品为 635.10 元（600×1.058 5），期末存货“吸收”的固定制造费用为 782.57 元，其中期末在产品为 303.85 元（500×0.607 7）、期末产成品为 478.72 元（400×1.196 8），两者之间的差额 225.02 元就是这两种成本方法计算确定的当期营业利润的差额。反之，如果某期期末存货“吸收”的固定制造费用与期初存货“释放”的固定制造费用水平相同，就意味着这两种成本方法计入当期营业利润表的固定制造费用水平相同，则这两种成本方法计算确定的当期营业利润必然相等。即

$$\begin{pmatrix}\text{当期变动成本法下计}\\\text{算确定的营业利润}\end{pmatrix}-\begin{pmatrix}\text{当期完全成本法下计}\\\text{算确定的营业利润}\end{pmatrix}=\begin{pmatrix}\text{完全成本法下计入当期营}\\\text{业利润表的固定制造费用}\end{pmatrix}-\begin{pmatrix}\text{变动成本法下计入当期营}\\\text{业利润表的固定制造费用}\end{pmatrix}=\begin{pmatrix}\text{完全成本法下期初存货}\\\text{释放的固定制造费用}\end{pmatrix}-\begin{pmatrix}\text{完全成本法下期末存货}\\\text{吸收的固定制造费用}\end{pmatrix}\tag{3-5}$$

若对式（3-5）进行整理，可以得出这两种成本方法计算确定的营业利润的相互转换公式。即

$$\begin{pmatrix}\text{当期变动成本法下计}\\\text{算确定的营业利润}\end{pmatrix}=\begin{pmatrix}\text{当期完全成本法下计}\\\text{算确定的营业利润}\end{pmatrix}+\begin{pmatrix}\text{完全成本法下期初存货}\\\text{释放的固定制造费用}\end{pmatrix}-\begin{pmatrix}\text{完全成本法下期末存货}\\\text{吸收的固定制造费用}\end{pmatrix}\tag{3-6}$$

$$\begin{pmatrix}\text{当期完全成本法下计}\\\text{算确定的营业利润}\end{pmatrix}=\begin{pmatrix}\text{当期变动成本法下计}\\\text{算确定的营业利润}\end{pmatrix}+\begin{pmatrix}\text{完全成本法下期末存货}\\\text{吸收的固定制造费用}\end{pmatrix}-\begin{pmatrix}\text{完全成本法下期初存货}\\\text{释放的固定制造费用}\end{pmatrix}\tag{3-7}$$

任务三　了解变动成本法的优缺点

一、变动成本法的优点

变动成本法是为适应现代企业内部管理，提高经济效益而产生的，是管理会计的一大创新。它的优点是由其自身的特点和与传统的完全成本法相比较而体现出来的。一般来说，变动成本法主要有以下优点。

（1）变动成本法更符合“费用与收益相配合”这项会计核算的要求。所谓费用与收益相配合，就是要求会计所记录的一定期间发生的收益，必须与其费用同属于这一会计期间，即在一定的会计期间应当以产生的收益为根据，把有关的费用同所发生的收益配合起来。这项要求又称为权责发生制。变动成本法计算的各期营业利润避免了各期完工产量变动产生的影响，使营业利润水平更加客观真实，因而与完全成本法相比，它更符合费用与收益相配合的核算要求。

（2）变动成本法能够促使企业管理当局更加重视销售环节，防止盲目生产。在完全成本法下，可能会出现一方面销售量下降，另一方面完工产量大幅度增长，反而造成利润增加的虚假现象，更容易助长“重生产、轻销售”的不良倾向。而在变动成本法下，完工产量的高低与期末存货增减对企业的营业利润都没有影响，在存货销售单价、单位变动成本、销售结构等不变的情况下，营业利润将随销售量同步增长。这样就会促使企业管理当局注意研究市场动态，搞好销售工作，以销定产，防止生产的盲目扩大。

（3）变动成本法能够大大简化产品成本的计算工作。在变动成本法下，产品成本只包括变动生产成本，而把固定生产成本（固定制造费用）划为期间成本，从当期边际贡献中一次性扣除，不仅简化了产品成本计算中的费用分摊工作，而且避免了固定生产成本分配的主观随意性。

（4）变动成本法能够为企业的生产经营管理提供各种有益的会计信息。企业的短期决策不同于长期决策，一般不存在生产经营能力和规模的变动，固定成本相当稳定，在决策时将它作为无关成本，不加以考虑，这样需要在不同方案之间进行比较的只是边际贡献，变动成本法就可以提供这方面的资料。在市场竞争日益激烈的情况下，按一系列产销水平编制的弹性预算，比只按一个产销水平编制的固定预算有较大的适应性。建立在成本性态分析基础上的变动成本法能使成本、利润的预算数与其实际数具有更好的可比性，从而使得日益普遍使用的弹性预算的编制成为可能。

（5）变动成本法能对不同期间的经营业绩进行正确评价。在完全成本法下，如果当期的生产能力得不到充分利用，单位固定制造费用就会随产量的下降而上升，单位产品成本因而也随产量的下降而上升。若当期有部分产品转入下期销售，这种损失还会部分地转嫁到下期，从而减少下期的利润；反之，则会增加下期的利润。因此，此盈亏就不能正确反映当期的经营业绩。而在变动成本法下，不论当期的生产能力是否得到充分利用，对当期的经营业绩都没有影响，也不会对下期利润产生影响，从而避免了完全成本法下的不合理情况的出现。

二、变动成本法的缺点

与其他方法一样，变动成本法尽管有以上诸多的优点，但它也不可避免地存在一定的局限性。

（1）变动成本法不能适应长期决策的需要。长期决策不同于短期决策，它所要解决的是提高或降低生产能力和扩大或缩小经营规模等方面的问题。这种决策，通常需要能提供若干年后也相对准确的预测数据作为依据。但从长期来看，固定成本总额不可能不发生变动，单位变动成本也将随着技术进步而下降，且随着通货膨胀而上升，很难固定不变，甚至可能发生很大的变化。因而变动成本法提供的资料就很难胜任长期决策的需要。

（2）变动成本法不符合传统的成本概念的要求。一般来说，传统的成本是指为了达到一个特定目的而已经发生或可能发生的以货币计量的价值牺牲。按照这一概念的要求，产品成本应该既包括变动成本，也包括固定成本。但按变动成本法计算的产品成本，是不完全的产品成本，不能体现这种要求。

（3）变动成本法会影响有关方面的利润。根据《企业会计准则》的规定，企业对外编制的财务报表应以完全成本法为基础，而不以变动成本法为基础。若由完全成本法改为变动成本法计算

产品成本和对外编制财务报表，则一般都会降低期末存货的成本，降低企业当期的营业利润，从而会递延国家的所得税收入和投资者的股利收益，影响有关方面及时取得收益。

任务四　统一变动成本法与完全成本法的应用

一、建立统一的成本计算方法系统

如上所述，变动成本法和完全成本法各有其优缺点，二者既不互相排斥，也不可能互相取代，而应互相结合、互相补充。因为企业会计的职能要求为，既要通过各种各样的方法和手段，为企业内部的经营管理提供决策、计划、控制等方面的有用信息，又要通过定期提供财务报表，为企业外部的投资人、债权人、潜在的投资人和债权人等有关各方服务。因此，为了满足这两方面的需要，既不能用一种成本计算方法取代另一种成本计算方法，也不能像西方国家的企业那样对外报告按完全成本法，对内管理采用变动成本法，搞两套平行的成本资料。而只能将这两种成本计算方法有机地结合起来，同时满足企业对内管理和对外报告的要求，搞一套以一种成本计算方法为基础的统一成本方法计算体系。变动成本法仍然可以与品种法、分批法和分步法等基本方法结合起来运用。

如何把这两种成本计算方法结合起来应用？一般来说，要从工作量的大小和管理的重要性来确定。企业的成本计算主要为内部管理提供需要的成本资料，这是一项经常性的大量工作，编制对外的财务报表则是一项定期性工作，所以平时采用变动成本法组织日常核算，期末，在变动成本法计算成本的基础上，把固定制造费用经过调整计入期末存货成本和销售成本内，使变动成本转化为完全成本，据以编制对外的财务报表。

二、两种成本计算方法结合运用实例

为建立以变动成本法为基础的统一的成本计算方法系统，应做以下处理。

（1）日常成本核算应以变动成本为基础，在产品、产成品、已销产品成本均按变动成本法计算，即只包括直接材料、直接人工和变动制造费用。

（2）在生产费用核算中，应设置“生产成本”“变动制造费用”和“固定制造费用”账户，分别归集成本计算对象耗费的直接费用（即直接材料和直接人工）、变动制造费用和固定制造费用。“生产成本”账户需要设置“变动生产成本”和“固定制造费用”两个明细账户。平时，成本计算对象耗费的直接费用（即直接材料和直接人工）直接记入“生产成本”总账所属的“生产成本——变动生产成本”明细账户；耗费的变动制造费用、固定制造费用分别通过“变动制造费用”“固定制造费用”账户归集，期末再通过适当的方法将“变动制造费用”“固定制造费用”账户分别转入“生产成本——变动生产成本”“生产成本——固定制造费用”账户。

（3）在产成品核算中，“库存商品”账户也需要设置“变动生产成本”和“固定制造费用”两个明细账户，分别归集产成品的变动生产成本和固定制造费用。期末，按照一定的方法在本期完工产品与期末在产品之间进行成本分配后，将本期完工产品的变动生产成本和固定制造费用分别从“生产成本——变动生产成本”“生产成本——固定制造费用”明细账户转入“库存商品——变动生产成本”“库存商品——固定制造费用”明细账户。

（4）在产品销售成本核算中，“主营业务成本”账户也需要设置“变动生产成本”和“固定制造费用”两个明细账户，分别归集已销产成品的变动生产成本和固定制造费用。期末，按照一定的方法在本期已销售产成品与期末库存产成品之间进行成本分配后，将本期已销产成品的变动生产成本和固定制造费用分别从“库存商品——变动生产成本”“库存商品——固定制造费用”明细

账户转入“主营业务成本——变动生产成本”“主营业务成本——固定制造费用”明细账户。

（5）在期间费用核算中，应设置“变动销售费用”“变动管理费用”“变动财务费用”“固定销售费用”“固定管理费用”和“固定财务费用”账户，分别归集企业日常经营过程中发生的各种变动销售费用、变动管理费用、变动财务费用、固定销售费用、固定管理费用和固定财务费用。

（6）期末，企业可以按变动成本法编制内部利润表。为了编制对外报表，企业应当按完全成本法编制资产负债表和利润表。

【例 3-6】 承例 3-1 资料。

要求：将变动成本法和完全成本法结合运用来计算产品成本。

有关主要经济业务的会计处理如下：

（1）本期发生直接材料、直接人工时，

借：生产成本——变动生产成本（直接材料） 8 600
　　　　　　——变动生产成本（直接人工） 9 240
　贷：原材料 8 600
　　　应付职工薪酬 9 240

（2）本期发生变动制造费用、固定制造费用时，

借：变动制造费用 8 360
　贷：银行存款 8 360
借：固定制造费用 5 400
　贷：累计折旧 5 400

（3）期末，将本期发生的变动制造费用、固定制造费用在各成本对象之间分配时，

借：生产成本——变动生产成本（变动制造费用） 8 360
　贷：变动制造费用 8 360
借：生产成本——固定制造费用 5 400
　贷：固定制造费用 5 400

（4）期末，将各成本对象本期发生的变动生产成本在完工产品和在产品之间分配时，

借：库存商品——变动生产成本 27 000
　贷：生产成本——变动生产成本（直接材料） 9 000
　　　　　　　——变动生产成本（直接人工） 9 450
　　　　　　　——变动生产成本（变动制造费用） 8 550

（5）期末，将各成本对象本期发生的固定制造费用在完工产品和在产品之间分配时，

借：库存商品——固定制造费用 5 468.64
　贷：生产成本——固定制造费用 5 468.64

（6）期末，结转本期已经销售产品的变动生产成本、固定制造费用时，

借：主营业务成本——变动生产成本 28 200
　　　　　　　　——固定制造费用 5 625.02
　贷：库存商品——变动生产成本 28 200
　　　　　　　——固定制造费用 5 625.02

（7）本期发生变动销售费用=4 700×2=9 400（元），固定销售费用=2 000（元）；本期发生变动管理费用=4 700×1=4 700（元），固定管理费用=3 000（元）；本期发生变动财务费用=4 700×0.05=235（元），固定财务费用=900（元）。

根据以上核算资料，分别编制两种成本计算方法下的营业利润表，如表 3-4 所示。

根据期初资料和上述业务的会计处理，可以得到在产品和产成品的有关资料，如表 3-9 所示。

表 3-9 在产品和产成品有关资料表 单位：元

会计账户		期初余额	本期发生额		期末余额
总账账户	明细账户		借方	贷方	
生产成本	变动生产成本	2 800	（1）8 600 （1）9 240 （3）8 360	（4）9 000 （4）9 450 （4）8 550	2 000
	固定制造费用	372.47	（3）5 400	（5）5 468.64	303.83
库存商品	变动生产成本	3 600	（4）27 000	（6）28 200	2 400
	固定制造费用	635.10	（5）5 468.64	（6）5 625.02	478.72

期末按完全成本法编制资产负债表时，500 件在产品的成本为 2 303.83 元（其中变动生产成本为 2 000 元，固定制造费用为 303.83 元），即为上述资料中的“生产成本”账户期末余额；400 件产成品的成本为 2 878.72 元（其中变动生产成本为 2 400 元，固定制造费用为 478.72 元），即为上述资料中的“库存商品”账户期末余额。

训练巩固

在线测试

思考题

1. 什么是变动成本法？其理论依据是什么？
2. 分别试述变动成本法和完全成本法下的期间成本、产品成本、存货成本的内涵。
3. 变动成本法与完全成本法在编制营业利润表方面有哪些区别？
4. 试述变动成本法与完全成本法在计算确定营业利润方面产生差别的原因。
5. 简述变动成本法的优缺点。
6. 为什么说变动成本法有利于短期决策而不能用于长期决策？

实训题

1. 皖巢公司只产销一种产品，过去一贯采用完全成本法编制营业利润表，其连续三期的简明职能式营业利润表如表 3-10 所示。

表 3-10 皖巢公司连续三期的简明职能式营业利润表 单位：元

项 目	第 一 期	第 二 期	第 三 期	合 计
营业收入	81 000	78 000	69 000	228 000
减：营业成本	37 800	36 740.72	33 226.56	107 767.28
营业毛利	43 200	41 259.28	35 773.44	120 232.72
减：期间成本	22 370	21 760	19 930	64 060
营业利润	20 830	19 499.28	15 843.44	56 172.72

该公司连续三期的产销存业务量资料如表 3-11 所示。

表 3-11 皖巢公司产品各期的产销存业务量资料表

业 务 量	第 一 期	第 二 期	第 三 期	合 计
期初在产品数量/件	400	700	600	400
期初产成品数量/件	700	600	500	700
当期投产数量/件	5 600	5 000	4 400	15 000
当期完工产品数量/件	5 300	5 100	4 300	14 700
当期销售产品数量/件	5 400	5 200	4 600	15 200
期末在产品数量/件	700	600	700	700
期末产成品数量/件	600	500	200	200

该产品单位售价为 15 元/件；第一期期初在产品、产成品的成本总额分别为 1 800 元、4 900 元，其中：直接材料分别为 800 元、1 400 元，直接人工分别为 420 元、1 470 元，变动制造费用分别为 380 元、1 330 元，固定制造费用分别为 200 元、700 元；各期的固定制造费用为 5 450 元，单位完工产成品中直接材料、直接人工和变动制造费用分别为 2 元/件、2.10 元/件、1.90 元/件。假设该产品耗用的材料费用在生产开工时一次性投入，期末在产品加工费用投入程度平均为 50%，期末在产品按约当产量法计价，生产费用分配率保留小数点后四位，分配尾差计入当期完工产品成本；期末产成品按先进先出法计价；且不考虑其他因素。

要求：利用变动成本法和完全成本法计算确定的营业利润之间的转换公式，分别确定该公司各期按变动成本法计算的营业利润（不需另编贡献式营业利润表）。

2. 皖巢公司只产销一种产品，过去连续三期的产销存业务量资料如表 3-12 所示。该产品单位售价为 15 元/件；第一期期初在产品、产成品的成本总额分别为 1 400 元、4 900 元，其中：直接材料分别为 400 元、1 400 元，直接人工分别为 420 元、1 470 元，变动制造费用分别为 380 元、1 330 元，固定制造费用分别为 200 元、700 元；各期的固定制造费用为 5 400 元，单位变动销售费用为 2 元/件，固定销售费用为 2 000 元，单位变动管理费用为 1 元/件，固定管理费用为 3 000 元，单位变动财务费用为 0.05 元/件，固定财务费用为 900 元，单位完工产成品中直接材料、直接人工和变动制造费用分别为 2 元/件、2.10 元/件、1.90 元/件。假设该产品耗用的材料费用在生产过程中陆续均匀投入，期末在产品生产费用投入程度平均为 50%，期末在产品按约当产量法计价，生产费用分配率保留小数点后四位，分配尾差计入当期完工产品成本；期末产成品按期末一次加权平均法计价，加权平均单价保留小数点后四位，尾差计入本期发出产成品成本；且不考虑其他因素。

表 3-12 皖巢公司产品各期的产销存业务量资料表

业 务 量	第 一 期	第 二 期	第 三 期	合 计
期初在产品数量/件	400	800	900	400
期初产成品数量/件	700	500	500	700
当期投产数量/件	5 600	5 100	4 300	15 000
当期完工产品数量/件	5 200	5 000	4 800	15 000
当期销售产品数量/件	5 400	5 000	4 600	15 000
期末在产品数量/件	800	900	400	400
期末产成品数量/件	500	500	700	700

要求：

（1）分别采用变动成本法和完全成本法编制该公司连续三期的营业利润表。

（2）比较上述各期两种成本方法编制的营业利润表中的营业利润，并说明它们之间产生差异的原因。

（3）如果该公司将变动成本法和完全成本法结合运用，试编制其第三期有关业务的会计分录。

项目四　营运管理：本量利分析

【学习导航】

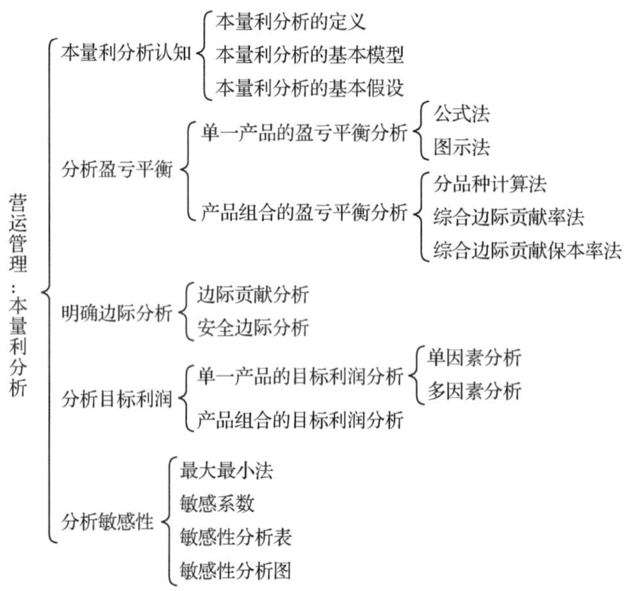

【学习目标】

☆ 掌握本量利分析的基本模型及基本假定
☆ 掌握边际贡献和安全边际的定义及其应用
☆ 掌握单一产品及多种产品盈亏平衡点的计算与分析
☆ 掌握目标利润规划、为实现目标利润应采取的措施及各因素对利润敏感程度的分析
☆ 掌握各种形式盈亏平衡图的绘制及其分析
☆ 培育业财融合的创新创业能力

【引言导读】

企业为了实现保本、保利等经营目标，需要管理会计能够提供有关成本、业务量、利润等因素之间的依存关系方面的信息，以便对生产经营活动进行决策、规划、控制。本量利分析是提供实现企业经营目标信息的重要工具。本项目在介绍本量利分析的基本内容基础上，主要阐述盈亏平衡分析、边际分析、目标利润分析、敏感性分析等。

任务一　本量利分析认知

一、本量利分析的定义

本量利分析是成本-业务量-利润分析（Cost-Volume-Profit Analysis，CVP Analysis）的简称。

它是指以成本性态分析和变动成本法为基础，运用数学模型和图式，对成本、利润、业务量与销售单价等因素之间的依存关系进行分析，发现变动的规律性，为企业进行预测、决策、计划和控制等活动提供支持的一种方法。其中，“本”是指成本，包括固定成本和变动成本；“量”是指业务量，一般指销售量；“利”一般指营业利润。

二、本量利分析的基本模型

本量利分析是依据下列关系式进行的：

营业利润=销售收入−（固定成本+变动成本）

=（销售单价−单位变动成本）×销售量−固定成本　　(4-1)

若用 p 代表销售单价，用 X 代表销售量，用 a 代表固定成本，用 b 代表单位变动成本，用 L 代表营业利润，则式（4-1）可表示为：

$$L=pX-(a+bX)=(p-b)X-a \tag{4-2}$$

由于本量利分析的其他各种模型均是在式（4-1）的基础上拓展出来的，故可以将该式称为本量利分析的基本模型。该式含有相互联系的五个变量，给定其中任意四个变量，就可求出第五个变量的值。

三、本量利分析的基本假设

本量利分析建立和使用的有关数学模型和图式是以下列假设为前提条件的。

（1）企业全部成本都可以准确地划分为固定成本和变动成本两部分。

（2）存货成本是按变动成本法计算的。

（3）无期初、期末存货，且存货的产销量相等。

（4）存货销售单价是个常数。

（5）在多品种产销的情况下，品种结构稳定。品种结构是指各种产品的销售额占全部产品销售额的百分比。

任务二　分析盈亏平衡

盈亏平衡分析，也称为保本分析、盈亏临界点分析或损益平衡分析，是指分析、测定盈亏平衡点，以及有关因素变动对盈亏平衡点的影响等，是本量利分析的核心内容。

当企业业务量达到某一点时，利润为零，处于不盈不亏的状态，这种状态称为盈亏平衡状态。使企业达到盈亏平衡状态的业务量或销售额的点即为盈亏平衡点，也称为保本点、盈亏临界点或损益平衡点。盈亏平衡点主要有盈亏平衡点销售量（简称保本量）和盈亏平衡点销售额（简称保本额）两种表现形式，前者以实物量单位表示，后者以货币价值量单位表示。盈亏平衡分析的原理是，通过计算企业盈亏平衡点，分析项目对市场需求变化的适应能力等。盈亏平衡分析包括单一产品的盈亏平衡分析和产品组合的盈亏平衡分析。

一、单一产品的盈亏平衡分析

单一产品的盈亏平衡分析通常可以采用公式法或图示法。

1．公式法

单一产品的盈亏平衡点的计算可以利用数学推导法来进行确定，即在本量利分析的基本数学模型的基础上，根据盈亏平衡点的定义，计算利润为零的业务量之点。

令盈亏平衡点的销售量为X_0、盈亏平衡点的销售额为Y_0、利润L=0，则根据式（4-1）可得

$$盈亏平衡点的销售量（X_0）=\frac{固定成本}{销售单价-单位变动成本}=\frac{固定成本}{单位边际贡献} \quad (4-3)$$

$$盈亏平衡点的销售额（Y_0）=销售单价\times 盈亏平衡点的销售量（X_0）$$

$$=\frac{固定成本}{边际贡献率} \quad (4-4)$$

企业的业务量或销售额等于盈亏平衡点的业务量或销售额时，企业处于保本状态；企业的业务量或销售额高于盈亏平衡点的业务量或销售额时，企业处于盈利状态，企业的业务量或销售额低于盈亏平衡点的业务量或销售额时，企业处于亏损状态。

【例 4-1】 皖巢公司计划期只产销甲产品 100 000 件，销售单价为 10 元/件，单位变动成本为 6 元/件，固定成本为 200 000 元。假定不考虑其他因素。

要求：计算该产品盈亏平衡点的销售量、销售额。

$$盈亏平衡点的销售量（X_0）=\frac{a}{p-b}=\frac{200\,000}{10-6}=50\,000（件）$$

$$盈亏平衡点的销售额（Y_0）=pX_0=10\times 50\,000=500\,000（元）$$

以上计算表明，该公司今年甲产品的销售量为 50 000 件或销售额为 500 000 元时，刚好处于不盈不亏的状态，即保本。

2. 图示法

企业可以使用本量利关系图进行分析。本量利关系图按照数据的特征和目的分类，可以分为传统式本量利关系图、边际贡献式本量利关系图和利量式本量利关系图三种。

（1）传统式本量利关系图。传统式本量利关系图是最基本、最常见的本量利关系图形。其绘制方法如下。

① 在直角坐标系中，以横轴表示销售量，以纵轴表示成本或销售收入。

② 在纵轴上找出固定成本数值，即以（0，固定成本总额）为起点，绘制一条与横轴平行的固定成本线。

③ 以（0，固定成本总额）为起点，以单位变动成本为斜率，绘制总成本线。

④ 以坐标原点（0，0）为起点，以销售单价为斜率，绘制销售收入线。

⑤ 总成本线和销售收入线的交点就是盈亏平衡点的销售量。

【例 4-2】 承例 4-1 资料。

要求：绘制其传统式本量利关系图。

根据例 4-1 资料，可以绘制传统式本量利关系图，如图 4-1 所示。

通过对图 4-1 的分析，可以清楚地看到以下几点。

第一，在盈亏平衡点不变时，销售量超过盈亏平衡点就能盈利，且销售量越大，盈利就越多；反之，销售量低于盈亏平衡点则发生亏损，且销售量越小，亏损就越大。

第二，在销售量不变时，盈亏平衡点越低，产品的盈利能力越大，亏损越小；反之，盈亏平衡点越高，产品的盈利能力越小，亏损越大。

第三，在销售收入不变时，盈亏平衡点的高低取决于固定成本或单位变动成本大小的影响，单位变动成本或固定成本越小，则盈亏平衡点越低；反之，则盈亏平衡点越高。

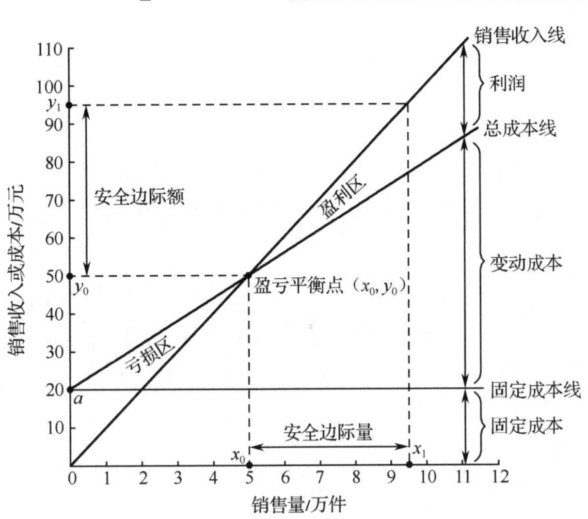

图 4-1　传统式本量利关系图

第四，在总成本线不变时，盈亏平衡点受销售收入线斜率（即销售单价）的影响，销售单价越高，销售收入线斜率越大，盈亏平衡点越低；反之，则盈亏平衡点越高。

（2）边际贡献式本量利关系图。与传统式本量利关系图相比，边际贡献式本量利关系图是将固定成本置于变动成本之上，能够反映边际贡献形成过程的图形。其绘制方法如下：

① 在直角坐标系中，以横轴表示销售量，以纵轴表示成本或销售收入。

② 从坐标原点（0，0）出发分别绘制销售收入线和变动成本线。

③ 以纵轴上的（0，固定成本总额）点为起点绘制一条与变动成本线平行的总成本线。

④ 总成本线和销售收入线的交点就是盈亏平衡点的销售量。

【例 4-3】　承例 4-1 资料。

要求：绘制其边际贡献式本量利关系图。

根据例 4-1 资料，可以绘制边际贡献式本量利关系图，如图 4-2 所示。

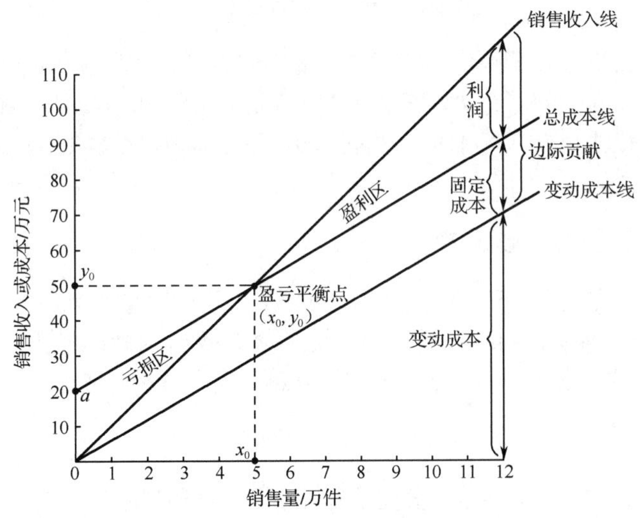

图 4-2　边际贡献式本量利关系图

从图 4-2 中可以看出，起始销售量为 0 时，边际贡献为 0，固定成本没有得到任何补偿，因而此时企业处于亏损状态，且亏损额为固定成本。此后，随着销售量的逐步提高，边际贡献逐渐增加，固定成本得到部分补偿，而未能得到补偿的固定成本部分便是企业的亏损额。当销售量达到 50 000 件时，边际贡献正好能补偿固定成本，因而此时利润为 0，即该点为盈亏平衡点。此后，随着销售量的提高，边际贡献开始超过固定成本，边际贡献补偿固定成本后的余额，就是利润。

（3）利量式本量利关系图。利量式本量利关系图是反映利润与销售量之间依存关系的图形。其绘制方法如下。

① 在直角坐标系中，以横轴代表销售量，以纵轴代表利润（或亏损）。

② 在纵轴原点以下部分找到与固定成本相等的点（0，固定成本总额），该点表示销售量等于 0 时，亏损额等于固定成本；从起点（0，固定成本总额）出发画出利润线，该线可以在横轴上任取一销售量，依据本量利基本公式，计算出相应的利润或亏损，再与起点相连接，就画出了利润线。该线的斜率是企业单位边际贡献。

③ 利润线与横轴的交点即为盈亏平衡点的销售量。

【例 4-4】 承例 4-1 资料。

要求：绘制其利量式本量利关系图。

根据例 4-1 资料，可以绘制利量式本量利关系图，如图 4-3 所示。

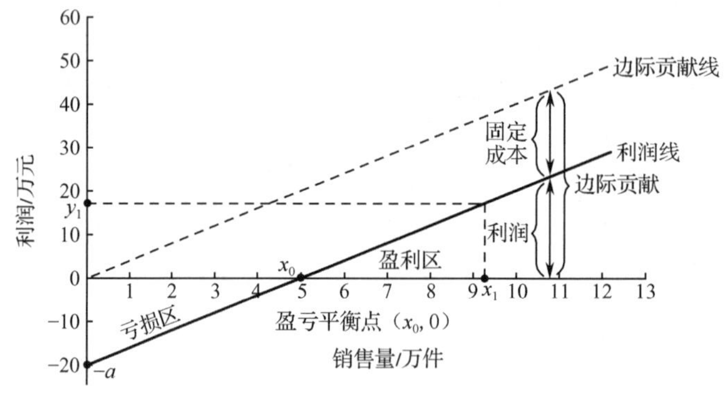

图 4-3　利量式本量利关系图

通过图 4-3，可以清楚地揭示利润随着销售量的变动而变动的情况，很容易为管理者所理解。当销售量为 0 时，企业的亏损额最大，其金额等于固定成本总额；此后随着销售量的增大，亏损额逐渐减小；当销售量达到 50 000 件时，利润为 0，该点即为盈亏平衡点；此后随着销售量的继续提高，利润越来越大。

二、产品组合的盈亏平衡分析

企业在产销多种产品的情况下，其盈亏平衡点的分析就不能用实物量表现，而只能用货币表现。因为不同产品的销售量不能直接相加，因而企业无法直接以单一产品盈亏平衡点的销售量为基础分析产品组合的盈亏平衡。关于多种产品情况下盈亏平衡点的计算与分析通常有以下几种方法。

1. 分品种计算法

分品种计算法是指首先将固定成本分配给各种产品，每种产品分别按单一产品的盈亏平衡分析确定盈亏平衡点的销售额，然后将各产品盈亏平衡点的销售额汇总，即可得出企业综合盈亏平衡点的销售额的一种方法。在分配固定成本时，对专属固定成本可进行直接分配，对共同性固定成本应选择适当标准（如销售比重，产品的重量、体积，或所需工时比重等）分配给各种产品。

【例 4-5】 皖巢公司计划期产销甲、乙、丙三种产品，有关资料如表 4-1 所示。

要求：假定该公司甲、乙、丙三种产品分配的固定成本分别为200 000元、2 250 000元、2 000 000元，试采用分品种计算法计算该公司计划期的综合盈亏平衡点的销售额及各产品的盈亏平衡点的销售额。

表 4-1　产品计算资料

项　目	甲 产 品	乙 产 品	丙 产 品
产销量/件	100 000	90 000	200 000
销售单价/（元/件）	10	100	50
单位变动成本/（元/件）	6	50	30
固定成本/元	4 450 000		

甲产品盈亏平衡点的销售额=10×200 000÷(10−6)=500 000（元）

乙产品盈亏平衡点的销售额=100×2 250 000÷(100−50)=4 500 000（元）

丙产品盈亏平衡点的销售额=50×2 000 000÷(50−30)=5 000 000（元）

综合盈亏平衡点的销售额=500 000 + 4 500 000 + 5 000 000=10 000 000（元）

2. 综合边际贡献率法

综合边际贡献率法，也称为加权平均边际贡献率法、综合贡献毛益率法、加权平均贡献毛益率法、综合贡献边际率法或加权平均贡献边际率法，是指企业在掌握每种单一产品的边际贡献率的基础上，按各种产品销售额的比重进行加权平均，据以计算综合边际贡献率，从而确定产品组合的盈亏平衡点的销售额的一种方法。它是计算产品组合的盈亏平衡点最常用的方法。其主要计算公式为：

$$\text{某种产品的销售额比重}=\text{该产品的销售额}\div\text{各种产品的销售额合计} \tag{4-5}$$

$$\text{综合边际贡献率}=\sum\left(\begin{matrix}\text{某种产品的}\\\text{边际贡献率}\end{matrix}\times\begin{matrix}\text{该种产品的}\\\text{销售额比重}\end{matrix}\right) \tag{4-6}$$

$$\text{综合盈亏平衡点的销售额}=\text{固定成本}\div\text{综合边际贡献率} \tag{4-7}$$

$$\text{某种产品盈亏平衡点的销售额}=\left(\begin{matrix}\text{综合盈亏平衡}\\\text{点的销售额}\end{matrix}\times\begin{matrix}\text{该种产品的}\\\text{销售额比重}\end{matrix}\right) \tag{4-8}$$

【例 4-6】 承例 4-5 资料。假定计算比率精确到小数点后四位；计算金额精确到小数点后两位，尾差计入丙产品。

要求：采用综合边际贡献率法计算该公司计划期的综合盈亏平衡点的销售额及各产品的盈亏平衡点的销售额。

将上述资料计算整理如表 4-2 所示。

表 4-2　盈亏平衡点计算资料表

项　目	甲 产 品	乙 产 品	丙 产 品	合　计
销售额/元	1 000 000	9 000 000	10 000 000	20 000 000
销售额比重	5%	45%	50%	100%
单位边际贡献/（元/件）	4	50	20	—
边际贡献/元	400 000	4 500 000	4 000 000	8 900 000
边际贡献率	40%	50%	40%	—

综合边际贡献率=40%×5% + 50%×45% + 40%×50%=44.50%

$$综合盈亏平衡点的销售额=\frac{4\ 450\ 000}{44.50\%}=10\ 000\ 000（元）$$

其中

甲产品盈亏平衡点的销售额=10 000 000×5%=500 000（元）

乙产品盈亏平衡点的销售额=10 000 000×45%=4 500 000（元）

丙产品盈亏平衡点的销售额=10 000 000×50%=5 000 000（元）

3. 综合边际贡献保本率法

如前所述，边际贡献的一部分用来补偿固定成本，固定成本占边际贡献的比率，称为边际贡献保本率；边际贡献的另一部分是补偿固定成本后剩余部分，即营业利润，营业利润占边际贡献的比率，称为边际贡献创利率。边际贡献保本率与边际贡献创利率之和等于 1。实务中，可以根据综合边际贡献保本率法测算企业综合盈亏平衡点的销售额及各产品的盈亏平衡点的销售额。

综合边际贡献保本率法，也称为综合贡献毛益保本率法或综合贡献边际保本率法，是指企业首先计算产品组合的综合边际贡献保本率，然后计算综合盈亏平衡点的销售额，最后按各种产品的销售额计算各种产品的盈亏平衡点的销售额的一种方法。其计算公式为：

$$综合边际贡献保本率=\frac{固定成本}{各种产品的边际贡献合计} \tag{4-9}$$

综合盈亏平衡点的销售额=各种产品的销售额合计×综合边际贡献保本率　（4-10）

某种产品盈亏平衡点的销售额=该产品的销售额×综合边际贡献保本率　（4-11）

【例 4-7】 承例 4-6 资料。

要求：采用综合边际贡献保本率法计算该公司计划期的综合盈亏平衡点的销售额及各产品的盈亏平衡点的销售额。

$$综合边际贡献保本率=\frac{4\ 450\ 000}{8\ 900\ 000}=50\%$$

综合盈亏平衡点的销售额=20 000 000×50%=10 000 000（元）

其中

甲产品盈亏平衡点的销售额=1 000 000×50%=500 000（元）

乙产品盈亏平衡点销售额=9 000 000×50%=4 500 000（元）

丙产品盈亏平衡点销售额=10 000 000×50%=5 000 000（元）

综上所述，上述三种方法中，分品种计算法要求能够客观地将固定成本在各产品之间进行分配；综合边际贡献率法和综合边际贡献保本率法一般要求资料齐全，产品结构相对稳定。在实际应用时，应当根据具体情况，选择适合本企业特点的方法进行产品组合的盈亏平衡分析。

任务三　明确边际分析

边际分析是指分析某可变因素的变动引起其他相关可变因素变动程度的方法。边际分析主要有边际贡献分析、安全边际分析等。

一、边际贡献分析

边际贡献分析是指通过分析销售收入减去变动成本总额之后的差额，衡量产品为企业贡献利

润的能力。边际贡献分析主要包括边际贡献和边际贡献率两个指标。

（1）边际贡献。边际贡献，也称贡献毛益或贡献边际，是指产品的销售收入扣除变动成本后给企业带来的贡献。该指标通常越大越好。边际贡献可分为单位产品的边际贡献（C_m）和全部产品的边际贡献（T_{cm}）两种表达形式，其计算公式为：

$$单位边际贡献（C_m）=销售单价-单位变动成本=p-b \tag{4-12}$$

$$边际贡献（T_{cm}）=销售收入-变动成本=pX-bX \tag{4-13}$$

边际贡献进一步扣除固定成本后，剩余部分就是企业的营业利润；不足扣除固定成本的，不足部分就是企业的营业亏损。其计算公式为：

$$营业利润=边际贡献-固定成本=T_{cm}-a \tag{4-14}$$

（2）边际贡献率。边际贡献率（R_{cm}），也称贡献毛益率或贡献边际率，是指边际贡献在销售收入中所占的百分比，或单位边际贡献在销售单价中所占的百分比。它表示每一元销售收入中边际贡献所占的比重。该指标通常越大越好。其计算公式为：

$$\begin{aligned}边际贡献率（R_{cm}）&=\frac{边际贡献}{销售收入}\times100\%=\frac{T_{cm}}{pX}\times100\%\\&=\frac{单位边际贡献}{销售单价}\times100\%=\frac{C_m}{p}\times100\%\end{aligned} \tag{4-15}$$

与边际贡献率密切相关的指标是变动成本率。所谓变动成本率，是指变动成本除以销售收入的百分比，或单位变动成本除以销售单价的百分比。它表示每一元销售收入所需的变动成本。该指标通常越小越好。其计算公式为：

$$\begin{aligned}变动成本率（R_b）&=\frac{变动成本}{销售收入}\times100\%=\frac{bX}{pX}\times100\%\\&=\frac{单位变动成本}{销售单价}\times100\%=\frac{b}{p}\times100\%\end{aligned} \tag{4-16}$$

由式（4-15）和式（4-16）可知，边际贡献率和变动成本率两者之和为100%，即

$$边际贡献率（R_{cm}）+变动成本率（R_b）=1 \tag{4-17}$$

【例4-8】　承例4-1资料。

要求：计算计划期该产品的边际贡献率、变动成本率和营业利润。

单位边际贡献=10−6=4（元/件）

边际贡献=100 000×10−100 000×6=(10−6)×100 000=400 000（元）

$$边际贡献率=\frac{400\,000}{100\,000\times10}\times100\%=\frac{4}{10}\times100\%=40\%$$

$$变动成本率=\frac{100\,000\times6}{100\,000\times10}\times100\%=\frac{6}{10}\times100\%=60\%$$

边际贡献率+变动成本率=40%+60%=1

营业利润=(10−6)×100 000−200 000=200 000（元）

当进行多产品决策时，综合边际贡献率与综合变动成本率之间也存在如下关系：

$$综合边际贡献率+综合变动成本率=1 \tag{4-18}$$

综合边际贡献率反映了多产品组合给企业做出贡献的能力，该指标通常越大越好。

企业可以通过边际分析对现有产品组合进行有关优化决策，如计算现有各条产品线或各种产品的边际贡献并进行比较，增加边际贡献或边际贡献率高的产品组合，减少边际贡献或边际贡献率低的产品组合。

二、安全边际分析

安全边际分析是指通过分析正常销售额超过盈亏平衡点销售额的差额，衡量企业在保本的前提下，能够承受因销售额下降带来的不利影响的程度和企业抵御营运风险的能力。安全边际分析主要包括安全边际和安全边际率两个指标。

（1）安全边际。安全边际有安全边际量和安全边际额两种表达形式。安全边际量是指实际销售量或预期销售量超过盈亏平衡点销售量的差量。安全边际额是指实际销售额或预期销售额超过盈亏平衡点销售额的差额。其计算公式为：

$$安全边际量=实际销售量或预期销售量-盈亏平衡点销售量 \tag{4-19}$$

$$\begin{aligned}安全边际额&=实际销售额或预期销售额-盈亏平衡点销售额\\&=安全边际量\times销售单价\end{aligned} \tag{4-20}$$

安全边际主要用于衡量企业承受营运风险的能力，尤其是销售量下降时承受风险的能力，也可以用于盈利预测。

（2）安全边际率。安全边际率是指安全边际量与实际销售量或预期销售量的百分比，或安全边际额与实际销售额或预期销售额的百分比。其计算公式为：

$$安全边际率=\frac{安全边际量（额）}{实际销售量（额）或预期销售量（额）}\times100\% \tag{4-21}$$

安全边际或安全边际率的数值越大，企业发生亏损的可能性越小，抵御营运风险的能力越强，盈利能力越大。通常，企业衡量经营安全程度的一般参考标准如表 4-3 所示。

表 4-3　企业经营安全性检验标准

安全边际率	10%以下	10%～20%	20%～30%	30%～40%	40%以上
安全程度	危险	值得注意	比较安全	安全	很安全

【例 4-9】　承例 4-1 资料，假定该公司当期甲产品的实际销售量为 80 000 件。

要求：计算该公司的安全边际量、安全边际额和安全边际率，并评价该公司当期经营的安全程度。

由例 4-1 可知，该公司的盈亏平衡点的销售量为 50 000 件，盈亏平衡点的销售额为 500 000 元。

安全边际量=80 000−50 000=30 000（件）

安全边际额=80 000×10−500 000=300 000（元）

$$安全边际率=\frac{30\,000}{80\,000}\times100\%=\frac{300\,000}{800\,000}\times100\%=37.5\%$$

由于安全边际率为 37.5%，可以认定皖巢公司当期的经营是安全的。

与安全边际率密切相关的指标有盈亏平衡点作业率、销售息税前利润率和经营杠杆率等。

（1）盈亏平衡点作业率是指盈亏平衡点销售量占实际销售量或预期销售量的百分比，是指安全边际量与实际销售量或预期销售量的百分比，或盈亏平衡点销售额占实际销售额或预期销售额的百分比。其计算公式为：

$$盈亏平衡点作业率=\frac{盈亏平衡点销售量（额）}{实际销售量（额）或预期销售量（额）}\times100\% \tag{4-22}$$

将式（4-19）两边同除以实际销售量或预期销售量，则

$$\frac{安全边际量}{实际销售量或预期销售量}=1-\frac{盈亏平衡点销售量}{实际销售量或预期销售量}$$

即

$$安全边际率=1-盈亏平衡点作业率 \tag{4-23}$$

（2）销售息税前利润率是指息税前利润占实际销售额的百分比。其计算公式为：

$$销售息税前利润率=\frac{息税前利润}{实际销售额}\times 100\% \tag{4-24}$$

由于安全边际量中的边际贡献形成企业的息税前利润（参见图4-3），所以

$$息税前利润=安全边际量\times 单位边际贡献=安全边际额\times 边际贡献率 \tag{4-25}$$

则

$$销售息税前利润率=\frac{安全边际额\times 边际贡献率}{实际销售额}=安全边际率\times 边际贡献率 \tag{4-26}$$

（3）经营杠杆率，也称经营杠杆系数或营业杠杆系数，是指息税前利润的变动率相对于产销量变动率的比。其计算公式为：

$$\begin{aligned}经营杠杆率&=\frac{息税前利润变动率}{产销量变动率}=\frac{边际贡献}{息税前利润}\\&=\frac{边际贡献}{安全边际额\times 边际贡献率}=\frac{1}{安全边际率}\end{aligned} \tag{4-27}$$

任务四　分析目标利润

企业应结合市场情况、宏观经济背景、行业发展规划以及企业的战略发展规划等确定目标利润。目标利润分析是在本量利分析方法的基础上，计算为达到目标利润所需达到的业务量、收入和成本的一种利润规划方法。该方法应反映市场的变化趋势、企业战略规划目标以及管理层需求等。目标利润分析包括单一产品的目标利润分析和产品组合的目标利润分析。

一、单一产品的目标利润分析

根据式（4-1）可知，销售单价、销售量、单位变动成本和固定成本这四个因素中，任意一个因素的变动都可能对目标利润产生影响。企业采取相应的措施，挖掘潜力，以保证目标利润的实现。单一产品的目标利润分析重在分析每个因素的重要性。

1．单因素分析

企业要实现目标利润，在假定其他因素不变时，通常应提高销售数量或销售价格，降低固定成本或单位变动成本。

【例4-10】　承例4-5资料。假定皖巢公司只计划产销乙产品，固定成本为2 250 000元，目标利润为4 450 000元。

要求：为实现该公司目标利润，在其他因素不变时，有关因素应当提高或降低多少？

（1）提高销售量。设提高后的销售量为X，则

$X(100-50)-2\ 250\ 000=4\ 450\ 000$

$X=134\ 000$（件）

计算说明，在其他因素不变的情况下，如果销售量由90 000件提高到134 000件，即销售量约提高48.89%[即(134 000−90 000)÷90 000]，可实现目标利润为4 450 000元。

（2）提高销售单价。设提高后的销售单价为p，则

$90\ 000\times(p-50)-2\ 250\ 000=4\ 450\ 000$

$p\approx 124.44$（元/件）

计算说明，在其他因素不变的情况下，如果销售单价由100元/件提高到124.44元/件，即销售单价提高24.44%[即(124.44−100)÷100]，可实现目标利润为4 450 000元。

（3）降低单位变动成本。设降低后的单位变动成本为b，则

$$90\,000\times(100-b)-2\,250\,000=4\,450\,000$$

$$b\approx25.56\text{（元/件）}$$

计算说明，在其他因素不变的情况下，如果单位变动成本由50元/件降低到25.56元/件，即单位变动成本降低48.88%[即(50−25.56)÷50]，可实现目标利润为4 450 000元。

（4）降低固定成本。设降低后的固定成本为a，则

$$90\,000\times(100-50)-a=4\,450\,000$$

$$a=50\,000\text{（元）}$$

计算说明，在其他因素不变的情况下，如果固定成本由2 250 000元降低到50 000元，即固定成本降低约97.78%[即(2 250 000−50 000)÷2 250 000]，可实现目标利润为4 450 000元。

2. 多因素分析

上述为实现目标利润所采取的措施，是在假定其他因素不变的情况下进行分析、计算的。事实上，利润的大小及其增减是多种因素共同影响的结果，影响利润的某一个因素变动往往会引起其他因素的变动。例如，企业可以根据市场情况的变化对销售价格进行调整，降价通常可能促进销售量的增加，提价通常可能使销售量下降；在市场需求极为旺盛的情况下，可以通过增加固定成本支出（如广告费、租赁设备等）、扩大生产能力来扩大销售量。因此，企业应考虑多种因素同时发生变动对实现目标利润带来的不同影响。

【例4-11】 承例4-10资料。假设该公司仍有剩余生产能力，有增产潜力，但由于销售单价偏高，使销售量受到影响，公司决定降价10%，采取薄利多销的策略打开销路，争取实现目标利润为4 450 000元。

要求：为实现该公司目标利润，试对各有关因素进行综合分析。

（1）计算降价后实现目标利润所需的销售量。

$$\text{销售量}=\frac{\text{目标利润}+\text{固定成本}}{\text{单位边际贡献}}=\frac{4\,450\,000+2\,250\,000}{100\times(1-10\%)-50}=167\,500\text{（件）}$$

这意味着，降价10%后，如果销售部门认为销售167 500件是完全能实现的，同时生产部门也认为有足够的生产能力将其生产出来，则目标利润可以实现。不然，则需进一步分析落实。

（2）计算产销量一定情况下实现目标利润所需的单位变动成本。如果销售部门认为难以实现销售167 500件，降价10%只能使销售量增至134 000件。为此，公司需要在降低成本上挖缺潜力。

$$\text{单位变动成本}=\frac{\text{销售单价}\times\text{销售量}-(\text{目标利润}+\text{固定成本})}{\text{销售量}}$$

$$=\frac{100\times(1-10\%)\times134\,000-(4\,450\,000+2\,250\,000)}{134\,000}=40\text{（元/件）}$$

为了实现目标利润，在销售单价降低10%的同时，还需使单位变动成本从50元/件降至40元/件。如果生产部门认为，通过降低原材料和人工成本，这个目标是可以落实的，则目标利润可以实现；否则，还要在固定成本的节约方面想办法。

（3）计算既定产销量和单位变动成本下实现目标利润所需的固定成本。假定生产部门认为，通过努力，单位变动成本可望降低到42元，为此，公司还需压缩固定成本支出。

固定成本=销售量×单位边际贡献－目标利润

=134 000×[100×(1−10%)−42]−4 450 000=1 982 000（元）

减少固定成本=2 250 000−1 982 000=268 000（元）

为了实现目标利润，在销售单价降低10%，使销售量增至134 000件，单位变动成本降至42元/件的同时，还需压缩固定成本268 000元，如果该公司能够落实压缩固定成本，则目标利润可以实现；否则应进一步寻找增收节支的办法，重新分析计算分别落实。

二、产品组合的目标利润分析

产品组合的目标利润分析是指在单一产品的目标利润分析基础上，依据分析结果进行优化调整，重在寻找企业最优的产品组合。其基本分析公式如下：

$$\text{实现目标利润的销售额}=\frac{\text{综合目标利润}+\text{固定成本}}{\text{综合边际贡献率}} \tag{4-28}$$

$$\text{实现目标利润率的销售额}=\frac{\text{固定成本}}{\text{综合边际贡献率}-\text{综合目标利润率}} \tag{4-29}$$

【例4-12】 承例4-6资料。假定该公司计划期产销甲、乙、丙三种产品销售额比重分别由原来的5%、45%、50%调整为15%、70%、15%，综合边际贡献率由原来的44.50%调整为47%，其余资料不变。

要求：（1）若该公司计划期的综合目标利润为4 950 000元，则需要实现的销售额是多少？

（2）若该公司计划期的综合目标利润率为24.75%，则需要实现的销售额是多少？

（1）实现目标利润需要的销售额=(4 950 000+4 450 000)÷47%=20 000 000（元）

其中

需要甲产品的销售额=20 000 000×15%=3 000 000（元）

需要乙产品的销售额=20 000 000×70%=14 000 000（元）

需要丙产品的销售额=20 000 000×15%=3 000 000（元）

（2）实现目标利润率的销售额=4 450 000÷(47%−24.75%)=20 000 000（元）

其中

需要甲产品的销售额=20 000 000×15%=3 000 000（元）

需要乙产品的销售额=20 000 000×70%=14 000 000（元）

需要丙产品的销售额=20 000 000×15%=3 000 000（元）

由此可见，企业在进行优化产品产量结构的策略分析时，在既定的生产能力基础上，可以提高具有较高边际贡献率的产品的产量。

任务五　分析敏感性

敏感性分析是指对影响目标实现的因素变化进行量化分析，以确定各因素变化对实现目标的影响及其敏感程度。在利润规划敏感性分析中，利润规划的决策目标是利润最大化。企业通常根据正常状态下的产品销售量、定价和成本状况，测算目标利润基准值。

一、最大最小法

敏感性分析的目的之一，就是提供能引起目标发生质变的各因素变化的界限，其方法称为最大最小法。在对利润规划进行敏感性分析时，企业应确定导致盈利转为亏损的有关变量的临界值，即确定销售量和销售单价的最小允许值、单位变动成本和固定成本的最大允许值。其计算公式为：

销售量的最小允许值=固定成本÷（销售单价-单位变动成本） （4-30）

销售单价的最小允许值=（单位变动成本×销售量+固定成本）÷销售量 （4-31）

单位变动成本的最大允许值=（销售单价×销售量-固定成本）÷销售量 （4-32）

固定成本的最大允许值=（销售单价-单位变动成本）×销售量 （4-33）

【例4-13】 承例4-5资料。假定皖巢公司计划期只产销丙产品，固定成本为2 000 000元，产销量计划达到200 000件。

要求：采用最大最小法进行各因素变化使盈利转为亏损分析。

根据上述资料，该公司预计利润=200 000×(50−30)−2 000 000=2 000 000（元）

（1）销售单价的最小允许值。单价下降将会使利润下降，下降到一定程度，利润将变为0，此时的销售单价是企业能接受的销售单价的最小允许值，设销售单价为p。

$$200\ 000\times(p-30)-2\ 000\ 000=0$$

$$p=40\text{（元/件）}$$

这就是说，销售单价不能低于40元这个最小允许值，或者说销售单价的下降幅度不能超过20%（即10÷50），否则便会发生亏损。

（2）单位变动成本的最大允许值。单位变动成本上升会使利润下降，并逐渐趋向于0，此时的单位变动成本是企业能忍受的单位变动成本的最大允许值，设单位变动成本为b。

$$200\ 000\times(50-b)-2\ 000\ 000=0$$

$$b=40\text{（元/件）}$$

即当单位变动成本由30元上升到40元时，企业的利润就由2 000 000元降至0。所以单位变动成本的最大允许值为40元，其变动率约为33.3%（即10÷30）。

（3）固定成本的最大允许值。固定成本上升也会使利润下降，并趋于0，设固定成本为a。

$$200\ 000\times(50-30)-a=0$$

$$a=4\ 000\ 000\text{（元）}$$

即固定成本增至4 000 000元时，企业由盈利转为亏损，4 000 000元是企业固定成本开支的最高限额，其变动率为100%（即2 000 000÷2 000 000）。

（4）销售量的最小允许值。销售量的最小允许值，是指使企业利润变为0的销售量，即盈亏平衡点销售量，其计算方法前面已介绍过，设销售量为X。

$$X=2\ 000\ 000\div(50-30)=100\ 000\text{（件）}$$

这说明，实际销售量只要完成计划销售量的50%（即100 000÷200 000），企业就可保本。

二、敏感系数

企业在进行因素分析时，可通过计算各因素的敏感系数，衡量因素变动对决策目标基准值的影响程度。企业可以进行单因素敏感性分析或多因素敏感性分析。

单因素敏感性分析是指每次只变动一个因素而其他因素保持不变时所做的敏感性分析。敏感系数反映的是某一因素值变动对目标值变动的影响程度。其计算公式为：

$$\text{某因素敏感系数}=\frac{\text{目标值变动百分比}}{\text{因素值变动百分比}} \tag{4-34}$$

在目标利润规划中，目标值为目标利润，变动因素为销售量、销售单价、单位变动成本和固定成本。

企业应根据敏感系数绝对值的大小对其进行排序，按照有关因素的敏感程度优化规划和决策。敏感系数的绝对值越大，该因素越敏感。有关因素只要有较小幅度变动就会引起利润较大幅度变

动的，属于敏感性因素；有关因素虽有较大幅度变动但对利润影响不大的，属于弱敏感性因素。

在短期利润规划决策中，销售量、销售单价、单位变动成本和固定成本都会对利润产生影响，应重点关注敏感性因素，及时采取措施，加强控制敏感性因素，确保利润规划的完成。

【例 4-14】 承例 4-13 资料。

要求：进行利润对各因素敏感程度分析。

（1）销售单价的敏感程度。设销售单价增长 20%，则

p=50×(1+20%)=60（元/件）

按此销售单价计算，则

利润=200 000×(60−30)−2 000 000=4 000 000（元）

利润变动百分比=(4 000 000−2 000 000)÷2 000 000=100%

销售单价的敏感系数=100%÷20%=5

这就是说，销售单价对利润的影响很大，从百分率来看，利润以 5 倍的速率随销售单价变化。因而，涨价是提高盈利最有效的手段，价格下跌也是对企业最大的威胁。根据敏感系数可知，每降价 1%，企业将失去 5%的利润，必须格外予以关注。

（2）单位变动成本的敏感程度。假设单位变动成本增长 20%，则

b=30×(1+20%)=36（元/件）

利润=200 000×(50−36)−2 000 000=800 000（元）

利润变动百分比=(800 000−2 000 000)÷2 000 000=−60%

单位变动成本的敏感系数=(−60%)÷20%=−3

由此可见，单位变动成本对利润的影响比单价要小，单位变动成本每上升 1%，利润将减少 3%。但是敏感系数绝对值大于 1，说明单位变动成本的变化会造成利润更大的变化，仍属敏感性因素。

（3）固定成本的敏感程度。假设固定成本增长 20%，则

a=2 000 000×(1+20%)=2 400 000（元）

利润=200 000×(50−30)−2 400 000=1 600 000（元）

利润变动百分比=(1 600 000−2 000 000)÷2 000 000=−20%

固定成本的敏感系数=(−20%)÷20%=−1

这说明固定成本增加时，利润将减少。固定成本每上升 1%，利润将减少 1%。

（4）销售量的敏感程度。假设销售量增长 20%，则

X=200 000×(1+20%)=240 000（件）

利润=240 000×(50−30)−2 000 000=2 800 000（元）

利润变动百分比=(2 800 000−2 000 000)÷2 000 000=40%

敏感系数=40%÷20%=2

由此可见，影响企业利润的因素中，最敏感的是销售单价（敏感系数为 5），其次是单位变动成本（敏感系数为−3），再次是销售量（敏感系数为 2），最后是固定成本（敏感系数为−1）。其中敏感系数为正值，表明它与利润同向增减；敏感系数为负值，表明它与利润反向增减。因此，决策者应特别注意销售单价和单位变动成本变动对利润的影响。诚然，也不能只拘泥于敏感系数的高低，而忽视销售量变动对利润的影响，特别是在销售单价变动幅度不是太大，而产品的销路看好，生产又有保证时，可以采取大幅度增加销售量的策略；或者当市场销路欠佳，销售量大幅度下降时，就需要降低销售单价，采取薄利多销的方法，以打开销路。

三、敏感性分析表

敏感系数虽然表现了各因素变动百分比和利润变动百分比之间的关系，但它不能直接显示因素变化后利润的值。为了能使决策者更直观地了解各个因素的敏感程度，还可以编制敏感性分析表，列示各因素变动百分比及相应的利润值。

【例 4-15】 承例 4-13 资料。

要求：编制敏感性分析表。

根据例 4-13 资料，编制敏感性分析表，如表 4-4 所示。

表 4-4 敏感性分析表

因　素	−20%	−10%	0	10%	20%
销售量	1 200 000	1 600 000	2 000 000	2 400 000	2 800 000
销售单价	0	1 000 000	2 000 000	3 000 000	4 000 000
单位变动成本	3 200 000	2 600 000	2 000 000	1 400 000	800 000
固定成本	2 400 000	2 200 000	2 000 000	1 800 000	1 600 000

需要说明的是，敏感性分析表可以直接看出各个因素变动率下的利润，如果想更具体，可以缩小变动率之间的间隔，如以 5%为间隔。

四、敏感性分析图

如上所述，无论间隔多么小，敏感性分析表都不能连续表示变量之间的关系。但绘制敏感性分析图可以弥补其不足。

【例 4-16】 承例 4-15 资料。

要求：绘制敏感性分析图。

根据例 4-15 资料，绘制敏感性分析图，如图 4-4 所示。

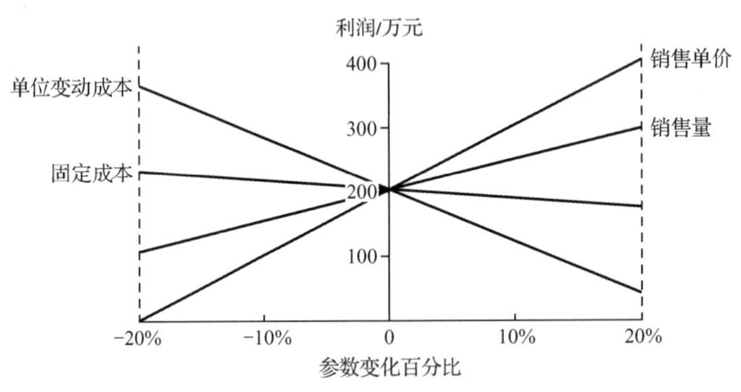

图 4-4 敏感性分析图

在图 4-4 中，横轴表示销售单价、单位变动成本、固定成本、销售量等因素变动的百分比，纵轴表示利润。根据原来的目标利润，在纵轴上找到一点（0，2 000 000），再根据变动后的单位变动成本，找到一点（20%，800 000），连接这两点，即得到单位变动成本线，这条线表示单位变动成本在不同水平上所对应的利润值和利润变动百分比。其他因素的直线画法与此相似。这些直线与利润线的夹角越小，表明该因素对利润的敏感程度越高。

需要指出的是，影响利润变动的各种因素往往相互作用，在规划目标利润时应考虑多因素敏感性分析。多因素敏感性分析是指假定其他因素不变时，分析两种或两种以上不确定性因素同时变化对目标的影响程度所做的敏感性分析。企业在进行目标利润规划时，通常以利润基准值为基础，测算销售量、销售单价、单位变动成本和固定成本中两个或两个以上的因素同时发生变动时，对利润基准值的影响程度。

训练巩固

在线测试

思考题

1．什么是本量利分析？

2．简述本量利分析的基本假定。

3．什么是边际贡献？什么是边际贡献率？边际贡献与营业利润有何区别？

4．什么是盈亏平衡点？预测盈亏平衡点有何意义？

5．如何进行多种产品的盈亏平衡点预测？

6．边际贡献式盈亏平衡图与传统式盈亏平衡图相比有何特点？

7．利量式盈亏平衡图与传统式盈亏平衡图相比有何特点？

8．如何以盈亏平衡点为基础进行目标利润管理？

9．何谓“本量利关系的敏感性分析”？影响营业利润变动的因素有哪些？如何计算它们的敏感系数？

实训题

1．下列四个公司在 2022 年的产销资料如表 4-5 所示，每个公司只产销一种产品，且均产销平衡。

表 4-5　计算资料表

公　　司	销售数量	销售收入	变动成本	固定成本	单位边际贡献	利润（或亏损）
甲公司	10 000 件	100 000 元	60 000 元	25 000 元	（　　）元/件	（　　）元
乙公司	5 000 台	200 000 元	160 000 元	（　　）元	（　　）元/台	10 000 元
丙公司	（　　）套	25 000 元	（　　）元	50 000 元	15 元/套	25 000 元
丁公司	8 000 件	（　　）元	96 000 元	（　　）元	8 元/件	24 000 元

要求：

（1）根据本量利分析的基本数学模型，计算并填列表 4-5 空白栏的数额，写出计算过程。

（2）根据本量利分析的基本概念及其计算公式，分别计算丙和丁两公司的单位变动成本、边际贡献率、变动成本率，并验证边际贡献率与变动成本率的互补关系。

2．皖巢公司本年度的简略利润表如下：

营业收入　　　　　600 000 元
减：营业成本　　　660 000 元
净损失　　　　　　 60 000 元

上述营业成本中包括固定费用 300 000 元。公司经理认为，如果计划期间增加广告费 40 000 元，产品销售额将大幅度增加，这样，公司即可以扭亏为盈。该项计划已经董事会批准。

要求：

（1）按照公司经理的预想预测该公司的盈亏平衡点的销售额。

（2）如果公司董事会希望在计划期内能够获得 50 000 元的目标利润，该公司的目标销售额应达到多少？

（3）预测该公司的安全边际和安全边际率。

（4）如果该公司只产销一种产品，销售单价为 5 元/件，盈亏平衡点的销售量和实现目标利润的销售量各为多少？

3．皖巢公司计划期内生产并销售 A、B、C 三种产品，固定成本为 105 840 元，三种产品的销售数量、销售单价、单位变动成本及生产工时的资料如表 4-6 所示。

表 4-6　计算资料表

项　目	A 产　品	B 产　品	C 产　品
销售数量/件	10 000	6 000	5 000
销售单价/元	30	20	16
单位变动成本/（元/件）	21	12	10
生产工时/小时	35 000	21 000	7 000

要求：

（1）用综合边际贡献率法计算该公司的盈亏平衡点的销售额。

（2）用分品种计算法计算 A、B、C 三种产品的盈亏平衡点的销售额（固定成本按生产工时分摊）。

（3）如果采用分品种计算法，在计算期已实现的销售额中，A 产品为 216 000 元，B 产品为 70 200 元，C 产品为 42 360 元，计算并说明该公司的盈亏情况。

项目五　营运管理：营运预测

【学习导航】

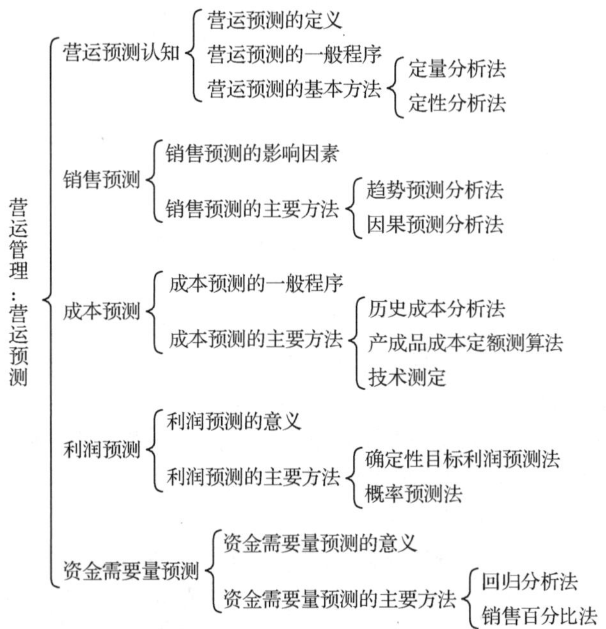

【学习目标】

☆ 理解营运预测的定义和一般程序
☆ 理解营运预测的基本方法
☆ 掌握销售预测的方法
☆ 掌握成本预测的方法
☆ 掌握利润预测的方法
☆ 掌握资金需要量预测的方法
☆ 培育业财融合的创新创业能力

【引言导读】

在市场经济条件下，企业要想在竞争中立于不败之地，企业管理人员面临的首要问题就是，如何依据会计信息和其他经济信息，对企业未来将要发生的生产经营活动信息做出正确的判断。营运预测是企业制订营运计划的基础和依据。预测是否正确关系到企业营运管理、预算管理等工作的成败。本项目在介绍营运预测相关概念的基础上，主要阐述营运预测的基本方法及其应用。

任务一 营运预测认知

一、营运预测的定义

预测（Forecast）是指根据过去和现在的情况及其资料对未来事物的发展变化趋势所做的预计或推测。其特点是根据已知推测未知，用过去、现在预计未来。营运预测（Operational Forecast）是指通过收集整理历史信息和实时信息，恰当运用科学预测方法，对未来经济活动可能产生的经济效益和发展趋势做出科学合理的预计和推测的过程。对于企业来讲，进行营运预测主要是对其未来经营状况、发展前景，以及可能产生的经济效益做出科学的估计和推测。营运预测是企业营运管理的重要组成部分。

二、营运预测的一般程序

一般来说，营运预测的一般程序如下。

（1）确定预测目标。进行营运预测，首先必须明确预测的具体对象和内容范围，如预测保本点、目标利润销售量等，并规定预测的时间期限及数量单位。

（2）搜集和整理相关信息。在明确了预测的目标以后，就要按预定的计划有组织、有目的地搜集和整理相关资料，并做到去粗取精、去伪存真，使预测的资料准确、完整，避免不利因素的影响，使预测建立在科学的基础上。

（3）选择预测方法。充分利用搜集和整理的资料，通过不断分析和研究，根据预测的具体内容，选择相应的方法。采用定量预测方法的要建立相关的数学模型；采用定性预测方法的要落实预测的相关人员和准备好相关的预测方案。

（4）利用选定的预测方法进行营运预测。利用选定的方法和建立的数学模型，对需要预测的内容分别进行定量分析和定性分析，并比较结果，提出切实可行的预测结果。

（5）对初步预测的结果进行修正。企业的预测往往会带有一定的主观性，所以为确保预测的准确性，需要对初步预测的结果进行分析，修正预测的误差，力求使预测具有较强的可比性和参考性。

（6）对误差和修正后的结果进行分析。通过对初步预测的结果及其修正后的结果进行分析，可以找出误差产生的原因，以便修正预测模型，重新预测。

（7）输出预测的结果。根据前面修正、补充的预测结果，用文字的形式将预测的结果传输给企业的有关管理部门，为其决策提供依据。

（8）对预测的效果进行评价。由于企业面对的市场因素复杂多变，存在很多不确定的因素，因此预测的结果很难同企业的实际结果相吻合，存在一些差异是难免的，企业应对差异的原因进行具体分析，认真总结，为下次预测做好准备。

在企业的整个预测过程中，任何一个环节都非常重要，每一个环节都要依赖上一个环节提供的信息。因此在预测中一定要保证信息资料的畅通性，并做到及时反馈相应的资料和信息。

三、营运预测的基本方法

随着科学技术和现代管理学的发展，预测的方法也越来越多。但总的来说，营运预测方法按其性质可分为定量分析法和定性分析法两大类。

1. 定量分析法

定量分析法也称为数量分析法，是指在加工和整理资料的基础上，将数学方法与各种现代化计算工具相结合对经济信息进行科学的加工处理，建立数学模型，并利用各有关变量间的规律性联系做出预测结果的一种方法。按照有关变量之间的规律性联系，定量分析法又可分为趋势预测分析法和因果预测分析法。

（1）趋势预测分析法。趋势预测分析法是指将预测对象的历史数据资料按时间顺序排列，运用现代数学方法处理、计算，找出这些数据前后的规律性，借以对其未来发展趋势做出推测的分析方法。这种方法主要是利用事物之间发展的规律性，它在企业中有着较为广泛的运用，如算术平均法、移动加权平均法、平滑指数法、回归分析法和二次曲线法等都是这种方法的具体体现。

（2）因果预测分析法。因果预测分析法是指根据预测对象同其他相关指标之间的因果联系，通过科学的分析，建立相应的因果数学模型对预测对象的发展趋势做出推断的分析方法。它的实质是根据事物发展的内在因果联系，推测事物发展的结果。其在企业中的具体应用有本量利分析法、投入产出法、经济计量法等。

定量分析法主要适用于预测对象历史资料比较完备且较容易取得情况下的预测。运用定量分析法计算出来的数据一般比较精确，但这种方法的计算量一般比较大，建立的数学模型一般也比较复杂，而且容易受到一些在建立模型的过程中被忽略因素的影响。

2. 定性分析法

定性分析法也称为非数量分析法，是指在现有资料的基础上，根据预测人员长期的实践经验、专业知识和综合判断能力对预测对象未来的发展趋势做出推断的一种方法。按照定性分析的具体方式，可以分为市场调查法、专家判断法和网络调查法等。

（1）市场调查法。市场调查法是指企业将事先印制好的各种问卷，通过邮寄的方式寄给相关的专家和人员，征求他们的意见，然后将这些意见进行汇总整理，并采用科学的方法综合和归纳，并以此作为预测的重要依据的一种方法。

（2）专家判断法。专家判断法，也称为德尔菲法（Delphi Method），是指邀请对该行业的经济情况和市场业务都比较熟悉的有关专家，让其根据自己的知识、经验对预测对象做一个初步的预测，然后再召开会议，请本企业的相关部门人员共同参与对其讨论，并对专家的意见进行修正和补充，并以此作为预测的重要依据的一种方法。它产生于 20 世纪 40 年代美国的兰德公司。

（3）网络调查法。网络调查法实际上是市场调查法和专家判断法的一种拓展，它是借助于现代网络将各位专家和相关人员联系起来的一种方法，主要是将所要调查的问题通过电子邮件或网页传递给相关的人员，然后对这些意见进行归纳、整理，并以此作为预测的一个重要依据的一种方法。这种预测方法的最大优点是可以节省各位专家和相关人员的时间，同时也降低了企业的预测成本。因此在现代企业中得到了广泛的应用。

定性分析法主要适用于预测对象历史资料不完备或无法进行定量分析情况下的预测。运用定性分析法预测虽然简便易行，但预测结果的客观性不够，需要结合其他数据加以运用。

值得一提的是，在营运预测实践中，定量分析法和定性分析法并非互相排斥，而是相辅相成的。应根据具体情况，把这两种方法结合起来加以应用，才能保证预测的正确、可靠和及时。

任务二　销售预测

一、销售预测的影响因素

销售预测（Forecast of Sales）是指根据市场调查所得到的有关资料，根据产品的市场占有率和市场的发展潜力，对特定产品的未来销售量及变化趋势做出判断的过程。销售预测是企业营运预测系统的起点。影响销售预测的因素主要有以下几个方面。

（1）当前的宏观经济发展周期和市场环境。

（2）企业的竞争对手状况和企业的市场占有率情况。

（3）产品的价格及其优势。

（4）产品的功能和使用对象的基本情况。

（5）企业的生产能力和营销能力。

（6）企业的售后服务以及消费者对于企业产品品牌的认知程度。

（7）企业产品的成长周期是属于初期、成长期、成熟期还是衰退期等。

企业在预测时，应区分主次和轻重缓急，并综合考虑这些因素，采用科学的预测方法，将预测结果与客观实际进行比较来检测预测方法的可靠性。下面介绍几种常用的销售定量预测方法。

二、销售预测的主要方法

1．趋势预测分析法

销售预测的趋势预测分析法是指利用时间序列将事物的发展结果一一列示出来，通过观察分析，找出它们之间的规律，并根据该规律推测销售未来值的一种方法。在实际预测中主要有算术平均数法、移动加权平均法和平滑指数法等方法。

（1）算术平均数法。算术平均数法是指利用过去若干期的销售量或销售额的算术平均数来作为计划期的销售预测值的一种方法。其计算公式为：

$$\text{计划期销售额预测值}=\frac{\Sigma\ \text{以前各期销售量（销售额）}}{\text{期数}} \tag{5-1}$$

【例5-1】　皖巢公司2022年上半年销售甲产品的有关资料如表5-1所示。

表5-1　甲产品销售资料

项　目	1月	2月	3月	4月	5月	6月
销售额/元	5 300 000	5 500 000	5 790 000	5 600 000	5 800 000	5 820 000

要求：利用算术平均数法对该公司2022年7月份的销售额做出预测。

根据上述资料及式（5-1），则

$$\text{7月份销售额预测值}=\frac{5\,300\,000+5\,500\,000+5\,790\,000+5\,600\,000+5\,800\,000+5\,820\,000}{6}$$

$$=5\,635\,000\text{（元）}$$

经过预测，皖巢公司2022年7月份的销售额为5 635 000元。

利用这种方法进行预测，计算简单易行，但是由于其是简单地将各个期间的销售量（销售额）进行算术平均计算，所以忽略了企业近期销售情况对计划期预测值的重大影响。因此该方法适用于各个月份的销售情况变动不大的产品，对于变化较大的产品，该方法存在一定的缺陷。

（2）移动加权平均法。移动加权平均法是指将过去若干期间的销售量或销售额，按照近期权数大些、远期权数小些的原则分别进行加权，计算加权平均数，并以此作为计划期的销售预测值的一种方法。其计算公式为：

$$\text{计划期销售量（销售额）预测值}=\frac{\sum[\text{某期销售量（额）}\times\text{该期的权数}]}{\text{各期权数之和}} \quad (5\text{-}2)$$

为了反映近期销售的发展变化趋势，还可以在式（5-2）的基础上，加上平均每期的趋势变动值，来对上述计算结果进行修正，从而得出计划期的销售预测值。

因此，式（5-2）还可以表示为：

$$\text{计划期销售量（销售额）预测值}=\frac{\sum[\text{某期销售量（额）}\times\text{该期的权数}]}{\text{各期权数之和}}+\text{修正值} \quad (5\text{-}3)$$

其中，

$$\text{修正值}=\frac{\text{本季度平均每月实际销售量（额）}-\text{上季度平均每月实际销售量（额）}}{3}$$

【例 5-2】 承例 5-1 资料，并假定该公司 2022 年 4、5、6 三个月销售的权数分别为 1、1.4、1.6。

要求：采用移动加权平均法对该公司 2022 年 7 月份的销售额做出预测。

计算平均每月销售变动趋势值。

$$\text{一季度月平均实际销售额}=\frac{5\,300\,000+5\,500\,000+5\,790\,000}{3}=5\,530\,000\text{（元）}$$

$$\text{二季度月平均实际销售额}=\frac{5\,600\,000+5\,800\,000+5\,820\,000}{3}=5\,740\,000\text{（元）}$$

$$\text{修正值}=\frac{5\,740\,000-5\,530\,000}{3}=70\,000\text{（元）}$$

$$\begin{aligned}\text{7 月份销售额预测值}&=\frac{\sum[\text{某期销售量（额）}\times\text{该期的权数}]}{\text{各期权数之和}}+\text{修正值}\\&=\frac{5\,600\,000\times1+5\,800\,000\times1.4+5\,820\,000\times1.6}{1+1.4+1.6}+70\,000\\&=5\,828\,000\text{（元）}\end{aligned}$$

用移动加权平均法进行预测计算，弥补了算术平均数法的缺陷，使企业的预测更加接近于实际，加大了预测期与近期的联系。

（3）平滑指数法。平滑指数法是一种特殊的加权平均法，它是指在前期销售量的实际数和预测数的基础上，利用事先确定的平滑系数预测未来销售量的一种方法。

假设 A 表示实际值，F 表示预测值，α 表示平滑系数或加权因子（$0<\alpha<1$，一般取值在 0.3～0.7），t 表示第 t 期。其计算公式为：

$$F_t=F_{t-1}+\alpha(A_{t-1}-F_{t-1})=\alpha A_{t-1}+(1-\alpha)F_{t-1} \quad (5\text{-}4)$$

平滑系数越大，则近期实际数对预测结果的影响越大；平滑系数越小，则近期实际数对预测结果的影响越小。

【例 5-3】 皖巢公司 2022 年 6 月份某产品实际销售量为 510 千克，原来预测 6 月份的销售量为 500 千克，平滑系数为 $\alpha=0.3$。

要求：采用平滑指数法预测该产品 2022 年 7 月份的销售量。

根据式（5-4），则

$$F_t=\alpha A_{t-1}+(1-\alpha)F_{t-1}=0.3\times510+(1-0.3)\times500=503\text{（千克）}$$

经过预测，皖巢公司该产品 2022 年 7 月份的销售量为 503 千克。

采用平滑指数法进行预测时，平滑系数对于预测值的大小具有很大的影响。企业在确定平滑系数时往往是根据企业过去的实际值和预测值进行比较而得出的，所以带有一定的主观性。但是由于其能够充分考虑近期预测值和实际值对计划期预测值的影响，特别是企业出现了偶然的突发因素，就更能够显示出其优越性，因此在实际中有着广泛的运用。企业为避免人为因素对平滑系数的影响，可以利用不同的平滑系数进行反复的验证，以实现预测值和实际值之间的差异最小化，得到最佳的销售预测值。

2. 因果预测分析法

销售预测的因果预测分析法，也称为因果分析法，是指利用事物之间的因果关系对产品的销售进行预测的一种方法。企业某种产品的销售情况一般与社会经济的某些因素相关，甚至有时完全取决于某种因素。例如，家具的销售量与新结婚的人数紧密相关；城市房地产开发的房屋数量与该城市的人口数量联系紧密；轮胎生产企业的产品与汽车工业的发展密切相关；等等。只要找到与产品销售（因变量）相关的因素（自变量），以及它们之间的函数关系，就可以利用这种因果关系进行产品的销售预测。

采用因果分析法进行销售预测时，首先找出与企业销售情况紧密相关的主要因素，然后根据有关历史资料确定销售量与该主要因素之间的函数关系，并建立数学模型，最后根据该主要因素的未来变动情况，利用此数学模型对企业产品的销售情况做出预测。

因果预测分析法所采用的方法很多，主要有模型利用法、因素连乘法等。

（1）模型利用法。模型利用法是指预测者根据已有的相关资料，建立有关的数学模型，然后将有关因素的数值代入此模型，即可确定出预测值的一种预测方法。

资料：皖巢公司是生产 H 型号摩托车的厂家，该摩托车的全国年销售量为 X 辆，该公司的市场占有率为 m，该型号摩托车的社会平均生产成本为 Y 元，市场售价采用社会平均成本进行利润加成的方法得到，利润加成幅度为 n，该公司这种型号的摩托车的年销售额为 S 元。

根据上述资料，可以建立以下销售额预测模型：

$$S=mXY(1+n) \tag{5-5}$$

【例 5-4】 皖巢公司通过调查得出：全国 H 型号的摩托车预计今年的销售量为 60 000 000 辆，该公司的市场占有率为 2%，该摩托车平均生产成本为 3 000 元/辆，利润加成幅度为 15%。

要求：利用已经建立的销售额预测模型，预测出皖巢公司今年的销售额。

根据已建立的销售额预测模型式（5-5），则

$$S=mXY(1+n)=2\%\times 60\ 000\ 000\times 3\ 000\times(1+15\%)=4\ 140\ 000\ 000\text{（元）}$$

经过预测，皖巢公司 H 型号的摩托车今年的销售额为 4 140 000 000 元。

（2）因素连乘法。因素连乘法是指企业的销售额预测与一系列相关的因素成比例连乘的关系。根据这层关系，可以建立因素连乘的数学模型，并利用该模型对企业的销售额做出相关的预测。

资料：皖巢公司啤酒在芜江市的销售额与芜江市的人口数、人均年可支配收入、食品消费占收入的百分比、饮料消费占食品的百分比、啤酒消费占饮料的百分比，以及该啤酒在芜江市的市场占有率等因素有关，并建立以下的预测模型：

$$\begin{pmatrix}\text{皖巢公司啤酒在}\\\text{芜江市的年销售额}\end{pmatrix}=\begin{pmatrix}\text{芜江市}\\\text{人口数}\end{pmatrix}\times\begin{pmatrix}\text{人均年可}\\\text{支配收入}\end{pmatrix}\times\begin{pmatrix}\text{食品消费占收}\\\text{入的百分比}\end{pmatrix}\times\begin{pmatrix}\text{饮料消费占食}\\\text{品的百分比}\end{pmatrix}\times\begin{pmatrix}\text{啤酒消费占饮}\\\text{料的百分比}\end{pmatrix}\times\begin{pmatrix}\text{该啤酒在芜江市}\\\text{的市场占有率}\end{pmatrix} \tag{5-6}$$

【例 5-5】 皖巢公司根据调查得出，芜江市的人口数为 1 200 000 人，人均年可支配收入 5 000

元，食品消费占可支配收入的25%，饮料消费占食品消费的30%，啤酒消费占饮料消费的60%，该公司啤酒在芜江市的市场占有率为70%。

要求：利用已经建立的销售额预测模型，预测该公司在芜江市的年销售额。

根据已建立的销售额预测模型式（5-6），则

皖巢公司啤酒在芜江市的年销售额=1 200 000×5 000×25%×30%×60%×70%

=189 000 000（元）

经过预测，皖巢公司的啤酒在芜江市年销售额为189 000 000元。

任务三　成本预测

一、成本预测的一般程序

成本预测（Forecast of Cost）是指根据企业历史资料和现有条件，在完成预测期的各项目标的前提下，对企业在预测期内的成本水平及其发展趋势所做出的估计和推断。其一般程序如下。

（1）提出目标成本的初步方案。目标成本是指企业在对自身的一些具体情况进行分析后，通过建立相关的数学模型所计算和确定的成本目标。企业的目标成本往往受到很多复杂的因素的影响，企业在预测时，一般要经过反复的测算才能够确定。

（2）进行成本预测。根据企业的实际情况和历史资料，通过计算分析建立相关的数学模型，对企业当前情况下产品成本能够达到目标成本的可能性和现实性进行分析，并计算出企业能够达到的成本同目标成本之间的差距。

（3）拟定完成目标成本的各种可行性方案。对预测成本和目标成本之间的差距进行分析研究，并通过各种可行的方法不断降低产品的成本，并在此基础上拟定出降低产品成本的多种备选方案，力求使预测成本和目标成本之间的差距缩短到最小。

（4）制订出切实可行的目标成本。对降低产品成本的多种备选方案进行研究和分析，经过比较，从中选出最佳的方案，并将按此方案确定的成本作为正式的目标成本。

二、成本预测的主要方法

企业成本的预测往往需要根据企业的历史资料和相关数据，并按照一定的数据处理方法，对企业的成本做出估计和推断。常用的成本预测方法主要有历史成本分析法、产成品成本定额测算法和技术测定法等。

1. 历史成本分析法

历史成本分析法是指根据企业成本的历史资料，并采用一定的方法对这些数据进行相应处理，建立相关的数学模型，并根据该模型对企业的成本进行预测的一种方法。其主要方法有高低点法、加权平均法和回归分析法等。

加权平均法是指根据过去期间的变动成本和总成本之间的资料，并通过对这些历史资料按照时间序列的顺序分别进行加权（近期权数大些，远期权数小些），计算总成本的加权平均值，作为计划期的预测值的一种方法。

假设 W 为权数，且 $\Sigma W_i=1$，则总成本的加权平均成本计算公式可以表示为：

$$Y=\Sigma(a_iW_i)+\Sigma(b_iW_i)X \tag{5-7}$$

【例5-6】　皖巢公司2022年下半年某产成品成本资料如表5-2所示，预计2023年1月份该公司的产量将达到15件，假设该公司对上述资料按期间进行加权，W_i 由远到近的值为0.05、0.1、

0.15、0.2、0.25、0.25。

表 5-2　成本预测资料表

月　份	产量（X）/件	固定成本（a）/元	单位变动成本（b）/元	产成品成本（Y）/元
7	7	47	9	110
8	9	53	8	125
9	6	33	9.5	90
10	8	47	8.5	115
11	10	52	7.8	130
12	12	51	7	135

要求：采用加权平均法预测该公司 2023 年 1 月份的产品成本和平均单位产品成本。

根据上述资料及式（5-7），则

$$
\begin{aligned}
Y&=\Sigma(a_iW_i)+\Sigma(b_iW_i)X\\
&=(0.05\times47+0.1\times53+0.15\times33+0.2\times47+0.25\times52+0.25\times51)+\\
&\quad(0.05\times9+0.1\times8+0.15\times9.5+0.2\times8.5+0.25\times7.8+0.25\times7)\times15\\
&=168.875\text{（元）}
\end{aligned}
$$

2023 年 1 月份预计平均单位产品成本=168.875÷15≈11.26（元/件）

2. 产成品成本定额测算法

产成品成本定额测算法主要应用于生产过程已经定型的产品，它通过对产品成本的各个组成部分根据历史资料进行生产定额控制，从而预测出企业产品的成本。这种方法适用于企业的定额历史资料完整且耗用的材料、人工及制造费用波动幅度不大的产品。

3. 技术测定法

技术测定法，也称为工业工程法或工程研究法，它主要应用于一些新产品的成本预测和改良型产品的成本预测。由于是新产品，企业没有历史资料可以借鉴，故企业对于这种产品通常会采取对有关部门提供的关于该产品的生产工艺、生产耗费的相关资料进行预测，并尽可能将多种影响产品生产过程的成本因素考虑进去。对于一些改良型的产品则主要依据其原来的历史资料，并合理地预计其在改良过程中的成本耗费，从而得出对产品成本的准确预计。

任务四　利润预测

一、利润预测的意义

利润预测（Forecast of Profit）是指按照企业经营目标的要求，通过对影响利润变动的成本、产销量等因素的综合分析，测算出企业在未来一定时期内可能达到的利润水平和变动趋势的过程。利润是企业在一定时期内生产经营的财务成果。它是企业生存和发展的前提，也是企业经济效益的具体体现。进行科学的利润预测，对于改善企业的经营管理具有以下重要意义。

（1）利润预测可以为企业的生产经营活动提供明确的目标。

（2）利润预测是编制全面预算的基础。

（3）利润预测可以为企业的资金需要量预测提供信息。

二、利润预测的主要方法

利润预测的方法一般包括确定性目标利润预测法和概率预测法。

1．确定性目标利润预测法

确定性目标利润预测法是指在企业生产经营的某种产品销售单价、单位变动成本、固定成本、产销结构等因素不变的情况下预测目标利润的一种方法。它一般可以利用本量利分析法、资金利润率、销售额比例增长法和经营杠杆系数来预测。

（1）根据本量利分析法预测目标利润。在对成本按性态分析的前提下，可用下列公式求得企业的目标利润：

目标利润=销售单价×销售量-单位变动成本×销售量-固定成本　　（5-8）

目标利润=单位边际贡献×销售量-固定成本　　（5-9）

目标利润=销售收入×边际贡献率-固定成本　　（5-10）

目标利润=安全边际量×单位边际贡献　　（5-11）

目标利润=安全边际额×边际贡献率　　（5-12）

【例 5-7】 皖巢公司只产销一种产品，该产品销售单价为 40 元，单位变动成本为 25 元，固定成本为 30 000 元。假定该公司本期计划销售该产品 3 000 件。

要求：采用本量利分析法预计该公司本期预计利润。

目标利润=40×3 000−25×3 000−30 000=15 000（元）

目标利润=(40−25)×3 000−30 000=15 000（元）

目标利润=(40×3 000)×37.5% − 30 000=15 000（元）

目标利润=(3 000−2 000)×(40−25)=15 000（元）

目标利润=(3 000×40−80 000)×37.5%=15 000（元）

企业除了直接利用这种方法对利润做出预测外，还可以根据本量利之间的变换形式或影响利润的某一因素发生变化时对企业的利润做出预测，这里就不再重复了。

（2）利用资金利润率预测目标利润。这种方法是指根据企业上年度的实际资金占用状况，结合本年度的预计投资和预计资金利润率，预测出本年度目标利润总额的一种方法。资金利润率是指企业在一定期间内实现的利润总额占全部资金的比率。其计算公式为：

目标利润=（上年度实际占用资金总额+本年度预计投资总额）×预计资金利润率　　（5-13）

【例 5-8】 皖巢公司 2022 年度生产经营活动实际占用资金总额为 1 500 000 元，预计 2023 年在上年度资金占用的基础上，再追加 250 000 元的资金，该公司预计的资金利润率为 15%。

要求：利用资金利润率预测该公司 2023 年的目标利润。

根据上述资料及式（5-13），则

目标利润=（上年度实际占用资金总额+本年度预计投资总额）×
预计资金利润率
=(1 500 000+250 000)×15%=262 500（元）

经过预测，皖巢公司 2023 年目标利润为 262 500 元。

（3）利用销售额比例增长法预测目标利润。销售额比例增长法是根据上年度实际销售收入总额和利润总额，以及本年度预计销售收入总额的资料，按照利润与销售额同步增长的比例确定本年度目标利润总额的一种方法。其计算公式为：

$$目标利润=\frac{本年度预计销售收入总额}{上年度实际销售收入总额}\times 上年度实际利润总额 \quad (5\text{-}14)$$

【例5-9】 皖巢公司2022年度生产经营活动销售收入总额为2 500 000元，利润总额为250 000元，预计2023年销售收入将达到3 000 000元，假设销售收入和利润发生同比例增长。

要求：采用销售额比例增长法预测该公司2023年的目标利润。

根据上述资料及式（5-14），则

目标利润=(3 000 000÷2 500 000)×250 000=300 000（元）

经过预测，皖巢公司2023年目标利润为300 000元。

（4）利用经营杠杆系数预测目标利润。经营杠杆系数（DOL）是利润的增长率相当于销售增长率的倍数，即

$$经营杠杆系数（DOL）=\frac{利润变动率}{销售变动率}=\frac{\Delta L/L}{\Delta S/S}=\frac{\Delta L/L}{R} \quad (5\text{-}15)$$

在一定业务量范围内，经营杠杆系数确定后，即可结合计划期的销售增长率来预测计划期的利润，其计算公式为：

$$\begin{aligned}目标利润&=基期利润\times（1+销售变动率\times 经营杠杆系数）\\&=L(1+R\times \text{DOL}) \quad (5\text{-}16)\end{aligned}$$

【例5-10】 皖巢公司2022年某产品实际销售量为1 000件，销售单价为200元，单位变动成本为90元，固定成本为55 000元。假定该产品销售单价与成本水平不变，且2023年该产品计划增加销售量5%。

要求：计算经营杠杆系数，并采用经营杠杆系数预测2023年该产品目标利润。

根据上述资料，

$$\begin{aligned}基期利润（L）&=销售量\times 售价-单位变动成本\times 销售量-固定成本\\&=1\,000\times 200-90\times 1\,000-55\,000=55\,000（元）\end{aligned}$$

$$经营杠杆系数（\text{DOL}）=\frac{T_{\text{cm}}}{L}=\frac{(200-90)\times 1\,000}{55\,000}=2$$

由于经营杠杆系数为2，说明利润的变化幅度是销售变化幅度的两倍，经过预测已知计划期销售量将增长5%，所以目标利润应该增长10%（即5%×2），即

目标利润=$L(1+R\times\text{DOL})$=55 000×(1+5%×2)=60 500（元）

经过预测，皖巢公司2023年该产品目标利润为60 500元。

2．概率预测法

在市场波动较大的情况下，为了更好地发挥预算的计划和控制作用，企业可以根据客观条件，估计有关变量可能变动的范围及出现在各个变动范围的概率，并通过加权平均计算其在预测内的期望值，这种运用概率预测的方法称为概率预测。

概率预测具体步骤如下。

（1）在预测分析的基础上，估计各相关因素的可能值及其出现的概率。

（2）计算联合概率，即各相关因素的概率之积。

（3）根据有关预测指标以及与之对应的联合概率计算出预测对象的期望值，即为概率预测下的预算结果。

【例5-11】 皖巢公司计划2022年生产一种新产品，单位售价为10元，经调查预测，该产

品在预算期内的销售量可能是100 000件，也可能是110 000件、120 000件或130 000件，达到各销售量的概率分别为0.2、0.5、0.2和0.1。单位产品变动生产成本可能5元、6元和7元，各成本水平出现的概率分别为0.2、0.6和0.2。单位产品变动性销售费用为1元，约束性固定成本为10 000元。当销售量分别为100 000件、110 000件、120 000件和130 000件时，酌量性固定成本在不同产量水平下分别为60 000元、70 000元、80 000元和90 000元。

要求：采用概率预测法预测该公司2022年税前利润。

根据上述资料，编制该公司在2022年的税前利润概率预测如表5-3所示。

表5-3　皖巢公司2022年税前利润概率预测

单位：元

组合	销售量及其概率	单位产品变动生产成本及其概率	单位产品变动性销售费用	酌量性固定成本	约束性固定成本	利　润	联合概率	利润期望值
1	100 000（0.2）	5（0.2）	1	60 000	10 000	330 000	0.04	13 200
2	100 000（0.2）	6（0.6）	1	60 000	10 000	230 000	0.12	27 600
3	100 000（0.2）	7（0.2）	1	60 000	10 000	130 000	0.04	5 200
4	110 000（0.5）	5（0.2）	1	70 000	10 000	360 000	0.10	36 000
5	110 000（0.5）	6（0.6）	1	70 000	10 000	250 000	0.30	75 000
6	110 000（0.5）	7（0.2）	1	70 000	10 000	140 000	0.10	14 000
7	120 000（0.2）	5（0.2）	1	80 000	10 000	390 000	0.04	15 600
8	120 000（0.2）	6（0.6）	1	80 000	10 000	270 000	0.12	32 400
9	120 000（0.2）	7（0.2）	1	80 000	10 000	150 000	0.04	6 000
10	130 000（0.1）	5（0.2）	1	90 000	10 000	420 000	0.02	8 400
11	130 000（0.1）	6（0.6）	1	90 000	10 000	290 000	0.06	17 400
12	130 000（0.1）	7（0.2）	1	90 000	10 000	160 000	0.02	3 200
Σ							1.00	254 000

由表5-3可得，概率预测皖巢公司2022年税前利润为254 000元。

可见，概率预测能使其所得的结果更符合未来客观实际情况，从而更好地发挥预算的计划和控制作用。但其不足的是，估计各相关因素的可能值及其出现的概率等比较困难。

任务五　资金需要量预测

一、资金需要量预测的意义

资金是指企业在生产经营活动过程中，各种资产的货币表现形式。企业留用的资金过多就会造成资金时间价值的浪费，留用的资金过少就会造成资金周转不灵。为了能够节约资金耗费，提高资金的利用效率，必须对企业的资金需要量进行预测。

资金需要量预测的目的就是既要保证企业各项活动所需的资金供应，又要使生产经营活动以最少的资金占用取得最佳的经济效益。企业生产经营活动所需的资金通常分为两类：一类是用于固定资产方面的，称为固定资金；另一类是用于流动资产方面的，称为流动资金。这里所说的资金需要量预测是指包括流动资金和固定资金在内的资金需求总量的预测。在一般情况下，影响资金需要量程度最大的就是计划期间的预计销售金额。因此，良好的销售预测是资金需要量预测的主要依据。

二、资金需要量预测的主要方法

资金需要量预测最常用的方法有回归分析法和销售百分比法两种。

1. 回归分析法

回归分析法是指先假设企业的资金需要量与业务量之间存在着线性关系，并根据该线性关系建立数学模型，然后根据有关历史资料，用回归直线方程式求出线性参数，从而确定企业的资金需要量的一种方法。

2. 销售百分比法

资金需要量预测的销售百分比法是指假设资产、负债与销售收入存在稳定的百分比关系，根据预计销售收入和相应的百分比预计资产、负债，然后确定融资需求的一种预测方法。

销售百分比法的预测步骤如下。

（1）确定资产和负债项目的销售百分比。确定资产和负债项目的销售百分比，可以根据通用的财务报表数据预计，也可以使用经过调整的用于管理用财务报表数据预计，后者更方便，也更合理。资产、负债项目占销售收入的百分比，也可以根据基期的数据确定，也可以根据以前若干年度的平均数确定。其计算公式为：

$$\text{各项目占销售百分比}=\frac{\text{基期资产（负债）}}{\text{基期销售收入}} \tag{5-17}$$

（2）预计各项经营资产和经营负债。经营资产是指销售商品或提供服务所涉及的资产。经营负债是指销售商品或提供服务所涉及的负债。

$$\text{各项经营资产（经营负债）}=\text{预计销售收入}\times\text{各项目占销售百分比} \tag{5-18}$$

（3）预计资金总需求。

$$\begin{aligned}\text{预计资金总需求}&=\left(\begin{matrix}\text{预计经营}\\\text{资产合计}\end{matrix}-\begin{matrix}\text{基期经营}\\\text{资产合计}\end{matrix}\right)-\left(\begin{matrix}\text{预计经营}\\\text{负债合计}\end{matrix}-\begin{matrix}\text{基期经营}\\\text{负债合计}\end{matrix}\right)\\&=\text{预计净经营资产总计}-\text{基期净经营资产总计}\end{aligned} \tag{5-19}$$

【例 5-12】 皖巢公司 2022 年实际销售收入为 10 000 000 元，管理用资产负债表和利润表的有关数据如表 5-4 所示（2022 年实际）。假定 2022 年的各项经营资产（负债）占销售百分比在 2023 年可以持续，2023 年预计销售收入为 15 000 000 元。

要求：以 2022 年为基期，采用销售百分比法预测该公司 2023 年资金总需求。

根据上述资料，

① 确定资产和负债项目的销售百分比。

计算的各项经营资产和经营负债的项目占销售百分比如表 5-4 所示。

② 预计各项经营资产和经营负债。

根据预计 2023 年销售收入（15 000 000 元）和各项目占销售百分比计算的各项经营资产和经营负债如表 5-4 所示（2023 年预测）。

③ 预计资金总需求。

该公司 2023 年预计资金总需求=9 000 000−6 000 000=3 000 000（元）。

需要指出的是，销售百分比法是一种比较简单、粗略的预测方法。它能够为企业提供短期的预计资产负债表，以适应外部筹资的需要，并且易于使用。但是销售百分比法假设各项经营资

产和经营负债与销售额保持稳定的百分比，可能与事实不符。因此企业必须认真进行分析，做出相应的调整，以保证预测结果的准确性。

表 5-4　预计净经营资产　　单位：元

项　　目	2022年12月31日（实际）	占销售百分比	2023年12月31日（预测）
销售收入	10 000 000		15 000 000
货币资金（经营）	152 000	1.52%	228 000
应收票据（经营）	48 000	0.48%	72 000
应收账款	1 256 000	12.56%	1 884 000
预付款项	71 000	0.71%	106 500
其他应收款	38 000	0.38%	57 000
存货	411 000	4.11%	616 500
一年内到期的非流动资产	235 000	2.35%	352 500
其他流动资产	32 000	0.32%	48 000
长期股权投资	156 000	1.56%	234 000
固定资产	4 229 000	42.29%	6 343 500
在建工程	53 000	0.53%	79 500
无形资产	18 000	0.18%	27 000
长期待摊费用	16 000	0.16%	24 000
其他非流动资产	85 000	0.85%	127 500
经营资产合计	6 800 000	68.00%	10 200 000
应付票据（经营）	34 000	0.34%	51 000
应付账款	423 000	4.23%	634 500
预收款项	8 000	0.08%	12 000
应付职工薪酬	29 000	0.29%	43 500
应交税费	96 000	0.96%	144 000
其他应付款	24 000	0.24%	36 000
其他流动负债	11 000	0.11%	16 500
长期应付款（经营）	175 000	1.75%	262 500
经营负债合计	800 000	8.00%	1 200 000
净经营资产总计	6 000 000	60.00%	9 000 000

训练巩固

在线测试

思考题

1. 简述营运预测的一般程序。
2. 营运预测的基本方法有哪些？各有何特点？
3. 简述销售预测的主要方法。
4. 成本预测的主要方法有哪些？
5. 简述利润预测的主要方法。
6. 简述资产负债表各项目与资金需要量预测之间的关系。

实训题

1．某公司 2022 年 6 月份的实际销售量为 5 100 千克，原来预测 6 月份的销售量为 5 000 千克，平滑系数 α=0.3。

要求：采用平滑指数法预测 2022 年 7 月份的销售量。

2．承例 5-6 资料。

要求：

（1）采用高低点法预测该公司 2023 年 1 月份的产品成本和平均单位产品成本。

（2）采用回归分析法预测该公司 2023 年 1 月份的产品成本和平均单位产品成本。

3．皖巢公司 2023 年实际销售收入为 15 000 000 元，其通用的 2023 年 12 月 31 日资产负债表有关数据如表 5-5 所示。

表 5-5　2023 年 12 月 31 日资产负债表　　单位：元

资　　产	金　　额	负债及股东权益	金　　额
货币资金（经营）	228 000	短期借款（金融）	200 000
交易性金融资产（金融）	200 000	应付票据（经营）	51 000
应收票据（经营）	72 000	应付账款	634 500
应收账款	1 884 000	预收款项	12 000
预付款项	106 500	应付职工薪酬	43 500
其他应收款	57 000	应交税费	144 000
存货	616 500	其他应付款	36 000
一年内到期的非流动资产	352 500	其他流动负债	16 500
其他流动资产	48 000	流动负债合计	1 137 500
流动资产合计	3 564 500	长期借款（金融）	1 600 000
长期股权投资	234 000	长期应付款（经营）	262 500
固定资产	6 343 500	非流动负债合计	1 862 500
在建工程	79 500	负债合计	3 000 000
无形资产	27 000	股本	7 000 000
长期待摊费用	24 000	盈余公积	300 000
其他非流动资产	127 500	未分配利润	100 000
非流动资产合计	6 835 500	股东权益合计	7 400 000
资产总计	10 400 000	负债和股东权益总计	10 400 000

假定该公司 2023 年的各项经营资产和经营负债占销售百分比在 2024 年可以持续，2024 年预计销售收入为 20 000 000 元。

要求：

（1）编制该公司 2023 年 12 月 31 日管理用资产负债表。

（2）采用销售百分比法预计该公司 2024 年资金需要量。

项目六　营运管理：营运决策

【学习导航】

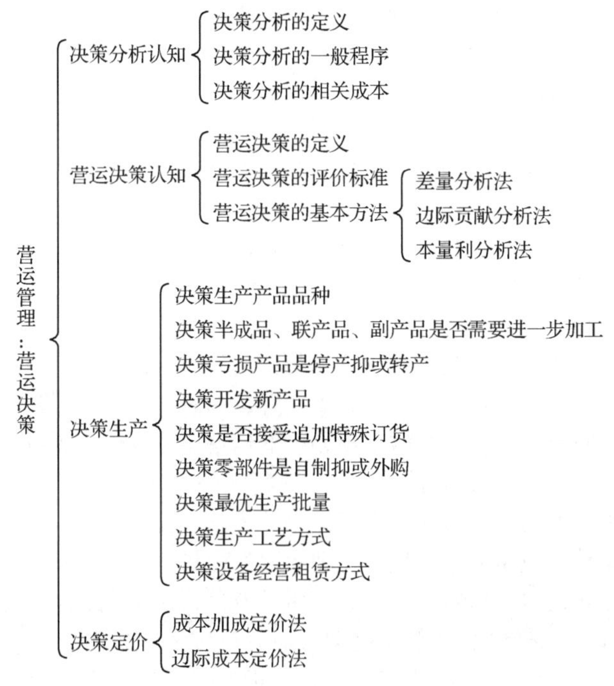

【学习目标】

☆ 理解决策分析的定义和一般程序
☆ 理解与决策有关的相关成本
☆ 掌握营运决策的基本方法
☆ 掌握产品的生产决策方法
☆ 掌握产品的定价决策方法
☆ 培育业财融合的创新创业能力

【引言导读】

项目五中，我们已经通过营运预测专门方法预知了企业未来将要发生的生产经营活动信息。管理的重心在营运，营运的重心在决策。决策是否正确关系到企业未来发展的成败。在依据预测的未来生产经营活动信息和其他相关信息，为企业未来生产经营活动的短期营运目标和长期投资目标做出正确的决策方面，决策分析是不可或缺的重要工具。本项目在介绍决策分析相关概念的基础上，主要阐述营运决策的基本方法及其应用。

任务一　决策分析认知

一、决策分析的定义

决策（Decision）通常是指人们为了达到预定目标，从两个或两个以上的备选方案中进行比较分析，从中选择一个最优方案的过程。管理会计中的决策分析（Decision Analysis）是指企业为了实现预定的目标，由各层级管理人员在科学预测的基础上，结合本企业的内部条件和外部环境，对未来经营战略、方针、措施与方法的各种备选方案可能导致的结果，进行测算和对比分析，权衡利弊，从中选择出最优方案的整个过程。

二、决策分析的一般程序

在企业的经营管理活动中，决策分析程序就是提出问题和解决问题的过程。一般而言，科学的决策程序可以概括为以下几个步骤。

（1）提出决策问题，确定决策目标。决策目标是决策的出发点和归宿。首先要弄清该项决策要解决什么问题和达到什么目的，然后有针对性地确定决策目标。若有约束的目标，应充分披露其约束条件，以便监督和反馈。

（2）收集相关信息。收集相关信息是决策分析的基础工作。针对决策目标，广泛收集尽可能多的、对决策目标有影响的各种可计量因素和不可计量因素的有关资料，特别是有关预期收入和预期成本的数据，并要对收集的各种零散、不系统的信息鉴别真伪、评价优劣，还要进行加工延伸，以保证所收集的信息具有决策的有用性。

（3）提出备选方案。针对决策目标，选择适当的方法，提出技术上适当、经济上合理的若干可行性备选方案。这是整个决策分析过程的重要阶段，是科学决策的基础和保证。确定每个备选方案务必保证企业现有的人力、物力和财力资源都能得到最合理的配置和最有效的使用。

（4）选择最优方案。选择最优方案是整个决策分析过程中最关键的环节。需要对备选方案做出定性和定量的综合分析，全面权衡有关因素的影响，并在不断比较筛选的基础上，选出最优方案。

（5）组织监督实施和信息反馈。决策方案选定后，就应该将其纳入计划，具体组织实施，并对实施情况进行检查监督，将实施结果与决策目标进行对比，找出差异及偏离目标的原因。还要根据反馈的信息，采取相应的措施，在必要时，也可对原方案目标进行适当的修正，尽可能地符合客观实际，有利于开展下一轮的决策，使决策过程处于动态良性循环之中。

在实务中，上述五个步骤，并不一定是按照顺序一次完成的，经常需要返回到以前的步骤。例如，选择最优方案时发现信息不充分，还要再收集信息；如果发现原备选方案不够，还需要修改设计新的决策方案。

三、决策分析的相关成本

如前所述，管理会计中的成本有着广泛的含义。人们对不同的决策问题使用不同的成本概念。

相关成本（Relevant Cost）是指与特定决策相联系的、能对决策产生重大影响的、在决策分析中必须加以充分考虑的成本。如果某项成本只属于某个营运方案，若有该方案存在，就会发生这项成本；若该方案不存在，就不会发生这项成本，那么，这项成本就是相关成本。除了前述提及的固定成本、变动成本外，还有差量成本、边际成本、机会成本、假计成本、付现成本、重置成本、可避免成本、可递延成本、专属成本和可分成本等，都是相关成本。差量成本是指一个备选

方案的预计成本与另一个备选方案预计成本之间的差异额。边际成本是指当业务量以一个最小经济单位增加或减小时所引起的成本变化量。机会成本是指在决策分析过程中，从各备选方案中选取最优方案而放弃次优方案丧失的潜在收益，也称为机会损失。假计成本也称为估算成本，是指与某项经济活动相关联，需要进行假定推断才能确定的机会成本。付现成本也称为现金支出成本，是指那些由于某项决策而引起的、需要在未来或最近期间动用现金支付的成本。重置成本是指企业目前从市场上重新取得某项现有资产所需支付的成本。可避免成本是指与决策者的决策相关联的成本，若某项方案被采纳，这项成本就会发生，若该项方案不予采纳，这项成本就可避免，则这种成本就是可避免成本。可递延成本是指如果对已选定的某一方案推迟实行，还不致影响企业的大局，则与这一方案有关的成本就是可递延成本。专属成本是指那些能够明确归属于特定决策方案的固定成本。可分成本是指在半成品或联产品生产决策中，对于已产出的半成品或已经分离的联产品在进一步加工阶段中所需追加的变动成本。

无关成本（Irrelevant Cost）是指与特定决策方案无关联，或已经发生的成本。如果无论是否存在某决策方案，都会发生某项成本，那么就可以断定该项成本是该方案的无关成本，如沉没成本、历史成本、不可避免成本、不可递延成本、共同成本和联合成本。无关成本是在决策分析时不予考虑的成本。

应该指出的是，相关成本和无关成本的区分不是绝对的。有些成本在某一决策方案中是相关成本，而在另一决策方案中却可能是无关成本。

任务二　营运决策认知

一、营运决策的定义

营运决策（Operational Decision）通常是指对一年以内的企业经营收支产生影响的问题进行的决策。按照其决策内容可以分为生产决策、定价决策、存货决策三类。生产决策是指在产品短期（一年内）生产过程中，围绕着是否生产、生产什么、生产多少以及怎样生产等多方面问题而进行的决策。定价决策是指在产品短期（一年内）流通过程中，围绕如何确定销售产品价格的问题而开展的决策。存货决策是指在产品短期（一年内）储备过程中，围绕如何使产品储备总成本最低的问题而开展的决策。本项目主要阐述生产决策和定价决策。

二、营运决策的评价标准

营运决策一般不改变企业的现有生产能力，不增加或少量增加固定资产投资，涉及的决策时间较短，因此，在进行营运决策时，不需要考虑货币的时间价值和投资的风险价值。其评价的标准通常有以下三种。

（1）收益最大。在多个互斥可行的备选方案中，以收益最大的方案作为最优方案。这里的收益是指相关收入减去相关成本后的余额。

（2）成本最低。在多个互斥可行的备选方案均不存在相关收入或相关收入相同时，以成本最低的方案作为最优方案。

（3）边际贡献最大。在多个互斥可行的备选方案均不改变现有生产能力且固定成本不变时，以边际贡献最大的方案作为最优方案。

三、营运决策的基本方法

营运决策分析方法是指应用数学等工具对决策过程中可供选择的多个备选方案进行定性和定

量的描述和分析，提供经济指标，辅助决策者从中选择最佳方案的方法。在短期单目标确定型营运决策中，常用的基本决策方法有差量分析法、边际贡献分析法和本量利分析法等三种。

1. 差量分析法

企业进行营运决策的过程，实质上就是一个通过比较各个备选方案中的预期收入和预期成本，从中选择最大收益的过程。管理会计人员在分析研究不同备选互斥方案的预期收入与预期成本之间差别的基础上，从中选出最优方案（即最大收益方案）的一种最基本的方法，称为差量分析法（Differential Analysis Method）或差别分析法。它广泛应用于企业的多种经营决策，如生产产品品种的决策，半成品、联产品、副产品是否需要进一步加工的决策，亏损产品是否停产或转产的决策，零部件是自制还是外购的决策，设备经营租赁方式的决策，是否接受追加特殊订货的决策等。其涉及的相关概念如下。

（1）差量（Differentials）。差量是指两个互斥备选方案同类指标之间的数量差异。

（2）差量收入。差量收入是指两个互斥备选方案预期收入之间的数量差异。

（3）差量成本。差量成本是指两个互斥备选方案预期成本之间的数量差异。

（4）差量损益。差量损益是指差量收入与差量成本之间的数量差异，实际上就是两个互斥备选方案预期收益之间的数量差异。

差量分析法是以差量损益作为方案取舍的标准，其基本原理如表 6-1 所示。

表 6-1　差量分析法的基本原理

A 方案	B 方案	差　量
预期收入	预期收入	差量收入
预期成本	预期成本	差量成本
预期损益	预期损益	差量损益

当差量损益>0 时，应选择 A 方案；当差量损益<0 时，应选择 B 方案。

需要说明的是，采用差量分析法进行决策分析时，应注意以下几点。

（1）应用分析时，既可以采用分步骤计算分析的方式，也可以采用编制差量分析表的方式。

（2）差量分析法所涉及的成本为相关成本，收入为相关收入。

（3）两个备选方案并不严格要求哪个方案是比较方案，哪个方案是被比较方案，只要计算中遵循同一处理原则，决策结果是相同的。

（4）差量分析法仅适用于两个备选方案之间的决策，如果是多方案决策，只能两个两个地进行方案的决策，逐步淘汰，确定最优方案。

2. 边际贡献分析法

一般，若不改变生产能力，固定成本总额通常稳定不变，因此可以直接比较各备选方案边际贡献（总额）的大小进行决策。边际贡献分析法（Contribution Margin Analysis Method）就是在成本性态分析的基础上，通过对比不同备选方案所能提供的边际贡献的大小来确定最优方案的一种方法。它适用于收入成本型方案的择优决策，尤其适用于多个方案的择优决策，如亏损产品是否停产或转产的决策，开发新产品的决策，是否接受追加特殊订货的决策等。其相关注意事项如下。

（1）这里所说的边际贡献，是指各种产品提供的边际贡献总额，或每人工小时、每机器小时所提供的边际贡献。尽管单位边际贡献是反映产品盈利能力的重要指标，但在评价各方案时，绝

对不能以单位边际贡献的大小作为选优的依据，而必须以单位工时边际贡献或边际贡献总额作为选优依据。因为边际贡献总额的大小既与单位边际贡献成正比，也与产品销量成正比，即单位边际贡献大的产品，未必提供的边际贡献总额也大。

（2）在不存在专属成本的情况下，可以通过比较不同备选方案边际贡献（总额）的大小进行正确的决策；在存在专属成本的情况下，首先应计算不同备选方案的剩余边际贡献（边际贡献总额减去专属成本后的余额），然后通过比较不同备选方案剩余边际贡献（总额）的大小进行正确的决策。

（3）在企业的某项资源（如原材料、人工工时、机器工时）受到限制的情况下，应通过计算、比较不同备选方案的单位边际贡献的大小进行正确的决策。

（4）边际贡献分析法是由差量分析法演变而来的，有时必须结合差量分析法综合运用。

3．本量利分析法

本量利分析法不仅有利于预测盈亏平衡点、目标利润、目标销售量（或销售额），而且在营运决策分析中也有重要应用。差量分析法和边际贡献分析法都适用于收入型方案的决策，在许多不涉及收入只涉及成本的决策（即成本型的经营决策）中可以应用本量利分析法。例如，零部件是自制还是外购的决策、设备经营租赁方式的决策、生产工艺方式的决策等。

由成本性态分析可知，任何方案的总成本都可用 $Y=a+bX$ 表述。应用本量利分析法关键在于确定成本平衡点。成本平衡点，又称为成本无差别点（Cost Indifference Point），是指两个备选方案的预期成本相等时的业务量。当计算出了成本平衡点，就可以确定在什么业务范围内哪个方案最优。其基本原理如下。

设第一个方案的固定成本为 a_1，单位变动成本为 b_1；第二个方案的固定成本为 a_2，单位变动成本为 b_2，且满足 $a_1>a_2$，$b_1<b_2$，则两个方案总成本相等时，有

$$a_1+b_1X=a_2+b_2X$$

则成本平衡点的业务量 $X_0=\dfrac{a_1-a_2}{b_2-b_1}$

成本平衡点的业务量如图 6-1 所示。

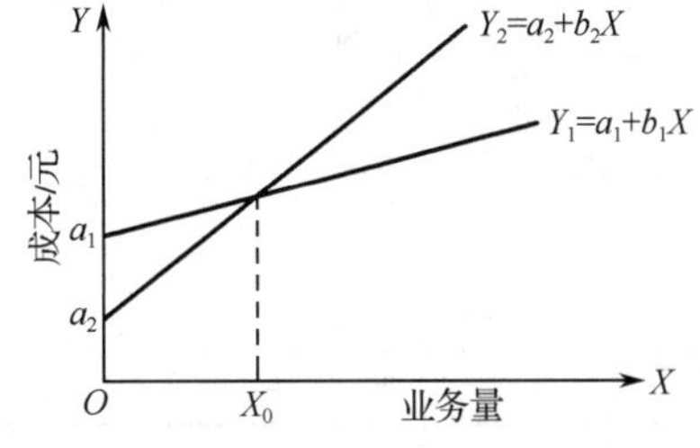

图 6-1 成本平衡点业务量图

从图 6-1 可以看出，

（1）当业务量 $X> X_0$ 时，第一个方案的成本 Y_1<第二个方案的成本 Y_2，故第一个方案优；

（2）当业务量 $X< X_0$ 时，第一个方案的成本 Y_1>第二个方案的成本 Y_2，故第二个方案优；

（3）当业务量 $X= X_0$ 时，第一个方案的成本 Y_1=第二个方案成本 Y_2，两个方案效益相同。

需要指出的是，采用本量利分析法进行决策分析时，应注意以下几点。

（1）各个备选方案的业务量的单位必须相同。

（2）只考虑各个备选方案不同的单位变动成本和不同的固定成本，不需考虑各个备选方案相同的单位变动成本和固定成本。

（3）不同方案的相关变动成本和相关固定成本恰好互相矛盾，即第一个方案的相关固定成本大于第二个方案的相关固定成本，而第一个方案的相关变动成本小于第二个方案的相关变动成本，否则此法不再适用。

任务三　决策生产

企业的产品生产决策是企业营运决策的重要组成部分。企业生产决策通常要重点解决以下三方面的问题。

（1）企业应当生产的产品或提供的服务。例如，生产产品品种的决策，半成品、联产品、副产品是否需要进一步加工的决策，亏损产品是否停产或转产的决策，开发新产品的决策等。

（2）企业应当生产产品或提供服务的数量。例如，是否接受追加特殊订货的决策，最优生产批量的决策等。

（3）企业如何组织和安排生产或提供服务。例如，零部件是自制还是外购的决策，生产工艺方式的决策，设备经营租赁方式的决策等。

这些生产决策虽然所涉及的问题类型和采取的分析方法不同，但它们的最终目标都是在企业现有的生产条件下如何最佳利用现有资源，从多个方案中选取一个最优方案，以提高企业的经济效益。生产决策常用的方法有差量分析法、边际贡献分析法和本量利分析法等。

一、决策生产产品品种

为了充分利用现有设备的生产能力，需要在企业生产的现有产品中选择一种产品生产，以提高企业的生产效益。

【例 6-1】 皖巢公司现有设备的生产能力为 80 000 小时，可用于生产 A 产品或 B 产品。生产 A 产品，每件需要消耗 20 小时，生产 B 产品，每件需要消耗 32 小时。这两种产品其他有关资料如表 6-2 所示。该公司要求只能生产其中一种产品，且假定这两种产品的生产量和销售量均不受限制。

表 6-2　A、B 产品的有关资料　　单位：元

项　　目	A 产品	B 产品
单位售价/（元/件）	30	50
单位变动生产成本/（元/件）	15	20
单位变动销售和管理费用/（元/件）	1	1.2
固定制造费用	40 000	
固定销售和管理费用	12 000	

要求：根据上述资料，试分析该公司应该选择生产哪种产品？

分析如下：

由于该公司是利用现有设备的生产能力 80 000 小时生产 A 产品或 B 产品，它们的单位售价、单位变动生产成本、单位变动销售和管理费用各不相同，可以在确定这两种产品的最大产量的基础上，采用差量分析法进行决策。固定制造费用总额、固定销售和管理费用总额在这两种方案中是相同的，属于决策无关成本。

根据上述资料编制差量分析表，如表 6-3 所示。

表 6-3　差量分析表（一）　　单位：元

项　　目	A 产品	B 产品	差　量
相关收入	120 000（80 000÷20×30）	125 000（80 000÷32×50）	−5 000

续表

项　目	A产品	B产品	差　量
相关成本	64 000（4 000×15+4 000×1）	53 000（2 500×20+2 500×1.2）	+11 000
差量损益			−16 000

从表6-3可知，生产B产品比生产A产品多实现收益为16 000元，所以应当选择生产B产品。

二、决策半成品、联产品、副产品是否需要进一步加工

【例6-2】　皖巢公司每年生产C半成品为10 000件，销售单价为60元/件，单位变动成本为30元/件，全年固定成本为200 000元。若把C半成品进一步加工为D产品，则每件需要追加变动成本为20元/件，D产品的销售单价为90元/件。

要求：

（1）若该公司具备进一步加工10 000件C半成品的能力，且该能力无法转移，并需追加60 000元的专属固定成本。做出C半成品直接出售还是进一步加工为D产品的决策。

（2）若该公司只具备进一步加工7 000件C半成品的能力，且该能力可用于对外承揽加工业务，预计一年可获得边际贡献为80 000元。做出C半成品直接出售还是进一步加工为D产品的决策。

分析如下：

半成品既是公司连续生产的中间产品，也可以直接出售。一般来说，继续加工后的产品售价要比半成品售价高，但相应地也追加一部分变动成本，还可能追加一定量的专属成本。因此，如果进一步加工后所增加的收入大于进一步加工所追加的成本，则应进一步加工；否则，应直接出售半成品。根据上述资料分析，有如下计算步骤。

（1）编制差量分析表，如表6-4所示。

表6-4　差量分析表（二）　　单位：元

项　目	进一步加工	直接出售	差　量
相关收入	900 000（90×10 000）	600 000（60×10 000）	+300 000
相关成本	260 000	0	+260 000
其中：变动成本	200 000（20×10 000）	0	—
专属成本	60 000	0	—
差量损益			+40 000

可见，进一步加工方案较优，可比直接出售C半成品多获利为40 000元。

（2）此时的相关产量为7 000件，而不是10 000件，对外加工的边际贡献就是一种机会成本，必须加以考虑。编制差量分析表，如表6-5所示。

表6-5　差量分析表（三）　　单位：元

项　目	进一步加工	直接出售	差　量
相关收入	630 000（90×7 000）	420 000（60×7 000）	+210 000
相关成本	220 000	0	+220 000
其中：变动成本	140 000（20×7 000）	0	—
机会成本	80 000	0	—
差量损益			−10 000

可见，由于进一步加工比直接出售少得收益为 10 000 元，故直接出售方案较优。

三、决策亏损产品是停产抑或转产

企业生产多种产品时，若一个部门的产品或生产线亏损经营，就应该考虑是否停产。如果按财务会计核算（即按完全成本法计算）出现了亏损，一般认为停产亏损产品可以使企业的整体利润提高。但按管理会计的成本性态分析理论，停产亏损产品一般只能减少变动成本而不会减少固定成本，因而对亏损产品应该针对不同情况进行决策。

（1）剩余生产能力无法转移时，亏损产品是否停产的决策。所谓剩余生产能力无法转移，是指当亏损产品停产后，闲置下来的生产能力无法被用于其他方面，既不能转产其他产品，也不能将有关设备出租或售出。这时，只要亏损产品的边际贡献大于零，就不应停产。因为继续生产可以提供边际贡献的亏损产品，至少可以补偿一部分固定成本。如果停产，只能减少变动成本，并不能减少固定成本，进而要由其他产品负担此部分固定成本，最终导致企业利润总额减少。

（2）剩余生产能力可以转移，亏损产品是否停产或转产的决策。若闲置的生产能力可以转移，如转产其他产品，或将有关设备出租或出售，亏损产品是否停产必须进一步考虑机会成本因素。首先，如果亏损产品所创造的边际贡献大于生产能力转移的机会成本，就不应该停产，否则由此多损失相当于该亏损产品所提供的边际贡献与有关机会成本之差的利润；如果亏损产品所创造的边际贡献小于相关机会成本，应考虑停产。其次，如果转产产品所创造的边际贡献大于亏损产品所创造的边际贡献，那么这项转产方案就是可行的；相反，如果转产产品所创造的边际贡献小于亏损产品所创造的边际贡献，就不应当转产，而应继续生产亏损产品。另外，如果亏损产品停产后，将有关设备对外出租，只要其租金收入大于亏损产品所创造的边际贡献，那么出租方案就可行，否则就不可行。

【例 6-3】 皖巢公司本年产销 E1、E2、E3 三种产品，有关资料如表 6-6 所示。

表 6-6 E1、E2、E3 产品相关资料表

项　目	E1 产品	E2 产品	E3 产品
产销量/件	2 000	1 000	800
销售单价/（元/件）	30	60	40
单位变动成本/（元/件）	15	48	20
单位生产工时/（小时/件）	4	12	5
固定成本	30 000（按各产品生产工时比例分配）		

要求：假定剩余生产能力无法转移，做出有关亏损产品应否停产或转产的决策分析。

分析如下：

（1）计算 E1、E2、E3 产品负担固定成本

E1 产品生产工时=4×2 000=8 000（小时）

E2 产品生产工时=12×1 000=12 000（小时）

E3 产品生产工时=5×800=4 000（小时）

$$固定成本分配率=\frac{30\ 000}{8\ 000+12\ 000+4\ 000}=1.25（元/小时）$$

E1 产品负担固定成本=1.25×8 000=10 000（元）

E2 产品负担固定成本=1.25×12 000=15 000（元）

E3 产品负担固定成本=1.25×4 000=5 000（元）

（2）编制边际贡献和营业利润计算表，如表 6-7 所示。

表 6-7 边际贡献和营业利润计算表（一） 单位：元

项　目	E1 产品	E2 产品	E3 产品	合　计
销售收入	60 000	60 000	32 000	152 000
减：变动成本	30 000	48 000	16 000	94 000
边际贡献	30 000	12 000	16 000	58 000
减：固定成本	10 000	15 000	5 000	30 000
营业利润	20 000	−3 000	11 000	28 000

（3）从表 6-7 可以看出，E2 产品全年亏损为 3 000 元，但应用边际贡献法分析可以看出，E2 产品本身有边际贡献为 12 000 元，之所以亏损是因为它分担的固定成本为 15 000 元大于其所创造的边际贡献，E2 产品能提供边际贡献为 12 000 元，故不应停产。

如果将 E2 产品停产，不仅不能使企业增加利润，反而会使其损失更多利润，损失额相当于该亏损产品所能提供的边际贡献。这是因为继续生产能够提供正的边际贡献的亏损产品至少可以为企业补偿一部分固定成本，如果停止生产，其负担的固定成本仍要发生，且要转给其他产品负担，结果反而导致整个企业减少相当于该亏损产品所能提供的边际贡献那么多的利润。其结果如表 6-8 所示。

表 6-8 边际贡献和营业利润计算表（二） 单位：元

项　目	E1 产品	E3 产品	合　计
销售收入	60 000	32 000	92 000
减：变动成本	30 000	16 000	46 000
边际贡献	30 000	16 000	46 000
减：固定成本	20 000	10 000	30 000
营业利润	10 000	6 000	16 000

其中，

$$\text{固定成本分配率}=\frac{30\,000}{8\,000+4\,000}=2.5\text{（元/小时）}$$

E1 产品负担固定成本=2.5×8 000=20 000（元）

E3 产品负担固定成本=2.5×4 000=10 000（元）

由此可见，停止 E2 产品生产，企业不但没有增加利润，反而使整个企业的利润降至 16 000 元，减少了 12 000 元（即 28 000−16 000），正好是 E2 产品所创造的边际贡献。

四、决策开发新产品

为了维持和扩大市场占有率，企业就必须不断地开发新产品。开发新产品不仅涉及开发新产品的品种决策，开发新产品与减少老产品的决策，以及新产品试制方案的决策，而且开发新产品还可能涉及固定资产投资决策（属于长期投资决策，项目七另做介绍）。本节主要介绍利用企业现有剩余生产能力开发有市场销售前景的新产品的多种方案决策。

【例 6-4】 皖巢公司原来生产 F 产品，原设计生产能力为 120 000 小时，但实际开工率只有原生产能力的 70%，现准备将剩余生产能力用来开发新产品 F1 或新产品 F2。老产品 F 及新产品 F1、F2 的有关资料如表 6-9 所示。

表 6-9　F、F1、F2 三种产品的有关资料

项　　目	F 产品（实际数）	新产品 F1（预计数）	新产品 F2（预计数）
单位工时定额/（小时/件）	90	60	50
销售单价/（元/件）	85	70	60
单位变动成本/（元/件）	75	60	51
固定成本/元	30 000		

要求：

（1）根据以上资料，试做出开发哪种新产品较为有利的决策分析。

（2）如果生产新产品 F1 需追加专属固定成本为 1 000 元，生产新产品 F2 需追加专属固定成本为 1 600 元，则决策分析的结论又如何？

分析如下：

（1）由于该公司是在生产能力有剩余的情况下开发新产品，原固定成本为无关成本，而且不需要追加专属成本。因此可以采用边际贡献分析法，以新产品提供的边际贡献总额的大小作为决策的依据。

根据上述资料，可知

剩余生产能力=120 000×(1−70%)=36 000（小时）

编制边际贡献计算分析表，如表 6-10 所示。

表 6-10　边际贡献计算分析表（一）

项　　目	新产品 F1	新产品 F2
单位工时定额/（小时/件）	60	50
最大产量/件	600（36 000÷60）	720（36 000÷50）
销售单价/（元/件）	70	60
单位变动成本/（元/件）	60	51
单位边际贡献/（元/件）	10	9
剩余生产能力提供的边际贡献/元	6 000（10×600）	6 480（9×720）

从表 6-10 可知，尽管新产品 F1 所提供的单位边际贡献多于新产品 F2，但开发新产品 F2 比开发新产品 F1 能提供更多的边际贡献。应该选择开发新产品 F2。

（2）由于此时专属成本是相关成本，决策分析过程中必须加以考虑，但只需在表 6-10 的最后一行加以延伸，如表 6-11 所示。

表 6-11　边际贡献计算分析表（二）

项　　目	新产品 F1	新产品 F2
单位工时定额/（小时/件）	60	50
最大产量/件	600（36 000÷60）	720（36 000÷50）
销售单价/（元/件）	70	60
单位变动成本/（元/件）	60	51

续表

项　　目	新产品 F1	新产品 F2
单位边际贡献/（元/件）	10	9
剩余生产能力提供的边际贡献/元	6 000（10×600）	6 480（9×720）
减：专属固定成本/元	1 000	1 600
剩余边际贡献/元	5 000	4 880

从表 6-11 可知，在考虑专属固定成本以后，开发生产新产品 F1 比开发新产品 F2 能提供更多的剩余边际贡献。应该选择开发新产品 F1。

五、决策是否接受追加特殊订货

当企业有剩余生产能力可以利用时，是否接受特殊价格的追加订货（即以低于正常价格，甚至低于正常产量的平均单位成本的特殊价格追加订货）。应该针对不同情况进行决策。

（1）当企业完全可以利用其剩余生产能力完成追加特殊订货的生产，且剩余能力无法转移时，如果不需追加专属成本，只要特殊订货单价大于该产品的单位变动成本，就可以接受追加订货；如果需要追加专属成本，只要该方案创造的边际贡献大于专属成本，就可以接受追加订货。

（2）若有关的剩余生产能力可以转移，又不需追加专属成本，则应将转移能力的可能收益作为追加订货方案的机会成本考虑，只要追加订货创造的边际贡献大于机会成本，就可以接受追加订货。

（3）若有关的剩余生产能力不够生产全部的追加订货，从而减少正常订货销售收入，又不需追加专属成本，则应将由此而减少的正常订货销售收入作为追加订货方案的机会成本，只要追加订货的边际贡献大于机会成本，就可以接受追加订货。

【例 6-5】　皖巢公司 G 产品年生产能力为 20 000 件，目前的正常订货量为 16 000 件，销售单价为 30 元/件，单位产品成本为 24 元/件，其中直接材料为 10 元/件、直接人工为 5 元/件、变动制造费用为 3 元/件、固定制造费用为 6 元/件。现有某客户愿意出价为 22 元/件向该公司追加 G 产品订货。

要求：就以下各不相关方案做出是否接受该项订货的决策。

（1）订货 4 000 件，剩余能力无法转移，且追加订货不需追加专属成本。

（2）订货 4 000 件，剩余能力无法转移，但追加订货需要一台专用设备，全年需支付专属成本 10 000 元。

（3）订货 4 500 件，剩余能力无法转移，也不需要追加专属成本。

（4）订货 4 500 件，剩余能力可以对外出租，可获年租金为 5 000 元，追加订货需追加专属成本为 10 000 元。

分析如下:

（1）因为特殊定价为 22 元/件大于单位变动成本 18 元/件（10+5+3），所以可以接受追加订货，并由此可多获利润为 16 000 元 [(22−18)×4 000]。

（2）编制差量分析表，如表 6-12 所示。

表 6-12　差量分析表（四）　　单位：元

项　　目	接受追加订货
相关收入	88 000（22×4 000）

续表

项　目	接受追加订货
相关成本	82 000
其中：变动成本 　　　专属成本	72 000（18×4 000） 10 000
差量损益	+6 000

可见，接受追加订货可使公司多获利润为 6 000 元，因此应该接受追加订货。

（3）因为企业剩余生产能力为 4 000 件，故追加订货 4 500 件中只能有 4 000 件可利用剩余生产能力，其余 500 件要减少正常订货量，但这 500 件不论是否接受追加订货均要安排生产，对于变动成本而言属于无关产量，因而只有 4 000 件属于相关产量。此外，要将减少正常订货 500 件的销售收入作为追加订货的机会成本。此项追加订货决策也可用差量分析法分析，如表 6-13 所示。

表 6-13　差量分析表（五）　　单位：元

项　目	接受追加订货
相关收入	99 000（22×4 500）
相关成本	76 000
其中：变动成本 　　　机会成本	72 000（18×4 000） 4 000[(30−22)×500]
差量损益	+23 000

可见，接受追加订货可使公司多获利润为 23 000 元，因此，应该接受追加订货。

（4）将减少正常订货 500 件的销售收入和租金收入均作为追加订货的机会成本编制差量分析表，如表 6-14 所示。

表 6-14　差量分析表（六）　　单位：元

项　目	接受追加订货
相关收入	99 000（22×4 500）
相关成本	91 000
其中：变动成本 　　　专属成本 　　　机会成本 　　　机会成本	72 000（18×4 000） 10 000 4 000[(30−22)×500] 5 000
差量损益	+8 000

可见，接受追加订货可使公司多获利润为 8 000 元，因此，应该接受追加订货。

六、决策零部件是自制抑或外购

企业生产所需的有关零部件，既可利用本企业的设备加工生产，也可以从市场购进。有时企业生产能力没有剩余，可将原自制零部件改为外购，或增加设备自制；有时企业生产能力剩余，为充分利用生产能力，可将原外购零部件改为自制，或将剩余设备出租；有时需用量确定，有时需用量不确定等。究竟外购还是自制，需要考虑零部件的耗用数量、自制或外购的差别成本以及有关的机会成本等因素。

1．需用量确定时自制抑或外购的决策

（1）自制方案不需增加固定成本，剩余生产能力不能转移。由于自制零部件成本中包括一部分分摊的固定性制造费用，无论是自制还是外购都会发生，所以该部分固定制造费用属于无关成本，决策时不予考虑，只有自制的变动成本和外购成本才是相关成本。如果自制方案的变动成本大于外购成本，选择外购；否则，应选择自制。

（2）不自制，剩余生产能力可以转移。如果零部件不自制，剩余生产能力可以转移，如将剩余设备出租或用它加工其他产品或零件。在这种情况下，剩余生产能力转移所得到的收益将是自制方案的机会成本。如果自制方案的变动成本与机会成本之和大于外购成本，选择外购；否则，应选择自制。

（3）自制方案需要增加专属固定成本。因为现有生产能力没有剩余，若自制，需增加专属固定成本。如果自制方案的变动成本与专属固定成本之和大于外购成本，选择外购；否则，应选择自制。

【例 6-6】　皖巢公司每年需用 H 零件 12 500 个，如向市场购买，每个零件的进货价格（包括运杂费）为 58 元/个；若该公司辅助车间有剩余能力制造这种零件，预计每个 H 零件的成本 66 元/个，其中直接材料 36 元/个、直接人工 13 元/个、变动制造费用 7 元/个、固定制造费用 10 元/个。

要求：就以下各不相关情况做出 H 零件是自制还是外购的决策。

（1）若该公司具备生产 12 500 个 H 零件的剩余能力，且剩余能力无法转移，也即当辅助车间不制造该零件时，闲置下来的生产能力无法被用于其他方面。

（2）若该公司具备生产 12 500 个 H 零件的能力，但剩余能力也可以转移用于加工 H1 零件，可节约 H1 零件的外购成本 30 000 元。

（3）若该公司目前具备生产 H 零件 10 000 个的能力，且无法转移，若自制 12 500 个 H 零件，则需租入设备一台，月租金 2 000 元，这样使 H 零件的生产能力达到 15 000 个。

（4）若该公司目前具备生产 H 零件 10 000 个的能力，且无法转移，但该公司可以同时采取自制和外购两种方式，即可自制一部分，同时再外购一部分。

分析如下：

（1）由于有剩余能力可以利用，且无法转移，H 零件自制成本中的固定制造费用属于无关成本，不予考虑。据此可做如下计算：

自制单位变动成本=36+13+7=56（元/个）

自制相关成本=56×12 500=700 000（元）

外购相关成本=58×12 500=725 000（元）

差量成本=700 000−725 000=−25 000（元）

可见，采用自制方案可使公司节约成本 25 000 元，因此 H 零件应采用自制方案。

（2）若安排自制，则会放弃加工 H1 零件带来的成本节约 30 000 元，这种由于放弃相对节约额的好处，应作为自制方案负担的机会成本。有关计算如表 6-15 所示。

表 6-15　差量分析表（七）　　单位：元

项　目	自　制	外　购	差量成本
变动成本	700 000	725 000	-25 000
机会成本	30 000	—	+30 000
相关成本合计	730 000	725 000	+5 000

从表 6-15 中可知，采用外购方案，可使公司节约成本为 5 000 元。因此，应采用外购方案，并利用剩余能力加工 H1 零件。

（3）有关计算分析如表 6-16 所示。

表 6-16　差量分析表（八）　　单位：元

项　目	自　制	外　购	差 量 成 本
变动成本	700 000	725 000	−25 000
专属成本	24 000（2 000×12）	—	+24 000
相关成本合计	724 000	725 000	−1 000

由表 6-16 可见，自制成本低于外购成本为 1 000 元，应该自制 H 零件。

（4）此种情况下，应当先按现有能力自制 10 000 个，其成本低于外购成本；超过 10 000 个的部分，如果自制，则其比外购节约的成本应能补偿增加的专属成本，否则就应外购。补偿专属成本应生产的数量为 12 000 个（专属成本为 24 000 元，每个自制比外购节约 2 元）。即 H 零件需要量超过 10 000 个时，超过的部分如果大于 12 000 个，则以自制为宜；超过的部分如果小于 12 000 个，则以外购为宜。而此种情况下，租入的设备最多能增产 H 零件 5 000 个（即 15 000−10 000）。故应对自制、全部外购和自制 10 000 个其余外购这三个方案的相关成本进行比较。各方案相关成本计算如表 6-17 所示。

可见，自制 10 000 个，外购 2 500 个的总成本既低于全部自制，又低于全部外购。

表 6-17　各方案相关成本计算表　　单位：元

项　目	自　制	外　购	部分自制部分外购
变动成本	700 000	725 000	705 000（56×10 000+58×2 500）
专属成本	24 000	—	—
相关成本合计	724 000	725 000	705 000

2. 需用量不确定时自制抑或外购的决策

当零部件的需用量不确定时，也可以采用本量利分析法进行决策分析，先计算出能保证补偿追加固定成本需要的产量，也称为成本平衡点。

$$\text{补偿追加固定成本需要产量}=\frac{\text{每年需增加的专属固定成本}}{\text{外购单价}-\text{自制的单位变动成本}} \qquad (6\text{-}1)$$

如果采用自制方案，零部件的需用量必须超过补偿追加固定成本所需产量，自制方案的相关成本总额才能低于外购方案的总成本。否则，外购成本低于自制成本，应采用外购方案。

【例 6-7】 假设皖巢公司需要 I 零件。该零件既可自制，又可外购。如果自制，该零件的单位变动成本为 20 元/件，每年还需追加专属固定成本为 12 000 元；如外购，单位购价为 30 元。

要求：做出该公司外购该零件或自制该零件的决策。

根据上述资料，该零件自制将发生专属固定成本为 12 000 元，单位变动成本为 20 元/件。

$$\text{成本平衡点业务量（}X_0\text{）}=\frac{12\,000-0}{30-20}=1\,200\text{（件）}$$

可见，当 I 零件的年需要量小于 1 200 件时，外购成本低于自制成本，应选择外购方案。在 I 零件的年需求量为 1 200 件时，两方案均可；在 I 零件的年需求量大于 1 200 件时，外购成本比自

制成本高，应选择自制。

七、决策最优生产批量

在企业产品全年总产量（即需求量）确定的情况下，制造产品的直接材料、直接人工等生产成本是固定的，属于决策的无关成本；调整准备成本和储存成本是相关成本。调整准备成本是指在每批产品生产前，需要进行一些生产准备工作（如调整机器、清理现场、准备模具、布置生产线等）发生的成本。这些成本虽然是与生产批量无直接关系，具有固定发生的性质，但与生产批次呈正比例关系。储存成本是指单位产品（或零部件）在储存过程中发生的仓储费、搬运费、保险费、占用资金支付的利息等以及仓库房屋、机器设备的折旧费及修理费等。这种成本有些与储存量无直接关系，具有固定成本性质；有些与储存量呈正比例关系，具有变动成本性质。最优生产批量决策又称经济生产批量决策，是指使制造产品的全年调整成本与全年的平均储存成本之和最小的生产批量。

建立最优生产批量的数学模型如下：

设 D 为全年生产量，Q 为每批生产量，P 为每日生产量，则该批产品全部生产所需时间为 $\frac{Q}{P}$，称为生产期；K 为每批次调整准备成本；K_c 为单位产品年平均储存成本。

因产品每日领用量为 d，故生产期内的全部领用量为 $\frac{Q}{P}d$。由于产品边生产边领用，所以每批生产完时，最高库存量 $E=Q-\frac{Q}{P}d$。由于平均库存量为最高库存量的一半，则平均库存量 $\overline{E}=\frac{1}{2}\left(Q-\frac{Q}{P}d\right)$。由于年度相关总成本等于年调整准备成本与年平均储存成本之和，则

$$\text{年度相关总成本（TC）}=\frac{D}{Q}K+\frac{1}{2}\left(Q-\frac{Q}{P}d\right)K_c \tag{6-2}$$

同样，以 Q 为自变量，求 TC 对 Q 的一阶导数，并令其为零，则

$$\text{经济生产批量（}Q^*\text{）}=\sqrt{\frac{2KD}{K_c}\times\frac{P}{P-d}} \tag{6-3}$$

将 Q^* 代入相关总成本的计算公式，则

$$\text{最低年度存货相关总成本（TC*）}=\sqrt{2KDK_c\left(1-\frac{d}{P}\right)} \tag{6-4}$$

【例 6-8】 皖巢公司全年需要生产 J 零件 16 200 件。甲零件每日生产量 60 件，每批调整准备成本为 25 元，单位平均储存成本为 1 元/年。假定一年为 360 日。

要求：计算该零件的经济生产批量和最低年度相关总成本。

根据上述资料，该零件的每日领用量 $d=D\div360=16\,200\div360=45$（件）。

该零件的经济生产批量为：

$$Q^*=\sqrt{\frac{2KD}{K_c}\times\frac{P}{P-d}}=\sqrt{\frac{2\times16\,200\times25}{1}\times\frac{60}{60-45}}=1\,800\text{（件）}$$

该零件的最低年度存货相关总成本为：

$$TC^*=\sqrt{2KDK_c\left(1-\frac{d}{P}\right)}=\sqrt{2\times16\,200\times25\times1\times\left(1-\frac{45}{60}\right)}=450\text{（元）}$$

八、决策生产工艺方式

【例 6-9】 皖巢公司生产 K 产品有手工生产和机械化生产两种方式可供选择。其中机械化生产方式的单位变动成本与固定成本分别为 0.02 元/件和 10 000 元，手工生产方式的单位变动成本与固定成本分别为 0.06 元/件和 2 000 元。

要求：做出 K 产品生产方式的决策。

分析如下：

由于该公司生产 K 产品的成本与生产量有关，在不同的生产量范围内，公司在两种生产方式下发生的成本有所不同，因此，可计算两个方案的成本平衡点生产量据此做出决策。

设机械化生产方式下的总成本为 Y_1，手工生产方式下的总成本为 Y_2，生产量为 X，则

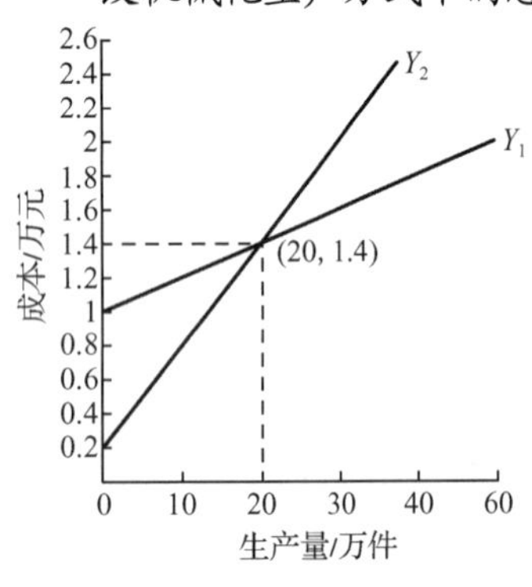

图 6-2 成本平衡点生产量图

$$Y_1=a_1+b_1X=10\ 000+0.02X$$

$$Y_2=a_2+b_2X=2\ 000+0.06X$$

则成本平衡点的生产量为

$$X_0=\frac{10\ 000-2\ 000}{0.06-0.02}=200\ 000\text{（件）}$$

若生产量 X=200 000 件，则 $Y_1=Y_2$，两个方案成本相等，均可行；

若生产量 X>200 000 件，则 $Y_1<Y_2$，应当采用机械化生产方式；

若生产量 X< 200 000 件，则 $Y_1>Y_2$，应当采用手工生产方式。

另外，此类决策分析还可采用图解法求解，它可以更加直观而形象地在坐标图上反映出来，如图 6-2 所示。

九、决策设备经营租赁方式

【例 6-10】 皖巢公司打算从外界租入一台专用设备，现有两出租人可提供同样的设备。出租人甲收取的固定租金为 10 000 元/年，再加承租人销售收入 2%的变动租金；出租人乙收取的固定租金为 2 000 元/年，再加承租人销售收入 6%的变动租金。

要求：做出该公司选择出租人的决策。

分析如下：

由于该公司支付的租金与销售收入有关，在不同的销售收入范围内，公司支付给两个出租人的租金有所不同，因此，可计算两个方案的成本平衡点的销售收入，据此做出决策。

设支付给出租人甲的总租金为 Y_1，支付给出租人乙的总租金为 Y_2，销售收入为 X，则：

$$Y_1=a_1+b_1X=10\ 000+2\%X$$

$$Y_2=a_2+b_2X=2\ 000+6\%X$$

则租金平衡点的销售收入为

$$X_0=\frac{10\ 000-2\ 000}{6\%-2\%}=200\ 000\text{（元）}$$

若销售收入 X=200 000 元，则 $Y_1=Y_2$，两个方案成本相等，均可行；

若销售收入 X>200 000 元，则 $Y_1<Y_2$，应从出租人甲租入设备；

若销售收入 X< 200 000 元，则 $Y_1>Y_2$，应从出租人乙租入设备。

另外，此类决策分析还可采用图解法求解，它可以更加直观而形象地在坐标图上反映出来，如图 6-3 所示。

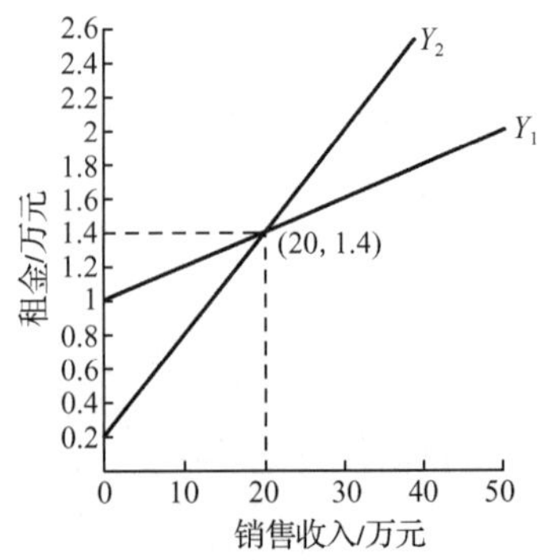

图 6-3 租金平衡点销售收入图

任务四　决策定价

定价决策（Pricing Decision）是指怎样为企业生产的产品选择一个适当的价格，使企业的经济效益达到最佳的过程。一般而言，在既定的销售量下，销售单价越高，销售收入就越高，销售利润水平就越高；产品售价的高低，直接影响着销售量的高低，从而决定着生产量的高低，进而影响产品成本水平的高低，最终影响企业盈利水平（销售利润水平）的高低。在实务中，企业通常以获得最大利润、提高市场占有率以及适应或避免竞争等为定价目标，但不论以何种为定价目标，一般都应考虑产品成本、市场需求、产品市场生命周期、价格政策法规，以及其他影响产品定价的因素。

企业的定价方法具体包括成本加成定价法、市场基础定价法、新产品的定价方法、追加特殊订货定价方法、保本定价法、保利定价法、极限定价法、心理定价方法和折扣定价方法等。为避免重复，本节主要介绍成本加成定价法和边际成本定价法。

一、成本加成定价法

1. 成本加成定价法的计算

成本加成定价法（Cost-plan Pricing）的理论基础是产品的价格必须首先补偿成本，然后再考虑为投资者提供合理的利润。它在单位产品成本的基础上按预定的加成率（Markup Percentage）计算相应的加成额，进而确定产品的目标售价。其基本公式为：

$$\begin{aligned}价格&=单位产品成本+加成额\\&=单位产品成本+（单位产品成本\times加成率）\end{aligned} \tag{6-5}$$

加成率通常以企业的目标利润为依据，结合产品成本的不同计算方法进行估算。而目标利润是依据企业的目标投资报酬率（Return on Investment，ROI）确定的，其计算公式为：

$$目标利润=平均投资总额\times目标投资报酬率 \tag{6-6}$$

加成率的计算公式为：

$$加成率=\frac{目标利润}{相关成本}\times100\% \tag{6-7}$$

按照计算产品价格所依据的产品成本不同，成本加成定价法进一步分为完全成本加成定价法和变动成本加成定价法两种。

（1）完全成本加成定价法。

$$价格=单位产品总成本^{①}+（单位产品总成本\times加成率） \tag{6-8}$$

以总成本为基础的加成率为：

$$加成率=\frac{目标利润}{成本总额}\times100\% \tag{6-9}$$

$$价格=单位产品制造成本+（单位产品制造成本\times加成率） \tag{6-10}$$

以制造成本为基础的加成率为：

$$加成率=\frac{目标利润+非制造成本}{制造成本总额}\times100\% \tag{6-11}$$

（2）变动成本加成定价法。

① 单位产品总成本包括应分配的推销及管理费用（即非制造成本）。

$$价格=单位产品总变动成本^{①}+（单位产品总变动成本\times加成率） \quad (6\text{-}12)$$

以总变动成本为基础的加成率为：

$$加成率=\frac{目标利润+固定成本总额}{变动成本总额}\times100\% \quad (6\text{-}13)$$

$$价格=单位产品变动制造成本+（单位产品变动制造成本\times加成率） \quad (6\text{-}14)$$

以变动制造成本为基础的加成率为：

$$加成率=\frac{目标利润+（固定制造费用+非制造成本）}{变动制造成本总额}\times100\% \quad (6\text{-}15)$$

【例 6-11】 皖巢公司平均投资(即全部资产的平均余额)300 000 元，目标投资报酬率为 20%。公司下一年度计划生产 L 产品 480 台，预计发生的直接材料为 96 000 元，直接人工为 57 600 元，变动制造费用为 38 400 元，固定制造费用为 120 000 元，变动销售及管理费用为 24 000 元，固定销售及管理费用为 48 000 元。

要求：

（1）分别计算各种成本基础下的加成率。

（2）根据上述加成率分别计算 L 产品的单位售价。

计算过程如下:

（1）公司的年目标利润=300 000×20%=60 000（元）

$$以总成本为基础的加成率=\frac{60\,000}{384\,000}\times100\%\approx15.63\%$$

$$以制造成本为基础的加成率=\frac{60\,000+(24\,000+48\,000)}{312\,000}\times100\%\approx42.31\%$$

$$以总变动成本为基础的加成率=\frac{60\,000+(120\,000+48\,000)}{192\,000+24\,000}\times100\%\approx105.56\%$$

$$以变动制造成本为基础的加成率=\frac{60\,000+(120\,000+72\,000)}{192\,000}\times100\%=131.25\%$$

（2）计算 L 产品的单位成本。

单位直接材料为 200 元/台，单位直接人工为 120 元/台，单位变动制造费用为 80 元/台，变动生产成本为 400 元/台，单位固定制造费用为 250 元/台，单位制造成本为 650 元/台，单位变动销售及管理费用为 50 元/台，单位固定销售及管理费用为 100 元/台，单位总成本为 800 元/台。

（3）计算 L 产品的单位售价。

以总成本为基础的单位售价=800+800×15.63%≈925（元/台）

以制造成本为基础的单位售价=650+650×42.31%≈925（元/台）

以变动成本为基础的单位售价=(400+50)+(400+50)×105.56%≈925（元/台）

以变动制造成本为基础的单位售价=400+400×131.25%=925（元/台）

可见，以各种成本为基础制订的 L 产品单位售价都是 925 元/台。

2．成本加成定价法的优缺点

完全成本加成定价法中的总成本或制造成本及相应价格的计算比较简单，而且易于理解，按

① 单位产品总变动成本包括应分配的变动销售及管理费用。

单位总成本或单位制造成本基础制订的产品价格，可以证明产品价格的正确性，从长远的观点来看，也能够保证企业获得一定的利润。但企业管理层采用完全成本加成定价法定价时，首先，必须确保产量基数是最准确的预测产量，因为如果实际产量和计划产量相差很大，那么实际单位总成本或单位制造成本就会与定价基础中的预计成本相差很大，企业预计加成率和实际取得的加成率相差也很大；其次，此法中的成本没有区分变动成本和固定成本，不便于进行本量利分析，不能预测价格和销售量的变动对利润的影响。因此，完全成本加成定价法不适用于短期定价决策。

变动成本加成定价法由于区分了变动成本和固定成本，就可以利用本量利分析来考察价格和销售量的变动对利润的影响，因此可以制订出使企业利润最大化的价格。由于变动成本加成定价法注重的是与产品相关的成本，即变动成本，不要求将共同性的固定成本分配于各个产品上，所以它特别适用于短期定价决策。但企业管理层采用此法定价时，应该确定较高的加成率，以确保价格能补偿完全成本。因为如果以产品的变动成本作为定价的最低限额，而固定成本又在企业成本中占很大比重，那么就有可能把价格定得太低而不能弥补固定成本，最终给企业带来灾难。

总之，完全成本加成法与变动成本加成法虽然都认为企业的定价必须弥补完全成本，但其“成本基数”不同，由此“加成”的内容也存在差异。完全成本加成定价法强调成本的功能，而变动成本加成定价法强调成本的性态。

二、边际成本定价法

在完全竞争的市场上，产品价格主要受供求规律的影响。因为产品价格上涨，供应量增加，本企业的销售量减少。反之，随着产品价格的下降，销售量逐渐增加，从而使总销售收入最初上升较快，继而趋缓，最终还有可能出现下降。这是因为：一方面，在一开始，因销售量增加而增加的销售收入大于降价的损失，从而总的销售收入增加，但当价格降到一定程度，销售量增加趋缓，降价的损失大于因销售量增加而增加的销售收入，从而总的销售收入呈下降趋势；另一方面，在一开始，因销售量很低而使产品单位成本比较高，随着销售量的增加，产品单位成本逐渐下降，总成本反而略有下降或缓慢上升，但由于单位成本的下降有一定限度，因此当销售量超过一定限度以后，产品单位成本又会提高，从而使总成本急剧上升。上述销售总收入和销售总成本的变动趋势如图 6-4 所示。

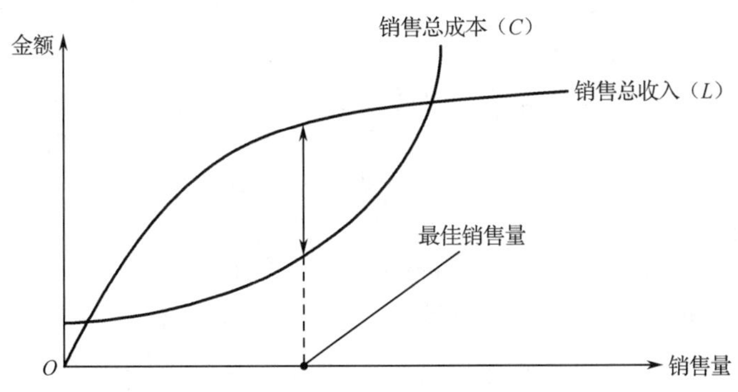

图 6-4　销售总收入和销售总成本变动趋势图

从图 6-4 中可知，当收入曲线 L 与成本曲线 C 之间的差额达到最大时，企业获得的利润最大，与之相应的销售价格应是理论上的最优销售价格，既不是最高价格，也不是最低价格。当边际收入（Marginal Revenue）等于边际成本（Marginal Cost），即边际利润等于零时，企业的总利润最大，这时的销售单价和销售数量就是产品的最优售价和最优销售量。边际收入是指当业务量以一个可计量单位增加或减少时所引起的总收入的变化量。边际成本是指当业务量以一个可计量单位增加或减少时所引起的总成本的变化量。

收入和成本函数有连续型和离散型之分，故最优价格确定有公式法和列表法两种。

（1）公式法。此种方法适用于收入、成本函数为连续型的函数，它以微分极值原理为理论依据，可直接对收入和成本函数求导，计算结果比较精确。但在实际中，影响销售价格的因素复杂，而且销售单价与销售量的函数关系以及与总成本的函数关系很难准确估计，因此，决策有很大难度。

【例 6-12】 皖巢公司 N 产品的售价与销售量的关系为：$p=400-20X$，总成本方程为：$TC=500+20X^2$。

要求：采用公式法计算 N 产品的最优价格和最优销售量。

总收入（TL）方程为：

$$TL=pX=(400-20X)X=400X-20X^2$$

总成本（TL）方程为：

$$TC=500+20X^2$$

则

$$ML=\frac{dTL}{dX}=400-40X$$

$$MC=\frac{dTC}{dX}=40X$$

当边际收入等于边际成本时，企业的总利润达到最大，即

$$400-40X=40X$$

得 $X=5$

则 $p=400-20X=400-20\times5=300$（元）

显然，当企业按每单位 300 元的价格销售 5 个单位产品时，可实现最大利润为：

$$(400X-20X^2)-(500+20X^2)=(400\times5-20\times5^2)-(500+20\times5^2)$$

$$=500（元）$$

边际收入和边际成本及最优售价之间的关系，如图 6-5 所示。

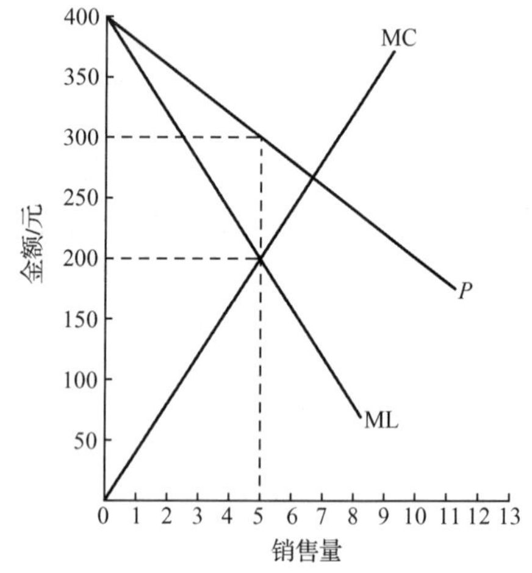

图 6-5　边际收入和边际成本及最优售价之间的关系图

（2）列表法。此种方法适用于收入、成本函数为离散型的函数。

【例 6-13】 承例 6-12 资料，假定销售量以一个单位为变动单位。

要求：采用列表法计算 N 产品的最优售价和最优销售量。

根据例 6-12 资料中的方程列表计算边际收入和边际成本，如表 6-18 所示。

表 6-18　边际利润计算表　　单位：元

销售单价（p）	销售量（X）	销售收入（TL）	边际收入（ML）	总成本（TC）	边际成本（MC）	边际利润（MP）	总利润
380	1	380	—	520	—	—	−140
360	2	720	340	580	60	280	140
340	3	1 020	300	680	100	200	340
320	4	1 280	260	820	140	120	460

续表

销售单价（p）	销售量（X）	销售收入（TL）	边际收入（ML）	总成本（TC）	边际成本（MC）	边际利润（MP）	总利润
300	5	1 500	220	1 000	180	40	500
280	6	1 680	180	1 220	220	−40	460
260	7	1 820	140	1 480	260	−120	340
240	8	1 920	100	1 780	300	−200	140
220	9	1 980	60	2 120	340	−280	−140
200	10	2 000	20	2 500	380	−360	−500
180	11	1 980	−20	2 950	420	−440	−940

从表 6-18 中可知，当销售量的变动以一个单位递增时，最大利润为 500 元所对应的最优销售量为 5 个单位，最优售价为 300 元，此时边际利润为不小于零的最小值。在离散条件下，当边际收入等于边际成本（即边际利润等于零）时，可直接找到最优售价；当无法找到边际利润等于零时，边际利润为不小于零的最小值时的售价，就是最优售价。

训练巩固

在线测试

思考题

1. 简述决策分析的定义。
2. 试述决策分析的一般程序。
3. 简述营运决策的一般方法。
4. 什么是生产决策？生产决策包括哪些内容？
5. 什么是定价决策？定价决策包括哪些方法？
6. 完全成本加成定价法和变动成本加成定价法有什么关系？
7. 什么是边际成本定价法？产品的最优售价在理论上是怎样确定的？

实训题

1. 皖巢公司生产多种产品，2022 年丁产品亏损为 5 000 元。已知该产品完全成本为 15 000 元，变动成本率为 80%。

要求：

（1）如果 2023 年条件不变，剩余能力无法转移，做出 2023 年是否安排生产丁产品的决策。

（2）剩余生产能力可对外出租，每年可获租金收入为 2 500 元，做出是否停产的决策。

（3）剩余生产能力可以转移于生产 Q 新产品 200 件，Q 产品的单位售价为 35 元/件，单位变动成本为 15 元/件，做出是否转产的决策。

2. 皖巢公司生产某种机床，年产量为 2 000 台，每台机床需一台电机，电机自制成本为 180 元/台，其中直接材料为 65 元/台，直接人工为 50 元/台，变动性制造费用为 37 元/台，分摊共同固定性制造费用为 28 元/台。

要求：

（1）如果有专业电机厂愿意每年供应该机床厂电机 2 000 台，每台（包括进货价格、运费等）160 元，做出该公司电机是自制还是外购的决策。

（2）如果将自制电机的设备出租，每年可收取租金30 000元，做出该公司是自制还是外购的决策。

（3）如果生产能力没有剩余，若自制，每年需增加专属固定成本20 000元，做出该公司电机是自制还是外购的决策。

3．皖巢公司经营的S商品有关收入成本信息如表6-19所示。

表6-19　S商品收入成本信息　　单位：元

销售单价/（元/件）	预计销售量/件	销售收入	边际收入	总成本	边际成本	边际利润	利　润
58	100			4 000			
56	120			4 200			
54	140			4 400			
52	160			4 600			
50	180			4 800			
48	200			5 000			
46	220			5 300			
44	240			5 600			
42	260			5 900			
40	280			6 200			
38	300			6 500			
36	320			6 800			
34	340			7 100			

该公司目前该商品销售单价为58元/件，销量为100件。假定该商品的最大销售量为340件。

要求：

（1）分别计算该商品不同售价下的边际收入、边际成本和边际利润。

（2）做出该商品最优售价的决策，并计算此时该商品的总利润。

4．皖巢公司某种产品的售价与销量的关系为：$p=60-2X$；单位变动成本与销量之间的关系为：$b=50+0.5X$，固定成本$a=70$。

要求：确定该产品的最佳销售量以及最优售价。

5．皖巢公司的平均投资为500 000元，预期的目标投资报酬率为14%，公司研究制订Y产品售价，有关下一年计划生产Y产品1 000件的预计成本为：直接材料为50 000元，直接人工为44 000元，变动制造费用为36 000元，固定制造费用为70 000元，变动销售及管理费用为20 000元，固定销售及管理费用为10 000元。

要求：

（1）分别计算四种成本基础下的加成率。

（2）按照四种加成率分别计算Y产品的售价。

项目七 投融资管理：投资管理

【学习导航】

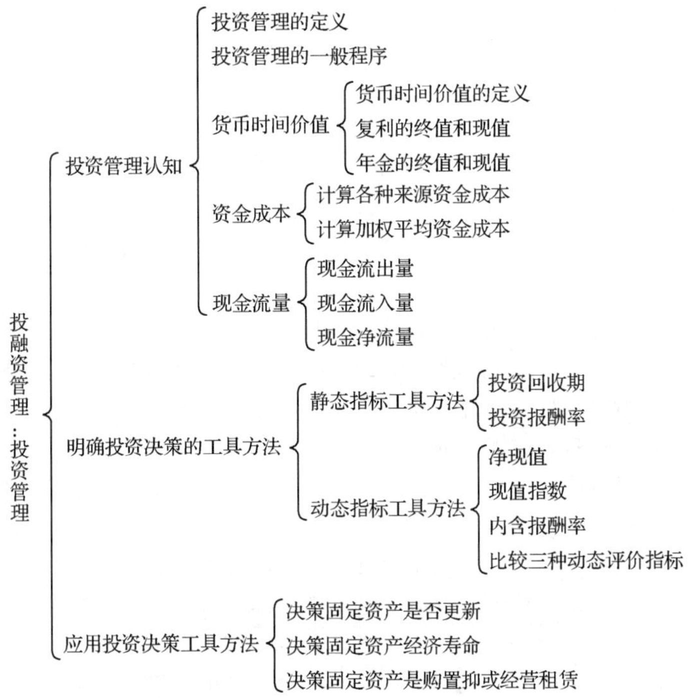

【学习目标】

☆ 理解投资管理的一般程序

☆ 掌握货币时间价值、资金成本、现金流量的含义及其计算方法

☆ 掌握各种投资决策指标的计算方法及其应用

☆ 掌握投资决策的工具方法及其应用

☆ 培育业财融合的创新创业能力

【引言导读】

项目六中，我们已经讲述了如何依据预测的未来生产经营活动信息和其他相关信息，为企业未来生产经营活动的短期经营目标做出正确的决策。诚然，为了实现战略目标，企业也需要根据预测的未来生产经营活动信息和其他相关信息，对投资项目做出正确的决策。本项目在介绍投资管理基本内容的基础上，主要阐述投资决策的工具方法及其应用。

任务一 投资管理认知

一、投资管理的定义

投资管理（Investment Management）是指企业根据自身战略发展规划，以企业价值最大化为目标，对将资金投入营运进行的管理活动。投资管理主要指固定资产增加、扩建、改造等方面的资金投入，有时也指购买长期债券、股票等证券方面的资金投入。本项目所述的投资专指固定资产方面的项目投资。

二、投资管理的一般程序

企业应建立健全投资管理的制度体系，根据组织架构特点，设置能够满足投资管理活动所需的，由业务、财务、法律及审计等相关人员组成的投资委员会或类似决策机构，对重大投资事项和投资制度建设等进行审核，有条件的企业可以设置投资管理机构，组织开展投资管理工作。企业应用投资管理工具方法，一般按照制订投资计划、进行投资可行性分析、实施投资过程控制和投资后评价等程序进行。

（1）制订投资计划。企业投资管理机构应根据战略需要，定期编制中长期投资规划，并据此编制年度投资计划。中长期投资规划一般应明确指导思想、战略目标、投资规模、投资结构等。年度投资计划一般包括编制依据、年度投资任务、年度投资任务执行计划、投资项目的类别及名称、各项目投资额的估算及资金来源构成等，并纳入企业预算管理。

（2）进行投资可行性分析。投资可行性分析的内容一般包括该投资在技术和经济上的可行性、可能产生的经济效益和社会效益、可以预测的投资风险、投资落实的各项保障条件等。

（3）实施投资过程控制。企业进行投资管理，应当将投资控制贯穿于投资的实施全过程。投资控制的主要内容一般包括进度控制、财务控制、变更控制等。进度控制是指对投资实际执行进度方面的规范与控制，主要由投资执行部门负责。财务控制是指对投资过程中资金使用、成本控制等方面的规范与控制，主要由财务部门负责。变更控制是指对投资变更方面的规范与控制，主要由投资管理部门负责。

（4）投资后评价。投资项目实施完成后，企业应对照项目可行性分析和投资计划组织开展投资后评价。投资后评价的主要内容一般包括投资过程回顾、投资绩效和影响评价、投资目标实现程度和持续能力评价、经验教训和对策建议等。企业应及时进行回顾和分析，检查和评估投资管理的实施效果，不断优化投资管理流程，改进投资管理工作。

三、货币时间价值

1. 货币时间价值的定义

货币时间价值（The Time Value of Money），也称资金时间价值，是指不同时点上的货币具有不同的价值。决定货币时间价值的有利息和通货膨胀等两个因素。在通货膨胀率很低的情况下，货币时间价值专指利息，即指放弃现在使用货币的机会，可以换取按一定利率与时间计算的报酬。

2. 复利的终值和现值

终值（Future Value），也称为未来值，是指现在一定量资金在未来某一时点上的价值，俗称

本利和。现值（Present Value），也称为本金，是指未来某一时点上的一定量资金折合到现在的价值。

终值与现值的计算涉及利息计算方法的选择。目前利息计算方法有单利（Simple Value）和复利（Compound Value）两种。在单利法下，每期都以初始本金为计算利息基数计算当期利息，当期利息不计入计算下期利息的基数。在复利法下，以每期期初本利和为计算利息基数计算当期利息，即“利滚利”。在管理会计中，一般用复利法计算终值和现值。

（1）复利终值。复利终值是指现在投入一定量的资金按规定的利息率和复利计息方法计算的未来某日的价值。其计算公式为：

$$F=P(1+i)^n \tag{7-1}$$

式（7-1）中，F 为终值；P 为现值；i 为利息率；n 为期数。

【例 7-1】 皖巢公司现在存入银行 100 000 元，年利率为 10%，按复利法计算利息。

要求：计算该公司 5 年后得到的终值。

$$F=100\,000\times(1+10\%)^5=161\,051\text{（元）}$$

即该公司 5 年后可以获得的金额为 161 051 元。

式（7-1）中，$(1+i)^n$ 为复利终值系数，记为$(F/P,i,n)$。为简化计算，也可通过查“一元复利终值系数表”（见附录 A）求得。

（2）复利现值。复利现值是复利终值的逆运算值，它是指今后某一特定的时间收到或付出一笔资金按规定的折现率(i)和复利计息方法计算的现在时点价值。其计算公式为：

$$P=F\times\frac{1}{(1+i)^n} \tag{7-2}$$

【例 7-2】 皖巢公司拟在 5 年后获得本利和 500 000 元，年利率为 10%，按复利法计算利息。

要求：计算该公司现在需要存入银行多少元。

$$P=500\,000\times\frac{1}{(1+10\%)^5}\approx 310\,460\text{（元）}$$

即该公司现在需要存入银行 310 460 元。

式（7-2）中，$\frac{1}{(1+i)^n}$ 为复利现值系数，记为$(P/F,i,n)$。为了简化计算，也可以通过查“一元复利现值系数表”（见附录 B）求得。

3．年金的终值和现值

年金（Annuity）是指每间隔相等的时间收入（或支出）等额的系列款项。年金在现实生活中有广泛的应用，如采用年限平均法计提的折旧额、租金、保险费、零存整取的存款等都表现为年金。年金通常有普通年金、预付年金、递延年金和永续年金等四种类型。

（1）普通年金（Ordinary Annuity）。普通年金，也称为后付年金，是指各期期末收入（或支出）的年金。

① 普通年金终值。普通年金终值是指每期期末收入（或支出）的等量金额，按复利计算的未来某期的总价值。其计算公式为：

$$F_A=A+A(1+i)+A(1+i)^2+\cdots+A(1+i)^{n-2}+A(1+i)^{n-1}$$

上式实际上是求首项为 A，公比为$(1+i)$的等比数列前 n 项之和，经过整理可写成：

$$F_A=A\times\frac{(1+i)^n-1}{i} \tag{7-3}$$

【例 7-3】 皖巢公司每年年末存入银行 100 000 元，年利率为 8%，按复利法计算利息。

要求：计算该公司 5 年后可以获得的本利和。

$$F_A=100\,000\times\frac{(1+8\%)^5-1}{8\%}\approx 586\,660（元）$$

即该公司 5 年后可以获得的本利和为 586 660 元。

式（7-3）中，$\frac{(1+i)^n-1}{i}$为普通年金终值系数，记为$(F/A,i,n)$。为了简化计算，也可通过查“一元年金终值系数表”（见附录 C）求得。

需要指出的是，普通年金终值系数的倒数$\frac{1}{(F/A,i,n)}$称为偿债基金系数，记为$(A/F,i,n)$，它可以将普通年金终值折算为年金，即 $A=F_A\times(A/F,i,n)$。

【例 7-4】 皖巢公司拟在 3 年后偿还 200 000 元的债务，从现在起每年年末等额存入银行一笔款项，年利率为 10%，按复利法计算利息。

要求：计算该公司每年应当存入银行多少元。

$$A=F_A(A/F,i,n)=200\,000\times\frac{1}{3.31}\approx 60\,423（元）$$

即该公司每年需要存入银行 60 423 元。

② 普通年金现值。普通年金现值是指每期期末收入（或支出）的等量金额，按复利计算的现时总价值。其计算公式为：

$$P_A=A(1+i)^{-1}+A(1+i)^{-2}+\cdots+A(1+i)^{-n}$$

上式实际上是求首项为 $A(1+i)^{-1}$，公比为$(1+i)^{-1}$的等比数列前 n 项之和，经过整理可写为：

$$P_A=A\times\frac{1-(1+i)^{-n}}{i} \tag{7-4}$$

【例 7-5】 皖巢公司打算连续 5 年在每年年末取出 200 000 元，年利率为 10%，按复利法计算利息。

要求：计算该公司现在应当存入银行多少元。

$$P_A=200\,000\times\frac{1-(1+10\%)^{-5}}{10\%}\approx 758\,160（元）$$

即该公司现在需要存入银行 758 160 元。

式（7-4）中，$\frac{1-(1+i)^{-n}}{i}$为普通年金现值系数，记为$(P/A,i,n)$。为了简化计算，也可以通过查“一元年金现值系数表”（见附录 D）求得。

需要指出的是，普通年金现值系数的倒数$\frac{1}{(P/A,i,n)}$称为投资回收系数，记为$(A/P,i,n)$，它可以将普通年金现值折算为年金，即 $A=P_A\times(A/P,i,n)$。

（2）预付年金。预付年金，也称为先付年金或即付年金，是指每期期初收入（或支出）的年金。

① 预付年金终值。预付年金终值是指每期期初收入（或支出）的等量金额，按复利计算的未来某期的总价值。其计算公式为：

$$F_A=A(1+i)+A(1+i)^2+\cdots+A(1+i)^{n-1}+A(1+i)^n$$

上式实际上是求首项为 $A(1+i)$，公比为$(1+i)$的等比数列前 n 项之和，经过整理可写为：

$$F_A=A\times\frac{(1+i)^{n+1}-1}{i}-1 \tag{7-5}$$

式（7-5）中，$\frac{(1+i)^{n+1}-1}{i}-1$ 为预付年金终值系数。观察发现，预付年金终值系数与普通年金终值系数相比，期数加 1，而系数减 1，可以记为$[(F/A,i,n+1)-1]$，因而可以利用“一元年金终值系数表”查得$(n+1)$期的值，再减去 1 后便得到预付年金终值系数。

【例 7-6】 皖巢公司连续 5 年于每年年初存入银行 50 000 元，年利率为 8%，按复利法计算利息。

要求：计算该公司在第 5 年年末可以获得的本利和。

$$F_A=50\,000\times[(F/A,8\%,5+1)-1]=50\,000\times[(F/A,8\%,6)-1]$$
$$=50\,000\times(7.335\,9-1)=316\,795（元）$$

即该公司在第 5 年年末可以获得的本利和为 316 795 元。

② 预付年金现值。预付年金现值是指每期期初收入（或支出）的等量金额，按复利计算的现时总价值。其计算公式为：

$$P_A=A+A(1+i)^{-1}+\cdots+A(1+i)^{-(n-2)}+A(1+i)^{-(n-1)}$$

上式实际上是求首项为 A，公比为$(1+i)^{-1}$ 的等比数列前 n 项之和，经过整理可写成：

$$P_A=A\times\left[\frac{1-(1+i)^{-(n-1)}}{i}+1\right] \tag{7-6}$$

式（7-6）中，$\frac{1-(1+i)^{-(n-1)}}{i}+1$ 为预付年金现值系数。观察发现，预付年金现值系数与普通年金现值系数相比，期数减 1，系数加 1，可以记为$[(P/A,i,n-1)+1]$，因而可以利用“一元年金现值系数表”查得$(n-1)$期的值，再加上 1 便得到预付年金现值系数。

【例 7-7】 皖巢公司采用 5 年分期付款购货，每年年初支付 5 000 元，年利率为 10%，按复利法计算利息。

要求：若采用一次性付款，该公司现在应付多少元？

$$P_A=5\,000\times[(P/A,10\%,5-1)+1]=5\,000\times[(P/A,10\%,4)+1]$$
$$=5\,000\times（3.169\,9+1）\approx 20\,850（元）$$

即若采用一次性付款，该公司现在应付 20 850 元。

（3）递延年金。递延年金是指第一次收入（或支出）款项发生在第二期期末或其以后的年金。显然，凡不是第一期期末开始的年金都是递延年金。递延年金的终值大小与递延期无关，因此计算方法与普通年金终值相同。

递延年金现值的计算方法有以下两种①。

第一种方法，把递延年金看作 n 期的普通年金，求出递延期末的现值，再将此现值调整到第一期期初。

第二种方法，假设递延期中也进行收入（或支出）款项，先求出所有期数年金现值，再扣除实际并未发生收入（或支出）的递延期的年金现值，即可得到递延年金现值。

（4）永续年金。无限期定额支付的年金，即当期数 $n\to+\infty$时的普通年金称为永续年金。永续年金没有终止的时间，因此不存在终值。

永续年金现值的计算公式推导如下：普通年金现值的计算公式为 $P_A=A\times\frac{1-(1+i)^{-n}}{i}$，当 $n\to$

① 这两种方法的计算结果可能有所差异，是由于货币时间价值系数表中的系数四舍五入造成的，但并不影响两种方法的正确性。

$+\infty$时，$(1+i)^{-n}$的极限为零，因此，永续年金的现值为：

$$P_A=A\times\frac{1}{i} \tag{7-7}$$

【例 7-8】 皖巢公司拟建立一项永久性奖励基金，每年计划颁发 50 000 元奖金，年利率为 10%，按复利计算利息。

要求：该公司现在应当存入银行多少元。

$$P_A=50\,000\times\frac{1}{10\%}=500\,000（元）$$

即该公司现在应当存入银行 500 000 元。

在实际经济生活中，并不存在无限期永远支付的永续年金，但可以将存本取息视为永续年金。

四、资金成本

资金是不能无偿使用的，使用资金必须付出代价，即要负担成本。资金成本有绝对值和相对值两种表达形式。在实际工作中，为便于比较，资金成本通常采用相对值（百分比）表示。资金成本是投资决策中非常重要的一个概念，是评价一个投资方案是否可行的重要依据，是投资项目能否接受的最低报酬率，也称“极限利率”。在判断投资项目是否可行时，要以该项目的未来收益率和资金成本去比较，如果未来收益率小于资金成本，则该项目应被放弃；如果未来收益率大于资金成本，则该项目是可行的。因此，资金成本也被称为“取舍利率”。

资金成本的确定，通常由企业管理层先按资金的不同来源，根据银行挂牌的利率、证券的实际利率、股东权益的获利水平、所得税率，以及该项投资所冒风险的程度等因素分别进行确定，再根据各种资金来源的比重，综合计算加权平均的资金成本。

1. 计算各种来源资金成本

（1）长期借款成本。由于企业中长期借款的利息通常作为财务费用处理，属于计算所得税的扣除项目，长期借款一般不会发生筹资费用，因此其成本的计算公式为：

$$长期借款成本（K_l）=长期借款利率\times(1-适用所得税率) \tag{7-8}$$

【例 7-9】 皖巢公司向中国建设银行借入一笔五年期长期借款 1 000 000 元，利率为 6%，每年付息一次，到期偿还本金，该公司适用所得税率为 25%。

要求：计算该公司借入这笔长期借款的成本。

$$K_l=6\%\times(1-25\%)=4.5\%$$

即该公司借入这笔长期借款的成本为 4.5%。

根据上述计算结果，由于该公司支付借款利息可以减少应纳所得税，故该公司实际负担长期借款的成本只有 4.5%，低于原约定的借款利率 6%。

（2）债券成本。企业发行债券与长期借款一样，其利息也在税前支付，但企业发行债券的筹资费用较高，在计算成本时应予考虑。其计算公式为：

$$\begin{aligned}债券成本（K_b）&=\frac{债券每年票面利息\times(1-适用所得税率)}{债券发行总额\times(1-债券筹资费用率)}\\&=债券实际利率\times\frac{1-适用所得税率}{1-债券筹资费用率}\end{aligned} \tag{7-9}$$

【例 7-10】 皖巢公司按面额发行五年期债券金额为 2 000 000 元，该债券票面利率为 8%，

每年 12 月底付息一次，五年期满一次还本。若债券筹资费用率[①]为 2%，该公司适用的所得税率为 25%。

要求：计算该公司发行债券的成本。

$$债券成本（K_b）=\frac{2\,000\,000\times8\%\times1\times(1-25\%)}{2\,000\,000\times(1-2\%)}\approx6.12\%$$

即该公司发行债券的成本为 6.12%。

可见，债务资本的成本（包括长期借款与债券）一般比较低，这是因为债务资本所支付的利息均属于应纳所得税的扣减项目。但在债务资本中，长期借款的成本一般要低于债券的成本，因为后者的约定利率和筹资费用都比前者高。

需要指出的是，以上计算债务资本的成本都是以假定企业有利润为前提的。如果企业发生亏损，那么支付债券资本的利息就不能享受作为交纳所得税的扣减项目，债务资本的成本就是它们的税前成本。

（3）优先股成本。企业发行优先股需要支付筹资费用，并定期支付固定的股利，这与发行债券相似。但是发放股利由税后利润支付，不能享受扣减应纳所得税的利益，且优先股没有既定的到期日，当企业破产清算时，优先股股东对剩余资产的要求权，位于债券持有人之后，这就体现了优先股的风险大于债券，故优先股的报酬率一般应当高于债券。

正是由于优先股没有既定的到期日，所以每年支付优先股的股利是相等的。为了简化优先股成本的计算，可采用永续年金的方法，其计算公式有以下两种可供选择。

① 按优先股发行总额计算。

$$优先股成本（K_p）=\frac{优先股每年发放股利总额}{优先股发行总额\times(1-优先股筹资费用率)} \tag{7-10}$$

② 按每股股利计算。

$$优先股成本（K_p）=\frac{优先股每股面值\times固定股利率}{优先股每股市价\times(1-优先股筹资费用率)} \tag{7-11}$$

【例 7-11】　皖巢公司于 2022 年年初发行股利率为 12%的优先股 30 000 股，每股按面值 100 元出售，若优先股筹资费用率[②]为 3%。

要求：计算该公司发行优先股的成本。

$$优先股成本（K_p）=\frac{100\times30\,000\times12\%\times1}{100\times30\,000\times(1-3\%)}\approx12.37\%$$

或

$$优先股成本（K_p）=\frac{100\times12\%\times1}{100\times(1-3\%)}\approx12.37\%$$

即该公司发行优先股的成本为 12.37%。

（4）普通股成本。由于普通股没有固定的股利，普通股股东每年获得的报酬取决于企业的经营状况和经济效益，具有较大的不确定性，况且，企业的筹资和投资决策都会影响普通股的收益，因此，对普通股成本的精确估算要比前面述及的债券和优先股更难把握。

下面介绍两种常用的计算普通股成本的方法。

① 按固定股利估算。假定未来发放现金股利是固定不变的，就把股利视为永续年金，可利用下列公式进行计算：

---

① “债券筹资费用率”指的是债券筹资费用总额占债券发行总额的比率。
② “优先股筹资费用率”指的是优先股筹资费用总额占优先股发行总额的比率。

$$普通股成本（K_c）=\frac{普通股每股股利^{①}}{普通股每股市价\times(1-普通股筹资费用率)} \tag{7-12}$$

【例 7-12】 皖巢公司每股普通股的市场价格为 94 元，目前该公司普通股的每股现金股利为 8 元，普通股筹资费用率[②]为 3%。

要求：计算该公司普通股成本。

$$普通股成本（K_c）=\frac{8}{94\times(1-3\%)}\approx8.77\%$$

即该公司普通股成本为 8.77%。

② 按股利的固定增长率估算。假定普通股的股利按固定的百分率增长，则其成本的计算公式为：

$$普通股成本（K_c）=\frac{普通股每股第一年年末发放的股利}{普通股每股市价\times(1-普通股筹资费用率)}+股利增长率 \tag{7-13}$$

【例 7-13】 皖巢公司每股普通股的市价为 80 元，第一年年末发放的现金股利为 6 元，预计以后年度发放现金的股利增长率为 5%，普通股筹资费用率为 4%。

要求：计算该公司普通股成本。

$$普通股成本（K_c）=\frac{6}{80\times(1-4\%)}+5\%\approx12.81\%$$

即该公司普通股的成本为 12.81%。

（5）留存收益成本。留存收益是指企业税后净利润减去支付现金股利后的未分配利润，其权益仍属于普通股股东。因此，留存收益成本的计算与普通股成本相似，其唯一差别就是留存收益无须支付筹资费用。其计算公式如下：

① 按固定股利估算。

$$留存收益成本（K_e）=\frac{普通股每股股利}{普通股每股市价} \tag{7-14}$$

② 按股利的固定增长率估算。

$$留存收益成本（K_e）=\frac{普通股每股第一年年末发放的股利}{普通股每股市价}+股利增长率 \tag{7-15}$$

【例 7-14】 皖巢公司每股普通股的市价为 68 元，第一年年末发放每股现金股利为 5 元，预计以后年度发放现金股利增长率为 7%。

要求：计算该公司留存收益成本。

$$留存收益成本（K_e）=\frac{5}{68}+7\%\approx14.35\%$$

即该公司留存收益成本为 14.35%。

2．计算加权平均资金成本

资金成本是一种机会成本。在实务中，企业的资金来源不同，其资金成本一般是不同的。为了使决策者能根据资金成本来评价投资项目是否可行，可以计算其“综合的资金成本”，即加权平均资金成本。它主要利用各种来源的资金占总资金的比重，将其作为权数，对各项资金成本进行

① 式（7-12）中的“普通股每股股利”，可以用对公司未来支付股利的预测数，也可采用目前该公司的普通股每股股利。
② “普通股筹资费用率”指的是普通股筹资费用总额占普通股发行总额的比率。

加权汇总求得。其计算公式为：

$$加权平均资金成本=\Sigma(每项资金来源比重\times该项资金来源的资金成本) \quad (7-16)$$

【例 7-15】　皖巢公司几种主要资金来源的数额及资金成本资料如表 7-1 所示。

表 7-1　皖巢公司几种主要资金来源的数额及资金成本资料表

资 金 来 源	金额/元	该项资金来源的资金成本	每项资金来源比重
债　券	100 000	4%	10%
优先股	300 000	10%	30%
普通股	600 000	12%	60%
合　计	1 000 000	—	100%

要求：计算该公司的综合资金成本。

$$加权平均资金成本=4\%\times10\%+10\%\times30\%+12\%\times60\%=10.6\%$$

即该公司的加权平均资金成本为 10.6%。

五、现金流量

现金流量（Cash Flow）是指投资项目引起的企业在未来一定期间发生的现金支出和现金收入增加的数量。这里的“现金”是指广义上的现金，它不仅包括各种货币资金，还包括项目的非货币资金的变现价值，如固定资产的终止残值或营业期间的变现收入，以及收回垫支的流动资产的变现收入。

1. 现金流出量

现金流出量（Cash Outflows）主要包括以下几项。

（1）建设投资。它是指在建设期内按一定生产经营规模和建设内容进行的固定资产、无形资产和开办费等项投资的总和，包括基建投资和更新改造投资。

（2）垫支的流动资产。它是指对原材料、在产品、产成品、存货和货币资金等流动资产的垫支。

（3）经营成本。它是指在营业期内为满足正常生产经营而用货币资金支付的那部分成本费用，又称付现成本。某年经营成本等于当年的总成本扣除该年固定资产折旧额、无形资产摊销额等项目后的差额。这是因为总成本费用中包含了一部分非现金流出的内容，这些项目大多与固定资产、无形资产等非流动资产的价值有关，而不需发生现金支出。

（4）所得税支出。从企业的角度出发，只有税后现金流量才真正属于自己，因此将所得税支出看作一种现金流出量。

2. 现金流入量

现金流入量（Cash Inflows）通常包括以下几项。

（1）项目投产后每年的营业收入或付现成本节约额。

（2）项目终止时的残值收入或营业期间的变现收入。

（3）项目终止时回收的流动资产的变现收入。

3. 现金净流量

现金净流量（Net Cash Flow，NCF）是指一定时期内的现金流入量扣除现金流出量后的余额。它通常以年为期间单位，又称为年现金净流量。

任何一个项目都可以分为建设期、营业期和终结期三部分，其中建设期和终结期的现金流量比较单纯，因为前者发生在投资初期，全部属于现金流出量（特殊情况除外）；后者发生在项目终结期，全部属于现金流入量。而营业现金流量发生在项目建成投产后的整个寿命周期（即营业期）内，一般可以采用以下三种方法来计算。

$$\text{年现金净流量}=\text{营业收入}-\text{付现成本}-\text{所得税} \tag{7-17}$$

$$\text{年现金净流量}=\text{税后利润}+\text{折旧} \tag{7-18}$$

$$\begin{aligned}\text{年现金净流量}&=\text{税后收入}-\text{税后付现成本}+\text{折旧抵税}\\&=\text{营业收入}\times(1-\text{税率})-\text{付现成本}(1-\text{税率})+\text{折旧}\times\text{税率}\end{aligned} \tag{7-19}$$

式（7-17）是根据现金净流量的定义得到的，式（7-18）是根据式（7-17）推导得到的。由于企业的所得税是以利润总额为基础而计算的，因而在不知道利润总额的情况下无法使用式（7-17）和式（7-18）。此时，可以使用式（7-19）计算。

【例 7-16】 皖巢公司拟购买一套设备，投资 2 000 000 元，预计可以使用 8 年，每年可生产产品 2 000 件，产品单件售价 700 元，单件变动成本 300 元，除折旧以外的固定成本 400 000 元。该设备采用年限平均法计提折旧，无残值，且适用的所得税率为 25%。

要求：计算该设备各年的现金净流量。

第 0 年现金净流量（NCF_0）=−2 000 000（元）

第 1～8 年现金净流量（$NCF_{1\sim8}$）=2 000×700×(1−25%)−(2 000×300+400 000)×(1−25%)+2 000 000÷8×25%=362 500（元）

任务二　明确投资决策的工具方法

投资决策（Investment Decision）就是关于投资方案的选择。评价投资决策方案的可行与否，一般要看投资收益是否高于投资成本。在实务中，通常主要从现金流量和经济效益两个方面对各备选方案进行衡量，从中选取最优方案。按照是否考虑货币时间价值，可以把评价投资决策方案的方法分为静态指标工具方法和动态指标工具方法两类。

一、静态指标工具方法

静态指标工具方法，也称静态评价法，是指不考虑货币时间价值的分析评价方法。

静态指标分析方法的主要指标有投资回收期和投资报酬率两种。

1. 投资回收期

投资回收期（Payback Period of Investment），也称为投资还本期，是指收回全部投资额所需的时间。采用投资回收期的评价标准是：回收期（Payback Period）越短，收回投资的速度越快，投资效益越好；反之，回收期越长，收回投资的速度越慢，投资效益也越差。因此，投资回收期可以作为评价投资方案优劣的标准。

投资回收期的计算方法通常有以下两种。

（1）每年现金净流量相等。在这种情况下，其计算公式为：

$$\text{投资回收期}=\frac{\text{投资总额}}{\text{年现金净流量}} \tag{7-20}$$

（2）每年现金净流量不相等。在这种情况下，按累计现金净流量与原始投资额达到相等所需的时间计算，其计算公式为：

$$投资回收期=累计现金净流量由负数变正数的前一年+\frac{|累计现金净流量由负数变为正数的前一年累计现金净流量|}{累计现金净流量由负数变为正数的当年现金净流量} \quad (7\text{-}21)$$

【例 7-17】 皖巢公司拟用 180 000 元购置一台机床，预计使用年限为 5 年，预计残值为 30 000 元，采用年限平均法计提折旧，有两个方案可供选择。

甲方案：每年现金净流量相等，其计算资料如表 7-2 所示。

表 7-2　甲方案计算资料表　　单位：元

年　序	年净收益	年折旧	年现金净流量	累计现金净流量
0			−180 000	−180 000
1	20 000	30 000	50 000	−130 000
2	20 000	30 000	50 000	−80 000
3	20 000	30 000	50 000	−30 000
4	20 000	30 000	50 000	20 000
5	20 000	30 000	50 000	70 000

乙方案：每年现金流量不相等，其计算资料如表 7-3 所示。

表 7-3　乙方案计算资料表　　单位：元

年　序	年净收益	年折旧	年现金净流量	累计现金净流量
0			−180 000	−180 000
1	10 000	30 000	40 000	−140 000
2	20 000	30 000	50 000	−90 000
3	30 000	30 000	60 000	−30 000
4	40 000	30 000	70 000	40 000
5	50 000	30 000	80 000	120 000

要求：计算这两种投资方案的回收期，并做出投资决策。

根据表 7-2 资料，则

$$甲方案投资回收期=\frac{180\ 000}{50\ 000}=3.6（年）$$

根据表 7-3 资料中的累计现金净流量可知，投资回收期为 3～4 年。计算如下：

$$乙方案投资回收期=3+\frac{|-30\ 000|}{70\ 000}\approx 3.43（年）$$

上述计算结果表明，投资回收期乙方案比甲方案缩短 0.17 年［即(3.6−3.43)年］，即乙方案可提前 0.17 年收回全部投资，故应选乙方案。

投资回收期法计算简便易懂，并且可以将回收期作为该投资项目在未来所冒风险的度量标准。但由于其没有考虑资金的时间价值和投资回收后的现金流量及整个投资项目的盈利水平，故不能全面、正确地评价各投资方案的经济效益。

2. 投资报酬率

投资报酬率，也称为投资利润率，是指投资项目正常利润或平均利润与投资总额之比。即

$$\text{投资报酬率}=\frac{\text{平均利润}}{\text{投资总额}}\times 100\% \tag{7-22}$$

【例 7-18】 皖巢公司购入设备一台，价值为 200 000 元，可用年限为 4 年，预计各年的利润为 20 000 元、30 000 元、40 000 元、50 000 元，该设备的目标投资报酬率为 20%。

要求：计算该设备的投资报酬率，并做出投资决策。

$$\text{年平均（预期）投资报酬率}=\frac{\frac{20\,000+30\,000+40\,000+50\,000}{4}}{200\,000}\times 100\%=17.5\%$$

由于该设备的目标投资报酬率（20%）大于预期投资报酬率（17.5%），因此，应当拒绝该方案。

年平均投资报酬率计算简便，易于理解，但由于其没有考虑货币的时间价值，也未考虑折旧回收，因此用来评价不同方案的经济效益不够合理，一般用来评价已投入使用的各项目的经济效益。

二、动态指标工具方法

动态指标工具方法，也称为动态评价法或贴现现金流法，是指以明确的假设为基础，选择恰当的贴现率对预期的各期现金流入、流出进行贴现，通过贴现值的计算和比较，为财务合理性提供判断依据的价值评估方法。它是考虑了货币时间价值的分析评价方法。此法一般适用于在企业日常经营过程中，与投融资管理相关的资产价值评估、企业价值评估和项目投资决策等；也适用于其他价值评估方法不适用的企业，包括正在经历重大变化的企业，如处于债务重组、重大转型、战略性重新定位、亏损状况或者处于开办期的企业等。

动态指标工具方法的主要指标有净现值、现值指数和内含报酬率三种。

1. 净现值

净现值（Net Present Value，NPV）是指在项目计算期内，按规定的折现率计算的各期现金净流量现值的代数和。即

$$\text{净现值}=\text{项目计算期内各期现金净流量现值的代数和}$$

或

$$\begin{aligned}\text{NPV}&=\text{NCF}_0+\frac{\text{NCF}_1}{(1+i)^1}+\frac{\text{NCF}_2}{(1+i)^2}+\cdots+\frac{\text{NCF}_n}{(1+i)^n}\\&=\sum_{t=0}^{n}\frac{\text{NCF}_t}{(1+i)^t}\end{aligned} \tag{7-23}$$

式（7-23）中，NPV 为净现值；NCF_t 为第 t 期的现金净流量；i 为资金成本或项目规定的折现率。

净现值的评价标准为：当净现值大于 0，则方案可行；当净现值小于 0，则方案不可行。

【例 7-19】 皖巢公司购入一台设备，价值为 25 000 元，经营期为 5 年，各年现金净流量分别为 5 000 元、6 000 元、8 000 元、10 000 元、12 000 元，规定的折现率为 10%。

要求：计算该设备投资的净现值，并做出投资决策。

$$净现值=-25\,000+\frac{5\,000}{(1+10\%)^1}+\frac{6\,000}{(1+10\%)^2}+\frac{8\,000}{(1+10\%)^3}+\frac{10\,000}{(1+10\%)^4}+\frac{12\,000}{(1+10\%)^5}$$

$$=-25\,000+5\,000\times(P/F,10\%,1)+6\,000\times(P/F,10\%,2)+8\,000\times(P/F,10\%,3)+10\,000\times(P/F,10\%,4)+12\,000\times(P/F,10\%,5)$$

$$=-25\,000+5\,000\times0.909\,1+6\,000\times0.826\,4+8\,000\times0.751\,3+10\,000\times0.683\,0+12\,000\times0.620\,9$$

$$\approx4\,795.10（元）$$

由于该设备投资净现值大于 0，所以该投资方案可行。

净现值法充分考虑了货币时间价值因素，且将未来发生的投资报酬及分期投资的金额统一在同一时点的价值量上对比，因而投资方案的经济效益优劣一目了然。但在存在几个方案的原投资额不相同的情况下，单凭净现值很难做出评价。因此，净现值法适用于同等投资水平下的各种备选方案的比较。

2. 现值指数

现值指数（Present Value Index）是指项目投产后按规定的折现率计算的各期现金净流量现值之和与原始投资额现值之和的比率。其计算公式为：

$$现值指数=\frac{投产后各期现金净流量现值之和}{原始投资额现值之和} \tag{7-24}$$

现值指数的评价标准为：若备选方案的现值指数大于或等于 1，则该方案可行；若备选方案的现值指数小于 1，则该方案不可行。

【例 7-20】　承例 7-19 资料。

要求：计算该设备投资的现值指数，并做出投资决策。

根据上述资料，则

$$现值指数=\frac{29\,795.10}{25\,000}\approx1.191\,8$$

由于该设备投资的现值指数大于 1，因此该投资方案可行。

3. 内含报酬率

内含报酬率（Internal Rate of Return，IRR），又称为内部报酬率或内部收益率，是指在项目计算期内，各期未来现金流入量现值之和等于各期现金流出量现值之和时的折现率，或者说是使净现值等于 0 的折现率。

内含报酬率法对投资方案的评价标准是：

① 内含报酬率大于预定投资报酬率，投资方案可行。

② 内含报酬率小于预定投资报酬率，投资方案不可行。

③ 若几个投资方案的内含报酬率均大于预定投资报酬率，则取大者。

内含报酬率的计算方法，依各年现金净流量是否相等而有所不同。

（1）各年现金净流量相等。

① 先求年金现值系数。

$$年金现值系数=\frac{原始投资额的现值}{各年现金净流量} \tag{7-25}$$

② 查“一元年金现值系数表”，在相同期数内找出所需的折现率，若表中没有这个数，则选择与该期年金现值系数相邻的较大和较小的两个折现率。

③ 根据上述两个相邻的折现率及其对应的两个年金现值系数，采用插值法求得投资方案的内含报酬率的近似值。

【例7-21】 皖巢公司某投资项目的原始（一次）投资为100 000元，预计使用年限为5年，预计每年现金净流量为40 000元，该投资项目规定的报酬率为30%。

要求：计算该投资项目的内含报酬率，并做出投资决策。

$$\text{年金现值系数}=\frac{100\ 000}{40\ 000}=2.5$$

查“一元年金现值系数表”可知，$(P/A,28\%,5)=2.532\ 0$，$(P/A,32\%,5)=2.345\ 2$。因此，内含报酬率为28%～32%，采用插值法求之。

$$\text{内含报酬率（IRR）}=28\%+\frac{2.532\ 0-2.5}{2.532\ 0-2.345\ 2}\times(32\%-28\%)\approx 28.69\%$$

由于内含报酬率小于预定投资报酬率（30%），该投资方案不可行。

（2）各年现金净流量不相等。

① 先估计一个折现率，并据以计算该投资方案项目计算期内各期的现金净流量的现值代数和，即净现值。

② 对求得的净现值进行比较，若等于0，则估计的折现率为内含报酬率；若为正数，则表示估计的折现率小于该投资方案的内含报酬率，应重新估计一个较大的折现率再进行测试；若为负数，则表示估计的折现率大于该投资方案的内含报酬率，应重新估计一个较小的折现率再进行测试。如此经过几次测试，最终求得由正转负或由负转正的两个折现率。因此，这种计算方法也称为逐次测试法。

③ 根据上述求得的两个折现率，再采用插值法计算该投资方案所能达到的内含报酬率。

【例7-22】 承例7-19的资料，该设备投资规定的报酬率为10%。

要求：计算该设备投资的内含报酬率，并做出投资决策。

先取 $i=16\%$，则

$$\begin{aligned}NPV_1&=-25\ 000+5\ 000\times(P/F,16\%,1)+6\ 000\times(P/F,16\%,2)+8\ 000\times(P/F,16\%,3)+\\&\quad 10\ 000\times(P/F,16\%,4)+12\ 000\times(P/F,16\%,5)\\&=-25\ 000+5\ 000\times0.862\ 1+6\ 000\times0.743\ 2+8\ 000\times0.640\ 7+\\&\quad 10\ 000\times0.552\ 3+12\ 000\times0.476\ 2\\&\approx 132.7\text{（元）}\end{aligned}$$

由于按16%计算的净现值是正数，因此再找一个更大的利率，取 $i=18\%$，则

$$\begin{aligned}NPV_2&=-25\ 000+5\ 000\times(P/F,18\%,1)+6\ 000\times(P/F,18\%,2)+8\ 000\times(P/F,18\%,3)+\\&\quad 10\ 000\times(P/F,18\%,4)+12\ 000\times(P/F,18\%,5)\\&=-25\ 000+5\ 000\times0.847\ 5+6\ 000\times0.718\ 2+8\ 000\times0.608\ 6+\\&\quad 10\ 000\times0.515\ 8+12\ 000\times0.437\ 1\\&\approx -1\ 181.3\text{（元）}\end{aligned}$$

可以确定该设备投资的内含报酬率为16%～18%，现采用插值法求之。

$$\text{内含报酬率（IRR）}=16\%+\frac{132.7-0}{132.7-(-1181.3)}\times(18\%-16\%)\approx 16.20\%$$

由于内含报酬率大于预定投资报酬率（10%），该投资方案可行。

内含报酬率法能够正确地得到各个投资方案的内在投资报酬，让投资者明确能够获得多少投资报酬额。但该方法计算较复杂，需要多次测试。另外，在实际工作中，如果按上述程序进行计算，可能出现多个内含报酬率，这就给该指标的实际应用带来困难。

4．比较三种动态评价指标

（1）净现值法与内含报酬率法的比较。对于独立方案，运用净现值法和内含报酬率法，能够做出相同的决策。例如，如果净现值大于 0，那么内含报酬率也将大于最低要求的投资报酬率，两个评价指标能得出一致结论。但是，对于两个互斥投资方案而言，用这两种方法可能导致相互矛盾的结论。净现值和内含报酬率的主要区别如下。

① 经济意义不同。净现值表示从事一项投资会使企业价值增加或减少的现值，而内含报酬率则表示投资项目的内在报酬率。

② 计算净现值首先需要确定折现率大小，而内含报酬率的计算则不需如此。

③ 在对多个互斥方案排序时，两种方法有时会得出不同结论。

（2）净现值法与现值指数法的比较。净现值法和现值指数法有很多相似之处。例如，两者都需要将项目计算期内各年现金净流量按规定的折现率（通常取作资金成本）进行折现。但是，两者还是有些不同，主要表现在以下两点。

① 经济意义不同。净现值表示投资使企业价值增减的大小，而现值指数则表示每一元资金的投入能获得净现金流入的现值。

② 在进行互斥方案排序决策时，两种方法可能会得出不同的结论，其原因在于初始投资不同。

（3）内含报酬率法与现值指数法的比较。虽然内含报酬率和现值指数都可以在一定意义上表明投资效率的高低，但是，两者之间也存在一定的差异，主要表现在以下两点。

① 现值指数的计算需要先确定折现率，而内含报酬率则不需要。

② 两者对再投资报酬率的假定不同，这一点与净现值法和内含报酬率法两者的关系相同。

由此可见，上述三种方法各有特点，它们分别从不同角度评价投资方案的优劣，因此都有各自的应用价值。但是考虑到净现值能够直接表示项目投资使企业价值增加或减少的幅度，所以，一般认为净现值法是最优的投资决策方法。

任务三　应用投资决策工具方法

投资决策问题复杂多样，本任务主要介绍旧生产设备是否需要更新决策、设备最优更新期决策、设备购置或经营租赁决策等典型决策。

一、决策固定资产是否更新

企业的生产设备由于发生有形损耗和无形损耗，在使用一定时期后必须进行更新，以确保其正常的生产能力。但更新设备投入的资本较多，对企业经济效益影响较大。因此，设备何时更新、是否更新就成了投资决策需要分析解决的问题。

【例 7-23】　皖巢公司流水线上有一台设备，工程技术人员提出更新要求，有关设备决策数据如表 7-4 所示。

表 7-4　新旧设备对比资料表

项　　目	旧 设 备	新 设 备
原值/元	400 000	600 000

续表

项　　目	旧 设 备	新 设 备
预计使用年限/年	10	5
已使用年限/年	5	0
期满残值/元	0	100 000
变现价值/元	100 000	600 000
使用设备每年可获收入/元	500 000	800 000
每年付现成本/元	300 000	400 000

该公司的所得税率为 25%，资金成本为 10%，新旧设备均采用年限平均法计提折旧。

要求：做出继续使用旧设备还是对其进行更新的决策。

表 7-4 中资料显示，继续使用旧设备与更新设备两个方案寿命期相同，故可采用差量分析法，即首先计算差量方案的现金流量，再根据差量方案的有关指标进行判断。

继续使用旧设备方案。

每年计提折旧额=(400 000−0)÷10=40 000（元）

每年净利润=(500 000−300 000−40 000)×(1−25%)=120 000（元）

每年营业现金净流量=120 000+40 000=160 000（元）

初始投资为旧设备的变现价值 100 000 元。

更新设备方案。

每年应提折旧额=(600 000−100 000)÷5=100 000（元）

每年净利润=(800 000−400 000−100 000)×(1−25%)=225 000（元）

每年营业现金净流量=225 000+100 000=325 000（元）

初始投资为 600 000 元，期末收回残值 100 000 元。

更新设备方案比继续使用旧设备方案增减的现金流量计算如表 7-5 所示，所有增减额均用“Δ”表示。

表 7-5　差量方案现金流量计算表　　单位：元

项　　目	第 0 年末	第 1 年末	第 2 年末	第 3 年末	第 4 年末	第 5 年末
Δ营业现金净流量		165 000	165 000	165 000	165 000	165 000
Δ初始投资或收回残值	−500 000					100 000
Δ现金净流量	−500 000	165 000	165 000	165 000	165 000	265 000

差量方案的净现值为：

$$\begin{aligned}NPV&=-500\,000+165\,000\times(P/A,10\%,4)+265\,000\times(P/F,10\%,5)\\&=-500\,000+165\,000\times3.169\,9+265\,000\times0.620\,9\\&=187\,572\text{（元）}\end{aligned}$$

可见，更新设备比继续使用旧设备多获得 187 572 元的净现值，故应当更新设备。

二、决策固定资产经济寿命

在例 7-23 中，对生产设备是否需要更新已做了决策分析，但是，究竟怎样才能确定生产设备最优的更新年限，以便做出生产设备的更新决策呢？这就需要计算生产设备的经济寿命及其相应的最低平均年成本。

经济寿命，也称为最优更新期或最低平均年成本期，是指固定资产能够提供经济效益的期限，也指能使固定资产的平均年成本达到最低值的使用期限。自然寿命是指固定资产从投入使用到完全报废的整个期限。一般情况下，固定资产的经济寿命总是短于其自然寿命。

决定固定资产经济寿命的是以下两个成本因素。

（1）持有成本。它是指固定资产投资的成本。随着固定资产价值的逐渐减少，持有成本会逐渐减少。

（2）运行成本。它是指固定资产由于逐年使用和自然损耗，其效率和精度逐渐降低，性能变差，导致维护费用、修理费用、能源消耗等逐渐增加。

随着时间的推移，运行成本和持有成本呈反方向变化，两者之和呈“马鞍”形。这样，就必然存在一个最经济的使用年限，如图 7-1 所示。

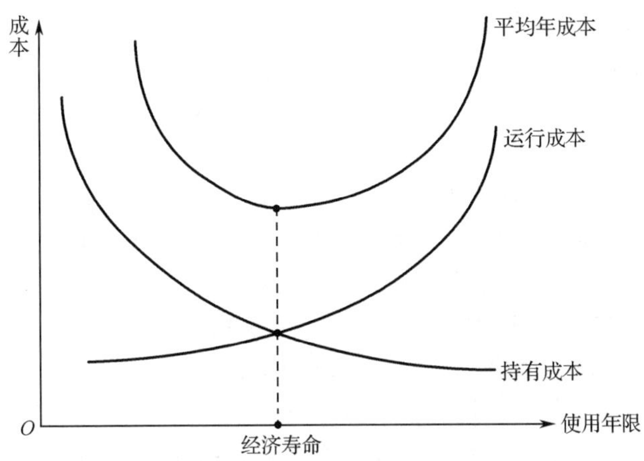

图 7-1　固定资产经济寿命的成本分析图

$$固定资产平均年成本=C-\left[\frac{S_n}{(1+i)^n}+\sum_{t=1}^{n}\frac{C_t}{(1+i)^t}\right]\div(P/A,i,n) \quad (7\text{-}26)$$

式（7-26）中，C 为固定资产原值；S_n 为 n 年后固定资产余值；C_t 为第 t 年运行成本；n 为预计使用年限；i 为投资最低报酬率。

【例 7-24】　皖巢公司某一项固定资产原值为 14 000 000 元，运行成本逐年增加，折余价值逐年下降，规定的折现率为 8%，有关数据如表 7-6 所示。

表 7-6　固定资产的经济寿命计算表　　单位：万元

更新年限	原值 ①	余值 ②	折现系数 ③（i=8%）	余值现值 ④=②×③	运行成本 ⑤	运行成本现值 ⑥=⑤×③	更新时运行成本现值 ⑦=Σ⑥	现值总成本 ⑧=①−④+⑦	年金现值系数（i=8%）⑨	平均年成本 ⑧÷⑨
1	1 400	1 000	0.925 9	926	200	185	185	659	0.926 9	712
2	1 400	760	0.857 3	652	220	188	373	1 121	1.783 3	629
3	1 400	600	0.793 8	476	250	198	571	1 495	2.577 1	580
4	1 400	460	0.735 0	338	290	213	784	1 846	3.312 1	557
5	1 400	340	0.680 6	231	340	231	1 015	2 184	3.992 7	547
6	1 400	240	0.630 2	151	400	252	1 267	2 516	4.622 9	544
7	1 400	160	0.583 5	93	450	262	1 529	2 836	5.206 4	545
8	1 400	100	0.540 3	54	500	270	1 799	3 145	5.746 6	547

要求：计算该项固定资产的经济寿命。

根据上述资料，该项固定资产经济寿命的计算如表 7-6 所示。

由表 7-6 的计算结果可知，该项固定资产如果使用 6 年后更新，每年的平均成本是 5 440 000 元，比其他时间更新的成本低，因此其经济寿命为 6 年。

三、决策固定资产是购置抑或经营租赁

在进行固定资产的经营租赁或购置的决策时，由于所用设备相同，即设备的生产能力和产品的销售价格相同，同时设备的运行费用也相同，因此只需要比较两种设备的成本差异及对企业所得税产生的影响的差异即可。

与购置相比，经营租赁设备每年将支付一定的租赁费用。但租赁费用是在成本中列支的，因此，企业可以少缴所得税，得到纳税利益。购置固定资产是一种投资行为，企业将支付一笔较大的设备款，但每年可以通过计提折旧的形式对设备进行补偿，折旧费用作为成本的一个组成部分，也能使企业少缴所得税，得到纳税利益，并且在项目结束或使用寿命终结时，还能够得到设备的残值变现收入。

【例 7-25】 皖巢公司在生产经营中需要一台机器，现有两种方案可供选择：第一种是公司自己购入，需支付设备款 360 000 元，该设备使用年限为 10 年，残值收入为 20 000 元，采用年限平均法计提折旧；第二种是采用经营租赁方式租入该机器，该公司每年需支付租金 60 000 元，经营租赁期为 10 年。该公司适用的所得税率为 25%，规定的折现率为 10%。

要求：做出该设备应当购置还是经营租赁的决策。

根据上述资料，编制该设备应当购置还是经营租赁计算分析表如表 7-7 所示。

表 7-7　设备应当购置还是经营租赁计算分析表　　单位：万元

项　　目	现 金 流 量	时　　间	折 现 系 数	现金流量现值
购置设备：				
设备款	−36	0	1	−36
折旧抵税	（36−2）÷10×0.25=0.85	1～10	6.144 6	5.222 91
残值收入	2	10	0.385 5	0.771
现金流量现值合计				−30.006 09
经营租赁设备：				
每期租金	−6	1～10	6.144 6	−36.876 6
租金减税	6×0.25=1.5	1～10	6.144 6	9.216 9
现金流量现值合计				−27.659 7

由表 7-7 的计算结果可知，经营租赁该机器的总支出为 276 597 元小于购置的总支出为 300 060.90 元，因此，该设备应当经营租赁。

在线测试

训练巩固

思考题

1. 简述投资管理的一般程序。

2. 什么是货币时间价值？为什么投资管理时要考虑这个因素？

3. 什么是资金成本？资金成本在投资管理中有何意义？

4. 什么是现金流量？它的具体内容有哪些？

5. 投资决策静态分析方法有哪几种？各有什么优缺点？

6. 投资决策动态分析方法有哪几种？各有什么优缺点？

7. 什么叫固定资产的经济寿命？如何进行设备最优更新期的决策分析？

实训题

1. 皖巢公司准备通过零存整取方式在 5 年后获得款项 200 000 元，年利率为 10%，按年复利计算利息。

要求：计算该公司每年年末应当向银行存入多少元？

2. 皖巢公司拟购置一台机器，买价为 90 000 元，可使用 8 年，期满无残值，采用年限平均法计提折旧。购置该设备后每年可节约人工成本 15 000 元，折现率为 12%。

要求：做出该机器是否购置的决策。

3. 皖巢公司准备 8 年后用 240 000 元购置一台机床，利率为 9%，按年复利计算利息。

要求：该公司每年年末需等额存入银行多少元，才能保证 8 年后可购置该机床？

4. 皖巢公司新增一条流水线，投资额 6 200 000 元，可用 6 年，期满残值 200 000 元，按年限平均法计提折旧。该流水线投产后每年可增加销售收入 3 000 000 元，同时增加付现成本 1 200 000 元，适用的所得税税率为 25%，规定的折现率为 10%。

要求：计算该流水线净现值并做出评价。

5. 皖巢公司一台机器设备原值为 20 000 元，可使用 8 年，残值为零。每年可生产产品 5 000 件，该产品售价为 6 元/件，单位变动成本为 4 元/件，不含折旧的固定成本为 5 000 元。

要求：计算该机器设备的投资回收期和投资报酬率。

6. 皖巢公司某设备投资方案原始投资额为 200 000 元，有效期为 4 年，期满无残值，采用年限平均法计提折旧。假定该设备投资每年净利润均为 20 000 元。

要求：计算该设备投资方案的内含报酬率。

7. 皖巢公司现有 A、B 两个投资方案，两个方案的投资额均为 200 000 元，资金成本率为 12%，项目寿命为 5 年。A 方案每年现金净流量均为 80 000 元，B 方案每年的现金净流量分别为 100 000 元、90 000 元、75 000 元、70 000 元、60 000 元。

要求：试分别采用净现值法、现值指数法、内含报酬率法及投资回收期法对这两个方案进行比较。

8. 皖巢公司筹资建设一条生产线，现研究决定用银行借款、债券和发行优先股三种方式筹资，各种筹资方式的资本成本已定，但筹资结构未定，有关数据如表 7-8 所示。

表 7-8　计算资料表　　单位：元

筹资方式	资本成本	方案一	方案二	方案三
银行借款	8%	400 000	300 000	350 000
债　　券	10%	300 000	400 000	450 000
发行优先股	14%	300 000	300 000	200 000

要求：根据上述资料选择最佳的筹资方案。

项目八 预算管理

【学习导航】

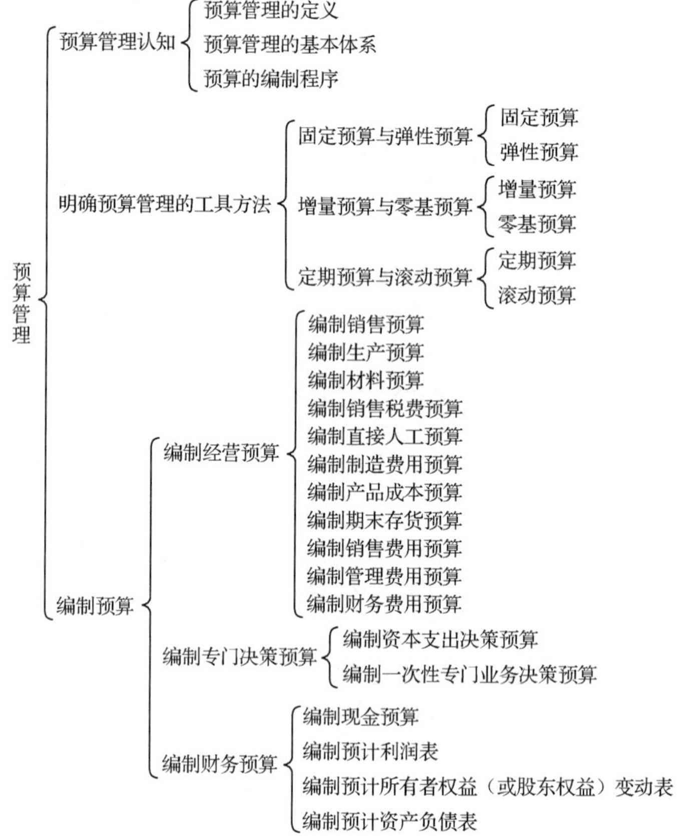

【学习目标】

☆ 理解预算管理的定义及其基本体系

☆ 理解预算的编制程序

☆ 掌握弹性预算、零基预算和滚动预算的定义及其编制方法

☆ 理解各种预算的编制及其流程

☆ 培育业财融合的创新创业能力

【引言导读】

项目六和项目七中，我们已经通过专门决策分析方法确定了企业未来生产经营活动中的短期经营目标和长期战略目标。如何实现这些目标，就成为企业在生产经营过程中不可回避的议题。凡事预则立，不预则废。做好预算管理工作，是实现企业决策目标的重要前提。本

项目在介绍预算编制基本概念的基础上，主要阐述各种预算的编制及其流程。

任务一 预算管理认知

一、预算管理的定义

一般来说，预算（Budget）是指用货币金额和数量单位反映企业某个时期的现金收支、资金需求、资金融通、营业收入与成本，以及财务状况、盈利能力和现金流量的一整套财务计划。所谓预算管理（Budget Management），西方有些专家认为：它一方面是全企业的，即整个企业的经营、生产、技术、设备投资、科学研究、人员培训等各个环节，都要编制预算，进行预算控制，或者说企业的整个经营过程，从产品设计，到供应、生产、销售，以及售后服务工作的全过程，都要进行预算控制；另一方面是全员性的，即企业的全体职工，包括总经理、各级各部门的管理人员和工人都要参加预算工作。我国有些专家认为：预算管理是指企业以战略目标为导向，通过对未来一定期间内的经营活动和相应的财务结果进行全面预测和筹划，科学、合理配置企业各项财务和非财务资源，并对执行过程进行监督和分析，对执行结果进行评价和反馈，指导经营活动的改善和调整，进而推动实现企业战略目标的管理活动。根据上述中外各专家对预算管理的解释，不难看出一个共同点，即预算管理是指反映企业全部生产经营活动的财务计划，或者说是指对企业全部未来计划的数量说明。

二、预算管理的基本体系

预算是计划工作的成果，它既是决策的具体化，又是控制生产经营活动的依据。因此，预算是从“决策会计”到“执行会计”的中介。预算传统上被看成控制支出的工具，但新的观念将其看成“使企业的资源获得最佳生产率或获利率的一种方法”。

预算管理是根据企业战略目标所编制的经营、资本、财务等年度收支总体计划，是经营预算、专门决策预算与财务预算等一系列预算构成的基本体系，各项预算之间相互联系，关系比较复杂，可用图 8-1 来做一个简单的描述。

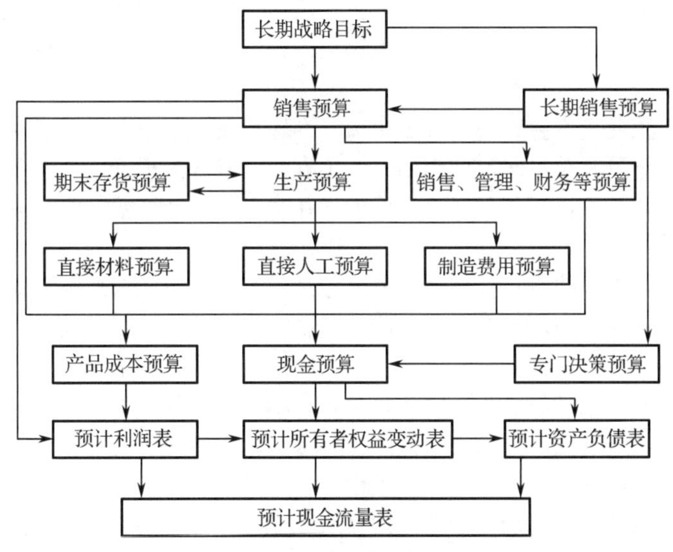

图 8-1 预算管理基本体系图

企业应根据市场预测和生产能力，确定长期战略目标，编制长期销售预算，以此为基础，确定本年度的销售预算，并根据企业财力确定专门决策预算。销售预算是年度预算的编制起点，根据“以销定产”的原则确定生产预算，同时确定所需要的销售费用。生产预算的编制，除了考虑计划销售量，还要考虑现有存货和年末存货。根据生产预算来确定直接材料、直接人工和制造费用预算。产品成本预算和现金预算是有关预算的汇总。预计利润表、预计资产负债表和预计现金流量表是全部预算的综合。

预算管理按其涉及的预算期分为长期预算和短期预算。长期预算包括长期销售预算和专门决策预算，有时还包括长期资金筹措预算和研究与开发预算。短期预算是指年度预算，或者时间更短的季度或月度预算，如直接材料预算、现金预算等。通常长期和短期预算的划分以 1 年为界限，有时把 2～3 年期的预算称为中期预算。

预算管理按其涉及的内容分为总预算和专项预算。总预算是指预计利润表、预计资产负债表和预计现金流量表，它们反映企业的总体状况，是各种专项预算的综合。专项预算是指其他反映企业某一方面经济活动的预算。

预算管理按其涉及的业务活动领域分为销售预算、生产预算、专门决策预算和财务预算。前两个预算统称为经营预算（Operating Budget）、业务预算或营业预算，用于计划企业的日常基本经营业务。专门决策预算又称为特种决策预算，是关于企业不经常发生的、需要根据专门决策临时编制的一次性预算，包括资本支出决策预算（即投资决策预算）和一次性专门业务决策预算。财务预算（Financial Budget）是关于资金筹措和使用的预算，包括短期的现金收支预算和信贷预算，以及长期的资本支出预算（Capital Expenditure Budget）和长期资金筹措预算。

三、预算的编制程序

企业应建立和完善预算编制的工作制度，明确预算编制依据、编制内容、编制程序和编制方法，确保预算编制依据合理、内容全面、程序规范、方法科学，确保形成各层级广泛接受的、符合业务假设的、可实现的预算控制目标。企业一般按照分级编制、逐级汇总的方式，采用自上而下、自下而上、上下结合或多维度相协调的流程编制预算。预算编制流程与编制方法的选择应与企业现有管理模式相适应。预算编制完成后，应按照相关法律法规及企业章程的规定报经企业预算管理决策机构审议批准，以正式文件形式下达执行。

企业预算编制的程序可简述如下。

（1）下达目标。企业董事会或经理办公会预算管理委员会根据企业发展战略和预算期对经济形势的初步预测一般于每年 9 月底以前提出下一年度企业财务预算目标责任制，包括销售或营业目标、成本费用目标、利润目标和现金流量目标，并确定财务预算编制的政策，由财务预算委员会下达各预算执行单位。

（2）编制上报。各预算执行单位按照企业财务预算委员会下达的财务预算目标和政策，结合自身特点及预算的执行条件，提出详细的本单位财务预算方案，于 10 月底前上报企业财务管理部门。

（3）审查平衡。企业财务管理部门对各预算执行单位上报的财务预算方案进行审查、汇总，提出综合平衡的建议。在审查、平衡的过程中，财务预算委员会应当进行充分协调，对发现的问题提出初步调整的意见，并反馈给有关预算执行单位予以修正。

（4）审议批准。企业财务管理部门在经预算执行单位修订、调整的基础上，编制出企业财务预算方案，报财务预算委员会讨论。对于不符合企业发展战略或者财务预算目标的事项，企业财务预算委员会应当责成有关预算执行单位进一步修订、调整。在讨论、调整的基础上，企业财务

管理部门正式编制企业年度财务预算草案，提交董事会或经理办公会审议批准。

（5）下达执行。企业财务管理部门对经董事会或经理办公会审议批准的年度总预算，一般在次年 3 月底以前，分解成一系列的具体指标，由财务预算委员会逐级下达各预算执行单位执行。在下达后 15 日内，母公司应当将企业财务预算报送主管财政机关备案。

任务二　明确预算管理的工具方法

预算管理领域应用的管理会计工具方法，一般包括固定预算与弹性预算、增量预算与零基预算、定期预算与滚动预算、作业预算等。企业可根据其战略目标、业务特点和管理需要，结合不同工具方法的特征及适用范围，选择恰当的工具方法综合运用。

一、固定预算与弹性预算

按照编制预算的业务量基础数量特征的不同，编制预算的方法可以分为固定预算与弹性预算两大类。

1．固定预算

固定预算（Fixed Budget）又称为静态预算，是指以预算期内正常的、最可能实现的某一业务量水平为固定基础，不考虑可能发生的变动的预算编制方法。业务量是指企业销售量、产量、作业量等与预算项目相关的弹性变量。由于固定预算是针对某一特定业务量水平固定编制的，不考虑预算期内业务量水平实际可能发生的变动。因此，固定预算只有在实际业务量接近这一特定业务量的情况下，才能发挥预算的控制和评价作用；当实际的业务量与编制预算所依据的业务量有较大差异时，有关预算指标的实际数与预算数就会因业务量基础不同而失去可比性。固定预算主要适用于经营业务稳定、生产产品产销量稳定、能够准确预测产品需求和产品成本的企业，也可用于编制固定费用预算。

2．弹性预算

弹性预算（Flexible Budget）又称为变动预算或滑动预算，是指企业在分析业务量与预算项目之间数量依存关系的基础上，分别确定不同业务量及其相应预算项目所消耗资源的预算编制方法。编制弹性预算所依据的业务量可以是生产量、销售量、直接人工工时、机器工时、材料消耗量或直接人工工资等。只要这些数量关系不变，弹性预算可以持续使用较长时期，不必每月重复编制。弹性预算适用于企业各项预算的编制，特别是市场、产能等存在较大不确定性，且其预算项目与业务量之间存在明显的数量依存关系的预算项目。

与固定预算相比，弹性预算的主要优点是：考虑了预算期可能的不同业务量水平，更贴近企业经营管理实际情况。弹性预算的主要缺点是：一是编制工作量大；二是市场及其变动趋势预测的准确性、预算项目与业务量之间依存关系的判断水平等会对弹性预算的合理性造成较大影响。

编制弹性预算的基本步骤如下。

（1）确定弹性预算适用项目。企业选择的弹性预算适用项目一般应与业务量有明显数量依存关系，且企业能有效分析该数量依存关系，并积累了一定的分析数据。企业在选择成本费用类弹性预算适用项目时，还要考虑该预算项目是否具备较好的成本性态分析基础。企业应分析、确定与预算项目变动直接相关的业务量指标，确定其计量标准和方法，作为预算编制的起点。

（2）识别相关的业务量并预测业务量在预算期内可能存在的不同水平和弹性幅度。企业应深入分析市场需求、价格走势、企业产能等内外因素的变化，预测预算期可能的不同业务量水平，编制销售计划、生产计划等各项业务计划。弹性预算的业务量范围，视企业或部门的业务量情况而定，务必使实际业务量不至超出确定的范围。一般来说，可以在正常的生产能力的 70%～110%，或以历史上最高业务量和最低业务量为其上、下限。

（3）分析预算项目与业务量之间的数量依存关系，确定弹性定额。企业应逐项分析、认定预算项目和业务量之间的数量依存关系、依存关系的合理范围及变化趋势，确定弹性定额。确定弹性定额后，企业应不断强化弹性差异分析，修正和完善预算项目和业务量之间的数量依存关系；并根据企业管理需要增补新的弹性预算定额，形成企业弹性定额库。

（4）构建弹性预算模型，形成预算方案。企业通常采用公式法或列表法构建具体的弹性预算模型，形成基于不同业务量的多套预算方案。

① 列表法。列表法，也称多水平法，是指企业通过列表的方式，在业务量范围内依据已划分出的若干个不同等级，分别计算并列示该预算项目与业务量相关的不同可能预算方案的方法。

【例 8-1】 皖巢公司第一生产车间在某预算期内的业务资料如表 8-1 所示。

表 8-1 皖巢公司第一车间某预算期制造费用弹性预算（列表法） 单位：元

业务量（直接人工工时）	840 工时	960 工时	1 080 工时	1 200 工时	1 320 工时
占正常生产能力百分比	70%	80%	90%	100%	110%
变动成本项目：					
辅助人员工资（b=1）	840	960	1 080	1 200	1 320
运输费（b=2）	1 680	1 920	2 160	2 400	2 640
混合成本项目：					
修理费	1 840	1 960	2 080	2 200	2 320
水电费	2 180	2 420	2 660	2 900	3 140
固定成本项目：					
管理人员工资	8 000	8 000	8 000	8 000	8 000
保险费	3 000	3 000	3 000	3 000	3 000
制造费用合计	17 540	18 260	18 980	19 700	20 420

要求：采用列表法编制该公司第一生产车间制造费用弹性预算表。

根据该公司第一生产车间在某预算期内业务资料，编制制造费用预算表如表 8-1 所示。

在这个预算中，业务量的间隔为 10%，这个间隔可以更大些，也可以更小些。间隔较大，水平级别就少一些，可简化编制工作，但太大了就会失去弹性预算的优点；间隔较小，用以控制成本较为准确，但会增加编制的工作量。

列表法的优点是不管实际业务量是多少，不必经过计算即可找到与业务量相近的预算总额，用以控制预算项目比较方便。但是，运用列表法弹性预算评价和考核预算项目时，往往需要使用插补法来计算“实际业务量的预算总额”，比较麻烦。

② 公式法。公式法下弹性预算的基本公式为：

$$预算总额=固定基数+\Sigma(与业务量相关的弹性定额\times预计业务量) \qquad (8\text{-}1)$$

应用公式法编制预算时，相关弹性定额可能仅适用于一定业务量范围内。当业务量变动超出该适用范围时，应及时修正、更新弹性定额，或改为列表法编制。

【例 8-2】 皖巢公司第二生产车间在某预算期内的业务资料如表 8-2 所示。

表 8-2　皖巢公司第二车间某预算期制造费用弹性预算（公式法）　单位：元

业务量范围（直接人工工时）	840～1320 小时	
项　目	固定成本（a）/月	变动成本（b）/（元/小时）
辅助人员工资	—	1
运输费	—	2
修理费	1 000（备注）	1
水电费	500	2
管理人员工资	8 000	—
保险费	3 000	—
制造费用合计	12 500	6
备　注	当业务量超过 1 000 小时后，修理费的固定部分上升为 1 200 元	

要求：采用公式法编制该公司第二生产车间制造费用弹性预算表。

根据该公司第二生产车间在某预算期内业务资料，编制制造费用预算表如表 8-2 所示。

公式法的优点是便于计算任何业务量的预算总额。必要时，还需要在“备注”中说明不同的业务量范围，应该采用不同的固定基数和与业务量相关的弹性定额。

（5）审定预算方案。企业预算管理责任部门应审核、评价和修正各预算方案，根据预算期最可能实现的业务量水平确定预算控制标准，并上报企业预算管理委员会等专门机构审议后报董事会等机构审批。

二、增量预算与零基预算

按照编制预算的出发点的特征不同，编制预算的方法可以分为增量预算和零基预算两大类。

1. 增量预算

增量预算（Incremental Budget）又称调整预算，是指以历史期实际经济活动及其预算为基础，结合预算期经济活动及相关影响因素的变动情况，通过调整历史期经济活动项目及金额形成预算的预算编制方法。增量预算的前提条件是现有的业务活动是企业所必需的，原有的经营活动以及工作方式都是合理的，且以相同的方式继续下去。增量预算的缺点是鼓励将预算全部用光，以便下期可以保持相同的预算，当预算期的情况发生变化，预算数额会受到基期不合理的因素的干扰，可能导致预算不准确，不利于调动各部门达成预算目标的积极性。

2. 零基预算

零基预算（Zero-based Budget）的全称为“以零为基础编制计划和预算的方法”，又称为零底预算，是指企业不以历史期经济活动及其预算为基础，以零为起点，从实际需要出发分析预算期经济活动的合理性，经综合平衡，形成预算的预算编制方法。

零基预算是为克服增量预算的缺点而设计的。最初是由美国德州仪器公司彼得·派尔在 20 世纪 70 年代创建的，现已被西方国家广泛作为一种新的管理间接费用预算的有效方法。零基预算适用于企业各项预算的编制，特别是不经常发生的预算项目或预算编制基础变化较大的预算项目。

编制零基预算的具体程序如下。

（1）明确预算编制标准。企业应搜集和分析对标单位、行业等外部信息，结合内部管理需要形成企业各预算项目的编制标准，并在预算管理过程中根据实际情况不断分析评价、修订完善预算编制标准。

（2）制订业务计划。预算编制责任部门应依据企业战略、年度经营目标和内外环境变化等安排预算期经济活动，在分析预算期各项经济活动合理性的基础上制订详细、具体的业务计划，作为预算编制的基础。

（3）编制预算草案。预算编制责任部门应以相关业务计划为基础，根据预算编制标准编制本部门相关预算项目，并报预算管理责任部门审核。在充分讨论的基础上提出本部门在预算期内应当发生的费用，并确定其预算数额，而不考虑这些费用以往是否发生以及发生额是多少。确定各个费用是否应该存在，划分不可避免费用和可避免费用。不可避免费用是指在预算期内必须发生的费用，可避免费用是指在预算期内通过措施可以不发生的费用。在预算编制过程中，对不可避免费用必须保证资金供应；对可避免费用则需要逐项进行成本-效益分析，按照各费用开支必要性的大小确定各费用预算的优先顺序。按费用的轻重缓急，划分不可延缓费用和可延缓费用。不可延缓费用是指必须在预算期内足额支付的费用，可延缓费用是指可以在预算内部分支付或延缓支付的费用。在预算编制过程中，必须根据预算期内可供支配的资金数额在各费用项目之间进行分配，并应优先保证满足不可延缓费用的开支，再根据需要，按照项目的轻重缓急确定可延缓费用的开支标准。

【例 8-3】 皖巢公司为了降低费用开支水平，经多次动员和讨论研究，编制确定业务招待费、劳动保护费、办公费、广告费和保险费等间接费用在某预算年度开支水平，如表 8-3 所示。

表 8-3　皖巢公司某预算年度间接费用开支预算　　单位：元

间接费用项目	开支金额
业务招待费	200 000
劳动保护费	100 000
办公费	20 000
广告费	250 000
保险费	30 000
间接费用合计	600 000

要求：采用零基预算编制上述间接费用预算。

经过充分论证，得出上述费用中除业务招待费和广告费以外都不能再压缩了，必须得到全额保证。至于业务招待费和广告费，通过进一步的成本-效益分析，得知广告费的成本-效益比业务招待费的成本-效益大。最后，权衡上述各项费用开支的轻重缓急排出层次和顺序：由于劳动保护费、办公费和保险费在预算期必不可少，需要全额得到保证，属于不可避免的约束性固定费用，应作为第一层次；业务招待费和广告费可根据预算期间企业财力情况酌情增减，属于可避免费用；其中广告费的成本-效益较大，应列为第二层次；业务招待费的成本-效益相对较小，应列为第三层次。

假定该公司预算年度对上述各项费用可以动用的资金只有 500 000 元，根据以上排序，分配资源，落实预算金额如下：

确定不可避免项目的预算资金=100 000+30 000+20 000=150 000（元）。

确定可分配的资金数额=500 000−150 000=350 000（元）。

按业务招待费和广告费之间的成本-效益比重（4∶6）分配资金。

$$业务招待费可分配资金=350\,000\times\frac{4}{4+6}=140\,000（元）$$

$$\text{广告费可分配资金}=350\,000\times\frac{6}{4+6}=210\,000\text{（元）}$$

（4）审定预算方案。预算管理责任部门应在审核相关业务计划合理性的基础上，逐项评价各预算项目的目标、作用、标准和金额等，按战略相关性、资源限额和效益性等进行综合分析和平衡，汇总形成企业预算草案，上报企业预算管理委员会等专门机构审议后报董事会等机构审批。

与增量预算相比，零基预算的主要优点是：一是以零为起点编制预算，不受历史期经济活动中不合理因素的影响，能够灵活应对内外环境的变化，预算编制更贴近预算期企业经济活动的需要；二是有助于增加预算编制透明度，有利于进行预算控制。零基预算的主要缺点是：一是预算编制工作量较大、成本较高；二是预算编制的准确性受企业管理水平和相关数据标准准确性影响较大。

三、定期预算与滚动预算

按照编制预算的预算期的时间特征不同，编制预算的方法可以分为定期预算和滚动预算两大类。

1．定期预算

定期预算（Regular Budget）是指以固定不变的会计期间（如年度、季度、月份）作为预算期间编制相关预算的方法。采用定期预算编制预算，保证了预算期与会计期间在时期上的配比，便于依据财务报告的数据与预算的比较，考核和评价预算的执行结果。但不利于前后各期间的预算衔接，不能适应连续不断的业务活动过程中的预算管理。

2．滚动预算

滚动预算（Rolling Budget），又称为连续预算或永续预算，是指企业根据上一期预算执行情况和新的预测结果，按既定的预算编制周期和滚动频率，对原有的预算方案进行调整和补充，逐期滚动，持续推进，使预算期永远保持为一个固定期间的预算编制方法。预算编制周期是指每次预算编制所涵盖的时间跨度。滚动频率是指调整和补充预算的时间间隔，一般以月度、季度、年度等为滚动频率。

滚动预算一般由中期滚动预算和短期滚动预算组成。中期滚动预算的预算编制周期通常为 3 年或 5 年，以年度作为预算滚动频率。短期滚动预算通常以 1 年为预算编制周期，以月度、季度或混合作为预算滚动频率。

（1）月度滚动。月度滚动是指在预算编制过程中，以月份为预算的编制和滚动单位，每个月调整一次预算的方法。例如，在本年 1 月至 12 月的预算执行过程中，需要在 1 月末根据当月预算的执行情况，修订 2 月至 12 月的预算，同时补充下年 1 月份的预算；2 月末根据当月预算的执行情况，修订 3 月至下年 1 月的预算，同时补充下年 2 月份的预算，以此类推。可见，月度滚动编制的预算比较精确，但工作量太大。

月度编制滚动预算程序可用图 8-2 表示。

（2）季度滚动。季度滚动是指在预算编制过程中，以季度为预算的编制和滚动单位，每个季度调整一次预算的方法。例如，在本年第一季度至第四季度的预算执行过程中，需要在第一季度末根据当季预算的执行情况，修订第二季度至第四季度的预算，同时补充下年第一季度的预算；第二季度末根据当季预算的执行情况，修订第三季度至下年第一季度的预算，同时补充下年第二季度的预算，以此类推。可见，季度滚动编制的预算比月度滚动的工作量小，但预算精确度较差。

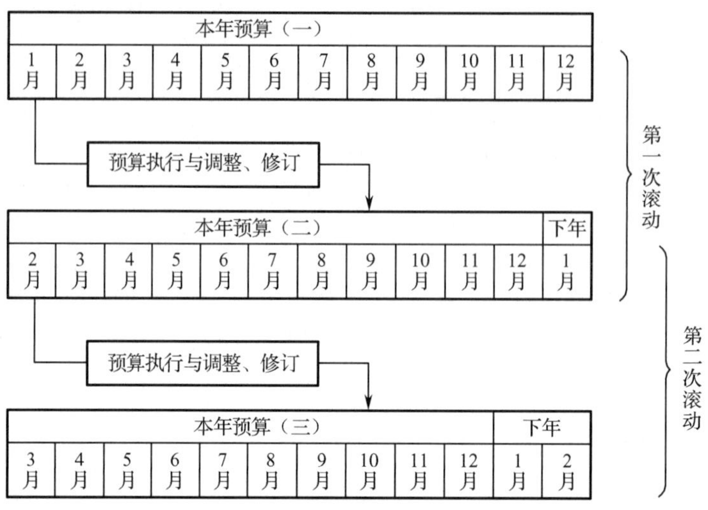

图 8-2　月度编制滚动预算程序图

（3）混合滚动。混合滚动是指在预算编制过程中，同时使用月份和季度作为预算的编制和滚动单位的方法。它是滚动预算的一种变通方式。

这种预算编制的理论根据是：一般认为，人们对未来的把握程度，具有对近期的预计把握较大，对远期的预计把握较小的特征。为了做到长计划短安排、远略近详，在预算编制的过程中，可以对近期预算提出较高的精度要求，使预算的内容相对详细；对远期的预算提出较低的精度要求，使预算的内容相对简单。这样可以减少预算工作量。

例如，对本年 1 月份至 3 月份逐月滚动编制详细预算，4 月份至 12 月份分别按季度编制粗略预算；3 月末根据第一季度预算的执行情况，编制逐月滚动 4 月份至第 6 月份的详细预算，并修订第三季度至第四季度的预算，同时补充下年第一季度的预算；6 月末根据当季预算的执行情况，编制逐月滚动 7 月份至 9 月份的详细预算，并修订第四季度至下年第一季度的预算，同时补充下年第二季度的预算，以此类推。

编制混合滚动预算的程序可用图 8-3 表示。

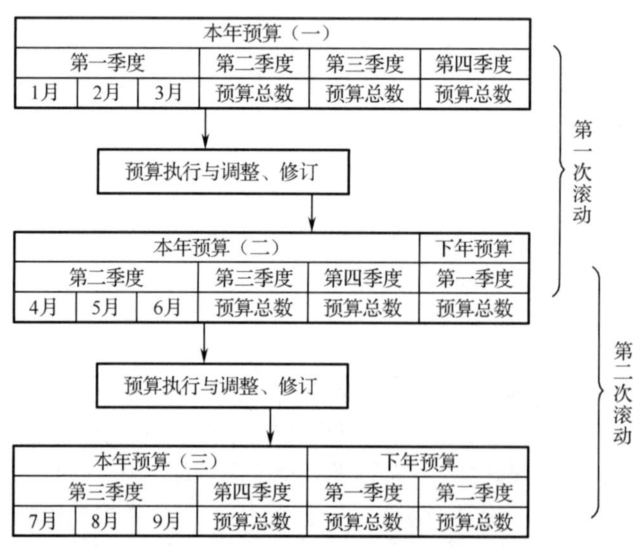

图 8-3　编制混合滚动预算程序图

与定期预算相比，滚动预算的主要优点是：通过持续滚动预算编制、逐期滚动管理，实现动态反映市场、建立跨期综合平衡的目的，从而有效指导企业运营，强化预算的决策与控制职能。滚动预算的主要缺点是：一是预算滚动的频率越高，对预算沟通的要求越高，预算编制的工作量越大；二是过高的滚动频率容易增加管理层的不稳定感，导致预算执行者无所适从。

需要指出的是，任何一种预算管理的工具方法只有通过编制具体的预算才能发挥作用，如弹性预算不仅可以用于成本预算的编制，也可以用于利润预算的编制。即使是不同预算管理的工具方法之间也并非完全是相互排斥的关系。在编制某一特定项目的预算过程中，完全有可能既采取弹性预算，又采取滚动预算。

任务三　编制预算

一、编制经营预算

1. 编制销售预算

销售预算是整个预算的编制起点，其他预算的编制都以销售预算为基础。销售预算的主要内容是销售量、单价和销售收入。销售量是根据市场预测或销货合同并结合企业生产能力确定的。单价是通过价格决策决定的。销售收入是两者的乘积，在销售预算中计算得出。

销售预算的编制程序如下。

（1）预计预算期各种产品的销售收入。

$$\text{某种产品的销售收入}=\text{该产品销售单价}\times\text{该产品销售量} \tag{8-2}$$

（2）预计预算期销售收入。

$$\text{销售收入}=\Sigma\ \text{每种产品销售收入} \tag{8-3}$$

（3）预计预算期发生的与销售收入相关的增值税销项税额。

$$\text{增值税销项税额}=\text{销售收入}\times\text{适用的增值税税率} \tag{8-4}$$

（4）预计预算期含税销售收入。

$$\text{含税销售收入}=\text{销售收入}+\text{增值税销项税额} \tag{8-5}$$

销售预算中通常还包括预计销售现金收入，其目的是为编制现金预算提供必要的资料。预计预算期销售现金收入的计算公式为：

$$\begin{aligned}\text{销售现金收入}&=\text{现销含税销售收入}+\text{回收前期应收账款}\\&=\text{含税销售收入}\times\text{预计现销率}^{①}+\\&\quad\ \text{期初应收账款余额}\times\text{应收账款回收率}^{②}\end{aligned} \tag{8-6}$$

此外，预计预算期末应收账款余额的计算公式为：

$$\text{期末应收账款余额}=\text{期初应收账款余额}+\text{含税销售收入}-\text{销售现金收入} \tag{8-7}$$

销售预算通常要分品种、分月份、分销售区域、分推销员来编制。为了简化，在例 8-4 中只划分了季度销售数据。

【例 8-4】　皖巢公司生产销售 A、B 两种产品。该公司预测 2022 年各季度 A、B 两种产品的销售单价和销售量及该年初应收账款余额等资料，如表 8-4 所示。

---

① 式（8-6）中的“预计现销率”是指一定期间现销含税收入占该期含税销售收入的百分比。它通常为已知的经验数据。

② 式（8-6）中的“应收账款回收率”为前期应收账款在本期回收的现金额占相关的应收账款的百分比。它通常为已知的经验数据。

表 8-4 皖巢公司 2022 年预计产品的销售单价、销售量和其他资料

项目		第一季度	第二季度	第三季度	第四季度	年初应收账款余额/元	增值税税率	收现率		
								首期	二期	三期
A 产品	销售单价/（元/件）	80	80	80	85	5 000	13%	70%	20%	10%
	预计销售量/件	1 000	1 200	1 400	1 200					
B 产品	销售单价/（元/件）	90	90	90	85	7 000				
	预计销售量/件	800	1 000	1 200	1 400					

要求：编制该公司 2022 年销售预算。

根据上述资料，现编制皖巢公司 2022 年销售预算，如表 8-5 所示。

表 8-5 皖巢公司 2022 年销售预算 单位：元

项目		第一季度	第二季度	第三季度	第四季度	全年	资料来源
销售单价/（元/件）	A 产品	80	80	80	85	—	公司决策
	B 产品	90	90	90	85	—	公司决策
预计销售量/件	A 产品	1 000	1 200	1 400	1 200	4 800	公司预测
	B 产品	800	1 000	1 200	1 400	4 400	公司预测
预计销售收入	A 产品	80 000	96 000	112 000	102 000	390 000	
	B 产品	72 000	90 000	108 000	119 000	389 000	
	合计	152 000	186 000	220 000	221 000	779 000	
增值税销项税额		19 760	24 180	28 600	28 730	101 270	税率 13%
含税销售收入		171 760	210 180	248 600	249 730	880 270	
年初应收账款余额		8 333	3 667			12 000	上期数
第一季度销售现金收入		120 232	34 352	17 176		171 760	公司预测
第二季度销售现金收入			147 126	42 036	21 018	210 180	公司预测
第三季度销售现金收入				174 020	49 720	223 740	公司预测
第四季度销售现金收入					174 811	174 811	公司预测
销售现金收入合计		128 565	185 145	233 232	245 549	792 491	年末应收账款余额为 99 779

2. 编制生产预算

生产预算是在销售预算的基础上编制的，是所有经营预算中唯一使用实物量计量单位的预算，其主要内容有预计销售量、预计期初和期末库存量、预计完工量、预计投产量。

通常，生产预算需要根据预计销售量按产品品种编制。由于企业的生产和销售不能做到“同步同量”，需要设置一定的存货，以保证能在出现意外需求时按时供货，并可均衡生产，节省赶工的额外支出。编制生产预算的有关公式为：

$$\text{预计完工量}=\text{预计销售量}+\text{预计期末库存量}-\text{预计期初库存量} \quad (8\text{-}8)$$

$$\text{预计期末在产量}=\text{预计期初在产量}+\text{预计投产量}-\text{预计完工量} \quad (8\text{-}9)$$

“预计销售量”来自销售预算。“预计期末库存量”通常按下期销售量的一定百分比确定，“预计期初库存量”“预计期初在产量”分别是上期的期末库存量、期末在产量。“预计投产量”通常按本期完工量的一定倍数确定。年初存货是编制预算时预计的，年末存货根据长期销售趋势来确定。

【例 8-5】 承表 8-4 资料。皖巢公司 2022 年 A、B 两种产品的预计存货资料，如表 8-6 所示。

表 8-6 皖巢公司 2022 年产品预计存货资料

单位：件

产品名称	年初库存量	年末库存量	期末库存量占下期销售量的百分比	年初在产量	本期投产量为本期完工量的倍数
A 产品	100	120	10%	90	1.05
B 产品	80	150	10%	70	1.10

要求：编制该公司 2022 年生产预算。

根据上述资料，现编制皖巢公司 2022 年生产预算，如表 8-7 所示。

表 8-7 皖巢公司 2022 年生产预算

单位：件

产品名称	项　目	第一季度	第二季度	第三季度	第四季度	全　年	资料来源
A 产品	预计销售量	1 000	1 200	1 400	1 200	4 800	公司预测
	加：预计期末产成品库存量	120	140	120	120	120	公司预测
	减：预计期初产成品库存量	100	120	140	120	100	上期数
	预计完工量	1 020	1 220	1 380	1 200	4 820	
	加：预计期末在产品存量	141	202	271	331	331	
	减：预计期初在产品存量	90	141	202	271	90	上期数
	预计投产量	1 071	1 281	1 449	1 260	5 061	公司预测
B 产品	预计销售量	800	1 000	1 200	1 400	4 400	公司预测
	加：预计期末产成品库存量	100	120	140	150	150	公司预测
	减：预计期初产成品库存量	80	100	120	140	80	上期数
	预计完工量	820	1 020	1 220	1 410	4 470	
	加：预计期末在产品存量	152	254	376	517	517	
	减：预计期初在产品存量	70	152	254	376	70	上期数
	预计投产量	902	1 122	1 342	1 551	4 917	公司预测

生产预算在实际编制时是比较复杂的，投产量受到生产能力的限制，库存量受到仓库容量的限制，只能在此范围内来安排库存量和各期完工量。此外，有的季度可能销量很大，可以用赶工方法增产，为此要多付加班费。如果提前在淡季生产，会因增加存货而多付资金利息。因此，要权衡两者得失，选择成本最低的方案。

3. 编制材料预算

材料预算是以生产预算、材料消耗定额和预计材料采购单价等为基础编制的，同时要考虑期初、期末材料库存水平。它主要包括需用量预算和采购预算两个部分。

（1）材料需用量预算的编制程序。

① 预计预算期某种材料的需用量。

$$\begin{pmatrix}\text{某产品需用}\\\text{某种材料用量}\end{pmatrix}=\begin{pmatrix}\text{该完工产品耗}\\\text{用该种材料量}\end{pmatrix}+\begin{pmatrix}\text{期末在产品耗}\\\text{用该种材料量}\end{pmatrix}-\begin{pmatrix}\text{期初在产品耗}\\\text{用该种材料量}\end{pmatrix} \quad (8\text{-}10)$$

$$\text{该完工产品耗用该种材料量}=\text{该产品完工量}\times\text{该产品该材料消耗定额} \quad (8\text{-}11)$$

$$期末在产品耗用该种材料量=期末在产品数量×该产品该材料消耗定额×期末在产品该材料投料程度 \quad (8\text{-}12)$$

“该产品完工量”“期末在产品数量”来自生产预算。“期末在产品该材料投料程度”取决于该产品该材料投料方式。“期初在产品耗用该种材料量”是上期的期末在产品耗用的该种材料量。

② 预计预算期某种材料的需用量。

$$某种材料需用量=\Sigma 每种产品需用该材料量 \quad (8\text{-}13)$$

（2）材料采购预算的编制程序。

① 预计预算期某种材料的采购量。

$$某种材料采购量=该材料需用量+该材料期末库存量-该材料期初库存量 \quad (8\text{-}14)$$

② 预计预算期某种材料的采购成本。

$$某种材料采购成本=该种材料采购量×该种材料采购单价 \quad (8\text{-}15)$$

③ 预计预算期材料采购成本。

$$材料采购成本=\Sigma 某种材料采购成本 \quad (8\text{-}16)$$

④ 预计在预算期发生的与材料采购成本相关的增值税进项税额。

$$增值税进项税额=材料采购成本×适用的增值税税率 \quad (8\text{-}17)$$

⑤ 预计预算期材料采购金额。

$$材料采购金额=材料采购成本+增值税进项税额 \quad (8\text{-}18)$$

同编制生产预算一样，编制材料采购预算应注意材料的采购量、耗用量和库存量保持合理的比例关系，以避免材料的供应不足或超储积压。

为了便于以后编制现金预算，通常要预计材料采购各季度现金支出。

某预算期材料采购现金支出的计算公式为：

$$\begin{aligned}某期材料采购现金支出&=该期材料采购现金支出+该期支付前期应付账款\\&=该期材料采购金额×该期采购付现率^{①}+\\&\quad 期初应付账款×该期应付账款支付率^{②}\end{aligned} \quad (8\text{-}19)$$

此外，某预算期末应付账款余额的计算公式为：

$$期末应付账款余额=期初应付账款余额+该期预计采购金额-本期采购现金支出 \quad (8\text{-}20)$$

【例 8-6】 承表 8-5 资料。皖巢公司生产经营的 A、B 两种产品 2022 年需用的各种材料消耗定额及其采购单价等资料如表 8-8 所示，各种材料年初和年末的库存量以及相关资料如表 8-9 所示。假定各种产品期末在产品成本按约当产量法计量，且各种材料均在生产开始时一次投料（假定材料采购成本=材料采购单价×本期采购量）。

表 8-8 皖巢公司 2022 年产品材料消耗定额及材料采购单价资料

项　目	材料名称	第一季度	第二季度	第三季度	第四季度
A 产品材料消耗定额/（千克/件）	甲材料	3	3	3	4
	乙材料	2	2	2	2
B 产品材料消耗定额/（千克/件）	甲材料	5	5	5	4
	丙材料	2	2	2	2

① 式（8-19）中的“该期采购付现率”是指一定期间现购材料现金支出占该期含税采购金额的百分比，它通常为已知的经验数据。

② 式（8-19）中的“该期应付账款支付率”为以前期应付账款在本期支付的现金额占相关的应付账款的百分比。它通常为已知的经验数据。

续表

项 目	材料名称	第一季度	第二季度	第三季度	第四季度
材料采购单价/（元/千克）	甲材料	4	4	4	4
	乙材料	5	5	5	5
	丙材料	6	6	6	5
	丁材料				10

表 8-9 皖巢公司 2022 年材料库存量及其他资料

材料名称	年初库存量/千克	年末库存量/千克	预计期末库存量占下期需用量的百分比	增值税税率	年初余额/元		付现率	
					应付账款	库存材料	首期	二期
甲材料	1 000	1 200	20%	13%	30 600	8 300	60%	40%
乙材料	500	700	20%					
丙材料	300	500	20%					
丁材料	0	1 000	为下一年度开发C产品做准备，于第四季度购买					

要求：编制该公司 2022 年材料需用量预算以及材料采购预算。

根据上述资料，现编制皖巢公司 2022 年材料需用量预算，如表 8-10 所示。

表 8-10 皖巢公司 2022 年材料需用量预算

产品名称	项 目	材料名称	第一季度	第二季度	第三季度	第四季度	全 年	资料来源
A 产品	材料消耗定额/（千克/件）	甲材料	3	3	3	4	—	公司决策
		乙材料	2	2	2	2	—	公司决策
	预计完工产品耗用量/千克	甲材料	3 060	3 660	4 140	4 800	15 660	
		乙材料	2 040	2 440	2 760	2 400	9 640	
	加：期末在产品耗用量/千克	甲材料	423	606	813	1 324	1 324	约当产量法
		乙材料	282	404	542	662	662	约当产量法
	减：期初在产品耗用量/千克	甲材料	270	423	606	813	270	上期数
		乙材料	180	282	404	542	180	上期数
	预计生产需用量/千克	甲材料	3 213	3 843	4 347	5 311	16 714	
		乙材料	2 142	2 562	2 898	2 520	10 122	
B 产品	材料消耗定额/（千克/件）	甲材料	5	5	5	4	—	公司决策
		丙材料	2	2	2	2	—	公司决策
	预计完工产品耗用量/千克	甲材料	4 100	5 100	6 100	5 640	20 940	
		丙材料	1 640	2 040	2 440	2 820	8 940	
	加：期末在产品耗用量/千克	甲材料	760	1 270	1 880	2 068	2 068	约当产量法
		丙材料	304	508	752	1 034	1 034	约当产量法
	减：期初在产品耗用量/千克	甲材料	350	760	1 270	1 880	350	上期数
		丙材料	140	304	508	752	140	上期数
	预计生产需用量/千克	甲材料	4 510	5 610	6 710	5 828	22 658	
		丙材料	1 804	2 244	2 684	3 102	9 834	

根据上述资料，现编制皖巢公司 2022 年材料采购预算，如表 8-11 所示。

表8-11　皖巢公司2022年材料采购预算　　单位：元

材料名称	项　目	第一季度	第二季度	第三季度	第四季度	全　年	资料来源
甲材料	材料采购单价/（元/千克）	4	4	4	4	—	公司预测
	A产品需用量/千克	3 213	3 843	4 347	5 311	16 714	表8-10
	B产品需用量/千克	4 510	5 610	6 710	5 828	22 658	表8-10
	材料总需用量/千克	7 723	9 453	11 057	11 139	39 372	
	加：期末材料存量/千克	1 890.60	2 211.40	2 227.80	1 200	1 200	公司决策
	减：期初材料存量/千克	1 000	1 890.60	2 211.40	2 227.80	1 000	上期数
	本期采购量/千克	8 613.60	9 773.80	11 073.40	10 111.20	39 572	
	材料采购成本	34 454.40	39 095.20	44 293.60	40 444.80	158 288	
乙材料	材料采购单价/（元/千克）	5	5	5	5	—	公司预测
	A产品需用量/千克	2 142	2 562	2 898	2 520	10 122	表8-10
	B产品需用量/千克						表8-10
	材料总需用量/千克	2 142	2 562	2 898	2 520	10 122	
	加：期末材料存量/千克	512.40	579.60	504	700	700	公司决策
	减：期初材料存量/千克	500	512.40	579.60	504	500	上期数
	本期采购量/千克	2 154.40	2 629.20	2 822.40	2 716	10 322	
	材料采购成本	10 772	13 146	14 112	13 580	51 610	
丙材料	材料采购单价/（元/千克）	6	6	6	5	—	公司预测
	A产品需用量/千克						表8-10
	B产品需用量/千克	1 804	2 244	2 684	3 102	9 834	表8-10
	材料总需用量/千克	1 804	2 244	2 684	3 102	9 834	
	加：期末材料存量/千克	448.80	536.80	620.40	500	500	公司决策
	减：期初材料存量/千克	300	448.80	536.80	620.40	300	上期数
	本期采购量/千克	1 952.80	2 332	2 767.60	2 981.60	10 034	
	材料采购成本	11 716.80	13 992	16 605.60	14 908	57 222.40	
丁材料	材料采购单价/（元/千克）				10	—	公司预测
	本期采购量/千克				1 000	1 000	公司决策
	材料采购成本				10 000	10 000	
材料采购成本合计		56 943.20	66 233.20	75 011.20	78 932.80	277 120.40	
增值税进项税额		7 402.62	8 610.32	9 751.46	10 261.26	36 025.66	税率13%
材料采购金额合计		64 345.82	74 843.52	84 762.66	89 194.06	313 146.06	
年初应付账款余额		30 600				30 600	上期数
第一季度采购现金支出		38 607.49	25 738.33			64 345.82	公司预测
第二季度采购现金支出			44 906.11	29 937.41		74 843.52	公司预测
第三季度采购现金支出				50 857.60	33 905.06	84 762.66	公司预测
第四季度采购现金支出					53 516.44	53 516.44	公司预测
材料采购现金支出合计		69 207.49	70 644.44	80 795.01	87 421.50	308 068.44	年末应付账款余额为35 677.62

4．编制销售税费预算

应交税费预算是根据销售预算、材料采购预算等的相关资料和适用税率来编制的，其主要包括预计应交增值税、消费税、资源税、城市维护建设税、教育费附加和地方教育附加等税费，但不包括预计预缴所得税。由于税金需要及时清缴，为简化预算方法，可假定预算期发生的各项应交税费均于当期以现金形式支付。

编制销售税费预算的有关公式为：

某期预计的销售税费=该期预计发生的销售税金及附加+该期应交增值税
=（该期预计的应交消费税+预计的应交资源税+
预计的应交城市维护建设税+预计的应交教育费附加
+预计的应交地方教育附加）+
（该期预计的增值税销项税额−增值税进项税额）（8-21）

【例 8-7】 承表 8-4、表 8-6 资料。皖巢公司 2022 年各季度预计的增值税销项税额和增值税进项税额分别如表 8-5 和表 8-11 所示。假定该公司流通环节只交纳增值税（则销售税金及附加=应交增值税×附加税费率），并于实现销售的当期（每季度）用现金完税，且城市维护建设税、教育费附加和地方教育附加的税费率合计为 12%。

要求：编制该公司 2022 年销售税费预算。

根据上述资料，现编制皖巢公司 2022 年销售税费预算，如表 8-12 所示。

表 8-12　皖巢公司 2022 年销售税费预算　　单位：元

项　目	第一季度	第二季度	第三季度	第四季度	全　年	资料来源
增值税销项税额	19 760	24 180	28 600	28 730	101 270	表 8-5
增值税进项税额	7 402.62	8 610.32	9 751.46	10 261.26	36 025.66	表 8-11
应交增值税	12 357.38	15 569.68	18 848.54	18 468.74	65 244.34	销项税额−进项税额
销售附加税费	1 482.89	1 868.36	2 261.82	2 216.25	7 829.32	
销售税费现金支出合计	13 840.27	17 438.04	21 110.36	20 684.99	73 073.66	

5．编制直接人工预算

直接人工预算是以已知的标准工时工资率、标准产品工时定额、其他直接人工计提标准和生产预算中的预计生产量等资料为基础编制的。其编制程序如下。

（1）预计预算期每种产品生产需用工时。

某产品生产需用工时=该完工产品耗用工时+期末在产品耗用工时−
期初在产品耗用工时（8-22）

该完工产品耗用工时=该产品完工量×该产品工时定额（8-23）

期末在产品耗用工时=期末在产品存量×该产品工时定额×期末在产品加工程度（8-24）

“该产品完工量”“期末在产品存量”来自生产预算。“期末在产品加工程度”取决于该产品的加工方式。“期初在产品耗用工时”是上期的期末在产品耗用工时。

（2）预计预算期每种产品耗用的直接人工。

某产品耗用的直接人工=该产品生产需用工时×标准工时工资率（8-25）

（3）预计预算期每种产品计提的其他直接人工。

某产品计提的其他直接人工=该产品耗用的直接人工×其他直接人工计提标准（8-26）

（4）预计预算期每种产品的直接人工。

某产品的直接人工=该产品耗用的直接人工+该产品计提的其他直接人工　（8-27）

某产品的单位工时直接人工=该产品的直接人工÷该产品的生产需用工时　（8-28）

（5）预计预算期的直接人工。

$$直接人工=\Sigma 每种产品的直接人工 \quad (8\text{-}29)$$

由于直接工资都需要使用现金支付，因此，不需另外预计现金支出，可直接参加现金预算的汇总。在企业实务中，其他直接人工不一定在计提的当期用现金开支，应进行适当的调整，以反映预计的其他直接人工现金支出情况。

预计预算期直接人工的现金支出可按下式计算。

某期直接人工现金支出=该期直接工资现金支出+该期其他直接人工现金支出
=该期直接工资现金支出+该期其他直接人工×
该期其他直接人工支用率①　（8-30）

【例 8-8】　承表 8-5 资料。皖巢公司 2022 年工时工资率和产品工时定额等资料如表 8-13 所示。各种产品期初、期末在产品的库存量以及相关资料如表 8-7 所示。假定各种产品期末在产品成本按约当产量法计量，且各期期末在产品的加工程度均为 50%。

表 8-13　皖巢公司 2022 年工时工资率和产品工时定额等资料

项　　目		第一季度	第二季度	第三季度	第四季度	其他直接人工计提标准	其他直接人工支用率
工时工资率/（元/小时）		3	3	3	4	24%	70%
产品工时定额/（小时/件）	A 产品	4	4	4	5		
	B 产品	5	5	5	4		

要求：编制该公司 2022 年直接人工预算。

根据上述资料，现编制皖巢公司 2022 年直接人工预算，如表 8-14 所示。

表 8-14　皖巢公司 2022 年直接人工预算　　单位：元

产品名称	项　　目	第一季度	第二季度	第三季度	第四季度	全　　年	资料来源
全公司工时工资率/（元/小时）		3	3	3	4	—	公司决策
A 产品	产品工时定额/（小时/件）	4	4	4	5	—	公司决策
	预计完工产品耗用工时/小时	4 080	4 880	5 520	6 000	20 480	
	加：期末在产品耗用工时/小时	282	404	542	827.50	827.50	约当产量法
	减：期初在产品耗用工时/小时	180	282	404	542	180	上期数
	预计生产需用工时/小时	4 182	5 002	5 658	6 285.50	21 127.50	
	直接工资	12 546	15 006	16 974	25 142	69 668	
	其他直接人工	3 011.04	3 601.44	4 073.76	6 034.08	16 720.32	公司决策
	直接人工小计	15 557.04	18 607.44	21 047.76	31 176.08	86 388.32	
	单位工时直接人工/（元/小时）	3.72	3.72	3.72	4.96	—	
B 产品	产品工时定额/（小时/件）	5	5	5	4	—	公司决策
	预计完工产品耗用工时/小时	4 100	5 100	6 100	5 640	20 940	
	加：期末在产品耗用工时/小时	380	635	940	1 034	1 034	约当产量法

① 式（8-30）中的“该期其他直接人工支用率”等于一定期间的其他直接人工的支用数占其同期计提数的百分比，它是一个经验数据。

续表

产品名称	项　目	第一季度	第二季度	第三季度	第四季度	全　年	资料来源
B 产品	减：期初在产品耗用工时/小时	175	380	635	940	175	上期数
	预计生产需用工时/小时	4 305	5 355	6 405	5 734	21 799	
	直接工资	12 915	16 065	19 215	22 936	71 131	
	其他直接人工	3 099.60	3 855.60	4 611.60	5 504.64	17 071.44	公司决策
	直接人工小计	16 014.60	19 920.60	23 826.60	28 440.64	88 202.44	
	单位工时直接人工/（元/小时）	3.72	3.72	3.72	4.96	—	
直接工资合计		25 461	31 071	36 189	48 078	140 799	
其他直接人工合计		6 110.64	7 457.04	8 685.36	11 538.72	33 791.76	
直接人工合计		31 571.64	38 528.04	44 874.36	59 616.72	174 590.76	
其他直接人工现金支出		4 277.45	5 219.93	6 079.75	8 077.10	23 654.23	公司预测
直接人工现金支出合计		29 738.45	36 290.93	42 268.75	56 155.10	164 453.23	

6. 编制制造费用预算

制造费用预算通常分为变动制造费用和固定制造费用两部分。变动制造费用是根据单位产品预算分配率乘以预计的生产量或预计生产需用工时进行预计的，其中，变动制造费用预算分配率的计算公式为：

$$\text{变动制造费用预算分配率}=\frac{\text{变动制造费用预算总额}}{\text{相关分配标准预算总数}} \tag{8-31}$$

固定制造费用可在上年的基础上根据预期变动加以逐项调整进行预计，通常与本期产量无关。为了便于编制产品成本预算，需要计算制造费用小时费用率。为了便于编制现金预算，还需要预计现金支出。除折旧费外的制造费用都需支付现金，因而根据每个季度制造费用总额扣除折旧费用后，即可得出“制造费用现金支出”。有关公式为：

$$\begin{aligned}\left(\begin{matrix}\text{某季度预计制造}\\ \text{费用现金支出}\end{matrix}\right)&=\left(\begin{matrix}\text{该季度预计变动制}\\ \text{造费用现金支出}\end{matrix}\right)+\left(\begin{matrix}\text{该季度预计固定制}\\ \text{造费用现金支出}\end{matrix}\right)\\ &=\Sigma\left[\left(\begin{matrix}\text{变动制造费用}\\ \text{预算分配率}\end{matrix}\right)\times\left(\begin{matrix}\text{该季度某种产品预}\\ \text{计直接人工工时}\end{matrix}\right)\right]\\ &\quad+\frac{\text{该年度预计固定制造费用}-\text{预计年折旧费}}{4}\end{aligned} \tag{8-32}$$

【例 8-9】 皖巢公司 2022 年变动制造费用按各种产品直接人工工时比例分配，除折旧以外的各种制造费用均以现金支付，其中租赁费 4 000 元是根据年初做出的专门决策预算（见例 8-16 所示）确定的，其余制造费用均为已知预测资料。

要求：编制该公司 2022 年制造费用预算。

根据上述资料，现编制皖巢公司 2022 年制造费用预算，如表 8-15 所示。

表 8-15 皖巢公司 2022 年制造费用预算（变动成本法） 单位：元

项　目	第一季度	第二季度	第三季度	第四季度	全　年	资料来源
变动制造费用：						
间接人工	1 225	1 575	1 805	1 743.50	6 348.50	公司预测

续表

项 目		第一季度	第二季度	第三季度	第四季度	全 年	资料来源
间接材料		718	798	962	964	3 442	公司预测
维修费		1 636	1 996	2 324	2 328	8 284	公司预测
水电费		3 272	3 992	4 648	4 656	16 568	公司预测
其他		1 636	1 996	2 324	2 328	8 284	公司预测
变动制造费用小计		8 487	10 357	12 063	12 019.50	42 926.50	
预计生产需用工时/小时	A 产品	4 182	5 002	5 658	6 285.50	21 127.50	表 8-14
	B 产品	4 305	5 355	6 405	5 734	21 799	表 8-14
	小 计	8 487	10 357	12 063	12 019.50	42 926.50	
变动制造费用分配率/（元/小时）		1	1	1	1	—	各期可异
变动制造费用	A 产品	4 182	5 002	5 658	6 285.50	21 127.50	
	B 产品	4 305	5 355	6 405	5 734	21 799	
	小 计	8 487	10 357	12 063	12 019.50	42 926.50	
固定制造费用：							
管理人员工资		6 000	6 000	6 000	6 000	24 000	公司预测
折旧		1 710	1 710	1 710	1 710	6 840	公司预测
租赁费		1 000	1 000	1 000	1 000	4 000	公司决策
保险费		9 000	9 000	9 000	9 000	36 000	公司预测
其他		3 000	3 000	3 000	3 000	12 000	公司预测
固定制造费用小计		20 710	20 710	20 710	20 710	82 840	
制造费用合计		29 197	31 067	32 773	32 729.50	125 766.50	
减：折旧		1 710	1 710	1 710	1 710	6 840	
制造费用现金支出		27 487	29 357	31 063	31 019.50	118 926.50	

7. 编制产品成本预算

产品成本预算是生产预算、材料预算、直接人工预算、制造费用预算的汇总；同时，也为编制预计利润表和预计资产负债表提供资料。本预算必须按照各种产品进行编制，其程序与存货的计价方法密切相关。在变动成本法下，产品成本预算的编制程序如下。

（1）预计预算期某种产品发生的生产成本。

$$\begin{pmatrix}\text{某种产品发生}\\\text{的生产成本}\end{pmatrix}=\begin{pmatrix}\text{该产品耗用}\\\text{的直接材料}\end{pmatrix}+\begin{pmatrix}\text{该产品耗用}\\\text{的直接人工}\end{pmatrix}+\begin{pmatrix}\text{该产品耗用的}\\\text{变动制造费用}\end{pmatrix} \tag{8-33}$$

（2）预计预算期某种产品的完工生产成本。

某种产品的完工生产成本=该产品发生的生产成本+该产品期初在产品成本−该产品期末在产品成本 （8-34）

（3）预计预算期某种产品的销售成本。

某种产品的销售成本=该产品完工生产成本+该产品期初产成品成本−该产品期末产成品成本 （8-35）

【例 8-10】 承表 8-18、表 8-14、表 8-15 资料。皖巢公司的产品成本按变动成本法计算。假设该公司 2022 年 A、B 两种产品的年初在产品成本分别为 2 829.60 元（其中直接材料为 1 980

元、直接人工为 669.60 元、变动制造费用为 180 元）和 3 066 元（其中直接材料为 2 240 元、直接人工为 651 元、变动制造费用为 175 元），年初产成品成本均为 4 000 元；本期各种产品耗用的直接材料成本按其需用量比例分配，尾差计入 B 产品成本；期末在产品成本按约当产量法计量，尾差计入完工产品成本；期末产成品成本按期末一次加权平均法计量，尾差计入发出产成品成本。

要求：分别编制该公司 2022 年度 A、B 两种产品成本预算。

根据上述资料，现分别编制皖巢公司 2022 年 A、B 两种产品成本预算，如表 8-16 和表 8-17 所示。

表 8-16　皖巢公司 2022 年产品成本预算（变动成本法）

品名：A 产品　　　　单位：元

项　目			第一季度	第二季度	第三季度	第四季度	全　年	资料来源
本期发生变动生产成本	直接材料	甲材料	12 852	15 372	17 388	21 244	66 856	表 8-18
		乙材料	10 710	12 810	14 490	12 600	50 610	表 8-18
		小　计	23 562	28 182	31 878	33 844	117 466	
	直接人工		15 557.04	18 607.44	21 047.76	31 176.08	86 388.32	表 8-14
	变动制造费用		4 182	5 002	5 658	6 285.50	21 127.50	表 8-15
	合　计		43 301.04	51 791.44	58 583.76	71 305.58	224 981.82	
加：期初在产品成本	直接材料		1 980	3 102	4 444	5 962	1 980	上期数
	直接人工		669.60	1 049.04	1 502.88	2 016.24	669.60	上期数
	变动制造费用		180	282.00	404.00	542.00	180	上期数
	合　计		2 829.60	4 433.04	6 350.88	8 520.24	2 829.60	上期数
减：期末在产品成本①	直接材料		3 102	4 444	5 962	8 606	7 675.52	约当产量法
	直接人工		1 049.04	1 502.88	2 016.24	4 022.94	2 890	约当产量法
	变动制造费用		282	404	542	827.50	707.33	约当产量法
	合　计		4 433.04	6 350.88	8 520.24	13 456.44	11 272.85	
预计本期完工产品成本	直接材料		22 440	26 840	30 360	31 200	111 770.48	
	直接人工		15 177.60	18 153.60	20 534.40	29 169.38	84 167.92	
	变动制造费用		4 080	4 880	5 520	6 000	20 600.17	
	合　计		41 697.60	49 873.60	56 414.40	66 369.38	216 538.57	
加：期初产成品成本①			4 000	4 896.17	5 722.21	4 905.52	4 000	上期数
减：期末产成品成本			4 896.17	5 722.21	4 905.52	6 479.54	5 378.99	加权平均法
预计本期产品销售成本②			40 801.43	49 047.56	57 231.09	64 795.36	215 159.58	

表 8-17　皖巢公司 2022 年产品成本预算（变动成本法）

品名：B 产品　　　　单位：元

项　目			第一季度	第二季度	第三季度	第四季度	全　年	资料来源
本期发生变动生产成本	直接材料	甲材料	18 040	22 440	26 840	23 312	90 632	表 8-18
		丙材料	10 824	13 464	16 104	16 130.40	56 522.40	表 8-18
		小　计	28 864	35 904	42 944	39 442.40	147 154.40	

① 由于预算期和存货计价方法不同，表 8-16 中的“期末在产品成本”有所不同。编制年度预算时，按“全年”。下同。

② 由于预算期和存货计价方法不同，表 8-16 中的“预计本期产品销售成本”有所不同。编制年度预算时，按“全年”。下同。

续表

项目		第一季度	第二季度	第三季度	第四季度	全　年	资料来源
本期发生变动生产成本	直接人工	16 014.60	19 920.60	23 826.60	28 440.64	88 202.44	表 8-14
	变动制造费用	4 305	5 355	6 405	5 734	21 799	表 8-15
	合　计	49 183.60	61 179.60	73 175.60	73 617.04	257 155.84	
加：期初在产品成本	直接材料	2 240	4 864	8 128	12 032	2 240	上期数
	直接人工	651	1 413.60	2 362.20	3 496.80	651	上期数
	变动制造费用	175	380	635	940	175	上期数
	合　计	3 066	6 657.60	11 125.20	16 468.80	3 066	上期数
减：期末在产品成本	直接材料	4 864	8 128	12 032	13 810.20	15 487.65	约当产量法
	直接人工	1 413.60	2 362.20	3 496.80	4 948.05	4 857.48	约当产量法
	变动制造费用	380	635	940	1 034	1 201.29	约当产量法
	合　计	6 657.60	11 125.20	16 468.80	19 792.25	21 546.42	
预计本期完工产品成本	直接材料	26 240	32 640	39 040	37 664.20	133 906.75	
	直接人工	15 252	18 972	22 692	26 989.39	83 995.96	
	变动制造费用	4 100	5 100	6 100	5 640	20 772.71	
	合　计	45 592	56 712	67 832	70 293.59	23 8675.42	
加：期初产成品成本		4 000	5 510.22	6 666.67	7 783.44	4 000	上期数
减：期末产成品成本		5 510.22	6 666.67	7 783.44	7 555.84	8 000.29	加权平均法
预计本期产品销售成本		44 081.78	55 555.55	66 715.23	70 521.19	234 675.13	

8．编制期末存货预算

期末存货预算是材料预算、产品成本预算的汇总；同时，也为编制预计资产负债表提供资料。该预算必须按照各种存货进行编制，存货主要包括原材料、在产品和产成品三种。由于该预算与产品成本预算密切相关，因此它也受到存货计价方法的影响。在变动成本法下，编制期末存货预算程序如下。

（1）预计期末每种材料成本。

期末某种材料成本=本期该材料采购成本+期初该材料成本-本期耗用该材料成本　（8-36）

期末材料成本=Σ 期末每种材料成本　（8-37）

（2）预计期末在产品成本。

期末在产品成本=Σ 期末每种在产品成本　（8-38）

（3）预计期末产成品成本。

期末产成品成本=Σ 期末每种产成品成本　（8-39）

（4）预计期末存货成本。

期末存货成本=期末材料成本+期末在产品成本+期末产成品成本　（8-40）

此外，某预算期初存货成本的计算公式为：

期初存货成本=期初材料成本+期初在产品成本+期初产成品成本　（8-41）

【例 8-11】 承表 8-11、表 8-16、表 8-17 资料。假定皖巢公司 2022 年甲、乙、丙三种材料的年初成本分别为 4 000 元、2 500 元、1 800 元；各种材料的期末成本按先进先出法计量，且期初材料均在当期全部发出。

要求：编制该公司 2022 年期末存货预算。

根据上述资料，现编制皖巢公司 2022 年期末存货预算，如表 8-18 所示。

表 8-18　皖巢公司 2022 年期末存货预算（变动成本法）　单位：元

项　目		第一季度	第二季度	第三季度	第四季度	全　年	资料来源
本期材料采购成本	甲材料	34 454.40	39 095.20	44 293.60	40 444.80	158 288	表 8-11
	乙材料	10 772	13 146	14 112	13 580	51 610	表 8-11
	丙材料	11 716.80	13 992	16 605.60	14 908	57 222.40	表 8-11
	丁材料				10 000	10 000	表 8-11
	小　计	56 943.20	66 233.20	75 011.20	78 932.80	27 7120.40	
加：期初材料成本	甲材料	4 000	7 562.40	8 845.60	8 911.20	4 000	上期数
	乙材料	2 500	2 562	2 898	2 520	2 500	上期数
	丙材料	1 800	2 692.80	3 220.80	3 722.40	1 800	上期数
	丁材料						
	小　计	8 300	12 817.20	14 964.40	15 153.60	8 300	上期数
减：期末材料成本	甲材料	7 562.40	8 845.60	8 911.20	4 800	4 800	先进先出法
	乙材料	2 562	2 898	2 520	3 500	3 500	先进先出法
	丙材料	2 692.80	3 220.80	3 722.40	2 500	2 500	先进先出法
	丁材料				10 000	10 000	先进先出法
	小　计	12 817.20	14 964.40	15 153.60	20 800	20 800	
本期耗用材料成本	甲材料	30 892	37 812	44 228	44 556	157 488	
	乙材料	10 710	12 810	14 490	12 600	50 610	
	丙材料	10 824	13 464	16 104	16 130.40	56 522.40	
	丁材料						
	小　计	52 426	64 086	74 822	73 286.40	264 620.40	
期末在产品成本小计		11 090.64	17 476.08	24 989.04	33 248.69	32 819.27	表 8-16、表 8-17
期末产成品成本小计		10 406.39	12 388.88	12 688.96	14 035.38	13 379.28	表 8-16、表 8-17
期末存货成本合计		34 314.23	44 829.36	52 831.60	68 084.07	66 998.55	期初存货成本为 22 195.60

9．编制销售费用预算

销售费用预算是以销售预算为基础编制的。其编制方法与制造费用预算的编制方法非常接近，也可将其划分为变动销售费用预算和固定销售费用预算两部分。为便于编制现金预算，销售费用预算也要编制相应的现金支出预算。

【例 8-12】　皖巢公司 2022 年变动销售费用按各种产品费用定额分配，除折旧外的其他销售费用均以现金支付，且各项销售费用均为已知预测资料。

要求：编制该公司 2022 年销售费用预算。

根据上述资料，现编制皖巢公司 2022 年销售费用预算，如表 8-19 所示。

表 8-19　皖巢公司 2022 年销售费用预算（变动成本法）　单位：元

项　目	第一季度	第二季度	第三季度	第四季度	全　年	资料来源
变动销售费用：						

续表

项　目		第一季度	第二季度	第三季度	第四季度	全　年	资料来源
销售佣金		4 000	4 900	5 800	5 900	20 600	公司预测
销售运杂费		2 400	2 940	3 480	3 540	12 360	公司预测
其他		1 600	1 960	2 320	2 360	8 240	公司预测
变动销售费用小计		8 000	9 800	11 600	11 800	41 200	
预计销售量/件	A 产品	1 000	1 200	1 400	1 200	4 800	公司预测
	B 产品	800	1 000	1 200	1 400	4 400	公司预测
单位产品变动销售费用/（元/件）	A 产品	4	4	4	4	—	各期可异
	B 产品	5	5	5	5	—	各期可异
变动销售费用	A 产品	4 000	4 800	5 600	4 800	19 200	
	B 产品	4 000	5 000	6 000	7 000	22 000	
	小　计	8 000	9 800	11 600	11 800	41 200	
固定销售费用：							
销售管理人员工资		4 000	4 000	4 000	4 000	16 000	公司预测
折旧		600	600	600	600	2 400	公司预测
专设销售机构办公费		1 000	1 000	1 000	1 000	4 000	公司预测
宣传广告费		900	900	900	900	3 600	公司预测
其他		1 000	1 000	1 000	1 000	4 000	公司预测
固定销售费用小计		7 500	7 500	7 500	7 500	30 000	
销售费用合计		15 500	17 300	19 100	19 300	71 200	
减：折旧		600	600	600	600	2 400	
销售费用现金支出		14 900	16 700	18 500	18 700	68 800	

10．编制管理费用预算

管理费用预算的编制方法一般有两种：一是按费用项目反映全年预计水平，这是因为管理费用大多为固定成本；二是类似于制造费用预算或销售费用预算的编制方法。为便于编制现金预算，管理费用预算也要分季度编制相应的现金支出预算。在假定管理费用均为固定成本的条件下，某季度预计管理费用现金支出为全年付现支出的平均数，则：

$$\left(\begin{array}{l}\text{某季度预计管理}\\\text{费用现金支出}\end{array}\right)=\frac{\text{该年度预计管理费用}-\text{预计年折旧费}-\text{预计年摊销费}}{4} \tag{8-42}$$

【例 8-13】 皖巢公司 2022 年预计管理费用（假定均为固定成本）中，除折旧和无形资产摊销外的其他管理费用均以现金支付，且各项管理费用均为已知预测资料。

要求：编制该公司 2022 年管理费用预算。

根据上述资料，现编制皖巢公司 2022 年管理费用预算，如表 8-20 所示。

表 8-20　皖巢公司 2022 年管理费用预算　　单位：元

项　目	第一季度	第二季度	第三季度	第四季度	全　年	资料来源
变动管理费用						公司预测
固定管理费用：						

续表

项　　目	第一季度	第二季度	第三季度	第四季度	全　年	资料来源
公司经费	4 000	4 000	4 000	4 000	16 000	公司预测
工会经费	1 500	1 500	1 500	1 500	6 000	公司预测
办公费	1 500	1 500	1 500	1 500	6 000	公司预测
董事会费	2 250	2 250	2 250	2 250	9 000	公司预测
折旧	1 000	1 000	1 000	1 000	4 000	公司预测
无形资产摊销	600	600	600	600	2 400	公司预测
职工培训费	2 000	2 000	2 000	2 000	8 000	公司预测
其他	500	500	500	500	2 000	公司预测
固定管理费用小计	13 350	13 350	13 350	13 350	53 400	
管理费用合计	13 350	13 350	13 350	13 350	53 400	
减：折旧	1 000	1 000	1 000	1 000	4 000	
无形资产摊销	600	600	600	600	2 400	
管理费用现金支出	11 750	11 750	11 750	11 750	47 000	

11．编制财务费用预算

财务费用预算从本质上来说属于经营预算，可以根据现金预算的有关资料编制。

【例 8-14】　皖巢公司 2022 年现金预算如表 8-25 所示。

要求：编制该公司 2022 年财务费用预算。

根据上述资料，现编制皖巢公司 2022 年财务费用预算，如表 8-21 所示。

表 8-21　皖巢公司 2022 年财务费用预算　　单位：元

项　　目	第一季度	第二季度	第三季度	第四季度	全　年	资料来源
应计并支付短期借款利息	300	300		400	1 000	表 8-25
应计并支付长期借款利息	460.65	341.75	341.75	341.75	1 485.90	表 8-25
应计并支付公司债券利息				5 000	5 000	表 8-25
支付利息合计	760.65	641.75	341.75	5 741.75	7 485.90	
减：资本化利息				5 000	5 000	
预计财务费用	760.65	641.75	341.75	741.75	2 485.90	

二、编制专门决策预算

1．编制资本支出决策预算

资本支出决策预算涉及长期建设项目的投资投放与筹措等，并经常跨年度，一般不纳入经营预算，但应记入与此相关的现金预算和预计资产负债表。

【例 8-15】　皖巢公司为了形成开发新产品（C 产品）的生产能力，现决定 2022 年建造一条新的生产线，年内安装调试完毕，年末交付使用。该固定资产投资的明细项目及其分次支付时间如表 8-22 所示。预计发生固定资产投资为 100 000 元。C 产品需用的主要原材料为丁材料，其预计采购单价为 10 元/千克，第四季度采购量为 1 000 千克。

要求：编制该公司 2022 年 C 产品生产线项目投资预算。

根据上述资料，现编制皖巢公司 2022 年 C 产品生产线项目投资预算，如表 8-22 所示。

表 8-22　皖巢公司 2022 年 C 产品生产线项目投资预算　　单位：元

项　目	第一季度	第二季度	第三季度	第四季度	全　年	资料来源
固定资产投资：						
勘察设计费	1 500	1 500			3 000	公司决策
土建工程	20 000	20 000			40 000	公司决策
设备购置			20 000	20 000	40 000	公司决策
安装工程				15 000	15 000	公司决策
其他			1 000	1 000	2 000	公司决策
固定资产投资小计	21 500	21 500	21 000	36 000	100 000	
流动资金投资：						
丁材料采购（下年度使用）				10 000	10 000	公司决策
流动资金投资小计				10 000	10 000	
投资支出合计	21 500	21 500	21 000	46 000	110 000	

需要指出的是，该项目的建设期为一年，2022 年应付公司债券的利息为 5 000 元（即 50 000×10%×1），该利息需资本化，计入固定资产原值，则预算期完工的固定资产成本=100 000+5 000=105 000（元）。此外，在本预算中，只有丁材料采购已被纳入直接材料采购预算（如表 8-11 所示），其余均未涉及经营预算。

2．编制一次性专门业务决策预算

一次性专门业务决策预算通常是根据决策需要编制的，以便于控制和监督。但由于这类预算的具体情况不同，因而没有统一的格式，企业可根据需要自行设计。

【例 8-16】　皖巢公司为提高 A 产品质量，拟于 2022 年增加一台专用检测设备，有以下三种取得方案：一是用 40 000 元从市场上购置，预计可用 5 年；二是用半年时间自行研制，预计研制成本为 20 000 元；三是每季度支付 1 000 元租金向信托投资公司经营租借。

要求：做出该公司 2022 年增加一台专用检测设备的决策。

经皖巢公司决策，决定采取第三种方案。

【例 8-17】　皖巢公司按税法规定 2022 年预算期间每季末预缴所得税为 5 000 元；董事会决定在 2022 年预算期间每季末支付股利 8 000 元。

要求：编制该公司 2022 年一次性专门业务决策预算。

根据上述资料，现编制皖巢公司 2022 年一次性专门业务决策预算，如表 8-23 所示。

表 8-23　皖巢公司 2022 年一次性专门业务决策预算　　单位：元

项　目	第一季度	第二季度	第三季度	第四季度	全　年	资料来源
预缴所得税	5 000	5 000	5 000	5 000	20 000	税务局
预付股利	8 000	8 000	8 000	8 000	32 000	公司决策

【例 8-18】　皖巢公司根据股东大会决议，为筹集所需资金，2022 年第一季度季初发行三年期、票面利率为 10%、每年末支付一次利息、到期一次性还本的公司债券，预计发行收入为 50 000

元；第二季度季初增加发行股本为 60 000 元的普通股股票（假设不因此形成资本公积）。假定该公司 2022 年各季度末按借款合同规定支付以前年度长期借款本息如表 8-24 所示。

要求：编制该公司 2022 年资金筹措及运用预算。

根据上述资料，现编制皖巢公司 2022 年资金筹措及运用预算，如表 8-24 所示。

表 8-24　皖巢公司 2022 年资金筹措及运用预算　　单位：元

项　　目	第一季度	第二季度	第三季度	第四季度	全　年	资料来源
资金来源：						
借入长期借款						公司决策
发行公司债券	50 000				50 000	公司决策
发行普通股股票		60 000			60 000	公司决策
资金运用：						
支付以前年度长期借款利息	460.65	341.75	341.75	341.75	1 485.90	合同约定
归还以前年度长期借款本金	5 000			5 000	10 000	合同约定
支付公司债券利息				5 000	5 000	公司决策
偿付公司债券本金						公司决策
回购普通股股票						公司决策

三、编制财务预算

1. 编制现金预算

现金预算编制的主要内容包括现金收入、现金支出、现金多余或不足、资金筹措及运用四个部分。其中，“期初现金余额”是在编制预算时预计的，“经营现金收入”的数据来自销售预算，销货取得的现金收入是其主要来源，“可供使用的现金”是期初现金余额与本期现金收入之和。

“现金支出”部分包括预算期的各项现金支出。“材料采购支出”“支付增值税”“支付税金及附加”“支付直接人工”“支付制造费用”“支付销售费用”“支付管理费用”的数据分别来自前述编制的有关经营预算。另外，还包括预缴所得税、购置设备、预付股利（或利润）等现金支出，有关的数据分别来自前述编制的有关专门决策预算。

“现金多余或不足”部分列示现金收入合计与现金支出合计的差额。

“资金筹措及运用”部分列示资金筹措合计与资金运用合计的差额。

编制现金预算时，“现金多余或不足”部分与“资金筹措及运用”部分之和，若为正数，说明现金多余，可用于偿还借款本息或者用于短期投资；若为负数，说明现金不足，可向银行借款或者出售短期投资，以达到调控现金余额、发挥现金管理的作用。

【例 8-19】　承表 8-5、表 8-11、表 8-12、表 8-14、表 8-15、表 8-19、表 8-20、表 8-22、表 8-23 和表 8-24 资料。假定皖巢公司每季末现金余额的限额为 5 000～6 000 元；向银行借入短期借款的金额是 10 000 元的整数倍数，利率为 4%，一般按“期初借入，期末归还”预计利息，还款后，仍需保持现金余额的限额范围。

要求：编制该公司 2022 年现金预算。

根据上述资料，现编制皖巢公司 2022 年现金预算，如表 8-25 所示。

表8-25　皖巢公司2022年现金预算　　单位：元

项　　目	第一季度	第二季度	第三季度	第四季度	全　年	资料来源
一、期初现金余额	5 268.40	5 649.54	5 472.38	5 875.51	5 268.40	上期数
加：经营现金收入	128 565	185 145	233 232	245 549	792 491	表8-5
二、可供使用的现金	133 833.40	190 794.54	238 704.38	251 424.51	797 759.40	
三、现金支出：						
经营现金支出：						
材料采购支出	69 207.49	70 644.44	80 795.01	87 421.50	308 068.44	表8-11
支付增值税	12 357.38	15 569.68	18 848.54	18 468.74	65 244.34	表8-12
支付税金及附加	1 482.89	1 868.36	2 261.82	2 216.25	7 829.32	表8-12
支付直接人工	29 738.45	36 290.93	42 268.75	56 155.10	164 453.23	表8-14
支付制造费用	27 487	29 357	31 063	31 019.50	118 926.50	表8-15
支付销售费用	14 900	16 700	18 500	18 700	68 800	表8-19
支付管理费用	11 750	11 750	11 750	11 750	47 000	表8-20
经营现金支出小计	166 923.21	182 180.41	205 487.12	225 731.09	780 321.83	
专门决策现金支出：						
购置固定资产	21 500	21 500	21 000	36 000	100 000	表8-22
预缴所得税	5 000	5 000	5 000	5 000	20 000	表8-23
预付股利	8 000	8 000	8 000	8 000	32 000	表8-23
专门决策现金支出小计	34 500	34 500	34 000	49 000	152 000	
现金支出合计	201 423.21	216 680.41	239 487.12	274 731.09	932 321.83	
四、现金多余或不足	−67 589.81	−25 885.87	−782.74	−23 306.58	−134 562.43	
五、资金筹措及运用：						
加：借入短期借款	30 000			40 000	70 000	灵活借款
借入长期借款						
发行公司债券	50 000				5 0000	表8-24
发行普通股股票		60 000			6 0000	表8-24
减：支付短期借款利息	300	300		400	1 000	合同约定
支付长期借款利息	460.65	341.75	341.75	341.75	1 485.90	表8-24
支付公司债券利息				5 000	5 000	表8-24
归还短期借款本金		30 000			30 000	合同约定
归还长期借款本金	5 000			5 000	10 000	表8-24
归还公司债券本金						
回购普通股股票						
购买有价证券	1 000	−2 000	−7 000		−8 000	临时调剂
资金筹措及运用合计	73 239.35	31 358.25	6 658.25	29 258.25	140 514.10	
六、期末现金余额	5 649.54	5 472.38	5 875.51	5 951.67	5 951.67	

预算财务报表是控制企业资金、成本和利润总量的重要手段，主要包括预计利润表、预计所有者权益（或股东权益）变动表和预计资产负债表。

2．编制预计利润表

预计利润表与实际利润表相比，在内容、格式方面是相同的，只不过其数据是面向预算期的。预计利润表，也称为利润表预算。该表是在汇总销售收入、销售成本、税金及附加、销售费用、管理费用、财务费用、专门决策等预算的基础上加以编制的。通过编制预计利润表，可以了解企业预算期的盈利水平。如果预算利润与最初编制方针中的目标利润有较大的差别，就需要调整有关部门预算，设法达到目标，或者修改目标利润。

【例 8-20】 皖巢公司 2022 年度的销售预算、产品成本预算、销售税费预算、制造费用预算、销售费用预算、管理费用预算和财务费用预算分别如表 8-5、表 8-12、表 8-15、表 8-16、表 8-17、表 8-19、表 8-20 和表 8-21 所示。

要求：编制该公司 2022 年预计利润表。

根据上述资料，现编制皖巢公司 2022 年预计利润表，如表 8-26 所示。

表 8-26　皖巢公司 2022 年预计利润表（变动成本法）　　单位：元

项　　目	第一季度	第二季度	第三季度	第四季度	全　年	资料来源
一、营业收入	152 000	186 000	220 000	221 000	779 000	表 8-5
减：变动成本						
期初产成品成本	8 000	10 406.39	12 388.88	12 688.96	8 000	表 8-16、表 8-17
本期完工产成品成本	872 89.60	106 585.60	124 246.40	136 662.97	455 213.99	表 8-16、表 8-17
可供销售产成品成本	95 289.60	116 991.99	136 635.28	149 351.93	463 213.99	
减：期末产成品成本	10 406.39	12 388.88	12 688.96	14 035.38	13 379.28	表 8-16、表 8-17
本期销售产成品成本	84 883.21	104 603.11	123 946.32	135 316.55	449 834.71	表 8-16、表 8-17
税金及附加	1 482.89	1 868.36	2 261.82	2 216.25	7 829.32	表 8-12
变动销售费用	8 000	9 800	11 600	11 800	41 200	表 8-19
变动管理费用						表 8-20
变动财务费用						表 8-21
变动成本合计	94 366.10	11 6271.47	137 808.14	149 332.80	498 864.03	
二、边际贡献	57 633.90	69 728.53	82 191.86	71 667.20	280 135.97	
减：固定成本						
固定制造费用	20 710	20 710	20 710	20 710	82 840	表 8-15
固定销售费用	7 500	7 500	7 500	7 500	30 000	表 8-19
固定管理费用	13 350	13 350	13 350	13 350	53 400	表 8-20
固定财务费用	760.65	641.75	341.75	741.75	2 485.90	表 8-21
固定成本合计	42 320.65	42 201.75	41 901.75	42 301.75	168 725.90	
三、营业利润	15 313.25	27 526.78	40 290.11	29 365.45	111 410.07	
加：营业外收入						
减：营业外支出						
四、利润总额	15 313.25	27 526.78	40 290.11	29 365.45	111 410.07	
减：所得税费用	3 828.31	6 881.70	10 072.53	7 341.36	27 852.52	税率为 25%
五、净利润	11 484.94	20 645.08	30 217.58	22 024.09	83 557.55	
六、其他综合收益的税后净额						
七、综合收益总额	11 484.94	20 645.08	30 217.58	22 024.09	83 557.55	

3. 编制预计所有者权益（或股东权益）变动表

为了便于编制预计资产负债表，还需要在预计利润表的基础上编制预计所有者权益（或股东权益）变动表。

【例8-21】 承表8-24、表8-26资料。假定皖巢公司股东大会决议，按《公司法》规定计提法定盈余公积，按可供投资者分配利润的40%向股东分配利润。

要求：编制该公司2022年预计所有者权益（或股东权益）变动表。

根据上述资料，现编制皖巢公司2022年预计所有者权益（或股东权益）变动表，如表8-27所示。

表8-27 皖巢公司2022年预计所有者权益（或股东权益）变动表（变动成本法） 单位：元

项　目	实收资本（或股本）	资本公积	减：库存股	其他综合收益	盈余公积	未分配利润	所有者权益合计	资料来源
一、上年年末余额	180 000	13 000			32 000	15 000	240 000	上期数
二、本年年初余额	180 000	13 000			32 000	15 000	240 000	
三、本年增减变动金额	60 000				8 355.76	39 121.07	107 476.83	
（一）综合收益总额						83 557.55	83 557.55	表8-26
（二）所有者投入和减少资本	60 000						60 000	表8-24
（三）利润分配					8 355.76	−44 436.48	−36 080.72	
1.提取盈余公积					8 355.76	−8 355.76	0	法定10%
2.对所有者（或股东）的分配						−36 080.72	−36 080.72	公司决策
（四）所有者权益内部结转								
四、本年年末余额	240 000	13 000			40 355.76	54 121.07	347 476.83	

4. 编制预计资产负债表

预计资产负债表与实际资产负债表内容、格式相同，只不过数据反映预算期末的财务状况。预计资产负债表，也称资产负债表预算。该表是在本期期初（即上年期末数）资产负债表的基础上，根据本期经营预算、专门决策预算、现金预算和预计所有者权益（或股东权益）变动表的有关数据加以调整编制的。编制预计资产负债表的目的在于判断预算反映的财务状况的稳定性和流动性。

【例8-22】 皖巢公司2022年度的经营预算、专门决策预算、现金预算和预计所有者权益（或股东权益）变动表的有关资料如前所述。

要求：编制该公司2022年12月31日预计资产负债表。

根据上述资料，现编制皖巢公司2022年12月31日预计资产负债表，如表8-28所示。

表8-28 皖巢公司2022年12月31日预计资产负债表（变动成本法） 单位：元

资　产	期末余额	年初余额	负债和所有者权益	期末余额	年初余额
流动资产：			流动负债：		
货币资金	5 951.67	5 268.40	短期借款	40 000	
交易性金融资产	2 000	10 000	应付账款	35 677.62	30 600
应收账款	99 779	12 000	应交税费	7 852.52	
存货	66 998.55	22 195.60	应付股利	4 080.72	
其他流动资产			应付职工薪酬	16 701.53	6 564

续表

资　　产	期末余额	年初余额	负债和所有者权益	期末余额	年初余额
流动资产合计	174 729.22	49 464	其他流动负债		
非流动资产：			流动负债合计	104 312.39	37 164
债权投资			非流动负债：		
其他债权投资			长期借款	10 000	20 000
长期应收款			应付债券	50 000	
长期股权投资			其他非流动负债		
其他权益工具投资			非流动负债合计	60 000	20 000
其他非流动金融资产			负债合计	164 312.39	57 164
投资性房地产			所有者权益：		
固定资产	321 760	230 000	实收资本（或股本）	240 000	180 000
在建工程			资本公积	13 000	13 000
生产性生物资产			减：库存股		
油气资产			其他综合收益		
无形资产	15 300	17 700	盈余公积	40 355.76	32 000
其他非流动资产			未分配利润	54 121.07	15 000
非流动资产合计	337 060	247 700	所有者权益合计	347 476.83	240 000
资产总计	511 789.22	297 164	负债和所有者权益总计	511 789.22	297 164

表 8-28 中的“期末余额”栏的有关项目填列说明如下：

（1）“交易性金融资产”项目=10 000−8 000

（2）“固定资产”项目=230 000+(100 000+5 000)−(6 840+2 400+4 000)

（3）“无形资产”项目=17 700−2 400

（4）“应交税费”项目=0+(27 852.52−20 000)

（5）“应付股利”项目=0+(36 080.72−32 000)

（6）“应付职工薪酬”项目=6 564+(174 590.76−164 453.23)

（7）“长期借款”项目=20 000−10 000

（8）“实收资本（或股本）”项目=180 000+60 000

（9）“盈余公积”项目=32 000+8 355.76

（10）“未分配利润”项目=15 000+83 557.55−8 355.76−36 080.72

需要说明的是，由于已经编制了现金预算，通常可以不再编制预计现金流量表。

训练巩固

在线测试

思考题

1. 何谓预算管理？
2. 简述预算管理的主要内容及其相互关系。
3. 试述企业预算编制的程序。
4. 简述固定预算、弹性预算的定义及其优点。
5. 简述增量预算、零基预算的定义及其优点。

6．简述定期预算、滚动预算的定义及其优点。
7．试述弹性预算的编制方法。
8．试述零基预算的编制方法。
9．试述滚动预算的编制方法。

实训题

1．皖巢公司第三车间制造费用的成本性态资料如表 8-29 所示。

表 8-29 皖巢公司第三车间制造费用的成本性态资料

项　目	间接人工	间接材料	维修费用	水电费用	劳保费用	折旧费用	摊销费用	其他费用
固定部分/元	6 000	1 000	220	100	800	2 800	200	880
单位变动率/（元/小时）	1.0	0.6	0.2	0.3	—	—	—	0.1

假定皖巢公司第三车间正常生产能力（100%）为 10 000 工时。

要求：采用列表法编制皖巢公司生产能力为 70%～110%时的弹性制造费用预算（间隔为 5%）。

2．江城公司生产甲、乙两种产品，2023 年其预计销售单价分别为 100 元/件和 50 元/个。假定该公司 2022 年 12 月 31 日简略式资产负债表如表 8-30 所示。

表 8-30 江城公司 2022 年 12 月 31 日简略式资产负债表　　单位：元

资　产		负债和所有者权益	
货币资金	1 000	短期借款	2 000
应收账款	7 000	应付账款	5 000
存　货			
原材料	4 110	实收资本	35 000
产成品	6 100	留存收益	14 450
固定资产	38 240		
合　计	56 450	合　计	56 450

2023 年下列有关预测资料：

（1）每季度甲产品预计销售量均为 100 件，1～4 季度乙产品预计销售量分别为 400 个、500 个、600 个和 500 个；甲产品的现销比例为 100%，乙产品的现销比例为 70%；以现金形式支付的销售税费为销售收入的 5%。

（2）预计产成品库存量资料如下：甲产品 2023 年年末库存量为 50 件，单位变动成本为 91.60 元/件，每季度库存量均为 50 件；乙产品 2023 年年末库存量为 60 个，其余每季末库存量均为下季销售量的 10%，存货按先进先出法计价。

（3）直接材料和直接人工的消耗定额及单价如表 8-31 所示。

表 8-31 直接材料和直接人工的消耗定额及单价表

项　目	直接材料		直接人工	
	A 材料	B 材料	一车间	二车间
甲产品消耗定额	10 千克/件	5 千克/件	3 小时/件	2 小时/件

续表

项　　目	直接材料		直接人工	
	A 材料	B 材料	一车间	二车间
乙产品消耗定额	3 千克/个	2 千克/个	2 小时/个	1 小时/个
材料单价	2 元/千克	7 元/千克	—	—
小时工资率	—	—	4 元/小时	4 元/小时

（4）预计材料库存量及付款方式如下：2022 年年末 A、B 材料库存量分别为 669 千克、396 千克；预计 2023 年年末 A、B 材料库存量分别为 840 千克、510 千克。各种材料的季末库存量均为下季生产总耗用量的 30%。每季购买 A、B 材料只需支付 60%现金，余款下季内付清。根据特种预算，企业拟于 2023 年第四季度用现金购买 10 000 元 C 材料，以备下年开发新产品之用。

（5）预计制造费用、销售费用和管理费用如下：2023 年全年变动制造费用为 16 120 元；固定制造费用为 12 000 元，其中固定资产折旧为 4 000 元，其余均为各季均衡发生的付现成本；固定销售费用及管理费用合计为 10 000 元，其中固定资产折旧为 2 000 元，其余均为各季均衡发生的付现成本。

（6）其他资料如下：企业每季度预付 500 元股利；免交所得税；各季末现金余额分别为下季预计现金收入的 5%，第四季度余额为 2 000 元；各季季末应收账款均在下季收回；各季现金余缺可通过归还短期借款或取得短期借款解决。

要求：试为江城公司编制 2023 年的下列预算：

（1）销售预算。

（2）生产预算。

（3）材料采购预算。

（4）直接人工预算。

（5）制造费用预算（简略式）。

（6）产品成本预算。

（7）销售费用及管理费用预算（简略式）。

（8）现金预算。

（9）预计利润表。

（10）2023 年 12 月 31 日预计资产负债表。

3．三江公司 2022 年 11 月份现金收支的预计资料如下：

（1）11 月 1 日现金（包括银行存款）余额为 13 700 元，已收到未入账支票 40 400 元。

（2）产品售价为 8 元/件。9 月销售 20 000 件，10 月销售 30 000 件，11 月销售 40 000 件，12 月预计销售 25 000 件。根据经验，商品售出后当月可收回货款 60%，次月收回 30%，再次月收回 8%，另外 2%为坏账。

（3）进货成本为 5 元/件，平均在 15 天后付款。编制预算时月底存货为次月销售的 10%加 1 000 件。10 月底的实际存货为 4 000 件，应付账款余额为 77 500 元。

（4）11 月的费用预算为 85 000 元，其中折旧为 12 000 元，其余费用需当月用现金支付。

（5）预计 11 月份将购置设备一台，支出 150 000 元，需当月付款。

（6）11 月份预缴所得税 20 000 元。

（7）现金不足时可从银行借入，借款额为 10 000 元的倍数，利息在还款时支付。期末现金余额不少于 5 000 元。

要求：编制三江公司 2022 年 11 月份的现金预算（请将结果填列在给定的表 8-32“三江公司

2022 年 11 月份现金预算”表格中，分别列示各项收支金额）。

表 8-32　三江公司 2022 年 11 月份现金预算

单位：元

项　目	金　额
期初现金余额	
现金收入：	
可使用现金合计	
现金支出：	
现金支出合计	
现金多余（或不足）	
借入银行借款	
期末现金余额	

项目九　成本管理：存货控制

【学习导航】

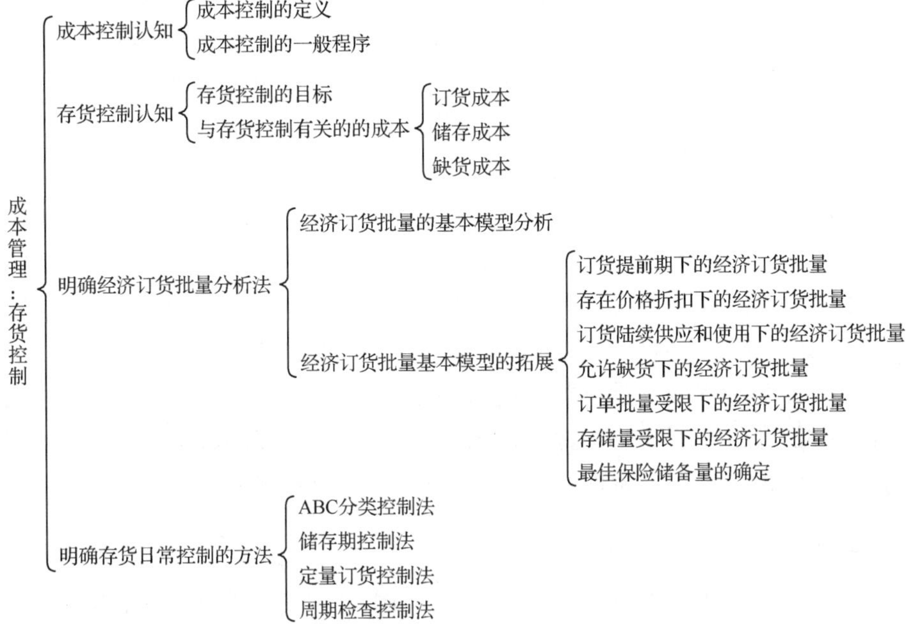

【学习目标】

☆ 理解成本控制的定义

☆ 理解成本控制的一般程序

☆ 理解与存货控制有关的成本

☆ 掌握经济订货批量的基本模型及其应用

☆ 掌握经济订货批量基本模型的拓展及其应用

☆ 理解存货日常控制的方法

☆ 培育精益求精的工匠精神

【引言导读】

项目八中，我们已经按照预算编制的方法和流程，对企业的经营目标进行了全面预算。如何落实这些预算，就成为企业在生产经营过程中亟待解决的问题。在市场经济环境下，成本管控是企业实现预算的重要保证。本项目在介绍成本控制相关概念的基础上，主要阐述存货控制的基本方法及其应用。

任务一　成本控制认知

一、成本控制的定义

成本控制是管理会计中的“控制和业绩评价会计”的重要内容，其通常有广义和狭义之分。狭义的成本控制是指运用以成本会计（管理会计的前身）为主的各种方法，预定成本限额，对日常发生的各项生产经营活动，采取专门的方法，严格按限额开支成本和费用，以实际成本和成本限额比较，衡量经营活动的成绩和效果，并以“例外管理”原则纠正不利差异，以提高工作效率，实现预期的成本限额。这种控制的重点在于严格按照确定的成本限额进行管理，并根据已发生的偏差来调整和指导当前的实际行动，即通常所说的“日常成本控制”，属于现代控制论上的“反馈控制系统”。

广义的成本控制除“日常成本控制”之外，还包括“事先成本控制”。事先成本控制一般又分为两种：一是在产品投产前，对影响成本的各种因素进行分析研究，并制定出一套适应企业实际情况的各种成本控制制度，即属于现代控制论上的“防护性控制系统”，这种控制的重点在于通过制定内部规章制度来控制成本开支；二是在产品投产前，通过成本与产品功能的关系分析，开展价值工程研究，制定目标成本，达到成本真正的、最大的节约，即属于现代控制论上的“前馈控制系统”。这种控制的重点在于从产品设计起，就对产品功能和目标成本提出要求，从而从根本上解决功能过剩、成本过高的问题。本项目所讨论的成本控制专指狭义的成本控制。

二、成本控制的一般程序

在管理会计实务中，尽管成本控制的具体方法有所不同，但其基本程序大体相似，一般可以概括如下。

（1）制定成本控制目标。

（2）分解成本控制的目标。

（3）监督成本的形成过程。

（4）计算实际成本及其差异。

（5）分析成本差异的发生原因。

（6）向成本负责人提供成本控制报告。

（7）管理当局根据控制报告进行奖励或惩罚。

任务二　存货控制认知

一、存货控制的目标

存货是指企业在日常生产经营过程中为生产或销售而储备的物资，包括材料、燃料、低值易耗品、在产品、半成品、产成品、商品等。由于企业的存货不仅种类繁多，而且通常占资产总额的比重较大，因此，能否对其实施有效的控制直接关系到企业的预算完成和经营目标的实现。

存货过多或不足都会对企业生产经营活动产生不利影响。存货量过高，资金占用就较多，这不仅会增加存货占用资金的机会成本，而且还会增加储存等管理成本。存货量不足，资金占用虽然不会增加，但会影响企业正常的生产、销售等经营活动的正常持续运行，造成停工待料、停售

待货或违约赔偿等损失，甚至会造成增加订货费用、丧失取得价格上的优惠等损失。因此，存货控制的目标就是从企业总体利益出发，协调好内部各部门之间的利益关系，在存货的成本与收益之间进行权衡，实现成本、收益、数量、批次等因素的最佳组合，既能维持正常经营的需要，又能以最低的存货成本获得最高的收益。

二、与存货控制有关的成本

为了充分发挥存货在生产经营过程中所具有的作用，防止停工待料，适应市场变化，降低订货成本，维持均衡生产，实现存货控制的目标，企业必须储备一定量的存货，但也会因此而发生各项支出，这就是存货成本。其主要包括下列内容。

1. 订货成本

订货成本是指存货的取得成本，即为取得某种存货而支出的成本，通常用 TC_a 表示，主要由存货的进价成本和订货费用两个方面构成。

（1）进价成本又称为购置成本，是指存货本身的价值，其等于采购单价与采购数量的乘积。年需要量（采购数量）用 D 表示，采购单价用 U 表示，于是进价成本为 DU。在一定时期订货总量既定的条件下，无论企业采购次数如何变动，存货的进价成本通常是保持相对稳定的（假设物价不变且无采购价格折扣），因而属于决策无关成本。

（2）订货费用又称为订货成本，是指企业为组织订货而开支的费用，即取得订单的成本，如与存货采购有关的办公费、差旅费、邮资、电话费、运输费、检验费、入库搬运费等支出。订货费用有一部分与订货次数有关，如差旅费、邮资、电话费等费用与订货次数呈正比例变动，等于每次订货费用 K 与订货次数（存货年需要量 D 与每次订货量 Q 之商）的乘积，这类变动性订货费用属于决策相关成本；另一部分与订货次数无关，如专设采购机构的基本开支等，用 F_1 表示，这类固定性订货费用则属于决策无关成本。因此，订货费用的计算公式为：

$$\text{订货费用}=F_1+\frac{D}{Q}K \tag{9-1}$$

可见，进价成本加上订货费用，就等于订货成本，即：

$$\text{订货成本（}TC_a\text{）}=\text{进价成本}+\text{订货费用}=DU+F_1+\frac{D}{Q}K \tag{9-2}$$

2. 储存成本

储存成本是指企业为持有存货而发生的费用，主要包括存货的资金占用费（以贷款购买存货的利息成本）或机会成本（以现金购买存货而损失的证券投资收益等）、仓储费用、保险费用、存货残损与霉变损失等，通常用 TC_c 表示。储存成本可以按照与储存量的关系分为固定性储存成本和变动性储存成本两类。

（1）固定性储存成本与存货储存量的多少没有直接的关系，如仓库折旧费、仓库职工的固定月工资等，常用 F_2 表示，这类成本属于决策无关成本。

（2）变动性储存成本则与存货储存量呈正比例变动关系，如存货占用资金的应计利息或机会成本、存货残损和变质损失、存货的保险费用等，等于单位存货年变动储存成本 K_c 与平均存货 $\frac{Q}{2}$ 的乘积，这类成本属于决策相关成本。因此，储存成本的计算公式为：

$$储存成本（TC_c）=固定性储存成本+变动性储存成本=F_2+\frac{Q}{2}K_c \quad (9-3)$$

3．缺货成本

缺货成本是指因存货不足而给企业造成的损失，包括由材料供应中断造成的停工损失、产成品供应中断导致延误发货的信誉损失以及丧失销售机会的经济损失等，用 TC_s 表示。如果生产企业能够以替代材料解决库存材料供应中断之急的话，缺货成本便表现为替代材料紧急采购的额外开支，通常其金额大于正常采购的开支。缺货成本能否作为决策的相关成本，应视企业是否允许出现存货短缺的情况而定。

（1）若企业允许发生缺货情况，则缺货成本便与存货数量反向相关，即属于决策相关成本。

（2）若企业不允许发生缺货情况，此时缺货成本为零，无须加以考虑，属于决策无关成本。

综上所述，如果以 TC 来表示储备存货的总成本，则它的计算公式为：

$$TC=TC_a+TC_c+TC_s=DU+F_1+\frac{D}{Q}K+F_2+\frac{Q}{2}K_c+TC_s \quad (9-4)$$

企业存货控制的最优化，即是使式（9-4）中的 TC 值最小。

任务三　明确经济订货批量分析法

一、经济订货批量的基本模型分析

1．经济订货批量和存货相关总成本

经济订货批量（Economic Ordering Quantity，EOQ），也称为经济进货批量，是指能够使一定时期存货的相关总成本达到最低点的订货数量。通过任务二中对存货成本的分析可知，决定存货经济订货批量的成本因素是存货相关总成本，主要包括订货成本、储存成本以及允许缺货时的缺货成本。不同的成本项目与订货批量存在不同的变动关系。因此，企业组织订货应当认真分析协调各项成本项目的关系，使其存货相关总成本保持最低水平。

2．经济订货批量的基本模型

由于与存货相关总成本有关的变量（即影响总成本的因素）很多，为了解决比较复杂的问题，有必要简化或舍弃一些变量，先研究解决简单的问题，然后再拓展到复杂的问题。为此需要设立一些假设，并在此基础上建立经济订货批量的基本模型。

经济订货批量基本模型的假设条件如下。

（1）企业一定期间的订货总量可以较为准确地予以预测。

（2）存货的耗用或者销售比较均衡。

（3）存货的价格稳定，且不存在价格折扣，订货日期完全由企业自行决定。

（4）仓储条件能满足集中到货，而不是陆续入库，所需现金不受限制，不会因现金短缺而影响订货。

（5）不允许出现缺货情形，即每当存货数量降至零时，下一批订货便会随时全部购入，故不存在缺货成本。

（6）所需存货市场供应充足，不会因买不到所需存货而影响其他方面。

在以上假设条件下，与存货订货批量、批次直接相关的成本就只有订货成本和储存成本两项。

因而存货的总成本的公式可以简化为：

$$TC=DU+F_1+\frac{D}{Q}K+F_2+\frac{Q}{2}K_c \tag{9-5}$$

当D、U、F_1、K、F_2、K_c为常数时，TC 的大小取决于Q。

为了求出 TC 的极小值，求 TC 对Q的一阶导数，并令其为零，可得出下列公式：

$$经济订货批量（Q^*）=\sqrt{\frac{2KD}{K_c}} \tag{9-6}$$

经济订货批量也可以用图解法求得。如图 9-1 所示，当一定期间存货计划订货总量确定的情况下，减少订货批量，增加订货次数，使变动储存成本降低的同时，也导致一定期间变动订货费用的提高；相反，增加订货批量，减少订货次数，虽有利于降低一定期间变动订货费用，但同时会使变动储存成本提高。当相关订货费用与相关储存成本相等时，存货相关总成本最低，此时的订货批量就是经济订货批量。

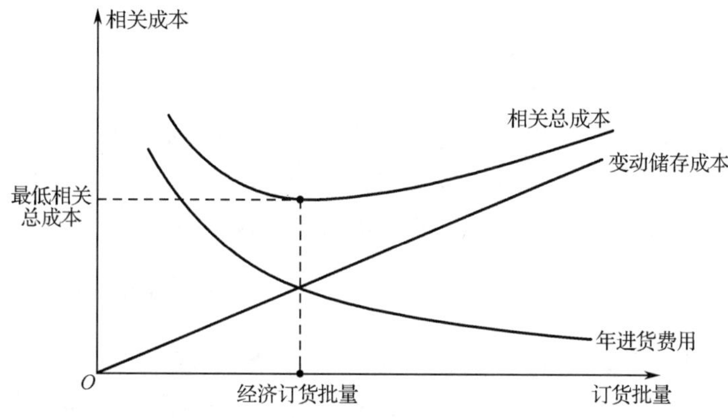

图 9-1　不同批量存货的相关成本变动情况

式（9-6）称为经济订货批量基本模型，求出的每（批）次订货批量，可使 TC 达到最小值。这个基本模型还可以演变为其他形式。

$$经济订货批量下的存货相关总成本（TC^*）=\sqrt{2KDK_c} \tag{9-7}$$

$$经济订货批量下的平均占用资金（I^*）=U\frac{Q^*}{2}=U\sqrt{\frac{KD}{2K_c}} \tag{9-8}$$

$$经济订货批量下的订货批次（N^*）=\frac{D}{Q^*}=\sqrt{\frac{DK_c}{2K}} \tag{9-9}$$

$$最佳订货周期（T^*）=\frac{1}{N^*} \tag{9-10}$$

【例 9-1】　皖巢公司全年需要耗用甲零件为 7 200 件。该零件外购成本（即进价成本）为 20 元/件，平均变动订货费用为 40 元/次，年变动储存成本为 10 元/件。假定一年按 360 日计算，下同。

要求：计算该公司甲零件的经济订货批量及其相关指标。

$$经济订货批量（Q^*）=\sqrt{\frac{2KD}{K_c}}=\sqrt{\frac{2\times40\times7\,200}{10}}=240（件）$$

经济订货批量下的存货相关总成本（TC^*）$=\sqrt{2KDK_c}=\sqrt{2\times40\times7\,200\times10}$

$=2\,400$（元）

经济订货批量下的平均占用资金（I^*）$=U\times\frac{Q^*}{2}=20\times\frac{240}{2}=2\,400$（元）

经济订货批量下的订货批次（N^*）$=\frac{D}{Q^*}=\frac{7\,200}{240}=30$（次）

最佳订货周期（T^*）$=360\div N^*=360\div30=12$（日）

上述计算表明，当订货批量为 240 件时，相关订货费用与相关储存成本总额最低，即经济订货批量为 240 件。

需要说明的是，上述模型不仅能用来进行存货的数量控制，而且也能用来进行存货的金额控制，但需重新定义某些符号：

Q ——批量订货金额；

Q^* ——经济批量订货金额；

D ——某种存货全年计划订货总金额；

K_c ——每元存货全年变动储存成本。

【例 9-2】 承例 9-1 资料，假定皖巢公司每批次甲零件年变动储存成本为 0.50 元。

要求：计算该公司甲零件的经济批量订货金额及其相关指标。

全年需耗用外购甲零件成本（D）$=7\,200\times20=144\,000$（元）

经济批量订货金额（Q^*）$=\sqrt{\frac{2KD}{K_c}}=\sqrt{\frac{2\times40\times144\,000}{0.50}}=4\,800$（元）

经济订货批量下的存货相关总成本（TC^*）$=\sqrt{2KDK_c}$

$=\sqrt{2\times40\times144\,000\times0.50}$

$=2\,400$（元）

经济订货批量下的最佳订货批次（N^*）$=\frac{D}{Q^*}=\frac{144\,000}{4\,800}=30$（次）

最佳订货周期（T^*）$=360\div N^*=360\div30=12$（日）

上述计算表明，当每批（次）甲零件订货金额为 4 800 元时，相关变动订货费用与相关变动储存成本之和最低，即经济订货批量金额为 4 800 元。

二、经济订货批量基本模型的拓展

在实际工作中，由于各种因素的影响，经济订货批量的基本模型所假设的各种条件很难全部满足，通常还存在着价格折扣（即商业折扣）和允许一定程度的缺货等情况。因此企业需要同时结合价格折扣和缺货成本等不同的情况具体分析，灵活运用经济订货批量的基本模型，对其进行变化拓展，以确定不同情况下的经济订货批量，降低存货相关总成本。

1. 订货提前期下的经济订货批量

在建立经济订货批量基本模型时，是假设存货能够及时补充的。即当库存存货量为零时，下一批存货立即一次到位，但实际上，存货不能做到随用随补充。因此，不能等到存货为零时再去订货，而应当提前订货。在提前订货情况下，经济订货批量确定有何改变呢？

公司再次发出订货单时，尚有存货的库存量，称为再订货点，用 R 表示，它的数量等于交货期（L）和每日平均耗用量（d）的乘积。则

$$R=L\times d \tag{9-11}$$

这样，等到下次订货时，原有存货库存正好用完，此时有关存货的每次订货批量、订货次数、订货间隔时间等均无变化，与随用随补充时相同，仍按基本模型进行计算。因此订货提前对经济订货批量没有影响，只不过在达到再订货点（R）时即发出订货单而已。

订货提前期的情形如图 9-2 所示。

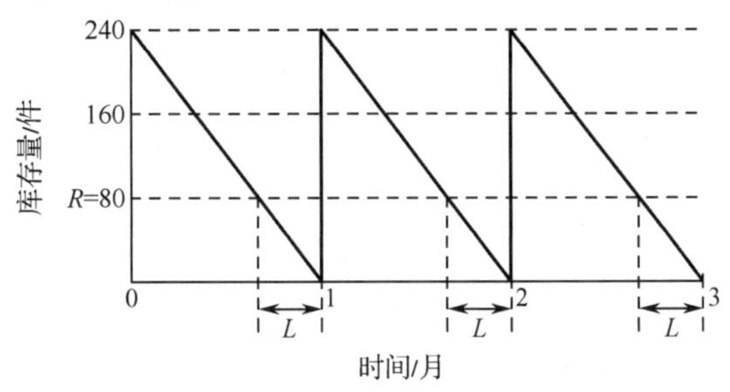

图 9-2　订货提前期

【例 9-3】　承例 9-1 资料，假定皖巢公司外购甲零件从订货日至到货日的时间为 4 日。

要求：计算该公司甲零件的再订货点。

每日平均耗用量（d）=7 200÷360=20（件）

再订货点（R）=4×20=80（件）

即该公司尚有 80 件甲零件库存时，就应当订货。

2．存在价格折扣下的经济订货批量

为了鼓励客户购买更多的商品，供应商常常实行价格折扣，规定每次订货量达到某一数量界限时，给予价格优惠（即商业折扣）。在这种情况下，如果客户大批量订货，就可以降低商品的进价、运输费和年订货费用等订货成本，但同时也增加了储存成本。只要降低的订货成本大于增加的储存成本，就应享受商业折扣。因此，在有价格折扣的订货决策中，订货费用、储存成本及进价成本都是订货批量控制的相关成本，则：

存货相关总成本（TC）=进价成本+订货费用+储存成本

$$=DU+\frac{D}{Q}K+\frac{Q}{2}K_c \tag{9-12}$$

存货相关总成本最低的方案就是最优方案。

存在价格折扣的经济订货批量具体确定步骤如下。

（1）按照经济订货批量基本模型确定经济订货批量。

（2）计算按照基本模型确定经济订货批量订货时的存货相关总成本。

（3）计算按照存在价格折扣的订货批量订货时的存货相关总成本。

（4）比较不同订货批量的存货相关总成本，最低存货相关总成本对应的订货批量，就是存在价格折扣的经济订货批量。

【例 9-4】　承例 9-1 资料，假定皖巢公司甲零件的供应商规定：一次订货不足 400 件时，单价为 20 元/件，一次订货量在 400 个以上的，可获得 1%的价格折扣。

要求：计算该公司甲零件存在价格折扣的经济订货批量。

存在价格折扣的经济订货批量决策分析如下。

（1）计算基本模型下（即没有价格折扣）经济订货批量。

$$Q^*=\sqrt{\frac{2KD}{K_c}}=\sqrt{\frac{2\times 40\times 7\,200}{10}}=240\text{（件）}$$

很明显，经济订货批量必然是 240 件或者 400 件，没有其他订货批量比这两个批量中的任一个更加经济。

（2）计算基本模型下（即没有价格折扣）订货批量为 240 件时的存货相关总成本。

进价成本=7 200×20=144 000（元）

订货费用=$\frac{7200}{240}\times 40$=1 200（元）

储存成本=$\frac{240}{2}\times 10$=1 200（元）

存货相关总成本=144 000+1 200+1 200=146 400（元）

（3）计算订货批量为 400 件时的存货相关总成本。

进价成本=7 200×20×(1−1%)=142 560（元）

订货费用=$\frac{7\,200}{400}\times 40$=720（元）

储存成本=$\frac{400}{2}\times 10$=2 000（元）

存货相关总成本=142 560+720+2 000=145 280（元）

（4）比较两种情况下订货的存货相关总成本。

通过比较订货批量分别为 240 件、400 件时的存货相关总成本可知，接受价格折扣可使存货相关总成本降低 1 120 元（146 400−145 280），因此，应该选择接受价格折扣的方案，即经济订货批量为 400 件。

需要指出的是，如果在确定实行价格折扣的经济订货批量时，同时考虑资金成本，那么不仅存货进价成本成为决策的相关成本，而且单位储存成本除包括原有的单位数量年储存成本外，还应当包括单位数量存货占用资金的机会成本（K_U），则：

$$\begin{aligned}\text{存货相关总成本（TC）}&=\text{进价成本}+\text{订货费用}+\text{储存成本}\\&=DU+\frac{D}{Q}K+\frac{Q}{2}K_c+\frac{Q}{2}K_U\\&=DU+\frac{D}{Q}K+\frac{Q}{2}(K_c+K_U)\end{aligned} \tag{9-13}$$

其决策方法和步骤基本同上。

【例 9-5】 承例 9-1 资料，假定皖巢公司甲零件的供应商规定的价格折扣资料如表 9-1 所示，资金成本为 7%。

表 9-1　供应商价格折扣资料

订购数量/件	折扣/（元/件）
0～299	无折扣
300～599	1.00

续表

订购数量/件	折扣/（元/件）
600～999	3.00
1 000 以上	3.20

要求：计算该公司甲零件同时考虑资金成本和价格折扣的经济订货批量。

在同时考虑资金成本和价格折扣情况下，甲零件经济订货批量决策步骤如下。

（1）计算存在资金成本但没有价格折扣的经济订货批量。

$$Q^{*}=\sqrt{\frac{2KD}{K_{c}+K_{U}}}=\sqrt{\frac{2\times40\times7\ 200}{10+20\times7\%}}\approx225\text{（件）}$$

可见，在同时考虑资金成本和价格折扣情况下，甲零件经济订货批量必然是 225 件、300 件、600 件和 1 000 件中的一个。

（2）计算订货批量为 225 件时的存货相关总成本。

进价成本=7 200×20=144 000（元）

订货费用=$\frac{7\ 200}{225}$×40=1 280（元）

储存成本=$\frac{225}{2}$×(10+20×7%)=1 282.50（元）

存货相关总成本=144 000+1 280+1 282.50=146 562.50（元）

（3）计算订货批量为 300 件时的存货相关总成本。

进价成本=7 200×(20−1)=136 800（元）

订货费用=$\frac{7\ 200}{300}$×40=960（元）

储存成本=$\frac{300}{2}$×[10+(20−1)×7%]=1 699.50（元）

存货相关总成本=136 800+960+1 699.50=139 459.50（元）

（4）计算订货批量为 600 件时的存货相关总成本。

进价成本=7 200×(20−3)=122 400（元）

订货费用=$\frac{7\ 200}{600}$×40=480（元）

储存成本=$\frac{600}{2}$×[10+(20−3)×7%]=3 357（元）

存货相关总成本=122 400+480+3 357=126 237（元）

（5）计算订货 1 000 件时的存货相关总成本。

进价成本=7 200×(20−3.20)=120 960（元）

订货费用=$\frac{7\ 200}{1\ 000}$×40=288（元）

储存成本=$\frac{1\ 000}{2}$×[10+(20−3.20)×7%]=5 588（元）

存货相关总成本=120 960+288+5 588=126 836（元）

可见，经济订货批量就是存货相关总成本最低的订货批量，即 600 件。

3. 订货陆续供应和使用下的经济订货批量

经济订货批量的基本模型是假定订货一次供应、陆续使用。但在实际工作中，也存在订货陆续供应、陆续使用的情况。这时，由于存货边送边用，进库速度大于出库速度，因此，存货的存储量低于订货批量。其库存情况如图 9-3 所示。

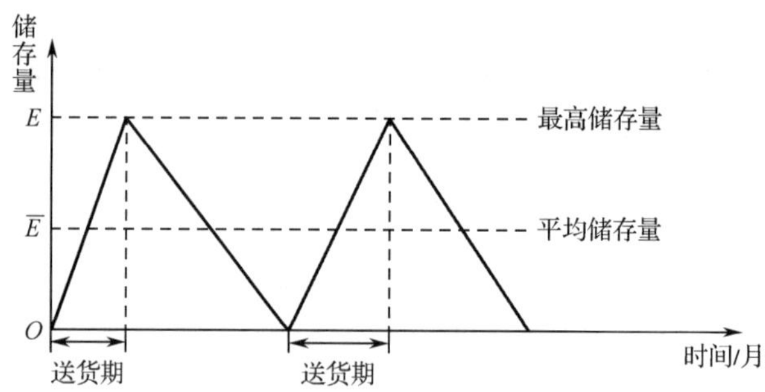

图 9-3 陆续供货时存货数量的变动

设 Q 为每批订货量，P 为每日送货量，则该批存货全部供应所需时间为 $\frac{Q}{P}$，称为送货期；其他符号同经济订货批量的基本模型。

因存货每日耗用量为 d，故送货期内的全部耗用量为 $\frac{Q}{P}d$。由于存货边送边用，因此每批送完时，最高库存量 $E=Q-\frac{Q}{P}d$。由于平均库存量为最高库存量的一半，则平均库存量 $\overline{E}=\frac{1}{2}\left(Q-\frac{Q}{P}d\right)$。由于全年存货相关总成本等于年订货费用与年储存成本之和，则：

$$\mathrm{TC}=\frac{D}{Q}K+\frac{1}{2}\left(Q-\frac{Q}{P}d\right)K_{\mathrm{c}} \tag{9-14}$$

为了求出 TC 的极小值，求 TC 对 Q 的一阶导数，并令其为零，则：

$$\text{经济订货批量}（Q^*）=\sqrt{\frac{2KD}{K_{\mathrm{c}}}\times\frac{P}{P-d}} \tag{9-15}$$

将 Q^* 代入存货相关总成本的计算公式，则：

$$\text{最低全年存货相关总成本}（\mathrm{TC}^*）=\sqrt{2KDK_{\mathrm{c}}\left(1-\frac{d}{P}\right)} \tag{9-16}$$

【例 9-6】 承例 9-1 资料，假定皖巢公司甲零件的耗用量为 20 件/日，送货量为 30 件/日。要求：计算该公司甲零件陆续供应和使用的经济订货批量及其全年存货相关总成本。

甲零件陆续供应和使用的经济订货批量决策如下。

$$\text{经济订货批量}（Q^*）=\sqrt{\frac{2KD}{K_{\mathrm{c}}}\times\frac{P}{P-d}}=\sqrt{\frac{2\times40\times7\,200}{10}\times\frac{30}{30-20}}\approx416（\text{件}）$$

$$最低全年存货相关总成本（TC^*）=\sqrt{2KDK_c\left(1-\frac{d}{P}\right)}$$

$$=\sqrt{2\times 40\times 7\,200\times 10\times\left(1-\frac{20}{30}\right)}$$

$$\approx 1\,385.64（元）$$

需要指出的是，订货陆续供应和使用的经济订货模型，也可以用于零件自制或外购的决策。这时的自制存货相关总成本模型是订货陆续供应和使用的经济订货批量模型下的成本加上存货的自制生产成本，则：

$$自制存货相关总成本（TC）=\frac{D}{Q}K+\frac{1}{2}\left(Q-\frac{Q}{P}d\right)K_c+DU \tag{9-17}$$

式（9-17）中，K 为每次调整准备成本；P 为每日生产量；d 为每日耗用量；U 为单位存货生产成本。

这时的外购存货相关总成本模型是经济订货批量的基本模型下的成本加上存货的外购采购成本。则：

$$外购存货相关总成本（TC）=\frac{D}{Q}K+\frac{Q}{2}K_c+DU \tag{9-18}$$

【例 9-7】　承例 9-6 资料，假定皖巢公司耗用的甲零件既可以外购也可以自制。如果自制，甲零件生产成本为 19 元/件，生产调整准备成本为 40 元/次，生产量为 30 件/日。

要求：试做出甲零件自制或外购的决策。

（1）自制甲零件。

$$Q^*=\sqrt{\frac{2KD}{K_c}\times\frac{P}{P-d}}=\sqrt{\frac{2\times 40\times 7\,200}{10}\times\frac{30}{30-20}}\approx 416（件）$$

$$TC^*=\sqrt{2KDK_c\left(1-\frac{d}{P}\right)}=\sqrt{2\times 40\times 7\,200\times 10\times\left(1-\frac{20}{30}\right)}\approx 1\,385.64（元）$$

$$TC=TC^*+DU=\sqrt{2KDK_c\left(1-\frac{d}{p}\right)}+DU=1\,385.64+7\,200\times 19=138\,185.64（元）$$

（2）外购甲零件。

$$Q^*=\sqrt{\frac{2KD}{K_c}}=\sqrt{\frac{2\times 40\times 7\,200}{10}}=240（件）$$

$$TC^*=\sqrt{2KDK_c}=\sqrt{2\times 40\times 7\,200\times 10}=2\,400（元）$$

$$TC=TC^*+DU=\sqrt{2KDK_c}+DU=2\,400+7\,200\times 20=146\,400（元）$$

由于甲零件自制的存货相关总成本 138 185.64 元比外购的存货相关总成本 146 400 元小，因此应当选择自制甲零件。

4．允许缺货下的经济订货批量

企业有时由于某种原因缺货，可以通过对缺货的受害者支付少量的费用作为弥补，既不会对企业信誉和生产经营活动造成重大影响，也不会出现缺货损失大于因增加保险储备而付出的代价。存货控制的目标不是要使缺货成本绝对保持为零，而是要使存货相关总成本达到最低。由于发生短缺的物资一旦到达，即可马上全部投入使用，而不必形成库存，因此在订货量既定的情况下，允许发生缺货会使平均库存量减少，最低库存量可能出现负数，即超出所允许的最大缺货量，同时平均库存量减少，从而使储存成本降低，即缺货成本与储存成本之间存在着此消彼长的关系。如果一定数额缺货成本的发生能使储存成本以更大的数额减少，从而使存货总成本降低，那么此时发生缺货是有利的。

在允许缺货的情况下，缺货损失不再被看作是存货控制中应绝对避免的一种损失，而是与存货的进价成本（存在价格折扣情况下）、订货费用、储存成本一样，被看作是存货相关总成本的一个组成部分，称为缺货成本。由于全年缺货成本总额的大小取决于全年平均缺货量的大小，而后者如同全年平均库存量一样，与每次订货数量的大小直接相关，因此在允许发生缺货成本的情况下，计算经济订货批量应当考虑缺货成本。

在允许缺货的情况下，经济订货批量的基本模型中的平均库存量和平均缺货量都会发生变化，如图 9-4 所示。

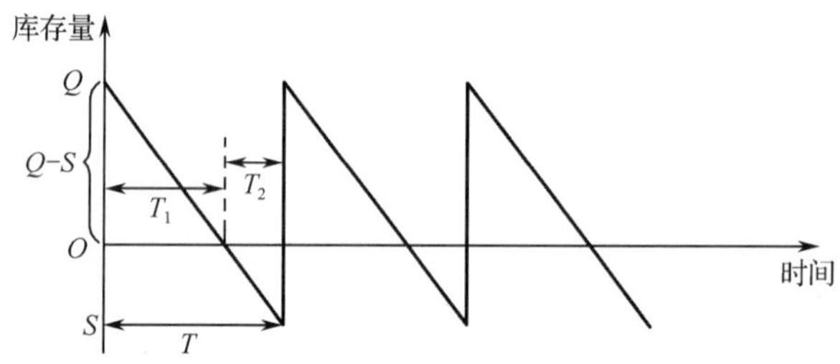

图 9-4　缺货情况下的存货变动情况

在图 9-4 中，缺货量为 S，单位缺货成本为 K_s，Q 表示最高库存量，T_1 表示库存量为正值的时期，T_2 表示库存量为负值的时期，T 表示两次订货的间隔时间。另，d 表示存货的日耗用量，其他符号同经济订货批量的基本模型，则：

$$T_1\text{时段内的平均库存量}=\frac{Q-S}{2}$$

$$T_1=\frac{Q-S}{d}$$

$$T_2\text{时段内的平均库存量}=0$$

$$T_2=\frac{S}{d}$$

$$T=T_1+T_2=\frac{Q-S}{d}+\frac{S}{d}=\frac{Q}{d} \tag{9-19}$$

$$T\text{时段内的平均库存量}=\frac{\frac{Q-S}{2}\times T_1+0\times T_2}{T}=\frac{(Q-S)^2}{2Q} \tag{9-20}$$

$$T_1\text{时段内的平均缺货量}=0$$

$$T_2\text{时段内的平均缺货量}=\frac{S}{2}$$

$$T\text{时段内的平均缺货量}=\frac{0\times T_1+\frac{S}{2}\times T_2}{T}=\frac{S^2}{2Q} \tag{9-21}$$

缺货情况下的相关存货总成本=订货费用+储存成本+缺货成本

$$=\frac{D}{Q}K+\frac{(Q-S)^2}{2Q}K_c+\frac{S^2}{2Q}K_s \quad (9\text{-}22)$$

为了求出 TC 的极小值，分别求 TC 对 Q、S 的一阶导数，并令其为零，解方程组。则

$$\text{允许缺货情况下的经济订货批量}(Q^*)=\sqrt{\frac{2KD}{K_c}\times\frac{K_c+K_s}{K_s}} \quad (9\text{-}23)$$

$$\text{平均缺货量}(S^*)=Q^*\times\frac{K_c}{K_c+K_s} \quad (9\text{-}24)$$

$$\text{允许缺货情况下的最低全年存货相关总成本}(TC^*)=\sqrt{2KDK_c\times\frac{K_s}{K_c+K_s}} \quad (9\text{-}25)$$

【例 9-8】 承例 9-1 资料，假定皖巢公司甲零件年缺货成本为 8 元/件。

要求：计算该公司甲零件允许缺货的经济订货批量、平均缺货量和全年存货相关总成本。

甲零件允许缺货的经济订货批量决策如下。

$$\text{允许缺货情况下的经济订货批量}(Q^*)=\sqrt{\frac{2\times40\times7\,200}{10}\times\frac{10+8}{8}}=360\text{（件）}$$

$$\text{平均缺货量}(S^*)=360\times\frac{10}{10+8}=200\text{（件）}$$

$$\text{允许缺货情况下的最低全年存货相关总成本}(TC^*)=\sqrt{2\times40\times7\,200\times10\times\frac{8}{10+8}}$$

$$=1\,600\text{（元）}$$

因此，在缺货情况下，该公司甲零件经济订货批量为 360 件，允许的平均缺货量为 200 件，对应的最低全年存货相关总成本为 1 600 元。

5．订单批量受限下的经济订货批量

实际工作中，许多供应商只接受整数批量的订单，如按整打、整百件、整吨等。在这种情况下，采用经济订货批量基本模型计算出来的 Q^*，如果不等于允许的订货量，就必须在 Q^* 的两边确定两种允许数量，通过计算相应的全年存货相关总成本进行决策。

【例 9-9】 承例 9-1 资料，假定皖巢公司外购甲零件，由于包装运输原因，其供应商只接受 200 件整数倍数的订单（如 200 件、400 件），不接受零数的订单（如 100 件、300 件）。

要求：计算该公司甲零件订货批量受限的经济订货批量及其全年存货相关总成本。

甲零件订货批量受限的经济订货批量决策如下。

（1）计算基本模型（不考虑订货批量受到限制）的经济订货批量。

$$Q^*=\sqrt{\frac{2KD}{K_c}}=\sqrt{\frac{2\times40\times7\,200}{10}}=240\text{（件）}$$

由于基本模型的经济订货批量为 240 件，不是限制的 200 件整数倍数批量，因而只能在 240 件的左右找 200 件和 400 件，通过比较这两个批量的全年存货相关总成本，确定订货批量受限的经济订货批量。

（2）订货200件时的全年存货相关总成本。

$$订货费用=\frac{7\,200}{200}\times40=1\,440（元）$$

$$储存成本=\frac{200}{2}\times10=1\,000（元）$$

全年存货相关总成本=1 440+1 000=2 440（元）

（3）订货400件时的全年相关总成本。

$$订货费用=\frac{7\,200}{400}\times40=720（元）$$

$$储存成本=\frac{400}{2}\times10=2\,000（元）$$

全年存货相关总成本=720+2 000=2 720（元）

可见，甲零件订货批量受限时的经济订货批量是200件，此时的全年存货相关总成本最低。

6. 存储量受限下的经济订货批量

事实上，企业的存储条件往往是一个约束因素。如果计算确定的经济订货批量超过现有最大存储量，既可以通过租用仓库或者建造新仓库来增加存储量，以达到经济订货批量的要求，也可以按目前最大存储量作为经济订货批量。这就要求通过计算相应的全年存货相关总成本进行决策。

【例9-10】 承例9-1资料，假定皖巢公司目前仓库存储甲零件最多为200件，考虑发展需要，已与其他单位意向租用一个可存储300件甲零件的仓库，年租金约为4 000元。

要求：做出该公司甲零件存储量受限的经济订货批量决策。

甲零件存储量受限的经济订货批量决策如下。

（1）计算基本模型（存储量不受限制）的经济订货批量和全年存货相关总成本。

$$Q^*=\sqrt{\frac{2KD}{K_c}}=\sqrt{\frac{2\times40\times7\,200}{10}}=240（件）$$

此时，订货批量大于仓库最大存储量，所以增加的租金成本也是订货批量决策的相关成本，则

$$全年存货相关总成本（TC^*）=\sqrt{2KDK_c}+500=\sqrt{2\times40\times7\,200\times10}+500$$

$$=2\,900（元）$$

（2）计算按最大存储量200件订货时的全年存货相关总成本。

$$订货费用=\frac{7\,200}{200}\times40=1\,440（元）$$

$$储存成本=\frac{200}{2}\times10=1\,000（元）$$

全年存货相关总成本=1 440+1 000=2 440（元）

（3）比较决策。因为受限制时的全年存货相关总成本为2 900元，比不受限制时按最大存储量200件订货的全年存货相关总成本2 440元高，所以应当选择按200件的批量分批订货。

7. 最佳保险储备量的确定

上述讨论都是假定存货的供需稳定且确知，即每日需求量不变，交货时间也固定不变。实际上，每日需求量可能变化，交货时间也可能变化。按照某一订货批量（如经济订货批量）和再订

货点发出订单后，如果需求增大或送货延迟，就会发生缺货或供货中断。为防止由此造成的损失，就需要多储备一些存货以备应急之需，称为保险储备（安全存量）。这些存货在正常情况下不动用，只有当存货过量使用或送货延迟时才动用。

现根据例 9-1、例 9-3 资料，绘出皖巢公司外购甲零件的保险储备变动情况，如图 9-5 所示。

在图 9-5 中，外购甲零件年需用量（D）为 7 200 件，经济订货批量（Q^*）为 240 件，每年订货批次（N^*）为 30 次，全年平均日需求量（d）为 20 件，平均交货期（L）为 4 日。为了防止需求变化引起缺货损失，假设保险储备量（B）为 80 件，则：

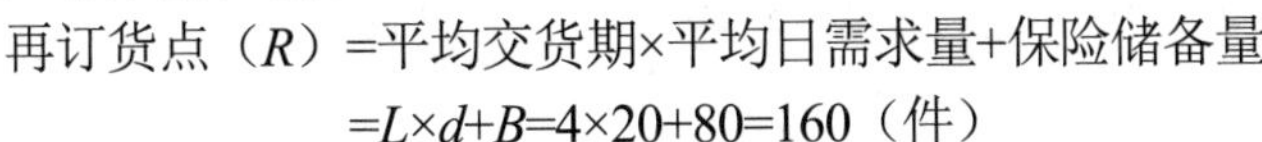

$$
\begin{aligned}
\text{再订货点}(R) &= \text{平均交货期}\times\text{平均日需求量}+\text{保险储备量} \\
&= L\times d+B=4\times 20+80=160\text{（件）}
\end{aligned}
$$

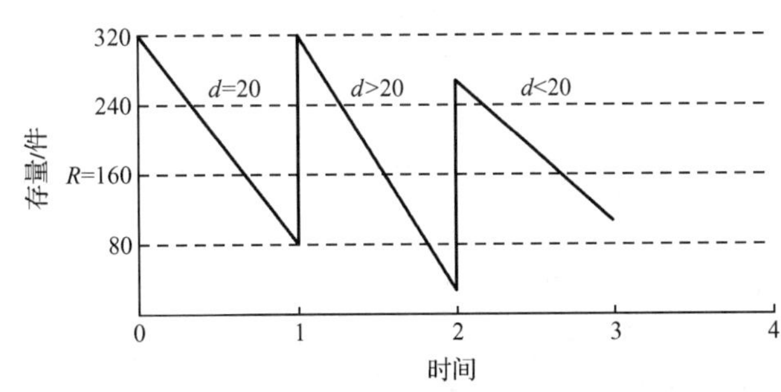

图 9-5　存货的保险储备变动情况

在第一个订货周期里，d=20 件，不需要动用保险储备；在第二个订货周期内，$d>20$ 件，需求量大于供货量，需要动用保险储备；在第三个订货周期内，$d<20$ 件，不仅不需动用保险储备，正常储备也未用完时，下次存货即已送到。

建立保险储备，虽然可以使企业避免因缺货或供应中断造成的损失，但是存货平均储备量加大却会使储备成本升高。研究保险储备的目的，就是要找出合理的保险储备量，使缺货或供应中断损失和储备成本之和最低。如果与此有关的总成本为 TC(S、B)，缺货成本为 C_S，保险储备成本为 C_B，则：

$$
\text{TC}(S、B)=\text{缺货成本}+\text{保险储备成本}=C_S+C_B \tag{9-26}
$$

因此，最优保险储备量的确定原理就是计算不同保险储备量下的 TC(S、B)，并选定其最低的保险储备量作为最优保险储备量。

假设存货的单位年缺货成本为 K_s，一次订货缺货量为 S，年订货次数为 N，保险储备量为 B，单位年变动储存成本为 K_c，则：

$$
\text{TC}(S、B)=C_S+C_B=K_s\times S\times N+B\times K_c \tag{9-27}
$$

在实际工作中，保险储备量（B）可以选择确定；而缺货量（S）具有不确定性，可以根据经验估计其概率分布情况。采用概率分析法确定缺货量（S）的公式如下：

$$
S_i=L_i d_i-R \tag{9-28}
$$

式（9-28）中，S_i 为不同概率分布下的缺货量；$L_i d_i$ 为不同概率分布下交货时间内的存货需要量。

【例 9-11】　承例 9-1、例 9-3 资料，假定皖巢公司甲零件的年缺货成本 K_s 为 8 元/件，且交货间隔期内的甲零件需要量及其概率分布资料如表 9-2 所示。

表 9-2　甲零件交货间隔期内的需要量及其概率分布资料

需要量/件	20	40	60	80	100	120	140
概率/P_i	0.03	0.12	0.15	0.40	0.15	0.12	0.03

要求：计算该公司甲零件的最佳保险储备量。

根据表 9-2 资料可得，甲零件交货间隔期内的平均需要量（需要期望值）=20×0.03+40×0.12+60×0.15+80×0.40+100×0.15+120×0.12+140×0.03=80（件）。

首先计算不同保险储备下的总成本。

（1）不设置保险储备量（即令 B=0，且 R=4×20+0=80 件）

此种情况下，当需求量为 80 件或其以下时，不会发生缺货，即缺货量 S=0，其概率为 0.70（0.03+0.12+0.15+0.40）；当需求量为 100 件时，缺货量 S=20 件（100−80），其概率为 0.15；当需求量为 120 件时，缺货量 S=40 件（120−80），其概率为 0.12；当需求量为 140 件时，缺货量 S=60 件（140－80），其概率为 0.03。因此，当 B=0 时，则

缺货的期望值 S_0=20×0.15+40×0.12+60×0.03=9.6（件）

TC(S、B)=K_s×S×N+B×K_c=8×9.6×30+0×10=2 304（元）

（2）设置保险储备量为 20 件（即令 B=20，且 R=4×20+20=100 件）

此种情况下，当需求量为 100 件或其以下时，不会发生缺货，即 S=0，其概率为 0.85（0.03+0.12+0.15+0.40+0.15）；当需求量为 120 件时，缺货量 S=20 件（120−100），其概率为 0.12；当需求量为 140 件时，缺货量 S=40 件（140−100），其概率为 0.03。因此，当 B=20 时，则

缺货的期望值 S_{20}=20×0.12+40×0.03=3.6（件）

TC(S、B)=K_s×S×N+B×K_c=8×3.6×30+20×10=1 064（元）

（3）设置保险储备量为 40 件（即令 B=40，且 R=4×20+40=120 件）

此种情况下，当需求量为 120 件或其以下时，不会发生缺货，即缺货量 S=0，其概率为 0.97（0.03+0.12+0.15+0.40+0.15+0.12）；当需求量为 140 件时，缺货量 S=20 件（140−120），其概率为 0.03。因此，当 B=40 时，则

缺货的期望值 S_{40}=20×0.03=0.6（件）

TC(S、B)=K_s×S×N+B×K_c=8×0.6×30+40×10=544（元）

（4）设置保险储备量为 60 件（即令 B=60，且 R=4×20+60=140 件）

此种情况下，当需求量为 140 件或其以下时，不会发生缺货，即 S=0，其概率为 1（0.03+0.12+0.15+0.40+0.15+0.12+0.03）。因此，当 B=60 时，则

缺货的期望值 S_{60}=0（件）

TC(S、B)=K_s×S×N+B×K_c=8×0×30+60×10=600（元）

然后，比较上述不同保险储备量的 TC(S、B)，以其低者为最佳。

当 B=40 件时，TC(S、B)是最低的（为 544 元）。故应确定保险储备量为 40 件，或者说应确定以 120 件为再订货点。

需要指出的是，除需求量变化引起缺货之外，延迟交货也会引起缺货问题。解决这种缺货问题也可以通过建立保险储备量的方法，只是在确定其保险储备量时，需要将延迟的天数折算为增加的需求量，其余计算过程与前述方法相同。如在例 9-11 中，该公司甲零件延迟到货 1 天

的概率为 0.15，可以认为甲零件缺货 20 件（1×20）或者交货期内需求量为 100 件（4×20+20）的概率为 0.15。这样就把交货延迟问题转换为需求过量问题。

任务四 明确存货日常控制的方法

存货日常控制的目标是在保证企业生产经营正常进行的前提下尽量减少库存，防止积压。存货的再订货点和经济订货量，只是解决了存货供应时点和供应量控制的问题。若要使存货经常保持在最佳的水平，必须加强对存货的日常控制。在实践中，常用的存货日常控制方法主要有 ABC 分类控制法、储存期控制法、定量订货控制法和周期检查控制法等。

一、ABC 分类控制法

1．ABC 分类法的定义

企业存货品种繁多，尤其是大中型企业的存货往往多达上万种甚至数十万种。实际上，不同的存货对企业财务目标的实现具有不同的作用。有的存货尽管品种数量很少，但金额巨大，如果管理不善，将给企业造成极大的损失。相反，有的存货虽然品种数量繁多，但金额微小，即使日常管理中出现一些问题，也不至于对企业产生较大的影响。因此，无论是从能力还是经济的角度，企业均不可能也没有必要对所有存货不分巨细地严加管理。ABC 分类法正是基于这一考虑而提出的，其目的在于使企业分清主次，突出重点，以提高存货资金管理的整体效果。

所谓 ABC 分类法，就是按照一定的标准，将企业的存货划分为 A、B、C 三类，按品种分别实行重点管理、一般控制和按总额灵活掌握的存货控制方法。

2．ABC 分类法下的存货分类标准

ABC 分类法下的存货分类标准主要有两个：一是金额标准，二是品种数量标准。其中金额标准是最基本的，品种数量标准仅作为参考。A 类存货的特点是金额巨大，但品种数量较少；B 类存货的特点是金额一般，品种数量相对较多；C 类存货的特点是品种数量繁多，但金额却很小。一般而言，A、B、C 三类存货的金额比重大致为 A∶B∶C=0.7∶0.2∶0.1，而品种数量比重大致为 A∶B∶C=0.1∶0.2∶0.7。例如，一个拥有上万种商品的百货公司，家用电器、高档皮货、家具、摩托车、大型健身器械等商品的品种数量并不很多，但金额却相当大，可划归为 A 类。大众化的服装、鞋帽、床上用品、布匹、文具用具等商品品种数量比较多，但金额相对 A 类商品要小得多，可划归为 B 类。至于各种小百货，如针线、纽扣、食品、日常卫生用品及其他日杂用品等品种数量非常多，但所占金额却很小，可划归为 C 类。

3．A、B、C 三类存货的划分步骤

A、B、C 三类存货的具体划分可以分三个步骤（有条件的可通过计算机进行）：

第一步，列示企业全部存货的明细表，并计算出每种存货的金额及占全部存货金额的百分比。

第二步，按照金额百分比标准由大到小进行排序并累加金额百分比。

第三步，当金额百分比累加到 70%左右时，以上存货视为 A 类存货；百分比介于 70%～90%的存货作为 B 类存货；其余归为 C 类存货。

4．ABC 分类法下的存货分类控制

通过对存货进行 ABC 分类，可以使企业分清主次，有的放矢地采取相应的对策进行有效的

管理、控制。

（1）A 类。由于 A 类存货占用着企业绝大多数的资金，只要能够控制好 A 类存货，基本上不会出现较大的问题。同时，由于 A 类存货品种数量较少，企业完全有能力按照每一个品种进行管理和控制，并采用科学的方法来确定该类存货的经济订货批量、订货时间等各项指标，以保持合理的存货水平。企业一般对 A 类存货进行定期盘点、详细记录，并经常分析其使用、存量增减、品质维持等信息，加强对其订货、发货、运送的管理，在满足企业内部需要或客户需要的前提下维持合理的经常储存量和保险储存量，加强与供应链上下游企业合作，加快存货周转。

（2）B 类。由于 B 类存货金额相对较小，企业不必像对待 A 类存货那样花费太多的精力。B 类存货的品种数量远远多于 A 类存货，属于一般重要的存货，企业通常没有能力对每一具体品种进行控制，因此一般可以通过划分类别的方式进行正常的例行管理和控制，并按类别确定其订货数量和储备定额等各项指标。

（3）C 类。C 类存货尽管品种数量繁多，但其所占金额却很小，企业一般不必进行上述各方面的测算与分析，只需要掌握一个总金额进行简单的管理和控制。例如，大批量采购、减少该类存货的管理人员和设施、增大检查时间间隔等。不过需要提醒的是，由于 C 类存货大多与消费者的日常生活息息相关，虽然这类存货的直接经济效益对企业并不重要，但如果企业能够在服务态度、花色品种、存货质量、价格方面加以重视的话，其间接经济效益将是无法估量的。相反，企业一旦忽视了这些方面的问题，其间接的经济损失同样也是无法估量的。

【例 9-12】 皖巢公司共有 20 种材料，总金额 20 000 元，按金额大小的顺序排列如下。

1 号材料为 8 000 元，2 号材料为 6 000 元，3 号材料为 1 500 元，4 号材料为 1 200 元，5 号材料为 800 元，6 号材料为 500 元，7 号材料为 300 元，8 号材料为 250 元，9 号材料为 220 元，10 号材料为 210 元，11 号材料为 200 元，12 号材料为 180 元，13 号材料为 135 元，14 号材料为 130 元，15 号材料为 105 元，16 号材料为 70 元，17 号材料为 60 元，18 号材料为 55 元，19 号材料为 45 元，20 号材料为 40 元。

要求：采用 ABC 分类法对该公司的材料控制进行分析。

（1）计算各类存货金额百分比和累计金额百分比，按标准将其划分为 A、B、C 三类材料，如表 9-3 所示。

（2）存货分类控制。

A 类：尽管只有两种，但占用金额巨大，应对其分别进行重点管理，定期检查库存量、需求量和订货量，严格控制两种材料的成本。

B 类：种类数量较多，占用金额较大，可以采用正常的存货控制和管理措施。

C 类：种类数量很多，占用金额较小，可以对其进行总额控制和管理。

表 9-3　A、B、C 类存货分类表

<table>
<tr><th>材料编号</th><th>金额/元</th><th>金额比重</th><th>累计金额比重</th><th>类别</th><th>数量</th><th>比重</th><th>金额/元</th><th>比重</th></tr>
<tr><td>1</td><td>8 000</td><td>40%</td><td>40%</td><td rowspan="2">A</td><td rowspan="2">2</td><td rowspan="2">10%</td><td rowspan="2">14 000</td><td rowspan="2">70%</td></tr>
<tr><td>2</td><td>6 000</td><td>30%</td><td>70%</td></tr>
<tr><td>3</td><td>1 500</td><td>7.5%</td><td>77.5%</td><td rowspan="4">B</td><td rowspan="4">4</td><td rowspan="4">20%</td><td rowspan="4">4 000</td><td rowspan="4">20%</td></tr>
<tr><td>4</td><td>1 200</td><td>6%</td><td>83.5%</td></tr>
<tr><td>5</td><td>800</td><td>4%</td><td>87.5%</td></tr>
<tr><td>6</td><td>500</td><td>2.5%</td><td>90%</td></tr>
</table>

续表

材料编号	金额/元	金额比重	累计金额比重	类别	数量	比重	金额/元	比重
7	300	1.5%	91.5%	C	14	70%	2 000	10%
8	250	1.25%	92.75%					
9	220	1.1%	93.85%					
10	210	1.05%	94.9%					
11	200	1%	95.9%					
12	180	0.9%	96.8%					
13	135	0.675%	97.475%					
14	130	0.65%	98.125%					
15	105	0.525%	98.65%					
16	70	0.35%	99%					
17	60	0.3%	99.3%					
18	55	0.275%	99.575%					
19	45	0.225%	99.8%					
20	40	0.2%	100%					
合　计	20 000	100%	—	—	20	100%	20 000	100%

5．ABC 分类法的优点

（1）一般管理方法中，所有存货按照平均周转期订货，C 类存货容易出现最大的短缺。采用 ABC 分类法，对 C 类存货采取一年订货一次的方法，一年中只有在 12 月才可能发生缺货的情况，而 C 类存货占总数的 70%，故能降低缺货率。同时在 C 类存货储存充足时，可以对 B 类存货执行可靠的控制和周转，对 A 类存货集中力量进行处理、控制和周转，及时发现缺货并迅速加以纠正。

（2）ABC 分类法能够提高存货周转率，减轻营运资金的压力，并通过减少利息费用而降低成本。

值得一提的是，随着计算机的广泛运用，企业在 ABC 分类法的基础上，普遍采用 MRP（即物料需求计划）存货管理法，同时零库存概念也渐渐流行。

二、储存期控制法

无论是商品流通企业还是生产制造企业，其商品产品一旦入库，便面临着如何尽快销售出去的问题。即使不考虑未来市场供求关系的不确定性，仅是存货储存本身就要求企业付出一定的资金占用费（如利息成本或机会成本）和仓储管理费。因此，尽量缩短存货储存时间，加速存货周转，是节约资金占用、降低成本费用、提高企业获利水平的重要保证。

1．储存期的计算

企业的储存成本按照与储存时间的关系可以分为固定储存成本与变动储存成本两类。前者包括订货费用、管理费用，其金额多少与存货储存期的长短没有直接关系；后者包括存货资金占用费（贷款购置存货的利息或现金购置存货的机会成本）、存货仓储管理费、仓储损耗（为计算方便，如果仓储损耗较小，也将其并入固定储存成本）等，其金额随存货期的变动呈正比例变动。

基于上述分析，并结合本量利的基本模型，可得如下公式：

利润=毛利−销售税金及附加−固定储存成本−每日变动储存成本×储存天数　　（9-29）

每日变动储存成本=购进批量×购进单价×日变动储存成本率　　（9-30）

可见，存货储存成本的增加主要是变动储存成本随着存货储存期的延长而不断增加的结果，所以，利润与费用之间此增彼减的关系实际上是利润与变动储存成本之间此消彼长的关系。这样，随着存货储存期的延长，利润将日渐减少。

当毛利扣除固定储存成本和销售税金及附加后的差额，被变动储存成本抵消以后恰好等于企业目标利润时，表明存货已经到了保利储存期。当它完全被变动储存成本抵消时，便意味着存货已经到了保本储存期。其计算公式如下：

$$\text{保利储存天数}=\frac{\text{毛利}-\text{固定储存成本}-\text{销售税金及附加}-\text{目标利润}}{\text{每日变动储存成本}} \tag{9-31}$$

$$\text{保本储存天数}=\frac{\text{毛利}-\text{销售税金及附加}-\text{固定储存成本}}{\text{每日变动储存成本}} \tag{9-32}$$

由式（9-31）和式（9-32）可得：

$$\text{保利储存天数}=\text{保本储存天数}-\frac{\text{目标利润}}{\text{每日变动储存成本}} \tag{9-33}$$

由式（9-32）可得：

$$\text{毛利}-\text{销售税金及附加}-\text{固定储存成本}=\text{保本储存天数}\times\text{每日变动储存成本} \tag{9-34}$$

所以，

$$\begin{aligned}\text{实际获利额}&=\text{毛利}-\text{销售税金及附加}-\text{固定储存成本}-\text{每日变动储存成本}\\&\quad\times\text{实际储存天数}\\&=\text{保本储存天数}\times\text{每日变动储存成本}-\text{每日变动储存成本}\\&\quad\times\text{实际储存天数}\\&=\text{每日变动储存成本}\times(\text{保本储存天数}-\text{实际储存天数})\end{aligned} \tag{9-35}$$

由式（9-35）可得：

$$\text{实际储存天数}=\text{保本储存天数}-\frac{\text{实际获利额}}{\text{每日变动储存成本}} \tag{9-36}$$

2．储存期控制的分析

通过对存货储存期的分析与控制，可以及时地将企业存货的信息传输给经营决策部门，如有多少存货已过保本期或保利期，金额多大，比重多高，这样，决策者就可以针对不同情况，采取相应的措施。

（1）已过保本期的商品大多属于积压呆滞的存货，对此企业应当积极降价推销，压缩库存，将损失降至最低限度。

（2）超过保利期但未过保本期的存货，应当首先检查销售状况，查明原因，是人为所致，还是市场行情已经逆转，有没有沦为过期积压存货的可能，若有，需尽早采取措施。

（3）尚未超过保利期的存货，企业也应密切监督、控制，以防发生过期损失。

（4）从财务管理方面，需要分析哪些存货基本能在保利期内销售出去，哪些存货介于保利期与保本期之间售出，哪些存货直至保本期已过才能售出或根本就没有市场需求。通过分析，财务部门应当通过调整资金供应政策，促使经营部门调整产品结构和投资方向，推动企业存货结构的优化，提高存货的投资效率。

【例 9-13】 皖巢公司（商品流通企业）购进甲商品 1 000 件，单位进价（不含增值税）100 元/件，单位售价（不含增值税）120 元/件，经销该批商品的一次费用为 10 000 元，若货款均来

自银行贷款，年利率为 10.8%，该批存货的月保管费用率为 3‰，即月储存成本是商品进价成本的 3‰，销售税金及附加 800 元。

要求：

（1）计算该批存货的保本储存期。

（2）若企业要求获得 3%的投资利润率，计算保利期。

（3）若该批存货实际储存了 200 天，能否实现 3%的目标投资利润率？差额多少？

（4）若该批存货亏损了 2 000 元，求实际储存天数。

（5）并做简要分析。

根据上述资料，计算分析如下。

（1）每日变动储存成本=1 000×100×(10.8%÷360+3‰÷30)=40（元）

保本储存天数=[(120−100)×1 000−10 000−800]÷40=230（天）

（2）目标利润=投资额×投资利润率=1 000×100×3%=3 000（元）

保利储存天数=[(120−100)×1 000−10 000−800−3 000]÷40=155（天）

（3）实际获利额=40×(230−200)=1 200（元）

差异利润=实际利润−目标利润=1 200−3 000=−1 800（元）

$$差异利润率=实际利润率-目标利润率=\frac{1\,200}{100\times1\,000}\times100\%-3\%=-1.8\%$$

（4）$实际储存天数=230-\frac{-2\,000}{40}=280$（天）

（5）简要分析:

如果甲商品已过保本储存天数 230 天，则属于积压滞销存货，应立即降价促销；如果甲商品未过保本储存天数 230 天，但已过保利储存天数 155 天，应立即分析原因，找出对策，争取在 230 天内完成销售；如果甲商品尚未过保利储存天数 155 天，也应密切控制，防止发生过期损失。

三、定量订货控制法

定量订货控制法是指以固定的再订货点和经济订货批量为基础组织订货的一种存货控制方法。此法最适用于对 A 类存货的控制。其特点是订货量固定、订货日期不固定。固定的再订货点和经济订货批量一般按照上文述及的有关模型计算确定。

定量订货控制的具体做法一般如下。

将企业仓库保管的各种存货都挂上统一编号的“材料卡片”，并在材料卡片上预先注明该存货的“再订货点”和“经济订货批量”。当仓库发出存货时，取下材料卡片登记发出该存货的数量。通过材料卡片的永续盘存掌握各种存货的实际数量，当实际存货降低到再订货点时，立即按照经济订货批量组织订货。

需要指出的是，这种存货控制方法虽然简便易行，但为了不影响企业的正常经营，应当确定适当的保险储备量。

四、周期检查控制法

1. 周期检查控制法的定义

周期检查控制法，又称为定期订货控制，是指以预定的周期（如每周、每月）定期检查各项存货的实有存量，并以此实有存量与该存货预定的最高库存量之间的差额作为每次订货量组织订货的一种存货控制方法。此法最适用于对 B 类存货的控制。检查周期的长短，可根据各项存货的不同情况而定。一般来说，价格较高、货源不稳定、与企业生产和销售的关系较为密切的存货，其周期可以较短；反之，其周期可以较长。

2. 周期检查控制法的特点和运用

周期检查控制法的特点是订货周期固定、订货量不固定。在周期检查控制法下，每次订货量的计算公式如下：

最高储存量=每天平均用量×检查周期+保险储存量　　（9-37）

保险储存量=（每天最高用量−每天平均用量）×检查周期+每天最高用量×提前时间　　（9-38）

订货量=最高储存量−实际储存量　　（9-39）

【例 9-14】 皖巢公司某种存货的检查周期定为 30 天，提前时间为 8 天，每天平均用量为 100 千克，每天最高用量为 120 千克，在某次检查时，其实际储存量为 1 600 千克。

要求：计算该公司某种存货的保险储存量、最高储存量和订货量。

保险储存量=(120−100)×30+120×8=1 560（千克）

最高储存量=100×30+1 560=4 560（千克）

订货量=4 560−1 600=2 960（千克）

按上述公式计算确定每次检查时的订货量，当订货到达时，由于实际储存量已经进一步降低，存货也不会达到最高储存量。因此，此法对存货可以起到有效的控制作用。

企业在采用周期检查控制法作为其存货控制的一种方法时，必须严格按照预定的检查周期定期检查核实有关存货项目的实际储存量，否则就有可能因为延误订货而发生存货不足的情况，因为其每一次的订货量，仅能将存货补充至可以满足下一周期需要的水平。

需要指出的是，存货控制的 ABC 分类控制法、储存期控制法、定量订货控制法、周期检查控制法之间存在内在联系，必须结合使用。其中 ABC 分类控制法主要侧重于对存货的采购环节和生产环节的控制。储存期控制法主要侧重于对存货的销售环节和储存环节的控制，且较多地应用于商品流通企业。定量订货控制法和周期检查控制法主要侧重于对存货的储存环节的控制，且较多地应用于工业企业。

训练巩固

在线测试

思考题

1. 何为成本控制？
2. 存货控制相关总成本由哪几部分组成？各组成部分在什么情况下与经济订货批量的确定有关？
3. 什么是经济订货批量分析法？其基本模型和拓展形式是如何建立的？
4. 在经济订货批量控制中，如何处理价格折扣？
5. 在经济订货批量控制中，如何确定允许缺货下的存货相关总成本？
6. 存货的保险储备量如何确定？
7. 存货日常控制的方法有哪些？其如何运用？

实训题

1．皖巢公司全年需耗用A材料27 000千克，变动订货费用为1 000元/次，年变动储存成本为1.5元/千克。

要求：

（1）计算经济订货批量。

（2）计算经济订货次数。

（3）计算经济订货批量下的存货相关总成本。

2．皖巢公司全年需要B材料4 000千克，标准价格为20元/千克。销售企业规定：客户每批购买量不足1 000千克的，按照标准价格计算；每批购买量1 000千克以上、2 000千克以下的，价格优惠2%；每批购买量2 000千克以上的，价格优惠3%。已知该材料变动订货费用为60元/次，年储存成本3元/千克。

要求：

（1）计算按经济订货批量基本模型确定的经济订货批量和存货相关总成本。

（2）计算订货批量为1 000千克时的存货相关总成本。

（3）计算订货批量为2 000千克时的存货相关总成本。

（4）对经济订货批量做出决策。

3．皖巢公司全年需要C材料3 600千克，变动订货费用为200元/次，年变动储存成本为6元/千克，年缺货成本为30元/千克。

要求：

（1）计算不允许缺货下C材料的经济订货批量、最低年存货相关总成本。

（2）计算允许缺货下C材料的经济订货批量、平均缺货量和最低全年存货相关总成本。

（3）比较分析两种情况下C材料的经济订货批量、最低年存货相关总成本。

4．皖巢公司全年需要外购D零件2 880件，采购单价为20元/件，每日送货量为36件，每日耗用量为11件。变动订货费用为10元/次，每件年变动储存成本为该零件买价的20%。

要求：

（1）计算该公司D零件的经济订货批量。

（2）计算该公司D零件的最低全年存货相关总成本。

5．皖巢公司全年需要E材料1 200件，变动订货费用为441元/次，年变动储存成本为6元/件，现某一供应商供应E材料，由于包装运输原因，只接受200件整数倍数批量的订单，不接受零数的订单（如300件、210件）。

要求：计算该公司E材料的经济订货批量。

6．皖巢公司全年需要F材料360 000千克，变动订货费用为900元/次，年变动储存成本为2元/千克。该公司目前仓库最大存储量为15 000千克，考虑发展需要，已与其他单位意向租用一可存储5 000千克F材料的仓库，年租金约为1 000元。

要求：做出该公司F材料订货批量决策。

7．皖巢公司全年共需耗用乙零件3 600件，该零件既可自行制造也可外购取得。如果自制，乙零件制造成本为10元/件，生产准备成本34.375元/次，生产量为32件/日。如果外购，乙零件购入单价为9.8元/件，从发出订单到货物到达需要10日，变动订货费用为72元/次。外购乙零件时可能发生延迟交货，延迟的时间和概率如表9-4所示。

表 9-4　外购乙零件延迟的时间和概率资料表

到货延迟天数/日	0	1	2	3
概率	0.6	0.25	0.1	0.05

假定该零件的年变动储存成本为 4 元/件，年缺货成本为 5 元/件，建立保险储备时，最小增量为 10 件。

要求：

（1）假设不考虑缺货的影响，该公司自制与外购方案哪个成本低？

（2）假设考虑缺货的影响，该公司自制与外购方案哪个成本低？

8．皖巢公司生产经营过程中共耗用 8 种材料，各种材料的单价和年平均耗用量的资料如表 9-5 所示。

表 9-5　ABC 分类计算资料表

材料编号	单价/元	耗用数量/件	金额/元	数量比重	金额比重	类别划分
1	16.00	3 000	48 000			
2	0.10	22 000	2 200			
3	5.00	4 500	22 500			
4	80.00	2 200	176 000			
5	5.00	6 000	30 000			
6	4.00	8 000	32 000			
7	0.50	27 000	13 500			
8	320.00	800	256 000			
合　计	—					

要求：

（1）根据上述资料分别计算各类材料领用数量、领用金额占全部材料领用总数量、总金额的比重（填入表 9-5 中），并在表 9-6 中进行 ABC 分类。

表 9-6　ABC 分类表

类　别	所属材料编号	领 用 数 量		领 用 金 额	
		总数量/件	比　重	总金额/元	比　重
A 类					
B 类					
C 类					
合　计	—				

（2）对 A、B、C 三类材料分别如何进行控制？

9．皖巢公司购进甲商品为 5 000 件，不含税进价为 100 元/件，含税售价为 135.60 元/件，增值税税率为 13%，经销该批商品的固定储存成本为 20 000 元，该批存货的每日储存成本为 200 元，销售税金及附加为 30 000 元。

要求：

（1）计算该批存货的保本储存期。

（2）计算该企业获利 30 000 元的计算保利期。

（3）若该批存货亏损了 2 000 元，求实际储存天数。

（4）做出简要分析。

项目十　成本管理：标准成本法

【学习导航】

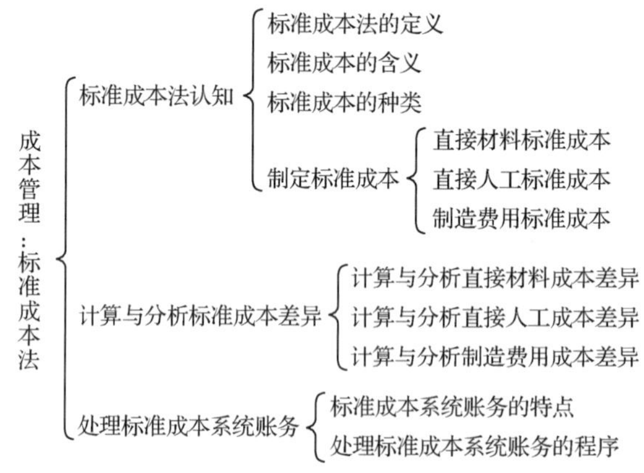

【学习目标】

☆ 理解标准成本的定义、分类及其作用
☆ 掌握标准成本的制定
☆ 掌握各种标准成本差异的计算与分析
☆ 掌握标准成本系统的账务处理
☆ 培育精益求精的工匠精神

【引言导读】

项目七中，我们讲述了存货控制的反馈成本控制系统。诚然，成本控制还包括在产品投产前，对影响成本的各种因素进行分析研究，并制定出一套适应企业实际情况的各种防护性成本控制系统。本项目在介绍标准成本法相关概念的基础上，主要阐述标准成本法的基本方法及其应用。

任务一　标准成本法认知

一、标准成本法的定义

标准成本法（Standard Costing）是指企业以预先制定的标准成本为基础，通过比较标准成本与实际成本，计算和分析成本差异、揭示成本差异动因，进而实施成本控制、评价经营业绩的一种成本管理方法。标准成本（Standard Cost）是指在正常的生产技术水平和有效的经营管理条件下，企业经过努力应达到的产品成本水平。成本差异是指实际成本与相应标准成本之间的差额。当实际成本高于标准成本时，形成超支差异；当实际成本低于标准成本时，形成节约差异。

企业应用标准成本法的主要目标，是通过标准成本与实际成本的比较，揭示与分析标准成本与实际成本之间的差异，并按照例外管理的原则，对不利差异予以纠正，以提高工作效率，不断改善产

品成本。企业应用标准成本法，要求处于较稳定的外部市场经营环境，且市场对产品的需求相对平稳。标准成本法一般适用于产品及其生产条件相对稳定，或生产流程与工艺标准化程度较高的企业。

二、标准成本的含义

标准成本产生于20世纪20年代的美国，是现代科学管理与会计相结合的产物。在标准成本中，基本上排除了不应该发生的“浪费”，因此被认为是一种“应该成本”。标准成本和估计成本同属于预计成本，但后者不具有衡量工作效率的尺度性，主要体现可能性，供确定产品销售价格使用。标准成本要体现企业的目标和要求，主要用于衡量产品制造过程的工作效率和控制成本，也可以用于存货和销货成本计价。

“标准成本”一词在实际工作中有两种含义：一种是指单位产品的标准成本，它是根据单位产品的标准消耗量和标准单价计算出来的，准确地说，应称为“成本标准”。

$$成本标准=单位产品标准成本=单位产品标准消耗量\times标准单价 \tag{10-1}$$

另一种是指实际产量的标准成本（总额），它是根据实际产品产量和单位产品标准成本计算出来的。

$$标准成本（总额）=实际产品产量\times单位产品标准成本 \tag{10-2}$$

三、标准成本的种类

标准成本按不同的分类方法，有不同的种类。

（1）标准成本按其制定所根据的生产技术和经营管理水平不同，可以分为理想标准成本和正常标准成本。理想标准成本（Ideal Standard Cost）是指在最优的生产条件下，利用现有的规模和设备能够达到的最低成本。制定理想标准成本的依据，是理论业绩标准、生产要素的理想价格和可能实现的最高生产经营能力利用水平。所谓理论业绩标准，是指在生产过程中毫无技术浪费时的生产要素消耗量，最熟练的工人全力以赴工作，不存在废品损失和停工时间等条件下可能实现的最优业绩。最高生产经营能力利用水平，是指理论上可能达到的设备利用程度，只扣除不可避免的机器修理、改换品种、调整设备等时间，而不考虑产品销路不佳，生产技术故障等造成的影响。理想价格，是指原材料、劳动力等生产要素在计划期间处于最低的价格水平。因此，这种标准很难成为现实，即使暂时出现也不可能持久。它的主要用途是提供一个完美无缺的目标，揭示实际成本下降的潜力。由于其提出的要求太高，不宜作为考核的依据。

正常标准成本（Normal Standard Cost）是指在效率良好的条件下，根据下期一般应该发生的生产要素消耗量、预计价格和预计生产经营能力利用程度制定出来的标准成本。在制定这种标准成本时，把生产经营活动中一般难以避免的损耗和低效率等情况也计算在内，使之符合下期的实际情况，成为切实可行的控制标准。要达到这种标准不是没有困难，但它们是可能达到的。从具体数量上看，它应大于理想标准成本，但又小于历史平均水平，实施以后实际成本更大的可能是逆差而不是顺差，是要经过努力才能达到的一种标准，因而可以调动职工的积极性。

在标准成本系统中，广泛使用正常标准成本。它是将客观实验和过去实践经过充分科学研究后制定出来的，具有客观性和科学性；它排除了各种偶然性和意外情况，又保留了目前条件下难以避免的损失，代表正常情况下的消耗水平，具有现实性；它是应该发生的成本，可以作为评价业绩的尺度，成为督促职工去努力争取的目标，具有激励性；它可以在工艺技术水平和管理有效性水平变化不大时持续使用，不需要经常修改，具有稳定性。

（2）标准成本按其适用期间不同，可以分为现行标准成本和基本标准成本。现行标准成本（Attainable Standard Cost）指根据其适用期间应该发生的价格、效率和生产经营能力利用程度等预计的标准成本。在这些决定因素变化时，需要按照改变了的情况加以修订。这种标准成本可以成为评价实际成本的依据，也可以用来对存货和销货成本计价。

基本标准成本（Basic Standard Cost）是指一经制定，只要生产的基本条件无重大变化，就不予变动的一种标准成本。所谓生产的基本条件的重大变化，是指产品的物理结构变化，主要原材料和劳动力价格的重要变化，生产技术和工艺的根本变化等。只有这些条件发生变化，基本标准成本才需要修订。由于市场供求变化导致的售价变化、生产经营能力利用程度的变化以及工作方法改变而引起的效率变化等不属于生产的基本条件变化，因此不需要修订基本标准成本。基本标准成本与各期实际成本对比，可以反映成本变动趋势。由于基本标准成本不按各期实际修订，不宜用来直接评价工作效率和成本控制的有效性。

四、制定标准成本

企业应用标准成本法，一般按照确定应用对象、制定标准成本、实施过程控制、成本差异计算与动因分析，以及修订与改进标准成本等程序进行。为了实现成本的精细化管理，企业应根据标准成本法的应用环境，结合内部管理要求，确定应用对象。标准成本法的成本对象可以是不同种类、不同批次或不同步骤的产品。

企业应成立由采购、生产、技术、营销、财务、人力资源、信息等有关部门组成的跨部门团队，采用“上下结合”的模式，负责标准成本的制定、分解、下达、分析等，并且能够及时、准确地取得标准成本制定所需要的各种财务和非财务信息。

在制定标准成本时，企业一般应结合经验数据、行业标杆或实地测算的结果，运用统计分析、工程试验等方法，先就不同的成本或费用项目，分别确定消耗量标准、价格标准和标准成本，然后汇总不同成本项目的标准成本，确定产品的标准成本。

产品标准成本通常由直接材料标准成本、直接人工标准成本和制造费用标准成本构成。每一成本项目的标准成本应分为用量标准（包括单位产品消耗量、单位产品人工小时等）和价格标准（包括原材料单价、小时工资率、小时制造费用分配率等）。

无论是用量标准还是价格标准，都可以是理想状态的或正常状态的，据此得出理想的标准成本或正常的标准成本。下面介绍正常标准成本的制定。

1. 直接材料标准成本

直接材料成本标准是指直接用于产品生产的材料成本标准，包括标准用量和标准单价两方面。制定直接材料的标准用量，一般由生产部门负责，会同技术、财务、信息等部门，根据产品的图纸等技术文件进行产品研究，列出所需的各种材料以及可能的替代材料，并说明这些材料的种类、质量以及库存情况，在对过去用料经验记录进行分析的基础上，采用过去用料的平均值、最高与最低值的平均数、最节省数量、实际测定数据或技术分析数据等，科学地制定标准用量。

制定直接材料的标准单价，一般由采购部门负责，会同财务、生产、信息等部门，在考虑市场环境及其变化趋势、订货价格以及最佳采购批量等因素的基础上综合确定。

直接材料标准成本的计算公式如下：

$$\text{直接材料标准成本}=\text{单位产品的标准用量}\times\text{材料的标准单价} \tag{10-3}$$

材料按计划成本核算的企业，材料的标准单价可以采用材料计划单价。

【例 10-1】 皖巢公司 2022 年甲产品有关直接材料资料如表 10-1 所示。

要求：制定该公司 2022 年甲产品直接材料标准成本。

现制定皖巢公司 2022 年甲产品直接材料标准成本，如表 10-1 所示。

表 10-1　皖巢公司 2022 年直接材料标准成本　　品名：甲产品

标　　准	A 材 料	B 材 料
用量标准：		
设计用量	3.0 千克	2.0 千克
损耗用量	0.1 千克	0.1 千克
废品用量	0.1 千克	0.1 千克
单位产品标准用量	3.2 千克/件	2.2 千克/件
价格标准：		
单价（一级品、批量 3000 千克）	4.00 元	5.20 元
运费（公路运输）	0.12 元	0.12 元
购货费用	0.02 元	0.08 元
减：折扣	0.04 元	0 元
每千克标准价格	4.10 元/千克	5.40 元/千克
成本标准：		
A 材料（3.2×4.10）	13.12 元/件	
B 材料（2.2×5.40）		11.88 元/件
单位产品直接材料标准成本	25.00 元/件	

2. 直接人工标准成本

直接人工成本标准是指直接用于产品生产的人工成本标准，包括标准工时和标准工资率。制定直接人工的标准工时，一般由生产部门负责，汇同技术、财务、信息等部门，在对产品生产所需作业、工序、流程工时进行技术测定的基础上，考虑正常的工作间隙，并适当考虑生产条件的变化，生产工序、操作技术的改善，以及相关工作人员主观能动性的充分发挥等因素，合理确定单位产品的工时标准。

制定直接人工的标准工资率，一般由人力资源部门负责，根据企业薪酬制度等制定。它可能是预定的工资率，也可能是正常的工资率。如果采用计件工资制，标准工资率是根据预定的每件产品支付的工资和标准工时来计算确定的，或者是预定的小时工资；如果采用计时工资制（如月工资制），标准工资率是根据预定的（月）工资总额和（月）可用工时总量来计算确定的。

直接人工标准成本的计算公式如下：

直接人工标准成本=单位产品的标准工时×小时标准工资率　　（10-4）

【例 10-2】　皖巢公司 2022 年甲产品有关直接人工资料如表 10-2 所示。

要求：制定该公司 2022 年甲产品直接人工标准成本。

现制定皖巢公司 2022 年甲产品直接人工标准成本，如表 10-2 所示。

表 10-2　皖巢公司 2022 年直接人工标准成本　　品名：甲产品

标　　准	第一工序（第一车间）	第二工序（第二车间）
用量标准：		
设计用量	3.0 小时	2.0 小时
停工用量	0.1 小时	0.3 小时
停机用量	0.3 小时	0 小时
废品用量	0.2 小时	0.2 小时

续表

标　准	第一工序（第一车间）	第二工序（第二车间）
单位产品直接人工标准用量	3.6 小时/件	2.5 小时/件
价格标准：		
基本生产工人人数	10 人	20 人
每人每月工时（25.5 天×8 小时）	204 小时	204 小时
出勤率	98%	98%
每人平均可用工时	200 小时	200 小时
每月总工时	2 000 小时	4 000 小时
每月工资总额	10 000 元	16 000 元
每小时标准工资	5.00 元/小时	4.00 元/小时
成本标准：		
第一工序（3.6×5.00）	18.00 元/件	
第二工序（2.5×4.00）		10.00 元/件
单位产品直接人工标准成本	28.00 元/件	

3. 制造费用标准成本

制造费用的标准成本按部门分别编制，然后将同一产品涉及的各部门单位制造费用标准加以汇总，得出整个产品制造费用标准成本。通常各部门的制造费用成本标准应区分变动制造费用和固定制造费用分别确定。

（1）变动制造费用标准成本。变动制造费用通常是指随产量变化而呈正比例变化的制造费用。变动制造费用的标准成本根据标准用量和标准价格确定。变动制造费用的标准用量可以是单位产量的燃料、动力、辅助材料等标准用量，也可以是产品的直接人工标准工时，或者是单位产品的标准机器工时。标准用量的选择需考虑用量与成本的相关性，制定方法与直接材料的标准用量以及直接人工的标准工时类似。

变动制造费用的标准价格可以是燃料、动力、辅助材料等标准价格，也可以是小时标准工资率等。制定方法与直接材料的价格标准以及直接人工的标准工资率类似。

变动制造费用标准成本的计算公式如下：

变动制造费用标准成本=变动制造费用的标准用量×变动制造费用的标准价格　（10-5）

各车间变动制造费用标准成本确定之后，可汇总出单位产品的变动制造费用标准成本。

【例 10-3】 皖巢公司 2022 年甲产品有关变动制造费用资料如表 10-3 所示。

要求：制定该公司 2022 年甲产品变动制造费用标准成本。

现制定皖巢公司 2022 年甲产品变动制造费用标准成本，如表 10-3 所示。

表 10-3　皖巢公司 2022 年变动制造费用标准成本　　品名：甲产品

标　准	第 一 车 间	第 二 车 间
用量标准：		
单位产品直接人工用量标准（人工工时）	3.6 小时/件	2.5 小时/件
价格标准：		
变动制造费用预算	—	—

续表

标　　准	第 一 车 间	第 二 车 间
间接材料	4 000 元	3 000 元
间接人工	5 000 元	6 000 元
维修费	500 元	500 元
燃料和动力	1 500 元	1 500 元
其他	1 000 元	1 000 元
变动制造费用预算合计	12 000 元	12 000 元
生产量标准（人工工时）	2 000 小时	4 000 小时
变动制造费用标准分配率	6.00 元/小时	3.00 元/小时
成本标准：		
第一车间变动制造费用（3.6×6.00）	21.60 元/件	
第二车间变动制造费用（2.5×3.00）		7.50 元/件
单位产品变动制造费用标准成本	29.10 元/件	

（2）固定制造费用标准成本。固定制造费用是指在一定产量范围内，其费用总额不会随产量变化而变化，始终保持固定不变的制造费用。固定制造费用一般按照费用的构成项目实行总量控制；也可以根据需要，通过计算标准分配率，将固定制造费用分配至单位产品，形成固定制造费用的标准成本。

制定固定费用标准，一般由财务部门负责，会同采购、生产、技术、营销、财务、人事、信息等有关部门，依据固定制造费用的不同构成项目的特性，充分考虑产品的现有生产能力、管理部门的决策以及费用预算等，测算确定各固定制造费用构成项目的标准成本，并加以汇总得到固定制造费用的标准总成本，再根据产品的单位工时与预算总工时的比率确定固定制造费用的标准分配率。其中，预算总工时是指由预算产量和单位工时标准确定的总工时。单位工时标准可以依据相关性原则在直接人工工时或者机器工时之间做出选择。

固定制造费用标准成本的计算公式如下：

固定制造费用标准成本=固定制造费用总成本×固定制造费用标准分配率

=Σ固定制造费用项目标准成本×（单位产品的标准工时÷预算总工时）　　（10-6）

各车间固定制造费用标准成本确定之后，即可得出单位产品固定制造费用标准成本。

【例 10-4】　皖巢公司 2022 年甲产品有关固定制造费用资料如表 10-4 所示。

要求：制定该公司 2022 年甲产品固定制造费用标准成本。

现制定皖巢公司 2022 年甲产品固定制造费用标准成本，如表 10-4 所示。

表 10-4　皖巢公司 2022 年固定制造费用标准成本　　品名：甲产品

标　　准	第 一 车 间	第 二 车 间
用量标准：		
单位产品直接人工用量标准（人工工时）	3.6 小时	2.5 小时
价格标准：		
固定制造费用预算	—	—
管理人员工资	1 000 元	800 元

续表

标　准	第一车间	第二车间
折旧费	1 500 元	2 100 元
办公费	200 元	100 元
保险费	800 元	500 元
其他	500 元	500 元
固定制造费用预算小计	4 000 元	4 000 元
生产量标准（人工工时）	2 000 小时	4 000 小时
固定制造费用标准分配率	2.00 元/小时	1.00 元/小时
成本标准：		
第一车间固定制造费用（3.6×2.00）	7.20 元/件	
第二车间固定制造费用（2.5×1.00）		2.50 元/件
单位产品固定制造费用标准成本	9.70 元/件	

至此，可将以上确定的直接材料、直接人工和制造费用的标准成本按产品类别加以汇总，编制“标准成本卡”，就可确定有关产品完整的标准成本，以反映产成品标准成本的具体构成。在每种产品生产之前，其标准成本卡要送达有关人员（如各级生产部门负责人、会计部门、仓库等），作为领料、派工和支出其他费用等的依据。

【例 10-5】　承表 10-1～表 10-4 资料。

要求：分别按完全成本法和变动成本法制定该公司 2022 年甲产品单位产品标准成本卡。

现分别按完全成本法和变动成本法制定皖巢公司 2022 年甲产品单位产品标准成本卡，如表 10-5 和表 10-6 所示。

表 10-5　皖巢公司 2022 年单位产品标准成本卡（完全成本法）　　品名：甲产品

成本项目	用量标准	价格标准	标准成本
直接材料：			
A 材料	3.2 千克	4.10 元/千克	13.12 元
B 材料	2.2 千克	5.40 元/千克	11.88 元
直接材料标准成本小计	—	—	25.00 元
直接人工：			
第一车间	3.6 小时	5.00 元/小时	18.00 元
第二车间	2.5 小时	4.00 元/小时	10.00 元
直接人工标准成本小计	—	—	28.00 元
制造费用：			
变动制造费用（第一车间）	3.6 小时	6.00 元/小时	21.60 元
变动制造费用（第二车间）	2.5 小时	3.00 元/小时	7.50 元
变动制造费用标准成本小计	—	—	29.10 元
固定制造费用（第一车间）	3.6 小时	2.00 元/小时	7.20 元
固定制造费用（第二车间）	2.5 小时	1.00 元/小时	2.50 元
固定制造费用标准成本小计	—	—	9.70 元
单位产品标准成本合计	—	—	91.80 元

表 10-6 皖巢公司 2022 年单位产品标准成本卡（变动成本法） 品名：甲产品

成本项目	用量标准	价格标准	标准成本
直接材料：			
A 材料	3.2 千克	4.10 元/千克	13.12 元
B 材料	2.2 千克	5.40 元/千克	11.88 元
直接材料标准成本小计	—	—	25.00 元
直接人工：			
第一车间	3.6 小时	5.00 元/小时	18.00 元
第二车间	2.5 小时	4.00 元/小时	10.00 元
直接人工标准成本小计	—	—	28.00 元
制造费用：			
变动制造费用（第一车间）	3.6 小时	6.00 元/小时	21.60 元
变动制造费用（第二车间）	2.5 小时	3.00 元/小时	7.50 元
变动制造费用标准成本小计	—	—	29.10 元
单位产品标准成本合计	—	—	82.10 元

任务二 计算与分析标准成本差异

企业应在制定标准成本的基础上，将产品成本及其各成本或费用项目的标准用量和标准价格层层分解，落实到部门及相关责任人，形成成本控制标准。各归口管理部门（或成本中心）应根据相关成本控制标准，控制费用开支与资源消耗，监督、控制成本的形成过程，及时分析偏离标准的差异并分析其成因，及时采取措施加以改进。

在标准成本法的实施过程中，各相关部门（或成本中心）应对其所管理的项目进行跟踪分析。生产部门一般应根据标准用量、标准工时等，实时跟踪和分析各项耗用差异，从操作人员、机器设备、原料质量、标准制定等方面寻找差异原因，采取应对措施，控制现场成本，并及时反馈给人力资源、技术、采购、财务等相关部门，共同实施事中控制。采购部门一般应根据标准价格，按照各项目采购批次，揭示和反馈价格差异形成的原因，控制和降低总采购成本。

企业应定期将实际成本与标准成本进行比较和分析，确定差异数额及性质，揭示差异形成的动因，落实责任中心，寻求可行的改进途径和措施。成本差异的计算与分析一般按成本或费用项目进行。

直接材料、直接人工和变动制造费用都属于变动成本，其成本差异分析的基本方法相同。由于它们的实际成本高低取决于实际用量和实际价格，标准成本的高低取决于标准用量和标准价格，因此其成本差异可以分为价格脱离标准造成的价格差异与用量脱离标准造成的数量差异两类。

成本差异=实际成本-标准成本
=实际用量×实际价格-标准用量×标准价格
=实际用量×实际价格-实际用量×标准价格+实际用量×标准价格-标准用量×标准价格
=实际用量×（实际价格-标准价格）+（实际用量-标准用量）×标准价格
=价格差异+用量差异
=价差+量差 （10-7）

无论是何种成本差异，计算结果如果是正数，则表示超支，是不利差异（Unfavorable variance），通常用“U”表示；如果是负数，则表示节约，是有利差异（Favorable variance），通常用“F”表示。

式（10-7）可用图 10-1 来表示。

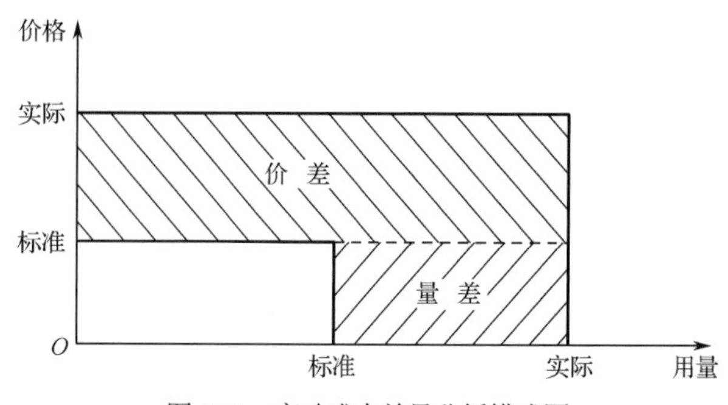

图 10-1　变动成本差异分析模式图

一、计算与分析直接材料成本差异

直接材料成本差异是指直接材料实际成本与标准成本之间的差额，该项差异可分解为直接材料价格差异和直接材料数量差异。直接材料价格差异（即价差）是指在采购过程中，直接材料实际价格偏离标准价格所形成的差异；直接材料数量差异（即量差）是指在产品生产过程中，直接材料实际消耗量偏离标准消耗量所形成的差异。有关计算公式如下：

直接材料价格差异=实际耗用量×（实际单价-标准单价）　　（10-8）

直接材料数量差异=（实际耗用量-标准耗用量）×标准单价　　（10-9）

【例 10-6】　皖巢公司 2022 年 1 月生产乙产品 500 件，使用材料 2 700 千克，材料单价为 4.50 元/千克；直接材料的单位产品标准成本为 25.30 元，即每件产品耗用 5.50 千克直接材料，每千克材料的标准价格为 4.60 元。

要求：计算该公司 2022 年 1 月乙产品直接材料成本差异。

根据式（10-8）、式（10-9）计算如下。

直接材料价格差异=2 700×(4.50−4.60)=−270（元）

直接材料数量差异=(2 700−500×5.50)×4.60=−230（元）

验算：

直接材料价格差异与直接材料数量差异之和，应当等于直接材料成本的总差异。

直接材料成本差异=实际成本-标准成本

=2 700×4.50−500×5.50×4.60=−500（元）

直接材料成本差异=价格差异+用量差异=−270+(−230)=−500（元）

直接材料价格差异是在采购过程中形成的，不应由耗用材料的生产部门负责，而应由采购部门对其做出说明。采购部门未能按标准价格进货的原因有很多，如供应厂家价格变动、未按经济采购批量进货、未能及时订货造成紧急订货、采购时舍近求远使运费和途耗增加、不必要的快速运输方式、违反合同被罚款、承接紧急订货造成额外采购等，需要进行分析和调整，才能明确最终原因和责任归属。

直接材料数量差异是在材料耗用过程中形成的，反映生产部门的成本控制业绩。直接材料数量差异形成的具体原因有很多，如操作疏忽造成废料增加、工人用料不精心、操作技术改进而节省材料、新工人上岗造成多用料、机器或工具不适用造成用料增加等。有时多用料并非生产部门的责任，如购入材料质量低劣、规格不符也会使用料超过标准；又如工艺变更、检验过严也会使

数量差异加大。因此，要进行具体的调查研究才能明确责任归属。

二、计算与分析直接人工成本差异

直接人工成本差异是指直接人工实际成本与标准成本之间的差额，该差异可分解为直接人工工资率差异和直接人工效率差异。直接人工工资率差异（即价差）是指实际工资率偏离标准工资率形成的差异，按实际工时计算确定；直接人工效率差异（即量差）是指实际工时偏离标准工时形成的差异，按标准工资率计算确定。有关计算公式如下：

$$\text{直接人工工资率差异}=\text{实际工时}\times（\text{实际工资率}-\text{标准工资率}）\tag{10-10}$$

$$\text{直接人工效率差异}=（\text{实际工时}-\text{标准工时}）\times\text{标准工资率}\tag{10-11}$$

【例 10-7】 皖巢公司 2022 年 1 月生产乙产品 500 件，实际工时 3 100 小时，支付工资 15 810 元；直接人工的标准成本是 30 元/件，即每件产品标准工时为 6 小时，标准工资率为 5 元/小时。

要求：计算该公司 2022 年 1 月乙产品直接人工成本差异。

根据式（10-10）、式（10-11）计算如下。

$$\text{直接人工工资率差异}=3\,100\times(15\,810\div3\,100-5)=310（\text{元}）$$

$$\text{直接人工效率差异}=(3\,100-500\times6)\times5=500（\text{元}）$$

验算：

直接人工工资率差异与直接人工效率差异之和，应当等于直接人工成本差异。

$$\begin{aligned}\text{直接人工成本差异}&=\text{实际直接人工成本}-\text{标准直接人工成本}\\&=15\,810-500\times6\times5=810（\text{元}）\end{aligned}$$

$$\text{直接人工成本差异}=\text{直接人工工资率差异}+\text{直接人工效率差异}=310+500=810（\text{元}）$$

直接人工工资率差异形成的原因，包括直接生产工人升级或降级使用、奖励制度未产生实效、工资率调整、加班或使用临时工、出勤率变化等，原因复杂而且难以控制。一般来说，应归属于人事劳动部门管理，差异的具体原因会涉及生产部门或其他部门。

直接人工效率差异的形成原因，包括工作环境不良、工人经验不足、劳动情绪不佳、新工人上岗太多、机器或工具选用不当、设备故障较多、作业计划安排不当、产量太少无法发挥批量节约优势等。它主要是生产部门的责任，但这不是绝对的。例如，材料质量不好也会影响生产效率。

三、计算与分析制造费用成本差异

1．计算与分析变动制造费用差异

变动制造费用的差异，是指变动制造费用的实际发生额与变动制造费用的标准成本之间的差额，该差异可分解为变动制造费用的价格差异和数量差异。变动制造费用的价格差异（即价差）是指燃料、动力、辅助材料等变动制造费用的实际价格偏离标准价格的差异；变动制造费用的数量差异（即量差）是指燃料、动力、辅助材料等变动制造费用的实际消耗量偏离标准用量的差异。变动制造费用成本差异的计算和分析原理与直接材料和直接人工成本差异的计算和分析相同。有关计算公式如下：

$$\begin{pmatrix}\text{变动制造费}\\\text{用耗费差异}\end{pmatrix}=\text{实际工时}\times\left[\begin{pmatrix}\text{变动制造费用}\\\text{实际分配率}\end{pmatrix}-\begin{pmatrix}\text{变动制造费用}\\\text{标准分配率}\end{pmatrix}\right]\tag{10-12}$$

$$\begin{pmatrix}\text{变动制造费}\\\text{用效率差异}\end{pmatrix}=（\text{实际工时}-\text{标准工时}）\times\begin{pmatrix}\text{变动制造费用}\\\text{标准分配率}\end{pmatrix}\quad（10\text{-}13）$$

【例 10-8】 皖巢公司 2022 年 1 月乙产品实际产量 500 件，使用工时 3 100 小时，实际发生变动制造费用 13 020 元；变动制造费用标准成本为 24 元/件，即每件产品标准工时为 6 小时，标准的变动制造费用分配率为 4 元/小时。

要求：计算该公司 2022 年 1 月乙产品变动制造费用差异。

根据式（10-12）、式（10-13）计算如下。

变动制造费用耗费差异=3 100×(13 020÷3 100−4)=620（元）

变动制造费用效率差异=(3 100−500×6)×4=400（元）

验算：

变动制造费用成本差异=实际变动制造费用−标准变动制造费用
=13 020−500×6×4=1 020（元）

变动制造费用成本差异=变动制造费用耗费差异+变动制造费用效率差异
=620+400=1 020（元）

变动制造费用耗费差异是实际支出与按实际工时和标准费用分配率计算的预算数之间的差额。由于后者是在承认实际工时是必要的前提下计算出来的弹性预算数，因此该项差异反映耗费水平即每小时业务量支出的变动制造费用脱离了标准。变动制造费用耗费差异是部门经理的责任，他们有责任将变动制造费用控制在弹性预算限额之内。

变动制造费用效率差异是由于实际工时脱离了标准，多用工时导致的费用增加，因此其形成原因与人工效率差异相同。

2. 计算与分析固定制造费用差异

固定制造费用成本差异是指固定制造费用实际成本与标准成本之间的差额。固定制造费用的差异分析与变动制造费用的差异分析不同，其分析方法有“二因素分析法”和“三因素分析法”两种。

（1）二因素分析法。它将固定制造费用差异分为耗费差异和能量差异。耗费差异是指固定制造费用的实际金额与固定制造费用预算金额之间的差额。固定制造费用与变动制造费用不同，不因业务量而变，故差异分析有别于变动制造费用。在考核时不考虑业务量的变动，以原来的预算数作为标准，实际数超过预算数即视为耗费过多。其计算公式为：

固定制造费用耗费差异=固定制造费用实际数−固定制造费用预算数　　（10-14）

能量差异是指固定制造费用预算数与固定制造费用标准成本的差额，或者说是实际业务量的标准工时与生产能量的差额按固定制造费用标准分配率计算的金额。它所反映的是计划生产能力的利用程度。该项差异只有通过业务量才能说明，并且也只有通过对业务量的控制才能得到控制。能量差异的基本特点是：当预计业务量（即以工时表现的正常生产能力）等于应耗的标准工时（即按实际产量计算的标准工时）时，则没有能量差异；当预计业务量大于应耗的标准工时时，则产生不利能量差异，表明计划生产能力尚未得到充分利用；当预计业务量小于应耗的标准工时时，则产生有利能量差异，表明计划生产能力已得到充分利用。其计算公式为：

固定制造费用能量差异=固定制造费用预算数−固定制造费用标准成本
=生产能量×固定制造费用标准分配率−
实际产量标准工时×固定制造费用标准分配率

=（生产能量−实际产量标准工时）×

固定制造费用标准分配率　　（10-15）

【例 10-9】　皖巢公司 2022 年 1 月乙产品实际产量 500 件，发生固定制造成本 9 440 元，实际工时为 3 100 小时；企业生产能量为 580 件，即 3 480 小时；每件产品固定制造费用标准成本为 18 元/件，即每件产品标准工时为 6 小时，标准分配率为 3 元/小时。

要求：采用二因素分析法计算该公司 2022 年 1 月乙产品固定制造费用差异。

根据式（10-14）、式（10-15）计算如下。

固定制造费用耗费差异=9 440−3 480×3=−1 000（元）

固定制造费用能量差异=3 480×3−500×6×3=1 440（元）

验算：

固定制造费用成本差异=实际固定制造费用−标准固定制造费用

=9 440−500×6×3=440（元）

固定制造费用成本差异=固定制造费用耗费差异+固定制造费用能量差异

=−1 000+1 440=440（元）

（2）三因素分析法。它将固定制造费用成本差异分为耗费差异、闲置能量差异和效率差异三部分。耗费差异的计算与二因素分析法相同。不同的是要将二因素分析法中的“能量差异”进一步分为两部分：一部分是实际工时未达到标准能量而形成的闲置能量差异；另一部分是实际工时脱离标准工时而形成的效率差异。其计算公式为：

$$\left(\begin{matrix}\text{固定制造费用}\\\text{闲置能量差异}\end{matrix}\right)=\left(\begin{matrix}\text{固定制造费}\\\text{用预算数}\end{matrix}\right)-\text{实际工时}\times\left(\begin{matrix}\text{固定制造费用}\\\text{标准分配率}\end{matrix}\right)$$

$$=(\text{生产能量}-\text{实际工时})\times\left(\begin{matrix}\text{固定制造费用}\\\text{标准分配率}\end{matrix}\right)\qquad(10\text{-}16)$$

$$\left(\begin{matrix}\text{固定制造费}\\\text{用效率差异}\end{matrix}\right)=\text{实际工时}\times\left(\begin{matrix}\text{固定制造费用}\\\text{标准分配率}\end{matrix}\right)-\left(\begin{matrix}\text{实际产量}\\\text{标准工时}\end{matrix}\right)\times\left(\begin{matrix}\text{固定制造费用}\\\text{标准分配率}\end{matrix}\right)$$

$$=\left(\text{实际工时}-\begin{matrix}\text{实际产量}\\\text{标准工时}\end{matrix}\right)\times\left(\begin{matrix}\text{固定制造费}\\\text{用标准分配率}\end{matrix}\right)\qquad(10\text{-}17)$$

企业应根据固定制造费用项目的性质，分析差异的形成原因，并将之追溯至相关责任中心。

【例 10-10】　承例 10-9 资料。

要求：采用三因素分析法计算该公司 2022 年 1 月乙产品固定制造费用差异。

根据式（10-14）、式（10-16）、式（10-17）计算如下。

固定制造费用耗费差异=9 440−3 480×3=−1 000（元）

固定制造费用闲置能量差异=(3 480−3 100)×3=1 140（元）

固定制造费用效率差异=(3 100−500×6)×3=300（元）

三因素分析法的固定制造费用闲置能量差异（1 140 元）与固定制造费用效率差异（300 元）之和为 1 440 元，与二因素分析法中的能量差异（1 440 元）数额相同。

需要指出的是，在成本差异的分析过程中，企业应关注各项成本差异的规模、趋势及其可控性。对于反复发生的大额差异，企业应进行重点分析与处理。将生成的成本差异信息汇总，定期形成标准成本差异分析报告，并针对性地提出成本改进措施。为保证标准成本的科学性、合理性与可行性，企业应定期或不定期对标准成本进行修订与改进。

任务三　处理标准成本系统账务

如前所述，标准成本不仅可以提供成本控制的有关信息，而且把标准成本纳入账簿体系，可以提高成本计算的质量和效率，发挥标准成本的更大功效，从而大大简化了会计账务处理手续。

一、标准成本系统账务的特点

为了同时提供标准成本、成本差异和实际成本三项成本资料。标准成本系统的账务处理具有以下特点。

1. 采用标准成本登记“原材料”“生产成本”“库存商品”账户

通常的实际成本系统，从原材料到库存商品的流转过程，使用实际成本记账。在标准成本系统中，这些账户改用标准成本，无论是借方和贷方均登记实际数量的标准成本，其余额也反映这些资产的标准成本。

2. 设置成本差异账户分别登记各种成本差异

在标准成本系统中，要按成本差异的类别设置一系列成本差异账户，如“直接材料价格差异”“直接材料数量差异”“直接人工效率差异”“直接人工工资率差异”“变动制造费用耗费差异”“变动制造费用效率差异”“固定制造费用耗费差异”“固定制造费用效率差异”“固定制造费用闲置能量差异”等。差异账户的设置，要同采用的成本差异分析方法相适应，为每一种成本差异设置一个账户。

在需要登记“原材料”“生产成本”“库存商品”账户时，应先将实际成本分解为标准成本和有关的成本差异，然后将标准成本数据记入“原材料”“生产成本”“库存商品”账户，而把有关的成本差异分别记入各成本差异账户。

为了便于考核，各成本差异账户还可以按责任部门设置明细账，分别记录各部门的各项成本差异。

3. 会计期末对各种成本差异进行处理

各种成本差异账户的累计发生额，反映了本期成本控制的业绩。在期末（如月末或年末）对各种成本差异的处理方法一般有以下两种。

（1）结转本期损益法。按照这种方法，在会计期末将所有差异转入“本年利润”账户，或者先将差异转入“主营业务成本”账户，再随同已销产品的标准成本一起转至“本年利润”账户。采用这种方法的依据是确信标准成本是真正的正常成本。成本差异是不正常的低效率和浪费造成的，应当直接体现在本期损益之中，使利润能体现本期工作成绩的好坏。此外，这种方法的账务处理比较简单。但是，如果差异数额较大或者制定的标准成本不符合实际的正常水平，则不仅使存货成本严重脱离实际成本，而且会歪曲本期经营成果。因此，在成本差异数额不大时采用此种方法为宜。

（2）调整销货成本与存货法。按照这种方法，在会计期末将成本差异按比例分配至已销产品成本和存货成本。采用这种方法的依据是税法和会计制度均要求以实际成本反映存货成本和销货成本，本期发生的成本差异，应由存货和销货成本共同负担。但是，这种做法会增加一些差异计算分配的工作量，而且有些费用计入存货成本不一定合理，如闲置能量差异是一种损失，并不能在未来换取收益，作为资产计入存货成本明显不合理，不如作为期间费用在当期参加损益汇总。

需要说明的是，成本差异的处理方法选择要考虑许多因素，包括差异的类型（材料、人工或制造费用）、差异的大小、差异的原因、差异的时间（如季节性变动引起的非常性差异）等。因此，可以对各种成本差异采用不同的处理方法，如材料价格差异多采用调整销货成本与存货法，闲置能量差异多采用结转本期损益法，其他差异则可因企业具体情况而定。值得强调的是，差异处理的方法要保持可比性，以便使成本数据保持前后期可比。

二、处理标准成本系统账务的程序

为便于理解掌握标准成本系统账务处理的程序，现举一实例加以说明。

【例 10-11】　皖巢公司 2022 年 2 月只生产销售一种丙产品，有关成本资料如下。

（1）单位产品标准成本。

直接材料（6 千克，5 元/千克）	30 元
直接人工（3 小时，5 元/小时）	15 元
变动制造费用（3 小时，2 元/小时）	6 元
固定制造费用（3 小时，1 元/小时）	3 元
单位产品标准成本（完全成本法）	54 元
单位产品标准成本（变动成本法）	51 元

（2）本月费用预算。

生产能量	3 000 小时
变动制造费用	6 000 元
固定制造费用	3 000 元
变动制造费用标准分配率（6 000÷3 000）	2 元/小时
固定制造费用标准分配率（3 000÷3 000）	1 元/小时
变动销售费用	3 元/件
固定销售费用	14 000 元
变动管理费用	1 元/件
固定管理费用	10 000 元

（3）本月生产及销售情况。本月初产成品存货 100 件，其标准成本（完全成本法）为 5 400 元（100 件，54 元/件），其标准成本（变动成本法）为 5 100 元（100 件，51 元/件），没有在产品存货；本月投产 500 件，原材料在生产开始时一次投入，完工入库 450 件，月末在产品 50 件。本月销售 480 件，月末产成品存货 70 件。销售单价为 130 元/件。

要求：采用标准成本系统进行账务处理。

（1）原材料的购入与领用。

本月购入第一批原材料 2 000 千克，实际成本每千克 4.50 元，共计 9 000 元，款项尚未支付，材料已如数入库。

直接材料标准成本=2 000×5=10 000（元）

直接材料实际成本=2 000×4.50=9 000（元）

直接材料价格差异=2 000×（4.50−5）=−1 000（元）

借：原材料	10 000	
贷：直接材料价格差异		1 000
应付账款		9 000

本月购入第二批原材料 1 000 千克，实际成本每千克 5.20 元，共计 5 200 元，款项尚未支付，材料已如数入库。

直接材料标准成本=1 000×5=5 000（元）

直接材料实际成本=1 000×5.20=5 200（元）

直接材料价格差异=1 000×(5.20−5)=200（元）

借：原材料　　5 000

　　直接材料价格差异　　200

　　贷：应付账款　　5 200

本月投产 500 件，领用材料 3 200 千克，仓库如数发出。

应耗材料标准成本=500×6×5=15 000（元）

实际领料标准成本=3 200×5=16 000（元）

直接材料数量差异=(3 200−500×6)×5=1 000（元）

借：生产成本　　15 000

　　直接材料数量差异　　1 000

　　贷：原材料　　16 000

（2）直接人工工资。

本月实际使用直接人工 2 500 小时，支付工资 12 750 元，平均每小时 5.10 元。

借：应付职工薪酬　　12 750

　　贷：银行存款　　12 750

为了确定应记入“生产成本”账户的标准成本数额，需计算本月实际完成的约当产量。在产品约当完工产品的系数 0.5，月初在产品 0 件，本月完工入库 450 件，月末在产品 50 件。

本月完成的约当产量=50×0.5+450−0×0.5=475（件）

直接人工标准成本=475×3×5=7 125（元）

直接人工实际成本=2 500×5.10=12 750（元）

直接人工效率差异=(2 500−475×3)×5=5 375（元）

直接人工工资率差异=2 500×(5.10−5)=250（元）

借：生产成本　　7 125

　　直接人工效率差异　　5 375

　　直接人工工资率差异　　250

　　贷：应付职工薪酬　　12 750

（3）变动制造费用。

本月实际发生变动制造费用 4 500 元，实际变动制造费用分配率为 1.80 元/小时(4 500÷2 500)。

借：变动制造费用　　4 500

　　贷：各相关科目　　4 500

将其计入产品成本。

变动制造费用标准成本=475×3×2=2 850（元）

变动制造费用实际成本=2 500×1.80=4 500（元）

变动制造费用效率差异=(2 500−475×3)×2=2 150（元）

变动制造费用耗费差异=2 500×(1.80−2)=−500（元）

借：生产成本　　2 850

　　变动制造费用效率差异　　2 150

贷：变动制造费用耗费差异　　500

变动制造费用　　4 500

（4）固定制造费用。

本月实际发生固定制造费用 5 250 元，实际固定制造费用分配率为 2.10 元/小时（5 250÷2 500）。

借：固定制造费用　　5 250

贷：各相关科目　　5 250

① 若在完全成本法下，将固定制造费用计入产品成本（采用三因素分析法）。

固定制造费用标准成本=475×3×1=1 425（元）

固定制造费用实际成本=2 500×2.10=5 250（元）

固定制造费用耗费差异=5 250−3 000=2 250（元）

固定制造费用闲置能量差异=(3 000−2 500)×1=500（元）

固定制造费用效率差异=(2 500−475×3)×1=1 075（元）

借：生产成本　　1 425

固定制造费用耗费差异　　2 250

固定制造费用闲置能量差异　　500

固定制造费用效率差异　　1 075

贷：固定制造费用　　5 250

② 若在变动成本法下，将固定制造费用直接计入当期损益。

借：本年利润　　5 250

贷：固定制造费用　　5 250

（5）完工产品入库。

本月完工产成品 450 件。

完工产品标准成本（完全成本法）=450×54=24 300（元）

完工产品标准成本（变动成本法）=450×51=22 950（元）

① 若在完全成本法下，则：

借：库存商品　　24 300

贷：生产成本　　24 300

上述分录过账后，“生产成本”账户余额为 2 100 元，其中直接材料标准成本 1 500 元（即 50×30），直接人工标准成本 375 元（即 50×15×0.5），变动制造费用标准成本 150 元（即 50×6×0.5），固定制造费用标准成本 75 元（50×3×0.5）。

② 若在变动成本法下，则：

借：库存商品　　22 950

贷：生产成本　　22 950

上述分录过账后，“生产成本”账户余额为 2 025 元，其中直接材料标准成本 1 500 元（即 50×30），直接人工标准成本 375 元（即 50×15×0.5），变动制造费用标准成本 150 元（即 50×6×0.5）。

（6）产品销售。

本月销售 480 件，单位价格 130 元，计 62 400 元，款项尚未收到。

借：应收账款　　62 400

贷：主营业务收入　　62 400

同时，结转已销产品成本。

① 若在完全成本法下，结转已销产品成本=480×54=25 920（元）

借：主营业务成本　　　　25 920
　　贷：库存商品　　　　　　25 920

上述分录过账后，“库存商品”账户期末余额为 3 780 元。它反映了 70 件期末产成品存货的标准成本（70×54）。

② 若在变动成本法下，结转已销产品成本=480×51=24 480（元）

借：主营业务成本　　　　24 480
　　贷：库存商品　　　　　　24 480

上述分录过账后，“库存商品”账户期末余额为 3 570 元。它反映了 70 件期末产成品存货的标准成本（70×51）。

（7）发生销售费用与管理费用。

本月实际发生变动销售费用 1 200 元，固定销售费用 12 000 元，变动管理费用 400 元，固定管理费用 10 000 元。

借：变动销售费用　　　　1 200
　　固定销售费用　　　　12 000
　　变动管理费用　　　　400
　　固定管理费用　　　　10 000
　　贷：各相关科目　　　　　　23 600

（8）结转成本差异。假设该公司采用“结转本期损益法”处理成本差异。

① 若在完全成本法下，结转成本差异时，

借：主营业务成本　　　　11 300
　　直接材料价格差异　　　　800
　　变动制造费用耗费差异　　500
　　贷：直接材料数量差异　　　　1 000
　　　　直接人工效率差异　　　　5 375
　　　　直接人工工资率差异　　　　250
　　　　变动制造费用效率差异　　2 150
　　　　固定制造费用耗费差异　　2 250
　　　　固定制造费用闲置能量差异　　500
　　　　固定制造费用效率差异　　1 075

② 若在变动成本法下，结转成本差异时，

借：主营业务成本　　　　7 475
　　直接材料价格差异　　　　800
　　变动制造费用耗费差异　　500
　　贷：直接材料数量差异　　　　1 000
　　　　直接人工效率差异　　　　5 375
　　　　直接人工工资率差异　　　　250
　　　　变动制造费用效率差异　　2 150

（9）编制利润表。

根据上述资料，分别按完全成本法和变动成本法编制该公司营业利润表，如表 10-7 所示。

表 10-7　按变动成本法和完全成本法编制的营业利润表　　单位：元

贡献式营业利润表（按变动成本法编制）		职能式营业利润表（按完全成本法编制）	
项　　目	金　额	项　　目	金　额
营业收入（480 件，130 元/件）	62 400	营业收入（480 件×130 元/件）	62 400
减：变动成本	—	减：营业成本	—
期初库存产成品变动成本（100 件，51 元/件）	5 100	期初库存产成品成本（100 件，54 元/件）	5 400
本期完工产成品变动成本（450 件，51 元/件）	22 950	本期完工产成品成本（450 件，54 元/件）	24 300
本期可供销售产成品变动生产成本	28 050	本期可供销售产成品生产成本	29 700
减：期末库存产成品成本（70 件，51 元/件）	3 570	减：期末产成品成本（70 件，54 元/件）	3 780
本期销售产成品变动生产成本	24 480	本期销售产成品生产成本	25 920
各项成本差异合计	7 475	各项成本差异合计	11 300
变动销售费用	1 200		
变动管理费用	400		
变动财务费用			
变动成本合计	33 555	营业成本合计	37 220
边际贡献	28 845	营业毛利	25 180
减：固定成本	—	减：期间成本	—
固定制造费用	5 250	销售费用	13 200
固定销售费用	12 000	管理费用	10 400
固定管理费用	10 000	财务费用	
固定财务费用			
固定成本合计	27 250	期间成本合计	23 600
营业利润	1 595	营业利润	1 580

由表 10-7 可知，按完全成本法计算的营业利润（1 580 元）比按变动成本法计算的营业利润（1 595 元）低 15 元。这是因为前者期初存货（产成品 100 件，在产品 0 件）“释放”的固定制造费用 300 元（100×3）；期末存货（产成品 70 件，在产品 50 件）“吸收”的固定制造费用 285 元（70×3+50×0.5×3）。可以用项目三中的式（3-6）或式（3-7）加以验证。

训练巩固

在线测试

思考题

1. 简述标准成本的定义。
2. 简述标准成本的分类。
3. 什么是直接材料标准成本？它是如何制定的？
4. 什么是直接人工标准成本？它是如何制定的？
5. 什么是制造费用标准成本？它是如何制定的？
6. 简述直接材料成本差异的构成及其计算公式。
7. 简述直接人工成本差异的构成及其计算公式。
8. 简述变动制造费用成本差异的构成及其计算公式。

9. 简述固定制造费用成本差异的构成及其计算公式。

10. 试述标准成本系统账务处理的特点。

实训题

1. 皖巢公司丁产品的变动制造费用标准成本资料为：单位产品工时消耗为3小时/件，变动制造费用小时分配率为5元/小时。本月生产甲产品500件，实际耗用工时为1 400小时，实际发生变动制造费用为7 700元。

要求：计算变动制造费用的耗费差异和效率差异，并进行相关账务处理。

2. 皖巢公司只生产一种产品，其单件产品的有关资料如表10-8所示。

表10-8　标准成本资料表

成本项目	标准成本
原材料	1.5元（10千克，0.15元/千克）
直接人工	2元/件（0.5小时/件，4元/小时）
制造费用：	
固定制造费用	5 000元（预算数）
单位变动制造费用	1元/件
产量：预计正常生产能量10 000件	

本月赊购材料90 000千克，单价0.16元/千克，本月实际投产产品8 000件（完工率100%），实际耗用材料88 000千克，本月生产产品耗用工时3 600小时，本月实际发生的工资费用为15 120元；变动制造费用为9 600元，实际发生的固定制造费用为5 000元。

要求：

（1）确定材料采购价格差异，并编制相应会计分录。

（2）分析本月投产产品的材料用量差异、直接人工差异、变动制造费用差异以及固定制造费用差异（三因素分析法），并编制相应的会计分录。

项目十一　成本管理：作业成本法

【学习导航】

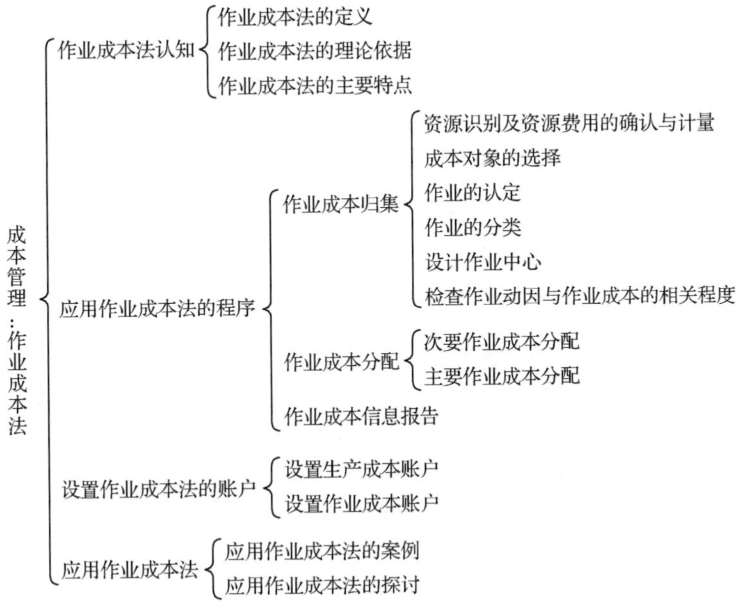

【学习目标】

☆ 了解作业成本法的定义
☆ 理解作业成本法的理论依据和主要特点
☆ 掌握作业成本法的应用程序和账户设置
☆ 掌握作业成本法的应用
☆ 培育精益求精的工匠精神

【引言导读】

随着制造环境的改变，间接成本在企业产品成本中的比重越来越大，传统的以产量为基础的成本计算方法越来越扭曲产品成本。为了查明产品成本不实的原因，提高成本计算的准确性，以便及时提供有利于决策与控制的成本信息，企业应当使用作业成本法。本项目在阐述作业成本法基本概念的基础上，重点讲述作业成本法的应用程序及其应用。

任务一　作业成本法认知

一、作业成本法的定义

作业成本法（Activity-based Costing，ABC），又称为ABC成本法、作业成本分析法、作业成本计算法或作业成本核算法，是指以“作业消耗资源、产品（服务或客户）消耗作业”为原则，按照资源动因将资源费用追溯或分配至各项作业，计算出作业成本，然后再根据作业动因，将作业成本追溯或分配至各成本对象，最终完成成本计算的成本管理方法。资源费用是指企业在一定期间内开展经济活动所发生的各项资源耗费。资源费用既包括房屋及建筑物、设备、材料、商品等有形资源的耗费，也包括信息、知识产权、土地使用权等各种无形资源的耗费，还包括人力资源耗费以及其他各种税费支出等。成本对象是指企业追溯或分配资源费用、计算成本的对象。成本对象可以是工艺、流程、零部件、产品、服务、分销渠道、客户、作业、作业链等需要计量和分配成本的项目。

二、作业成本法的理论依据

我们知道，不同的目的需要计算不同的成本。为了进行战略性盈利分析，需要计算和使用企业在全部经营活动中发生的价值链成本。价值链成本是指产品的设计、开发、生产、营销、配送和售后服务耗用作业成本的总和。价值链成本的计算，首先是将企业发生的全部资源耗费分配到价值链的一系列作业上，然后再将各项作业成本分配到产品上。为了进行短期的战术盈利分析，则需要计算经营成本。产品的经营成本一般包括生产、销售和售后服务等作业的成本，而不包括产品设计、开发等成本。为了对外提供财务报告，则需要计算产品的生产成本。生产成本即制造成本，包括直接材料、直接人工和制造费用。虽然运用作业成本法可以将制造成本、销售费用、管理费用等间接成本更加准确地分配到有关产品，从而得到满足不同需要的成本信息，但是在运用作业成本法计算产品成本时，人们通常关注的重点是制造成本，强调制造费用的分配。在作业成本法下，直接成本（如直接材料成本）可以直接计入有关产品，而间接成本（如制造费用等）则首先分配到有关作业，计算作业成本，然后再将作业成本分配到有关产品。它突破了传统的完全成本法的束缚，把成本计算从以“产品”为中心转移到以“作业”为中心上来，使成本核算深入到作业层面，并以作业为单位归集成本，把作业或作业中心的成本按动因分配到产品。可见，作业决定资源的消耗量，最终产品成本与资源的消耗量没有直接关系，只与作业的消耗量直接相关。作业可以看成是连接产品与资源的纽带，不仅产品成本是最终的成本计算对象，处于“中介”地位的作业也应成为重点成本计算对象。因此，作业成本法的理论依据可以表述为“作业消耗资源、产品消耗作业”，如图11-1所示。

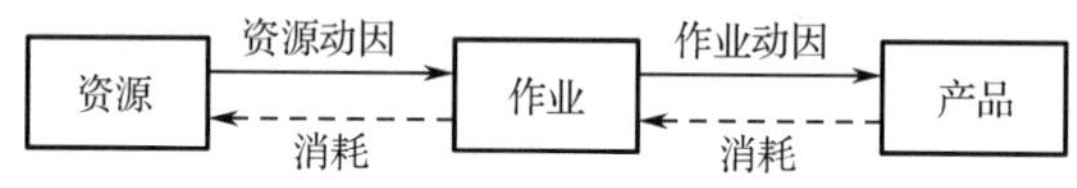

图11-1　作业成本法理论依据示意图

在图11-1中，实线箭头表示成本计算和形成的过程，虚线箭头则表示资源的消耗过程。

作业是指企业基于特定目的重复执行的任务或活动（如签订材料采购合同、将材料运达仓库、对材料进行质量检验、办理入库手续、登记材料明细账等），是连接资源和成本对象的桥梁。一项作业既可以是一项非常具体的任务或活动，也可以泛指一类任务或活动。按消耗对象不同，作业可分为主要作业和次要作业。主要作业是被产品、服务或客户等最终成本对象消耗的作业。次要作业是被原材料、主要作业等介于中间地位的成本对象消耗的作业。

成本动因（Cost Driver），也称为成本驱动因素，是指诱导成本发生的原因，是成本对象与其直接关联的作业和最终关联的资源之间的中介。按其在资源流动中所处的位置和作用，成本动因可分为资源动因（Resource Driver）和作业动因（Activity Driver）。资源动因是引起资源耗用的成本动因，它反映了资源耗用与作业量之间的因果关系。资源动因的选择与计量为将各项资源费用

归集到作业中心提供了依据。企业应识别当期发生的每一项资源消耗，分析资源耗用与作业中心作业量之间的因果关系，选择并计量资源动因。企业一般应选择那些与资源费用总额呈正比例关系变动的资源动因作为资源费用分配的依据。例如，产品质量检验工作（作业）需要有检验人员、专用的设备，并耗用一定的能源（电力等）。检验作业作为成本对象，耗用的各项资源构成了检验作业的成本。其中，检验人员的工资、专用设备的折旧费等成本，一般可以直接计入检验作业；而能源成本往往不能直接计入，需要根据设备额定功率和设备开动时间来分配。将“设备的额定功率乘以开动时间”这一动因作为能源成本的分配基础，可以将检验专用设备耗用的能源成本分配到检验作业当中。

作业动因是引起作业耗用的成本动因，反映了作业耗用与最终产出的因果关系，是将作业成本分配到流程、产品、分销渠道、客户等成本对象的依据。例如，每批产品完工后都需进行质量检验，如果对任何产品的每一批次进行质量检验所发生的成本相同，则检验的“次数”就是检验作业的成本动因，它是引起产品检验成本增加的驱动因素。某一会计期间发生的检验作业总成本（包括检验人工成本、设备折旧、能源成本等）除以检验的次数，即为每次检验所发生的成本。某种产品应承担的检验作业成本，等于该种产品的批次乘以每次检验发生的成本。

三、作业成本法的主要特点

与以产量为基础的传统的完全成本法相比，作业成本法一般有以下几个主要特点。

1. 成本计算分为两个阶段

作业成本法把成本计算过程划分为两个阶段。第一阶段是将作业执行中耗费的资源分配（包括追溯和间接分配）到作业，计算作业的成本；第二阶段是将第一阶段计算的作业成本分配（包括追溯和动因分配）到各有关成本对象（产品或服务），如图 11-2 所示。

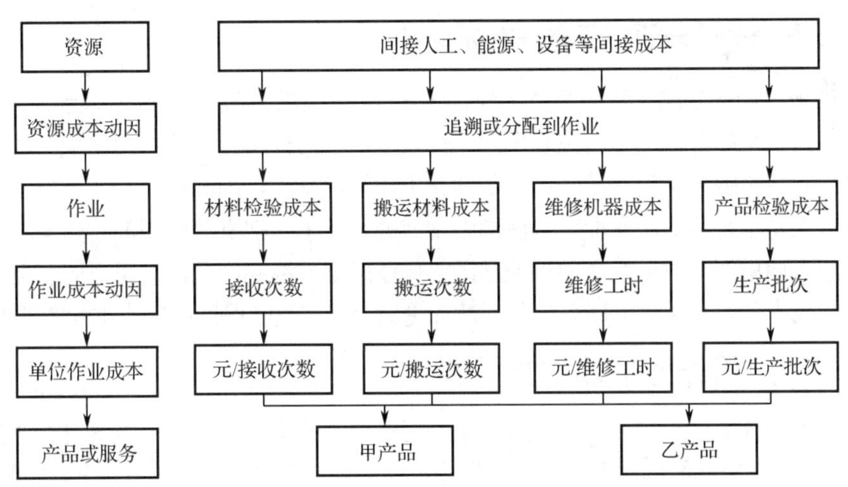

图 11-2　作业成本法两阶段的成本分配

传统的成本计算方法也是分阶段进行的，但是中间的成本中心是按部门建立的。第一阶段除了把直接成本追溯到产品之外，还要把不同性质的各种间接费用按部门归集在一起；第二阶段以产量为基础，将间接费用分配到各种产品。传统成本计算方法下，间接成本的分配路径是“资源→部门→产品”。作业成本法下成本计算的第一阶段，除了把直接成本追溯到产品，还要将各项间接费用分配到各有关作业，并把作业看成是按产品生产需求重新组合的“资源”；在第二阶段，按

照作业消耗与产品之间不同的因果关系，将作业成本分配到产品。因此，作业成本法下间接成本的分配路径是“资源→作业→产品”。

2．成本分配强调因果关系

虽然作业成本法和传统成本法都分为两步分配程序，但是如何进行成本分配，两者有很大区别。在作业成本法下，将成本分配到成本对象有追溯、动因分配和分摊三种不同的方式。

追溯是指将成本直接确认分配到相关的成本对象的过程。这一过程是可以实地观察的。例如，确认一台电视机耗用的显像管、集成电路板、扬声器及其他零部件的数量是可以通过观察实现的。显然，使用追溯方式得到的产品成本是最准确的。

动因分配是指根据成本动因将成本分配到各成本对象的过程。生产活动中耗费的各项资源，其成本不是都能追溯到成本对象的。对不能追溯的成本，作业成本法则强调使用成本动因（包括资源动因或作业动因）分配方式，将成本分配到有关成本对象（作业或产品）。采用动因分配成本，首先必须找到引起成本变动的真正原因，即成本与成本动因之间的因果关系。如检验作业应承担的能源成本，以设备单位时间耗电数量和设备开动时间（即耗电量）作为资源动因进行分配，是因为设备单位时间耗电量和开动时间与检验作业应承担的能源成本之间存在着因果关系。又如，各种产品应承担的检验成本，以产品投产的批次数（即质量检验次数）作为作业动因进行分配，是因为检验次数与产品应承担的检验成本之间存在着因果关系。动因分配虽然不像追溯那样准确，但只要因果关系建立恰当，成本分配的结果同样可以达到较高的准确程度。

有些成本既不能追溯，也不能合理、方便地找到成本动因，只好使用产量作为分配基础，将其强制分摊给成本对象。

作业成本法的成本分配主要使用追溯和动因分配，尽可能减少不准确的分摊，这样能够提供更加真实、准确的成本信息。

3．成本分配使用众多不同层面的成本动因

在传统的成本计算方法下，产量被认为是能够解释产品成本变动的唯一动因，并以此作为分配基础进行间接费用的分配。而制造费用是一个有多种不同性质的间接费用组成的集合，这些性质不同的费用有些是随产量变动的，而多数则并不随产量变动，因此用单一的产量作为分配制造费用的基础显然是不合适的。作业成本法的独到之处，在于它把资源的消耗首先追溯或分配到作业，然后使用不同层面和数量众多的作业动因将作业成本追溯到产品。采用不同层面的、众多的成本动因进行成本分配，要比采用单一分配基础更加合理，更能保证产品成本计算的准确性。

任务二　应用作业成本法的程序

企业应用作业成本法，一般按照资源识别及资源费用的确认与计量、成本对象选择、作业认定、作业中心设计、资源动因选择与计量、作业成本汇集、作业动因选择与计量、作业成本分配、作业成本信息报告等程序进行。

一、作业成本归集

作业成本归集是指企业根据资源耗用与作业之间的因果关系，将所有的资源成本直接追溯或按资源动因分配至各作业中心，计算各作业总成本的过程。为执行某种作业直接消耗的资源，应直接追溯至该作业中心；为执行两种或两种以上作业共同消耗的资源，应按照各作业中心的资源动因量比例分配至各作业中心。为了做好作业成本的归集，必须做好资源识别及资源费用的确认

与计量、成本对象的选择、作业的认定、作业的分类、设计作业中心、检查作业动因与作业成本的相关程度等工作。

1. 资源识别及资源费用的确认与计量

在作业成本法下，企业应当由财务部门负责，在基础设施管理、人力资源管理、研究与开发、采购、生产、技术、营销、服务、信息等部门的配合下完成资源识别及资源费用的确认与计量。资源识别及资源费用的确认与计量是指识别出由企业拥有或控制的所有资源，遵循国家统一的会计制度，合理选择会计政策，确认和计量全部资源费用，编制资源费用清单，为资源费用的追溯或分配奠定基础。资源费用清单一般应分部门列示当期发生的所有资源费用，其内容要素一般包括发生部门、费用性质、所属类别、受益对象等。

为便于将资源费用直接追溯或分配至各作业中心，企业还可以按照资源与不同层次作业的关系，将资源分为如下五类。

（1）产量级资源，包括为单个产品（或服务）所取得的原材料、零部件、人工、能源等。

（2）批别级资源，包括用于生产准备、机器调试的人工等。

（3）品种级资源，包括为生产某一种产品（或服务）所需要的专用化设备、软件或人力等。

（4）顾客级资源，包括为服务特定客户所需要的专门化设备、软件和人力等。

（5）设施级资源，包括土地使用权、房屋及建筑物，以及所保持的不受产量、批别、产品、服务和客户变化影响的人力资源等。

对产量级资源费用，应直接追溯至各作业中心的产品等成本对象。对于其他级别的资源费用，应选择合理的资源动因，按照各作业中心的资源动因量比例，分配至各作业中心。企业为执行每一种作业所消耗的资源费用的总和，构成该种作业的总成本。

2. 成本对象的选择

企业应当根据国家统一的会计制度，并考虑预算控制、成本管理、营运管理、业绩评价以及经济决策等方面的要求确定成本对象，将当期所有的资源费用，遵循因果关系和受益原则，根据资源动因和作业动因，分项目经由作业追溯或分配至相关的成本对象，从而确定成本对象的成本。

3. 作业的认定

作业认定是指企业识别由间接或辅助资源执行的作业集，确认每一项作业完成的工作以及执行该作业所耗费的资源费用，并据以编制作业清单的过程。作业认定的内容主要包括对企业每项消耗资源的作业进行识别、定义和划分，确定每项作业在生产经营活动中的作用、同其他作业的区别以及每项作业与耗用资源之间的关系。作业认定有两种方式：一种是根据企业生产流程，自上而下进行分解。如根据生产流程分析和工厂的布局可知，由于原材料仓库与生产车间之间有 0.5 公里的距离，必然存在材料搬运作业，这项作业就是将生产用的原材料从仓库运送到生产车间。另一种是通过与企业每一部门负责人和一般员工进行交流，自下而上确定他们所做的工作，并逐一认定各项作业。如与搬运作业的员工进行交谈，询问他（她）正在做什么，也很容易得出生产过程中有这样一项搬运作业，它的主要作用是把原材料从仓库运往车间。在实务中，自上而下和自下而上这两种方式往往需要结合起来运用。作业认定的具体方法一般包括调查表法和座谈法。调查表法是指通过向企业全体员工发放调查表，并通过分析调查表来认定作业的方法。座谈法是指通过与企业员工的面对面交谈，来认定作业的方法。为了保证全面、准确认定全部作业，企业一般应将这两种方法相结合。

企业对认定的作业应加以分析和归类，按顺序列出作业清单或编制出作业字典。作业清单或作业字典一般应当包括作业名称、作业内容、作业类别、所属作业中心等内容。皖巢公司缝纫车间作业清单如表 11-1 所示。

表 11-1　缝纫车间作业清单

序号	作业名称	对作业的简要描述
1	样板制作	西服和夹克用料的设计和裁剪样板制作
2	领用材料	根据每批产品材料耗用量，领用材料并用汽车从仓库运到生产车间
3	生产准备	每批产品（无论是西服还是夹克）投产前的生产线和设备的调整
4	裁剪布料	用电剪将布料裁成裁片
5	机器缝前后片	使用缝纫机将衣服的前后片缝制在一起
6	机器上领	使用缝纫机上衣领
7	机器上袖	使用缝纫机上衣袖
8	手工锁扣眼	用手工锁扣眼
9	手工钉扣	用手工钉纽扣
10	质量检验	对产品质量进行逐批逐件检验
11	车间管理	组织和管理车间生产，提供维修生产条件

需要说明的是，表 11-1 只是一个示例，实际上任何一个企业生产过程中的作业都会比表 11-1 中所列的作业数量多，认定 200～300 项作业并非罕见。

4．作业的分类

作业认定后，企业应当进行作业分类。企业可按照受益对象、层次和重要性，将作业分为以下五类。

（1）产量级作业是指明确地为个别产品（或服务）实施的、使单个产品（或服务）受益的作业。该类作业的数量与产品（或服务）的数量呈正比例变动，包括产品加工、检验等。

（2）批别级作业是指为一组（或一批）产品（或服务）实施的、使该组（或批）产品（或服务）受益的作业。该类作业的发生是由生产的批量数而不是单个产品（或服务）引起的，其数量与产品（或服务）的批量数呈正比变动，包括设备调试、生产准备等。

（3）品种级作业是指为生产和销售某种产品（或服务）实施的、使该种产品（或服务）的每个单位都受益的作业。该类作业用于产品（或服务）的生产或销售，但独立于实际产量或批量，其数量与品种的多少呈正比例变动，包括新产品设计、现有产品质量与功能改进、生产流程监控、工艺变换需要的流程设计、产品广告等。

（4）客户级作业是指为服务特定客户所实施的作业。该类作业保证企业将产品（或服务）销售给个别客户，但作业本身与产品（或服务）数量独立，包括向个别客户提供的技术支持活动、咨询活动、独特包装等。

（5）设施级作业是指为提供生产产品（或服务）的基本能力而实施的作业。该类作业是开展业务的基本条件，其使所有产品（或服务）都受益，但与产量或销量无关，包括管理作业、针对企业整体的广告活动等。

作业分类及其相关的作业动因示例如表 11-2 所示。

表 11-2　作业分类及作业动因示例

作业类别	具体作业动因示例
产量级作业	产品或零部件产量、机器工时、人工工时、耗电功率等
批别级作业	采购次数、机器调整次数、生产准备次数、材料或半成品转移次数、抽样检验次数等
品种级作业	按产品品种计算的图纸制作份数，按产品品种计算的生产工艺改变次数，模具、样板制作数量，计算机控制系统和产品测试程序的开发，按品种下达的生产计划书份数等
客户级作业	向个别客户提供的技术支持活动、咨询活动、独特包装等
设施级作业	设备数量、厂房面积等

5. 设计作业中心

从理论上讲，作业成本法可以将任何成本归属到明确的经济事项中去，即成本信息的精确度为100%。但一个企业服务于最终产品的作业非常多，选用的作业数越多，计算成本和监控成本也越高，不符合成本-效益原则。因此，需要在作业分类的基础上，设计作业中心，以减少计算作业成本和分配率的工作。

设计作业中心是指企业将认定的所有作业按照一定的标准进行分类，形成不同的作业中心，作为资源费用追溯或分配对象的过程。作业中心可以是由若干个相互联系的能够实现某种特定功能的作业的集合。纳入同一个作业中心的作业，必须同时具备两个条件：一是必须属于同一级作业；二是作业中心内的作业对于不同产品来说，有着大致相同（非相同）的消耗比率。例如，“调整设备”和“发放材料”属于同一级的两项作业——批别级作业。在每批产品投产前，都需要进行一次调整设备的作业，同时，还要进行一次向生产车间发放材料的作业。无论生产什么品种的产品，也无论是哪一批次的产品，对这两项作业都有着相同的消耗比率——“1 次/批”。因此，这两项作业可以纳入同一个作业中心。

需要指出的是，有些特殊或重点作业，可能无法与其他作业合并在一起，或者根据成本-效益原则，需要单独归集其所发生的成本。在这种情况下，也可以为某一项作业单独设计一个作业中心。

6. 检查作业动因与作业成本的相关程度

设计作业中心的过程，也就是作业动因的选择过程。当作业中心仅包含一种作业时，所选择的作业动因应该是引起该作业耗用的成本动因。作业动因的选择是否科学、合理，直接关系到作业成本分配是否准确。在确定了某一作业动因（如产品检验次数）作为分配基础后，据以计算成本库分配率并准备向有关产品分配成本时，实际上已默认了执行每一次作业的成本是相等的。但是，执行一次作业耗费的时间、单位时间耗费的资源完全相等的情况几乎没有，而是普遍存在差异。在作业中心由若干个作业集合而成的情况下，企业可采用回归分析法或分析判断法，分析比较各具体作业动因与该作业中心成本之间的相关关系，选择相关性最大的作业动因，即代表性作业动因，作为作业成本分配的基础。

在实务中，企业通常利用反映作业产出与作业总成本的一组历史数据，运用最小二乘法，建立一个反映作业总成本与作业产出之间线性关系的方程，并计算“可决系数（拟合优度）”或“相关系数”来进行测试。可决系数是指自变量（作业产出 X）变动占因变量（作业总成本 Y）变动的百分比，它是一个 0 与 1 之间的正数。可决系数越高，说明作业成本随作业动因变动的程度越高。可决系数为 1，作业成本随作业动因呈正比例变动。相关系数反映作业动因与作业成本之间的线性相关程度，在数值上，相关系数等于可决系数的平方根，为-1～1。

假定作业总成本（Y）与作业产出（X）之间建立的回归直线为：

$$Y=F+VX \tag{11-1}$$

则

$$V=\frac{n\sum(XY)-\sum X\sum Y}{n\sum X^2-(\sum X)^2} \tag{11-2}$$

则可决系数（R^2）和相关系数（r）的计算公式如下：

$$R^2=\frac{V(\sum XY-\sum X\frac{\sum Y}{n})}{\sum Y^2-\frac{(\sum Y)^2}{n}} \tag{11-3}$$

$$r=\sqrt{R^2} \tag{11-4}$$

【例 11-1】 皖巢公司缝纫车间按产品批别组织生产，并选择“批次”作为向每批产品分配“质量检验”作业成本的作业动因。2022 年 1～6 月份每月作业产出和作业中心的成本资料如表 11-3 所示。

表 11-3 皖巢公司缝纫车间 2022 年 1～6 月质量检验作业成本与作业产出检验批次资料

项 目	1 月	2 月	3 月	4 月	5 月	6 月
检验批次/次	12	16	15	11	12	13
质量检验成本/元	55	72	66	48	58	64

要求：计算该车间质量检验作业成本与作业产出检验批次之间的可决系数和相关系数。

（1）对已知资料进行加工、计算，并列表如表 11-4 所示。

表 11-4 可决系数数据加工计算表

月 份	X	Y	XY	X^2	Y^2
1 月	12	55	660	144	3 025
2 月	16	72	1 152	256	5 184
3 月	15	66	990	225	4 356
4 月	11	48	528	121	2 304
5 月	12	58	696	144	3 364
6 月	13	64	832	169	4 096
n=6	$\sum X$=79	$\sum Y$=363	$\sum XY$=4 858	$\sum X^2$=1 059	$\sum Y^2$=22 329

（2）将加工计算的资料代入式（11-2）～式（11-4），则

$$V=\frac{n\sum(XY)-\sum X\sum Y}{n\sum X^2-(\sum X)^2}=\frac{6\times4\,858-79\times363}{6\times1\,059-79^2}\approx4.17$$

$$R^2=\frac{V\left(\sum XY-\sum X\frac{\sum Y}{n}\right)}{\sum Y^2-\frac{(\sum Y)^2}{n}}=\frac{4.17\times(4\,858-79\times363\div6)}{22\,329-363^2\div6}\approx0.89$$

$$r=\sqrt{R^2}=\sqrt{0.89}\approx0.94$$

在例 11-1 中，可决系数为 0.89，说明质量检验作业成本的变动有 89%是随作业动因（检验次数）而变动的，有 11%受其他因素影响，一般来说是比较不错的；相关系数为 0.94，说明质量检验作业成本与作业动因（检验次数）之间的线性相关程度较高，以检验的批次作为作业动因是比较好的选择。

需要指出的是，可决系数的好坏没有明确的界限，而往往取决于该项作业成本在产品成本中所占的比重以及是否为管理者所重点关注等主观因素。对产品成本影响较大或为管理者所关注需要重点分析研究的作业，可决系数要求高一些；对于非重点作业则不一定要求很高。

一般来说，如果可决系数和相关系数均比较低，则说明所选择的作业动因不是引起总成本变动的主要因素，或者说作业动因与作业总成本之间的相关程度较低，可能存在着其他更能直接影响作业总成本变动的作业动因。因此，在可决系数和相关系数计算结果较低的情况下，应重新考虑使用其他作业动因作为成本分配的基础。

作业动因（即作业量的计量单位）分为交易动因、持续时间动因和强度动因三类。交易动因是指用执行频率或次数计量的成本动因，包括接受或发出订单数、处理收据数等，假定执行每次作业的成本（包括耗用的时间和单位时间耗用的资源）是相等的。持续时间动因是指用执行时间计量的成本动因，包括产品安装时间、检查小时等，它假定执行作业的单位时间内耗用的资源是相等的。强度动因是指不易按照频率、次数或执行时间进行分配而需要直接衡量每次执行所需资源的成本动因，包括特别复杂产品的安装、质量检验等，它假定执行每次作业的成本（包括耗用的时间和单位时间耗用的资源）是不相等的。

企业如果每次执行所需要的资源数量相同或接近，应选择交易动因；如果每次执行所需要的时间存在显著的不同，应选择持续时间动因；如果作业的执行比较特殊或复杂，应选择强度动因。在上述三类作业动因中，交易动因计算的精确度最差，但其实施作业成本法的成本最低；强度动因计算的精确度最高，但其实施作业成本法的成本最高；而持续时间动因计算的精确度和实施成本则居中。对于选择的作业动因，企业应采用相应的方法和手段进行计量，以取得作业动因量的可靠数据。

二、作业成本分配

作业成本分配是指企业将各作业中心的作业成本按作业动因分配至产品等成本对象，并结合直接追溯的资源费用，计算出各成本对象的总成本和单位成本的过程。作业成本分配一般按照以下两个程序进行。

1. 次要作业成本分配

企业应按照各主要作业耗用每一次要作业的作业动因量，将次要作业的总成本分配至各主要作业，并结合直接追溯至主要作业的资源费用，计算各主要作业的总成本和单位成本。有关计算公式如下：

次要作业成本分配率=次要作业总成本÷该作业动因总量　　(11-5)

某主要作业分配的次要作业成本=该主要作业耗用的次要作业动因量×该次要作业成本分配率　　(11-6)

主要作业总成本=直接追溯至该作业的资源费用+分配至该主要作业的次要作业成本之和　　(11-7)

主要作业单位成本=主要作业总成本÷该主要作业动因总量　　(11-8)

次要作业成本分配率的计算一般有实际次要作业成本分配率和预算次要作业成本分配率两种方

法。实际次要作业成本分配率一般适用于次要作业动因总量比较稳定的企业。其优点是以此计算的次要作业成本就是实际成本，不存在需要分配实际次要作业成本与预计次要作业成本之间的差异问题。其主要缺点有：一是次要作业成本资料只能在会计期末才能得到，因而不能随时提供进行决策的有关成本信息；二是不同会计期间次要作业成本不同（如夏季防暑降温费用的支出、冬季取暖费用的支出等的影响）、次要作业需求量（季节性的设备检修、销售的旺季与淡季的影响）不同，因而造成实际次要作业成本分配率的波动，从而影响主要作业成本的波动；三是容易忽视次要作业需求变动对主要作业成本的影响，不利于分清造成主要作业成本高低的责任归属。这种分配率适用于各项预算次要作业成本分配率不够准确、次要作业成本差异额较大的情况。

预算次要作业成本分配率是根据预算年度预计的次要作业成本和次要作业动因总量计算的分配率。一般来说，预算年度的预计次要作业动因总量，反映了主要作业的实际消费需求水平。预计次要作业成本分配率的主要优点有：一是便于随时提供决策所需的成本信息；二是可以避免产生次要作业成本变动和次要作业动因总量不足而引起的主要作业成本波动；三是有利于及时查清主要作业成本升高的原因。

按预算次要作业成本分配率向各主要作业分配次要作业成本，各项次要作业成本差异应当于会计期末进行调整，计算各项次要作业成本差异率，将该项次要作业的已分配成本调整为实际成本。在各项预算次要作业成本分配率比较准确、次要作业成本差异额较小的情况下，为简化次要作业成本的分配工作，可以将各项次要作业成本差异额直接计入当期营业成本（已销产品销售成本）。

2. 主要作业成本分配

企业应按照各成本对象耗用每一主要作业的作业动因量，将主要作业成本分配至各成本对象，并结合直接追溯至成本对象的单位水平资源费用，计算各成本对象的总成本和单位成本。有关计算公式如下：

某成本对象分配的主要作业成本=该成本对象耗用的主要作业成本动因量×主要作业单位成本 （11-9）

某成本对象总成本=直接追溯至该成本对象的资源费用+分配至该成本对象的主要作业成本之和 （11-10）

某成本对象单位成本=该成本对象总成本÷该成本对象的产出量 （11-11）

主要作业单位成本也有实际主要作业单位成本和预算主要作业单位成本两种。其区别与实际次要作业成本分配率与预算次要作业成本分配率两者区别类似，这里不再赘述。

三、作业成本信息报告

企业应当根据内部管理的需要，设计、编制和报送具有特定内容和格式要求的作业成本报告，向企业内部各有关部门和人员提供其所需要的作业成本及其他相关信息。作业成本报告提供的信息一般应包括以下内容。

（1）企业拥有的资源及其分布以及当期发生的资源费用总额及其具体构成的信息；

（2）每一成本对象总成本、单位成本及其消耗的作业类型、数量，单位作业成本的信息，以及产品盈利性分析的信息；

（3）每一作业或作业中心的资源消耗及其数量、成本以及作业总成本与单位成本的信息；

（4）与资源成本分配所依据的资源动因以及作业成本分配所依据的作业动因相关的信息；

（5）资源费用、作业成本以及成本对象成本预算完成情况及其原因分析的信息；

（6）有助于作业、流程、作业链（或价值链）持续优化的作业效率、时间和质量等方面的非财务信息；

（7）有助于促进客户价值创造的有关增值作业与非增值作业的成本信息及其他信息；

（8）有助于业绩评价与考核的作业成本信息及其他相关信息；

（9）上述各类信息的历史或同行业比较信息。

任务三　设置作业成本法的账户

如前所述，作业成本不仅可以提供成本核算的有关信息，而且把作业成本纳入账簿体系，可以提高成本计算的质量和效率，发挥作业成本的更大功效。作业成本法仍然可以与品种法、分批法和分步法等基本方法结合起来使用。作业成本法下所使用的会计账户，从一级会计账户来看与传统成本计算方法没有差别，即“生产成本”“制造费用”（名称可改为“作业成本”）等账户。但“生产成本”和“制造费用”（或“作业成本”）的明细账户有着明显的区别，现简要介绍如下。

一、设置生产成本账户

“生产成本”账户可以不再分为“基本生产成本”和“辅助生产成本”两个明细账户，这是因为辅助生产可以视为一项作业，辅助生产的成本可以通过设置一个或几个成本库进行归集。辅助生产成本的分配，可以视为一项作业的成本向其他作业的分配。以产品的品种或批别作为成本计算对象（即按品种法或分批法计算产品成本）的企业，在“生产成本”账户下直接设置明细账；以产品的生产步骤为成本计算对象（即按分步法计算产品成本）的企业，其二级账户可按产品的生产步骤设置明细账。明细账内按“直接材料”“直接人工”“作业成本”设置专栏。当直接材料、直接人工等直接成本发生时，根据有关凭证，直接记入“生产成本”总账及所属各明细账户中的“直接材料”和“直接人工”专栏；月末，根据各有关作业分配转来的作业成本记入“作业成本”栏。按照一定的方法在本月完工产品与月末在产品之间进行成本分配后，将本月完工产品成本从“生产成本”总账及所属各明细账户的贷方，转入“库存商品”账户。

二、设置作业成本账户

“制造费用”账户可以改称为“作业成本”账户。除了按生产步骤计算成本的企业之外，“作业成本”账户可以不按生产部门（分公司或车间）设置二级账户，而是按作业成本库的名称设置二级账户。按作业成本库的名称设置二级账户，账内按作业耗用的各项资源的名称设置专栏，如机物料消耗、职工薪酬、固定资产折旧、办公费、水电费、停工损失等。专栏的名称应尽量与《企业会计准则》及其应用指南规定的制造费用明细项目名称相一致，以便对外提供财务报告时，将作业所耗用的各项资源成本，还原为制造费用。如果《企业会计准则》及其应用指南所规定的项目不能涵盖作业所耗资源成本的内容，可以增设专栏，但在编制对外财务报告时，须将增设专栏项下的内容归并到《企业会计准则》及其应用指南规定的有关项目中。

各项作业成本发生时，根据有关会计凭证，以及所耗资源的内容，记录到“作业成本”各有关二级账户的相应专栏内。月末，根据当期各二级账户中记录的作业成本发生额累计数，得出每个作业成本库实际发生的成本。采用实际作业成本分配率分配作业成本的，还需根据当月作业的实际产出和作业成本二级账户发生额累计数，计算作业成本分配率。同时，根据各有关产品实际耗用的作业动因数量，将作业成本从“作业成本”账户及其所属各二级账户的贷方结转到“生产成本”账户及其所属各明细账户。采用预算（或正常）作业成本分配率分配作业成本的，月末首先按预算（正常）作业成本分配率和产品耗用的作业动因数量，计算各有关产品的已分配作业成本，并按已分配作业成本的数额从“作业成本”账户及其所属各明细账户的贷方结转到“生产成本”账户及各明细账户。已分配作业成本与当期作业成本发生额累计数之间的差额，或者直接从“作业成本”账户及其所属各明细账户的贷方（或借方）转入当期“主营业务成本”账户的借方（或贷方），或者利用这一差额计算作业成本差异率，将差额再一次分配给各有关产品。

需要指出的是，其他相关账户的使用，作业成本法与传统成本计算方法没有大的区别，只不过是核算对象不再是制造费用，而是根据有关费用的具体内容将费用分配到有关成本库，或者从有关成本库计提。

任务四　应用作业成本法

一、应用作业成本法的案例

【例11-2】 皖巢公司的服装生产分为三个步骤进行，第一个生产步骤是备料（备料车间，包括各种布匹的整理、选配）；第二个生产步骤为缝纫（缝纫车间，包括裁剪、机器缝纫、手工锁扣眼、手工钉扣、检验等，其中机器缝纫分为缝前后片、上领、上袖等作业）；第三个生产步骤为包装（包装车间，包括熨烫、配号、包装等）。该公司按逐步结转分步法计算产品成本。假定缝纫车间步骤的在产品均采用约当产量比例计价法计量，原材料在缝纫车间开始生产时一次投入，加工成本陆续发生，且月末在产品的加工程度均为50%。该公司决定从2022年7月1日起首先在缝纫车间试行作业成本法，该车间只生产夹克和西服两种产品。

要求：采用作业成本法计算缝纫车间产品成本。

皖巢公司缝纫车间采用作业成本法计算产品成本的过程如下。

（1）首先对缝纫车间西服和夹克两种产品在生产过程中所执行的各项作业逐一进行分析和认定，并列出作业清单（如表11-1所示）。

（2）建立同质组和成本库。

经过对作业清单中各项作业的分析，该公司确定如下作业同质组和成本库。

① 样板制作作业——作业1。经分析，样板制作作业是一项重要作业，且无法与其他作业合并，决定为该项作业单独建立一个成本库。该车间生产的西服分S、M、L三个型号，夹克分S、M、L、XL、XXL五个型号，每种型号的产品每个月都需生产。每种型号的产品平均每月需消耗一套样板。该项作业耗用的资源主要是人工工时、计算机系统使用时间、消耗性材料等。无论是西服还是夹克，都是按照产品的型号制作样板，而且每一型号西服、夹克的样板制作所耗用的成本大致相同，因此，该项作业属于产品水准作业。

② 生产准备作业——作业2。材料发放作业、生产准备作业和裁剪作业属于产品投产前或投产前期的作业，而且每批产品投产都必然发生一次。该三项作业同属于批量水准作业，而且对不同产品的消耗比例相同，因而可以将该三项作业合并为一项作业，即生产准备作业；并使用同一个作业动因，即产品投产的批次数；建立一个成本库，可称为生产准备成本库。该项作业耗用的资源是：人工、运输设备、裁剪设备、仪器仪表、能源（燃料汽油和动力）和机物料消耗。

③ 机器缝纫作业——作业3。机器缝前后片、上领、上袖三项作业都同样使用缝纫机，在传统成本计算方法下，这三项作业都以机器工时向西服和夹克两种产品分配加工成本。该三项作业

同属于单位水准作业，同时，根据历史资料分析，西服、夹克耗用该三项作业（按工时计算）的比率大致相同，分别为60%和40%。因此，也可将该三项作业合并为一个同质组，建立一个成本库。该项作业机械化、自动化程度较高，设备折旧在该成本库中所占比重较大；而耗用人工工时较少，职工薪酬所占比重较小，同时职工薪酬及其他间接成本（机物料消耗、动力用电、缝纫线等）与机器开动时间高度相关。因此，使用机器工时作为作业动因。

④ 手工钉扣、锁扣眼作业——作业4。手工钉扣、锁扣眼均是劳动密集型作业，耗用工时较多，成本中职工薪酬含量较高。该两项作业同属于单位水准作业，且西服、夹克两种产品的消耗比率大致相同，分别为70%和30%。因此，可以纳入一个同质组，建立一个成本库。由于人工工时成本是该项作业的主要成本，其他成本如耗用的缝纫线等材料的成本与人工工时相关，因此，采用人工工时为作业动因。

⑤ 质量检验作业——作业5。检验作业是一项独立的作业，单独设置成本库。该项作业耗费的主要是人工工时，其成本主要是人工薪酬和少量的物料消耗。由于每批产品（无论是西服还是夹克）产量不同，而且需要逐件进行检验，所以，检验每批产品的时间长短会不一样。因此，该项作业不宜采用业务动因，而更适合采用持续动因。据此，该企业对检验作业以检验的时间作为作业动因。

⑥ 车间管理作业——作业6。车间管理是一项维持性作业，难以划清为哪种产品所消耗。该项作业所耗资源的成本主要是：管理人员的薪酬、厂房折旧、照明、取暖费用等。鉴于该项作业是一项维持性作业，且耗用成本不高，故采用分摊的办法，按照承受能力原则，以各种产品的预计销售量乘以预计单价作为分配基础，分配该项作业成本。

（3）作业成本与作业动因相关性的检查。

按照作业成本法的程序，确定成本库和作业动因后，对成本库成本与成本动因之间是否存在明显的因果关系，应当利用可决系数和相关系数两项指标进行相关性测试。由于传统的成本计算系统往往不能全面提供测试所需资料，该公司在实施作业成本法之初，进行该项工作具有一定困难。因此，这项工作也可待作业成本法实施一段时间后再进行。在后期进行作业成本法与作业动因的相关性检查中，如果发现某些成本库成本与所选择的作业动因之间的可决系数和相关系数较低，说明这些成本库中的某些作业缺乏同质性或同质性较低，需要调整这些成本库中的作业，并重新计算可决系数和相关系数，直至满意。可决系数和相关系数的具体计算方法，如例11-1所示。

（4）设置成本计算账户及有关明细账户。

由于该公司目前仅在缝纫车间试行作业成本法，并未改变整个公司的成本计算系统，因而只需对缝纫车间在成本计算中使用的有关会计账户进行调整，设置适用作业成本法所必需的会计账户及其明细账户。

① 重新设置“生产成本”账户并登记期初余额。在该账户下按西服和夹克两种产品设置明细账，并在各明细账内分别设置“直接材料”“直接人工”“作业成本”等专栏。假定西服和夹克两种产品的生产成本期初余额分别为193 700元（其中直接材料为134 000元、作业成本为59 700元）和215 300元（其中直接材料为126 000元、作业成本为89 300元）。生产成本明细账的格式如表11-17、表11-18所示。

② 设置“作业成本”账户，取代原来的“制造费用”账户。在该账户下按作业成本库名称设置“样板制作”“生产准备”“机器缝纫”“手工钉扣、锁扣眼”“质量检验”“车间管理”6个明细账，并在各明细账内分别按作业耗用资源成本的名称设置“机物料消耗”“职工薪酬”“固定资产折旧”“燃料和动力”“办公费”“水电费”“取暖费”等专栏。作业成本明细账格式如表11-10～表11-15所示。

（5）作业成本的计算。

① 根据缝纫车间本期发生的生产费用，编制有关要素费用分配表。

根据2022年7月份领退料凭证汇总，编制原材料费用分配表，如表11-5所示。

表11-5　缝纫车间材料费用分配表

单位：元　　　　2022年7月　　　　附单据8张

应借账户			直接计入			间接计入		合　计
总账账户	明细账户	资源项目	成本	差异率	成本差异	成本	成本差异	
生产成本	缝纫车间（西服）	直接材料	800 000			236 000		1 036 000
	缝纫车间（夹克）	直接材料	400 000			104 000		504 000
	小　计		1 200 000			340 000		1 540 000
作业成本	样板制作（作业1）	机物料消耗				8 000		8 000
	生产准备（作业2）	机物料消耗				6 000		6 000
		燃料和动力				50 000		50 000
	机器缝纫（作业3）	机物料消耗				2 000		2 000
		材料费				40 000		40 000
	手工钉扣、锁扣眼（作业4）	材料费				1 600		1 600
	质量检验（作业5）	机物料消耗				9 600		9 600
	小　计					117 200		117 200
合　计			1 200 000			457 200		1 657 200

会计主管：　　　　审核：　　　　制单：

由于该公司缝纫车间实行的是计时工资，人工成本属于间接成本，并已将人工成本全部分配到各有关作业中，因此没有直接人工成本发生。

根据2022年7月份工资结算单等凭证汇总编制工薪费用分配表，如表11-6所示。

表11-6　缝纫车间工薪费用分配表

单位：元　　　　2022年7月　　　　附单据2张

应借账户			直接计入	间接计入	合　计
总账账户	明细账户	成本项目			
作业成本	样板制作（作业1）	职工薪酬	94 000		94 000
	生产准备（作业2）	职工薪酬	100 000		100 000
	机器缝纫（作业3）	职工薪酬	7 000		7 000
	手工钉扣、锁扣眼（作业4）	职工薪酬	280 000		280 000
	质量检验（作业5）	职工薪酬	140 000		140 000
	车间管理（作业6）	职工薪酬	22 000		22 000
合　计			643 000		643 000

会计主管：　　　　审核：　　　　制单：

根据电力有关资料，编制外购电力费用分配表，如表11-7所示。

表 11-7　缝纫车间外购电力费用分配表

单位：元　　　　　　　　　　2022 年 7 月　　　　　　　　　　附单据 7 张

应借账户			直接计入			间接计入	合　计
总账账户	明细账户	资源项目	电表记录/千瓦时	电费分配率/（元/千瓦时）	分配额		
作业成本	样板制作（作业 1）	燃料和动力				20 000	20 000
		水电费				4 000	4 000
	生产准备（作业 2）	燃料和动力	189 000			100 000	100 000
	机器缝纫（作业 3）	燃料和动力				100 000	100 000
	车间管理（作业 6）	水电费				2 800	2 800
合　计			189 000	1.20		226 800	226 800

会计主管：　　　　　　　　　　审核：　　　　　　　　　　制单：

根据有关固定资产折旧计算表资料，编制固定资产折旧费用分配表，如表 11-8 所示。

表 11-8　缝纫车间固定资产折旧费用分配表

单位：元　　　　　　　　　　2022 年 7 月　　　　　　　　　　附单据 5 张

应借账户			上月应提折旧额	本月折旧调整额	上月增加固定资产本月应提折旧额	上月减少固定资产上月应提折旧额	本月应提折旧额
总账账户	明细账户	资源项目					
作业成本	样板制作（作业 1）	折旧费	32 000				32 000
	生产准备（作业 2）	折旧费	140 000				140 000
	机器缝纫（作业 3）	折旧费	400 000				400 000
	车间管理（作业 6）	折旧费	240 000				240 000
合　计			812 000				812 000

会计主管：　　　　　　　　　　审核：　　　　　　　　　　制单：

根据其他有关费用资料，编制其他费用分配表，如表 11-9 所示。

表 11-9　缝纫车间其他费用分配表

单位：元　　　　　　　　　　2022 年 7 月　　　　　　　　　　附单据 4 张

应借账户			直接计入	间接计入	合　计	备　注
总账账户	明细账户	资源项目				
作业成本	样板制作（作业 1）	水电费		2 000	2 000	银付
	车间管理（作业 6）	办公费	5 000		5 000	银付
		取暖费	3 000		3 000	银付
		水电费		2 000	2 000	银付
合　计			8 000	4 000	12 000	

会计主管：　　　　　　　　　　审核：　　　　　　　　　　制单：

② 根据上述各项要素费用分配表，分别登记生产成本明细账（如表 11-17、表 11-18 所示）和作业成本明细账（如表 11-10～表 11-15 所示）。

表 11-10　作业成本明细账

作业名称：样板制作（作业1）　　单位：元

2022年		凭证字号	摘　要	资源项目					合　计
月	日			机物料消耗	职工薪酬	折旧费	燃料和动力	水电费	
7	31	×	表 11-5	8 000					8 000
7	31	×	表 11-6		94 000				94 000
7	31	×	表 11-7				20 000	4 000	24 000
7	31	×	表 11-8			32 000			32 000
7	31	×	表 11-9					2 000	2 000
7	31	×	表 11-16	8 000	94 000	32 000	20 000	6 000	160 000

表 11-11　作业成本明细账

作业名称：生产准备（作业2）　　单位：元

2022年		凭证字号	摘　要	资源项目					合　计
月	日			机物料消耗	职工薪酬	折旧费	燃料和动力	水电费	
7	31	×	表 11-5	6 000			50 000		56 000
7	31	×	表 11-6		100 000				100 000
7	31	×	表 11-7				100 000		100 000
7	31	×	表 11-8			140 000			140 000
7	31	×	表 11-16	6 000	100 000	140 000	150 000		396 000

表 11-12　作业成本明细账

作业名称：机器缝纫（作业3）　　单位：元

2022年		凭证字号	摘　要	资源项目					合　计
月	日			机物料消耗	职工薪酬	折旧费	燃料和动力	材料费	
7	31	×	表 11-5	2 000				40 000	42 000
7	31	×	表 11-6		7 000				7 000
7	31	×	表 11-7				100 000		100 000
7	31	×	表 11-8			400 000			400 000
7	31	×	表 11-16	2 000	7 000	400 000	100 000	40 000	549 000

表 11-13　作业成本明细账

作业名称：手工钉扣、锁扣眼（作业4）　　单位：元

2022年		凭证字号	摘　要	资源项目					合　计
月	日			材料费	职工薪酬	折旧费	燃料和动力	水电费	
7	31	×	表 11-5	1 600					1 600

续表

2022年		凭证字号	摘　要	资源项目					合　计
月	日			材料费	职工薪酬	折旧费	燃料和动力	水电费	
7	31	×	表11-6		280 000				280 000
7	31	×	表11-16	1 600	280 000				281 600

表11-14　作业成本明细账

作业名称：质量检验（作业5）　　单位：元

2022年		凭证字号	摘　要	资源项目					合　计
月	日			机物料消耗	职工薪酬	折旧费	燃料和动力	水电费	
7	31	×	表11-5	9 600					9 600
7	31	×	表11-6		140 000				140 000
7	31	×	表11-16	9 600	140 000				149 600

表11-15　作业成本明细账

作业名称：车间管理（作业6）　　单位：元

2022年		凭证字号	摘　要	资源项目					合　计
月	日			办公费	职工薪酬	折旧费	取暖费	水电费	
7	31	×	表11-6		22 000				22 000
7	31	×	表11-7					2 800	2 800
7	31	×	表11-8			240 000			240 000
7	31	×	表11-9	5 000			3 000	2 000	10 000
7	31	×	表11-16	5 000	22 000	240 000	3 000	4 800	274 800

③ 根据上述各项作业成本明细账本月发生额和各项作业动因产出数量的记录资料，编制各项作业成本分配表，如表11-16所示。

表11-16　缝纫车间各项作业成本分配表（实际作业成本分配率）

2022年7月　　单位：元

项　目		样板制作（作业1）	生产准备（作业2）	机器缝纫（作业3）	手工钉扣、锁扣眼（作业4）	质量检验（作业5）	车间管理（作业6）	合　计
本月作业成本发生额		160 000	396 000	549 000	281 600	149 600	274 800	1 811 000
作业动因	产品型号/型号数	8						—
	生产准备次数/次		11					—
	机器工时/小时			4 500				—
	人工工时/小时				14 080			—
	检验时间/小时					176		—
	实际产量×预计单价						4 580 000	—

续表

项 目	样板制作（作业1）	生产准备（作业2）	机器缝纫（作业3）	手工钉扣、锁扣眼（作业4）	质量检验（作业5）	车间管理（作业6）	合 计
实际作业成本分配率	20 000	36 000	122	20	850	0.06	—
西服耗用作业动因数量	3	3	2 800	8 000	94	3 180 000	—
夹克耗用作业动因数量	5	8	1 700	6 080	82	1 400 000	—
西服分配的作业成本	60 000	108 000	341 600	160 000	79 900	190 800	940 300
夹克分配的作业成本	100 000	288 000	207 400	121 600	69 700	84 000	870 700
本月分配的作业成本合计	160 000	396 000	549 000	281 600	149 600	274 800	1 811 000

会计主管：　　审核：　　制单：

需要指出的是，由于该公司缝纫车间决定从2022年7月1日起采用作业成本法计算产品成本，在实施作业成本法之初，制定预算（或正常）作业成本分配率的有关资料不完备，因而在表11-16中按实际作业成本分配率分配作业成本。

④ 根据上述各项作业成本分配表（表11-16），分别登记作业成本明细账（如表11-10～表11-15所示）和生产成本明细账（如表11-17、表11-18所示）。

表11-17　生产成本明细账

生产部门：缝纫车间　　半成品名称：西服

2022年		凭证字号	摘 要	成本项目			合 计
月	日			直接材料	直接人工	作业成本	
6	30		月末在产品成本	134 000		59 700	193 700
7	31	×	表11-5分配材料费用	1 036 000			1 036 000
7	31	×	表11-16分配作业成本			940 300	940 300
7	31	×	表11-19结转完工半产品成本	1 080 000		960 000	2 040 000

⑤ 根据上述生产成本明细账（如表11-17、表11-18所示）及有关资料，编制产品成本计算单分别如表11-19、表11-20所示。假定该公司缝纫车间2022年7月西服和夹克完工半成品分别为1 200套和700件，月末在产品分别为100套和200件。

表11-18　生产成本明细账

生产部门：缝纫车间　　半成品名称：夹克

2022年		凭证字号	摘 要	成本项目			合 计
月	日			直接材料	直接人工	作业成本	
6	30		月末在产品成本	126 000		89 300	215 300
7	31	×	表11-5分配材料费用	504 000			504 000
7	31	×	表11-16分配作业成本			870 700	870 700
7	31	×	表11-20结转完工半产品成本	490 000		840 000	1 330 000

表 11-19　缝纫车间产品成本计算单（在产品按约当产量比例计价法）

品名：西服半成品　　2022 年 7 月　　单位：元

项　目	直接材料	直接人工	作业成本	合　计
月初在产品成本	134 000		59 700	193 700
本月发生的生产成本	1 036 000		940 300	1 976 300
本月生产成本合计	1 170 000		1 000 000	2 170 000
本月完工产品产量/套	1 200		1 200	—
月末在产品产量/套	100		100	—
月末在产品完工程度	100%		50%	—
月末在产品约当产量/套	100		50	—
本月生产成本分配率/（元/套）	900		800	—
本月完工产品成本	1 080 000		960 000	2 040 000
本月完工产品单位成本/（元/套）	900		800	1 700
月末在产品成本	90 000		40 000	130 000

会计主管：　　审核：　　制单：

表 11-20　缝纫车间产品成本计算单（在产品按约当产量比例计价法）

品名：夹克半成品　　2022 年 7 月　　单位：元

项　目	直接材料	直接人工	作业成本	合　计
月初在产品成本	126 000		89 300	215 300
本月发生的生产成本	504 000		870 700	1 374 700
本月生产成本合计	630 000		960 000	1 590 000
本月完工产品产量/件	700		700	—
月末在产品产量/件	200		200	—
月末在产品完工程度	100%		50%	—
月末在产品约当产量/件	200		100	—
本月生产成本分配率/（元/件）	700		1 200	—
本月完工产品成本	490 000		840 000	1 330 000
本月完工产品单位成本/（元/件）	700		1 200	1 900
月末在产品成本	140 000		120 000	260 000

会计主管：　　审核：　　制单：

⑥ 根据上述产品成本计算单（如表 11-19、表 11-20 所示），分别登记生产成本明细账如表 11-17、表 11-18 所示。

需要指出的是，按实际作业成本分配率分配作业成本，往往不能及时获得有关成本信息，而且由于不同时期作业产出和作业成本的变动容易引起产品成本的波动，不便于决策。因此，该公司在实施作业成本法一段时间，具备了制定预算作业成本分配率的相关资料数据后，最好按预算作业成本分配率分配作业成本。

（6）按预算作业成本分配率分配作业成本。

按预算作业成本分配率与按实际作业成本分配率分配作业成本、计算产品成本的主要区别在于作业成本的分配方法和已分配作业成本的调整，除此之外，二者没有区别。

① 作业成本分配表的编制。

【例 11-3】 承例 11-2 资料，假定该公司缝纫车间实施作业成本法半年后，由于具备了制定预算作业成本分配率的资料数据，缝纫车间 2023 年制定的各项作业成本的预算分配率如表 11-21 所示。2023 年 1 月份，缝纫车间各项作业成本明细账发生额和作业动因产出数量如表 11-22 所示。

表 11-21　缝纫车间各项作业成本预算分配率

2023 年

项　目	样板制作（作业 1）	生产准备（作业 2）	机器缝纫（作业 3）	手工钉扣、锁扣眼（作业 4）	质量检验（作业 5）	车间管理（作业 6）
作业动因名称	样板数量	投产批次	机器工时	人工工时	检验时间	产量×预算单价
预算分配率	21 000	35 000	120	20	840	0.05

会计主管：　　　　审核：　　　　制单：

表 11-22　缝纫车间各项作业成本明细账累计发生额和作业动因产出数量

2023 年 1 月　　　　单位：元

项　目	样板制作（作业 1）	生产准备（作业 2）	机器缝纫（作业 3）	手工钉扣、锁扣眼（作业 4）	质量检验（作业 5）	车间管理（作业 6）	合　计
作业成本	163 968	414 120	554 796	290 870	149 688	262 340	1 835 782
作业动因数量	8	12	4 670	14 500	14 500	5 045 000	—
其中：西服耗用	3	4	2 970	8 400	8 400	3 445 000	—
夹克耗用	5	8	1 700	6 100	6 100	1 600 000	—

会计主管：　　　　审核：　　　　制单：

要求：采用预算作业成本分配率分配作业成本。

根据表 11-21 和表 11-22 中的资料编制各项作业成本分配表，如表 11-23 所示。

表 11-23　缝纫车间各项作业成本分配表（预算作业成本分配率）

2023 年 1 月　　　　单位：元

项　目		样板制作（作业 1）	生产准备（作业 2）	机器缝纫（作业 3）	手工钉扣、锁扣眼（作业 4）	质量检验（作业 5）	车间管理（作业 6）	合　计
本期实际发生作业成本		163 968	414 120	554 796	290 870	149 688	262 340	1 835 782
作业动因	样板数量/个	8						—
	投产批次/次		12					—
	机器工时/小时			4 670				—
	人工工时/小时				14 500			—
	检验时间/小时					180		—
	实际产量×预计单价						5 045 000	—
预算作业成本分配率		21 000	35 000	120	20	840	0.05	—
西服实际耗用作业量		3	4	2 970	8 400	100	3 445 000	—
夹克实际耗用作业量		5	8	1 700	6 100	80	1 600 000	—
已分配成本	西服分配的作业成本	63 000	140 000	356 400	168 000	84 000	172 250	983 650
	夹克分配的作业成本	105 000	280 000	204 000	122 000	67 200	80 000	858 200
	已分配成本合计	168 000	420 000	560 400	290 000	151 200	252 250	1 841 850

续表

项　目	样板制作（作业1）	生产准备（作业2）	机器缝纫（作业3）	手工钉扣、锁扣眼（作业4）	质量检验（作业5）	车间管理（作业6）	合　计
作业成本差异	-4 032	-5 880	-5 604	870	-1 512	10 090	-6 068
作业成本差异率	-2.40%	-1.40%	-1.00%	0.30%	-1.00%	4.00%	—
西服分配的作业成本差异	-1 512	-1 960	-3 564	504	-840	6 890	-482
夹克分配的作业成本差异	-2 520	-3 920	-2 040	366	-672	3 200	-5 586

会计主管：　　　　　　　　　　审核：　　　　　　　　　　制单：

② 相关账务处理。

【例 11-4】 承例 11-3 资料。

要求：做出采用预算作业成本分配率分配作业成本的账务处理。

按预算（或正常）作业成本分配率分配作业成本时，

借：生产成本——西服（作业成本）　　983 650

　　　　　　——夹克（作业成本）　　858 200

　贷：作业成本——缝纫车间　　1 841 850

对于按预算（或正常）作业成本分配率分配作业成本而产生的作业成本差异，如果是计算作业成本差异率将已分配作业成本调整为实际成本。则：

借：生产成本——西服（作业成本）　　482

　　　　　　——夹克（作业成本）　　5 586

　贷：作业成本——缝纫车间　　6 068

对于按预算（或正常）作业成本分配率分配作业成本而产生的作业成本差异，如果是将作业成本差异直接结转到当期的营业成本。则：

借：作业成本——缝纫车间　　6 068

　贷：主营业务成本　　6 068

二、应用作业成本法的探讨

作业成本法为解决在新制造环境下间接成本费用的分配问题提供了一条崭新的思路和一整套系统的方法。作业成本法的主要优点是：一是能够提供更加准确的各维度成本信息，有助于企业提高产品定价、作业与流程改进、客户服务等决策的准确性；二是改善和强化成本控制，促进绩效管理的改进和完善；三是推进作业基础预算，提高作业、流程、作业链（或价值链）管理的能力。其主要缺点是：部分作业的识别、划分、合并与认定，成本动因的选择以及成本动因计量方法的选择等均存在较大的主观性，操作较为复杂，开发和维护费用较高。作业成本法一般适用于具备作业类型较多且作业链较长，同一生产线生产多种产品，企业规模较大且管理层对产品成本准确性要求较高，产品、客户和生产过程多样化程度较高，间接或辅助资源费用所占比重较大等特征的企业。

为了实现作业成本法通过追踪所有资源费用到作业，然后再到流程、产品、分销渠道或客户等成本对象，提供全口径、多维度的更加准确的成本信息；通过作业认定、成本动因分析以及对作业效率、质量和时间的计量，更真实地揭示资源、作业和成本之间的联动关系，为资源的合理配置以及作业、流程和作业链（或价值链）的持续优化提供依据；通过作业成本法提供的信息及其分析，为企业更有效地开展规划、决策、控制、评价等各种管理活动奠定坚实基础等应用目标，企业应当拥有先进的计算机及网络技术，配备完善的信息系统，基于作业观，即企业作为一个为最终满足客户需要而设计的一系列作业的集合体，成立由生产、技术、销售、财务、信息等部门的相关人员构成的设计和实施小组，负责作业成本系统的开发设计与组织实施，及时、准确提供各项资源、作业、成本动因等方面的信息，为资源费用以及作业成本的追溯或分配提供合理的依据。

训练巩固

在线测试

思考题

1. 简述作业成本法的定义。
2. 简述作业成本法的理论依据。
3. 简述作业成本法的主要特点。
4. 作业如何认定？它又如何分类？
5. 如何建立作业中心？
6. 如何检查作业动因与作业成本的相关程度？
7. 如何确定作业成本分配率？
8. 简述作业成本法的账户设置。
9. 简述作业成本法的应用程序。

实训题

1．皖巢公司的电话车间主要生产无绳电话和传真电话两种产品，并试行作业成本计算系统，有关资料如下：

（1）2022年8月份制定的预算资料如表11-24所示。

表11-24　电话产品作业成本预算资料表

作业名称	作业动因	作业动因预算数	作业成本预算额/元
机器焊接	焊接工时	1 000 小时	30 000
调整设备	调整次数	300 次数	1 500 000
发放材料	生产批次	25 批次	62 500
质量抽检	抽检次数	400 次数	170 000
合　计	—	—	1 762 500

（2）2022年8月3日，该公司承接了甲客户购买2 000部无绳电话和500部传真电话的订单，有关的实际作业量如表11-25所示。

表11-25　电话产品实际作业动因产出资料表

产品名称	焊接工时/小时	调整次数/次数	生产批次/批次	抽检次数/次数
无绳电话	250	100	10	100
传真电话	500	200	20	200

（3）2022年8月31日，为甲客户加工的产品全部完工。8月份各项作业成本实际发生额如表11-26所示。

表 11-26　电话产品实际作业成本发生额资料表

单位：元

作业名称	机器焊接	设备调整	发放材料	质量抽检	合　计
作业成本实际发生额	23 850	1 440 000	76 500	128 775	1 669 125

要求：

（1）计算各项作业的预算作业成本分配率。

（2）按预算作业成本分配率分配作业成本。

（3）计算作业成本差异率。

（4）按作业成本差异率分配作业成本差异额。

（5）计算甲客户传真电话和无绳电话的实际作业总成本。

2．皖巢公司的第五生产车间只生产 A、B、C 三种产品。本月投产 A、B、C 三种产品的产量分别为 1 000 件、2 000 件、3 000 件；本月发生制造费用总额为 1 000 000 元，其中机器运转费用（与机器工时有关）420 000 元，生产准备费用（与生产班次有关）180 000 元，材料整理、质量保证及包装费用（与产量有关）240 000 元，综合能力维持费用（与直接人工工时有关）160 000 元。其他有关产品成本的资料如表 11-27 所示。

表 11-27　A、B、C 三种产品成本资料表

项　　目	A　产　品	B　产　品	C　产　品
直接材料成本/（元/件）	100	200	300
直接人工成本/（元/小时）	30	30	30
准备工时成本/（元/小时）	30	30	30
生产班次/个	2	4	3
直接人工工时/（小时/件）	4	3	2
生产准备工时/（小时/次）	10	10	10
机器工时/（小时/件）	1	2	3

要求：

（1）采用全部成本法分别计算 A、B、C 三种产品总成本和单位成本（假定制造费用按直接人工工时比例分配）。

（2）采用作业成本法分别计算 A、B、C 三种产品总成本和单位成本。

项目十二　绩 效 管 理

【学习导航】

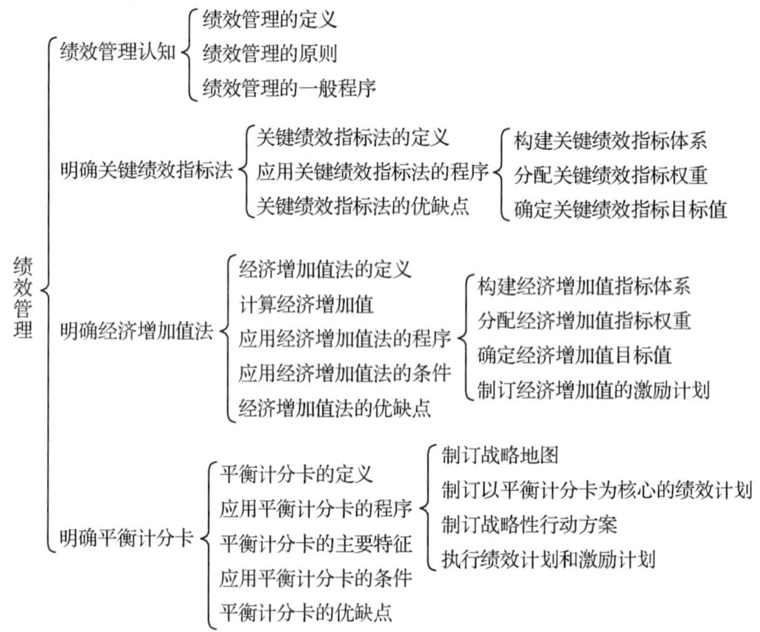

【学习目标】

☆ 理解绩效管理的定义及其主要原则
☆ 理解绩效管理工具方法的应用程序
☆ 理解关键绩效指标法的定义、应用程序及优缺点
☆ 理解经济增加值法的定义、应用程序及优缺点
☆ 掌握各种经济增加值的计算
☆ 理解平衡计分卡的定义及其基本内容
☆ 理解平衡计分卡的主要特征和实施步骤
☆ 培育业财融合的创新创业能力

【引言导读】

为了实现愿景和战略，现代企业应当加强绩效管理。绩效管理领域应用的管理会计工具方法，一般包括关键绩效指标法、经济增加值法、平衡计分卡、股权激励等。企业可根据自身战略目标、业务特点和管理需要，结合不同工具方法的特征及适用范围，选择一种适合的绩效管理工具方法单独使用，也可选择两种或两种以上的工具方法综合运用。本项目在阐述绩效管理基本概念的基础上，重点讲述关键绩效指标法、经济增加值法、平衡计分卡等内容。

任务一　绩效管理认知

一、绩效管理的定义

绩效管理（Performance Management）是指企业与所属单位（部门）、员工之间就绩效目标及如何实现绩效目标达成共识，并帮助和激励员工取得优异绩效，从而实现企业目标的管理过程。绩效管理的核心是绩效评价和激励管理。绩效评价（Performance Evaluation）是指企业运用系统的工具方法，对一定时期内企业营运效率与效果进行综合评判的管理活动。绩效评价是企业实施激励管理的重要依据。激励管理（Management Incentive）是指企业运用系统的工具方法，调动企业员工的积极性、主动性和创造性，激发企业员工工作动力的管理活动。激励管理是促进企业绩效提升的重要手段。

二、绩效管理的原则

企业进行绩效管理，一般应遵循以下原则。

（1）战略导向原则。绩效管理应为企业实现战略目标服务，支持价值创造能力提升。

（2）客观公正原则。绩效管理应实事求是，评价过程应客观公正，激励实施应公平合理。

（3）规范统一原则。绩效管理的政策和制度应统一明确，并严格执行规定的程序和流程。

（4）科学有效原则。绩效管理应做到目标符合实际，方法科学有效，激励与约束并重，操作简便易行。

三、绩效管理的一般程序

企业应建立健全绩效管理的制度体系，明确绩效管理的工作目标、职责分工、工作程序、工具方法、信息报告等内容。企业进行绩效管理时，应设立薪酬与考核委员会或类似机构，主要负责审核绩效管理的政策和制度、绩效计划与激励计划、绩效评价结果与激励实施方案、绩效评价与激励管理报告等，协调解决绩效管理工作中的重大问题。薪酬与考核委员会或类似机构下设绩效管理工作机构，主要负责制定绩效管理的政策和制度，制订绩效计划与激励计划，组织绩效计划与激励计划的执行与实施，编制绩效评价与激励管理报告等，协调解决绩效管理工作中的日常问题。

企业应用绩效管理工具方法，一般按照制订绩效计划与激励计划、执行绩效计划与激励计划、实施绩效评价与激励、编制绩效评价与激励管理报告等程序进行。

1. 制订绩效计划与激励计划

企业应根据战略目标，综合考虑绩效评价期间宏观经济政策、外部市场环境、内部管理需要等因素，结合业务计划与预算，按照上下结合、分级编制、逐级分解的程序，在沟通反馈的基础上，编制各层级的绩效计划与激励计划。

绩效计划是企业开展绩效评价工作的行动方案，包括构建指标体系、分配指标权重、确定绩效目标值、选择计分方法和评价周期、拟定绩效责任书等一系列管理活动。制订绩效计划通常从企业级开始，层层分解到所属单位（部门），最终落实到具体岗位和员工。

企业可单独或综合运用关键绩效指标法、经济增加值法、平衡计分卡等工具方法构建指标体系。指标体系应反映企业战略目标实现的关键成功因素，具体指标应含义明确、可度量。

指标权重的确定可选择运用主观赋权法和客观赋权法，也可综合运用这两种方法。主观赋权法是利用专家或个人的知识与经验来确定指标权重的方法，如德尔菲法、层次分析法等。客观赋权法是从指标的统计性质入手，由调查数据确定指标权重的方法，如主成分分析法、均方差法等。

绩效目标值的确定可参考内部标准与外部标准。内部标准有预算标准、历史标准、经验标准等；外部标准有行业标准、竞争对手标准、标杆标准等。

绩效评价计分方法可分为定量法和定性法。定量法主要有功效系数法和综合指数法等；定性法主要有素质法和行为法等。

绩效评价周期一般可分为月度、季度、半年度、年度、任期。月度、季度绩效评价一般适用于企业基层员工和管理人员，半年度绩效评价一般适用于企业中高层管理人员，年度绩效评价适用于企业所有被评价对象，任期绩效评价主要适用于企业负责人。

绩效计划制订后，评价主体与被评价对象一般应签订绩效责任书，明确各自的权利和义务，并作为绩效评价与激励管理的依据。绩效责任书的主要内容包括绩效指标、目标值及权重、评价计分方法、特别约定事项、有效期限、签订日期等。绩效责任书一般按年度或任期签订。

激励计划是企业为激励被评价对象而采取的行动方案，包括激励对象、激励形式、激励条件、激励周期等内容。激励计划按激励形式可分为薪酬激励计划、能力开发激励计划、职业发展激励计划和其他激励计划。薪酬激励计划按期限可分为短期薪酬激励计划和中长期薪酬激励计划。短期薪酬激励计划主要包括绩效工资、绩效奖金、绩效福利等。中长期薪酬激励计划主要包括股票期权、股票增值权、限制性股票以及虚拟股票等。能力开发激励计划主要包括对员工知识、技能等方面的提升计划。职业发展激励计划主要是对员工职业发展做出的规划。其他激励计划包括良好的工作环境、晋升与降职、表扬与批评等。

激励计划的制订应以绩效计划为基础，采用多元化的激励形式，兼顾内在激励与外在激励、短期激励与长期激励、现金激励与非现金激励、个人激励与团队激励、正向激励与负向激励，充分发挥各种激励形式的综合作用。

绩效计划与激励计划制订完成后，应经薪酬与考核委员会或类似机构审核，报董事会或类似机构审批。经审批的绩效计划与激励计划应保持稳定，一般不予调整，若受国家政策、市场环境、不可抗力等客观因素影响，确需调整的，应严格履行规定的审批程序。

2. 执行绩效计划与激励计划

审批后的绩效计划与激励计划，应以正式文件的形式下达执行，各计划执行单位（部门）应认真组织实施，从横向和纵向两方面落实到各所属单位（部门）、各岗位员工，形成全方位的绩效计划与激励计划执行责任体系。

企业应建立配套的监督控制机制，及时记录执行情况，进行差异分析与纠偏，持续优化业务流程，确保绩效计划与激励计划的有效执行。

（1）监控与记录。企业可借助信息系统或其他信息支持手段，监控和记录指标完成情况、重大事项、员工的工作表现、激励措施执行情况等内容。收集信息的方法主要有观察法、工作记录法、他人反馈法等。

（2）分析与纠偏。根据监控与记录的结果，重点分析指标完成值与目标值的偏差、激励效果与预期目标的偏差，提出相应整改建议并采取必要的改进措施。

（3）编制分析报告。分析报告主要反映绩效计划与激励计划的执行情况及分析结果，其频率可以是月度、季度、年度，也可根据需要编制。

绩效管理工作机构应通过会议、培训、网络、公告栏等形式，进行多渠道、多样化、持续不断地沟通与辅导，使绩效计划与激励计划得到充分理解和有效执行。

3. 实施绩效评价与激励

绩效管理工作机构应根据计划的执行情况定期实施绩效评价与激励，按照绩效计划与激励计划的约定，对被评价对象的绩效表现进行系统、全面、公正、客观的评价，并根据评价结果实施相应的激励。

评价主体应按照绩效计划收集相关信息，获取被评价对象的绩效指标实际值，对照目标值，应用选定的计分方法，计算评价分值，并进一步形成对被评价对象的综合评价结果。

绩效评价过程及结果应有完整的记录，结果应得到评价主体和被评价对象的确认，并进行公开发布或非公开告知。公开发布的主要方式有召开绩效发布会、企业网站绩效公示、面板绩效公告等；非公开发布一般采用一对一书面、电子邮件函告或面谈告知等方式进行。

评价主体应及时向被评价对象进行绩效反馈，反馈内容包括评价结果、差距分析、改进建议及措施等，可采取反馈报告、反馈面谈、反馈报告会等形式。

绩效结果发布后，企业应依据绩效评价的结果，组织兑现激励计划，综合运用绩效薪酬激励、能力开发激励、职业发展激励等多种方式，逐级兑现激励承诺。

4. 编制绩效计划与激励管理报告

绩效管理工作机构应定期或不定期编制绩效评价与激励管理报告，确保内容真实、数据可靠、分析客观、结论清楚，如实反映绩效评价和激励管理的结果，为报告使用者提供满足决策需要的信息，并根据需要及时报送薪酬与考核委员会或类似机构审批。定期报告主要反映一定期间被评价对象的绩效评价与激励管理情况。每个会计年度至少出具一份定期报告。不定期报告根据需要编制，反映部分特殊事项或特定项目的绩效评价与激励管理情况。

绩效评价报告根据评价结果编制，反映被评价对象的绩效计划完成情况，通常由报告正文和附件构成。报告正文主要包括评价情况说明和管理建议两部分，其中评价情况说明包括评价对象、评价依据、评价过程、评价结果、需要说明的重大事项等。报告附件包括评价计分表、问卷调查结果分析、专家咨询意见等报告正文的支持性文档。

激励管理报告根据激励计划的执行结果编制，反映被评价对象的激励计划实施情况。其主要包括激励情况说明和管理建议两部分，其中激励情况说明包括激励对象、激励依据、激励措施、激励执行结果、需要说明的重大事项等。其他有关支持性文档可以根据需要以附件形式提供。

企业应定期通过回顾和分析，检查和评估绩效评价与激励管理的实施效果，不断优化绩效计划和激励计划，改进未来绩效管理工作。

任务二　明确关键绩效指标法

一、关键绩效指标法的定义

关键绩效指标法是指基于企业战略目标，通过建立关键绩效指标体系，将价值创造活动与战略规划目标有效联系，并据此进行绩效管理的方法。关键绩效指标（Key Performance Indicator，KPI）是指通过对企业战略目标、关键成果领域的绩效特征分析，识别和提炼出的最能有效驱动企业价值创造的指标。它是对企业绩效产生关键影响力的指标。

企业应有明确的战略目标。战略目标是确定关键绩效指标体系的基础，关键绩效指标反映战略目标，对战略目标实施效果进行衡量和监控。企业应用关键绩效指标法，应综合考虑绩效评价期间宏观经济政策、外部市场环境、内部管理需要等因素，清晰识别价值创造模式，按照价值创造路径识别出关键驱动因素，科学地选择和设置关键绩效指标体系。

二、应用关键绩效指标法的程序

关键绩效指标法可单独使用，也可与经济增加值法、平衡计分卡等其他方法结合使用。关键绩效指标法的应用对象可为企业、所属单位（部门）和员工。企业应用关键绩效指标法，一般按照制订以关键绩效指标为核心的绩效计划、制订激励计划、执行绩效计划与激励计划、实施绩效评价与激励、编制绩效评价与激励管理报告等程序进行。这里主要讲述企业绩效计划的制订。

企业通常按照规定的管理活动制订绩效计划，包括构建指标体系、分配指标权重、确定绩效目标值、选择计分方法和评价周期、拟定绩效责任书等。

1．构建关键绩效指标体系

企业构建关键绩效指标体系，一般按照以下程序进行。

（1）制定企业级关键绩效指标。企业应根据战略目标，结合价值创造模式，综合考虑内外部环境等因素，设定企业级关键绩效指标。

（2）制定所属单位（部门）级关键绩效指标。根据企业级关键绩效指标，结合所属单位（部门）关键业务流程，按照上下结合、分级编制、逐级分解的程序，在沟通反馈的基础上，设定所属单位（部门）级关键绩效指标。

（3）制定岗位（员工）级关键绩效指标。根据所属单位（部门）级关键绩效指标，结合员工岗位职责和关键工作价值贡献，设定岗位（员工）级关键绩效指标。

企业的关键绩效指标一般可分为结果类和动因类两类指标。结果类指标是反映企业绩效的价值指标，主要包括投资回报率、净资产收益率、经济增加值、息税前利润、自由现金流等综合指标；动因类指标是反映企业价值关键驱动因素的指标，主要包括资本性支出、单位生产成本、产量、销量、客户满意度、员工满意度等。

关键绩效指标应含义明确、可度量、与战略目标高度相关。指标的数量不宜过多，每一层级的关键绩效指标一般不超过 10 个。

关键绩效指标选取的方法主要有关键成果领域分析法、组织功能分解法和工作流程分解法。关键成果领域分析法是指基于对企业价值创造模式的分析，确定企业的关键成果领域，并在此基础上进一步识别关键成功要素，确定关键绩效指标的方法。组织功能分解法是指基于组织功能定位，按照各所属单位（部门）对企业总目标所承担的职责，逐级分解和确定关键绩效指标的方法。工作流程分解法是指按照工作流程各环节对企业价值贡献程度，识别出关键业务流程，将企业总目标层层分解至关键业务流程相关所属单位（部门）或岗位（员工），确定关键绩效指标的方法。

2．分配关键绩效指标权重

关键绩效指标的权重分配应以企业战略目标为导向，反映被评价对象对企业价值贡献或支持的程度，以及各指标之间的重要性水平。

单项关键绩效指标权重一般设定为 5%～30%，对特别重要的指标可适当提高权重。对特别关键、影响企业整体价值的指标可设立“一票否决”制度，即如果某项关键绩效指标未完成，无论其他指标是否完成，均视为未完成绩效目标。

3．确定关键绩效指标目标值

企业确定关键绩效指标目标值，一般参考以下标准。

（1）依据国家有关部门或权威机构发布的行业标准或参考竞争对手标准。

（2）参照企业内部标准，包括企业战略目标、年度生产经营计划目标、年度预算目标、历年指标水平等。

（3）不能按前两项方法确定的，可根据企业历史经验值确定。

关键绩效指标的目标值确定后，应规定因内外部环境发生重大变化、自然灾害等不可抗力因素对绩效完成结果产生重大影响时，对目标值进行调整的办法和程序。一般情况下，由被评价对象或评价主体测算确定影响额度，向相应的绩效管理工作机构提出调整申请，报薪酬与考核委员会或类似机构审批。

绩效评价计分方法和周期的选择，绩效责任书的签订，激励计划的制订，绩效计划与激励计划的执行、实施及编制报告参照《管理会计应用指引第 600 号——绩效管理》。

三、关键绩效指标法的优缺点

关键绩效指标法的主要优点有：一是使企业业绩评价与战略目标密切相关，有利于战略目标的实现；二是通过识别的价值创造模式把握关键价值驱动因素，能够更有效地实现企业价值增值目标；三是评价指标数量相对较少，易于理解和使用，实施成本相对较低，有利于推广实施。

关键绩效指标法的主要缺点是：关键绩效指标的选取需要透彻理解企业价值创造模式和战略目标，有效识别核心业务流程和关键价值驱动因素，指标体系设计不当将导致错误的价值导向或管理缺失。

任务三　明确经济增加值法

一、经济增加值法的定义

经济增加值法是指以经济增加值为核心，建立绩效指标体系，引导企业注重价值创造，并据此进行绩效管理的方法。经济增加值（Economic Value Added，EVA）是指税后净营业利润扣除全部投入资本的成本后的剩余收益。经济增加值及其改善值是全面评价经营者有效使用资本和为企业创造价值的重要指标。经济增加值为正，表明经营者在为企业创造价值；经济增加值为负，表明经营者在损毁企业价值。

经济增加值法较少单独应用，一般与关键绩效指标法、平衡计分卡等其他方法结合使用。企业应用经济增加值法进行绩效管理的对象，可为企业及其所属单位（部门）（可单独计算经济增加值）和高级管理人员。

二、计算经济增加值

经济增加值的计算公式为：

$$\text{经济增加值}=\text{税后净营业利润}-\text{平均资本占用}\times\text{加权平均资本成本} \tag{12-1}$$

在式（12-1）中，税后净营业利润衡量的是企业的盈利情况，平均资本占用反映的是企业持续投入的各种债务资本和股权资本，加权平均资本成本反映的是企业各种资本的平均成本率。

企业在计算经济增加值时，需要进行相应的会计项目调整，以消除财务报表中不能准确反映企业价值创造的部分。会计调整项目的选择应遵循价值导向性、重要性、可控性、可操作性与行业可比性等原则，根据企业实际情况确定。常用的调整项目有：研究开发费、大型广告费等一次性支出但收益期较长的费用，应予以资本化处理，不计入当期费用；反映付息债务成本的利息支出，不作为期间费用扣除，计算税后净营业利润时扣除所得税影响后予以加回；营业外收入、营业外支出具有偶发性，将当期发生的营业外收支从税后净营业利润中扣除；将当期减值损失扣除所得税影响后予以加回，并在计算资本占用时相应调整资产减值准备发生额；递延税金不反映实际支付的税款情况，将递延所得税资产及递延所得税负债变动影响的企业所得税从税后净营业利润中扣除，相应调整资本占用；其他非经常性损益调整项目，如股权转让收益等。

税后净营业利润，也称税后经营净利润，它等于会计上的税后净利润加上利息支出等会计调整项目后得到的税后利润。

平均资本占用是所有投资者投入企业经营的全部资本，包括债务资本和股权资本。其中债务资本包括融资活动产生的各类有息负债，不包括经营活动产生的无息流动负债。股权资本中包含少数股东权益。

资本占用除根据经济业务实质相应调整资产减值损失、递延所得税等，还可根据管理需要调整研发支出、在建工程等项目，引导企业注重长期价值创造。

加权平均资本成本是债务资本成本和股权资本成本的加权平均，反映了投资者所要求的必要报酬率。其计算公式为：

$$K_{\mathrm{WACC}}=K_{\mathrm{D}}\frac{D_{\mathrm{C}}}{\mathrm{TC}}(1-T)+K_{\mathrm{S}}\frac{E_{\mathrm{C}}}{\mathrm{TC}} \qquad (12\text{-}2)$$

式中，TC 代表资本占用；E_{C} 代表股权资本；D_{C} 代表债务资本；T 代表所得税税率；K_{WACC} 代表加权平均资本成本；K_{D} 代表债务资本成本；K_{S} 代表股权资本成本。

债务资本成本是企业实际支付给债权人的税前利率，反映的是企业在资本市场中债务融资的成本率。如果企业存在不同利率的融资来源，债务资本成本应使用加权平均值。

股权资本成本是在不同风险下，所有者对投资者要求的最低回报率。它通常根据资本资产定价模型确定。其计算公式为：

$$K_{\mathrm{S}}=R_{\mathrm{f}}+\beta(R_{\mathrm{m}}-R_{\mathrm{f}}) \qquad (12\text{-}3)$$

式中，R_{f} 为无风险收益率；R_{m} 为市场预期回报率；$R_{\mathrm{m}}-R_{\mathrm{f}}$ 为市场风险溢价；β 是企业股票相对于整个市场的风险指数。上市企业的 β 值，可采用回归分析法或单独使用最小二乘法等方法测算确定，也可以直接采用证券机构等提供或发布的 β 值；非上市企业的 β 值，可采用类比法，参考同类上市企业的 β 值确定。

【例 12-1】 江城公司拟开始进入机床制造业。该公司目前的资本结构为债务资本/股东权益资本为 2/3，进入机床制造业后仍维持该目标结构。在该目标资本结构下，债务资本成本为 6%。机床制造业的代表企业是新华公司，其资本结构为债务资本/股东权益资本为 7/10，股东权益的 β 值为 1.2505。已知无风险收益率为 5%，市场风险溢价为 8%，两个公司的所得税税率均为 25%。

要求：采用类比法计算江城公司的加权平均资本成本。

根据上述资料，

（1）将新华公司的 β 权益转换为无负债的 $\beta_{资产}$。

$\beta_{资产}=1.2505\div[1+(1-25\%)\times(7/10)]=0.82$

（2）将无负债的 β 值转换为 A 公司含有负债的股东权益 β 值。

$\beta_{权益}=0.82\times[1+(1-25\%)\times(2/3)]=1.23$

（3）根据 $\beta_{权益}$ 计算江城公司的股权资本成本。

股权资本成本=5%+1.23×8%=5%+9.84%=14.84%

（4）计算江城公司加权平均资本成本。

加权平均资本成本=6%×(1−25%)×(2/5)+14.84%×(3/5)≈10.70%

企业级加权平均资本成本确定后，应结合行业情况、不同所属单位（部门）的特点，通过计

算（能单独计算的）或指定（不能单独计算的）的方式确定所属单位（部门）的资本成本。

通常情况下，企业对所属单位（部门）所投入资本即股权资本的成本率是相同的，为简化资本成本的计算，所属单位（部门）的加权平均资本成本一般与企业保持一致。

【例 12-2】 皖巢公司乙投资中心的有关资料如下：

本年该中心平均占用的设备投资为 3 500 000 元、厂房投资为 5 000 000 元。其资本来源于所有者权益平均为 6 000 000 元，负债平均为 2 500 000 元，其中经营负债平均为 500 000 元。本年该中心的净利润为 1 650 000 元，利息支出为 160 000 元，研究开发费用为 70 000 元，非经常性损益为 30 000 元。假设该中心所有者权益资本成本为 15%，债务税前资本成本为 8%，适用的企业所得税税率为 25%。

要求：计算该投资中心本年的经济增加值（EVA）。

根据上述资料，

（1）计算税后净营业利润。

税后净营业利润=净利润+（利息支出+研究开发费用−非经常性损益）×(1−25%)

=1 650 000+(160 000+70 000−30 000)×(1−25%)

=1 800 000（元）

（2）计算调整后的平均资本占用。

调整后的平均资本占用=平均所有者权益+平均负债−平均经营负债

=6 000 000+2 500 000−500 000=8 000 000（元）

（3）计算加权平均资本成本。

债务资本占比=(2 500 000−500 000)÷8 000 000=25%

所有者权益资本占比=6 000 000÷8 000 000=75%

加权平均资本成本=8%×(1−25%)×25%+15%×75%=12.75%

（4）计算经济增加值（EVA）。

经济增加值=税后净营业利润−调整后平均资本占用×加权平均资本成本

=1 800 000−8 000 000×12.75%=780 000（元）

三、应用经济增加值法的程序

企业应用经济增加值法，一般按照制订以经济增加值指标为核心的绩效计划、制订激励计划、执行绩效计划与激励计划、实施绩效评价与激励、编制绩效评价与激励管理报告等程序进行。这里主要讲述企业制订以经济增加值指标为核心的绩效计划和激励计划。

绩效计划是企业开展业绩评价工作的行动方案，包括构建指标体系、分配指标权重、确定业绩绩效目标值、选择计分方法和评价周期、拟定业绩绩效责任书等。

1. 构建经济增加值指标体系

构建经济增加值指标体系，一般按照以下程序进行。

（1）制定企业级经济增加值指标体系。首先应结合行业竞争优势、组织结构、业务特点、会计政策等情况，确定企业级经济增加值指标的计算公式、调整项目、资本成本等，并围绕经济增加值的关键驱动因素，制定企业的经济增加值指标体系。

（2）制定所属单位（部门）级经济增加值指标体系。根据企业级经济增加值指标体系，结合所属单位（部门）所处行业、业务特点、资产规模等因素，在充分沟通的基础上，设定所属单位（部门）级经济增加值指标的计算公式、调整项目、资本成本等，并围绕所属单位（部门）经济增加值的关键驱动因素，细化制定所属单位（部门）的经济增加值指标体系。

（3）制定高级管理人员的经济增加值指标体系。根据企业级、所属单位（部门）级经济增加值指标体系，结合高级管理人员的岗位职责，制定高级管理人员的经济增加值指标体系。

经济增加值法指标体系通常包括经济增加值、经济增加值改善值、经济增加值回报率、资本周转率、产量、销量、单位生产成本等。

2．分配经济增加值指标权重

应用经济增加值法建立的绩效评价体系，应赋予经济增加值指标较高的权重。

3．确定经济增加值目标值

经济增加值目标值根据经济增加值基准值（即EVA基准值）和期望的经济增加值改善值（即期望的ΔEVA）确定。其计算公式为：

$$\text{EVA 目标值}=\text{EVA 基准值}+\text{期望的 }\Delta\text{EVA} \tag{12-4}$$

企业在确定EVA基准值和期望的ΔEVA值时，要充分考虑企业规模、发展阶段、行业特点等因素。其中，EVA基准值可参照上年实际完成值、上年实际完成值与目标值的平均值、近几年（比如前3年）实际完成值的平均值等确定。期望的ΔEVA值，根据企业战略目标、年度生产经营计划、年度预算安排、投资者期望等因素，结合价值创造能力改善等要求综合确定。

绩效评价计分方法和周期的选择、绩效责任书的签订，参照《管理会计应用指引第600号——绩效管理》。

4．制订经济增加值的激励计划

企业应用经济增加值法建立的激励体系，应以经济增加值的改善值为基础。经济增加值法的激励计划按激励形式可分为薪酬激励计划、能力开发激励计划、职业发展激励计划和其他激励计划。

薪酬激励计划主要包括目标奖金、奖金库和基于经济增加值的股票期权。目标奖金是达到经济增加值目标值所获得的奖金，只对经济增加值增量部分实施奖励。奖金库是基于对企业经济增加值长期增长目标实施的奖励。企业设立专门的账号管理奖金，将以经济增加值为基准计算的奖金额存入专门账户中，以递延奖金形式发放。根据经济增加值确定股票期权的行权价格和数量，行权价格每年以相当于企业资本成本的比例上升，授予数量由当年所获得的奖金确定。

能力开发激励计划主要包括对员工知识、技能等方面的提升计划。

职业发展激励计划主要是对员工职业发展做出的规划。

其他激励计划包括良好的工作环境、晋升与降职、表扬与批评等。

绩效计划和激励计划制订后，执行、实施及编制报告参照《管理会计应用指引第600号——绩效管理》。企业应用经济增加值法，应循序渐进，在企业及部分所属单位试点的基础上，总结完善后稳步推开。

四、应用经济增加值法的条件

企业应用经济增加值法，除应当遵循《管理会计应用指引第600号——绩效管理》中对应用环境的一般要求外，还应当具备下列条件。

（1）企业应用经济增加值法，应树立价值管理理念，明确以价值创造为中心的战略目标，建立以经济增加值为核心的价值管理体系，使价值管理成为企业的核心管理制度。

（2）企业应综合考虑宏观环境、行业特点和企业的实际情况，通过价值创造模式的识别，确

定关键价值驱动因素，构建以经济增加值为核心的指标体系。

（3）企业应建立清晰的资本资产管理责任体系，确定不同被评价对象的资本资产管理责任。

（4）企业应建立健全会计核算体系，确保会计数据真实可靠、内容完整，并及时获取与经济增加值计算相关的会计数据。

（5）企业应加强融资管理，关注筹资来源与渠道，及时获取债务资本成本、股权资本成本等相关信息，合理确定资本成本。

（6）企业应加强投资管理，把能否增加价值作为新增投资项目决策的主要评判标准，以保持持续的价值创造能力。

五、经济增加值法的优缺点

经济增加值法的主要优点是：考虑了所有资本的成本，更真实地反映了企业的价值创造能力；实现了企业利益、经营者利益和员工利益的统一，激励经营者和所有员工为企业创造更多价值；能有效遏制企业盲目扩张规模以追求利润总量和增长率的倾向，引导企业注重长期价值创造。

经济增加值法的主要缺点是：一是仅对企业当期或未来 1～3 年价值创造情况进行衡量和预判，无法衡量企业长远发展战略的价值创造情况；二是计算主要基于财务指标，无法对企业的营运效率与效果进行综合评价；三是不同行业、不同发展阶段、不同规模等的企业，其会计调整项和加权平均资本成本各不相同，计算比较复杂，影响指标的可比性。

任务四 明确平衡计分卡

一、平衡计分卡的定义

传统的财务会计模式只能衡量过去发生的事情（落后的结果因素）。在工业时代，注重财务指标的管理方法还是有效的。在信息时代，传统的业绩管理方法并不全面，无法评估企业前瞻性的投资（领先的驱动因素）。企业必须通过在客户、供应商、员工、组织流程、技术和革新等方面的投资，获得持续发展的动力。正是基于这样的认识，20 世纪 90 年代初，罗伯特·卡普兰（Robert S．Kaplan）和戴维·诺顿（David P．Norton）提出了一种超越传统以财务量度为主的绩效评价模式，以使企业的“策略”能够转变为“行动”而发展出来的全新的组织绩效管理方法——平衡计分卡。平衡计分卡（Balanced Score Card，BSC）是指基于企业战略，从财务、客户、内部业务流程、学习与成长四个维度，将战略目标逐层分解转化为财务与非财务、短期与长期、结果性与动因性、外部与内部等相互平衡的绩效指标体系，并据此进行绩效管理的方法。平衡计分卡通常与战略地图等其他工具结合使用，通过图、卡、表来实现战略的规划。平衡计分卡适用于战略目标明确、管理制度比较完善、管理水平相对较高的企业。平衡计分卡的应用对象可为企业、所属单位（部门）和员工。

二、应用平衡计分卡的程序

平衡计分卡把企业的愿景和战略转化为有形的目标和衡量指标。它认为企业应当从财务（Financial）、客户（Customer）、内部业务流程（Internal Processes）、学习与成长（Learning & Innovation）四个维度审视自身业绩，如图 12-1 所示。

企业应用平衡计分卡工具方法，一般按照制订战略地图、制订以平衡计分卡为核心的绩效计划、制订激励计划、制订战略性行动方案、执行绩效计划与激励计划、实施绩效评价与激励、编制绩效评价与激励管理报告等程序进行。

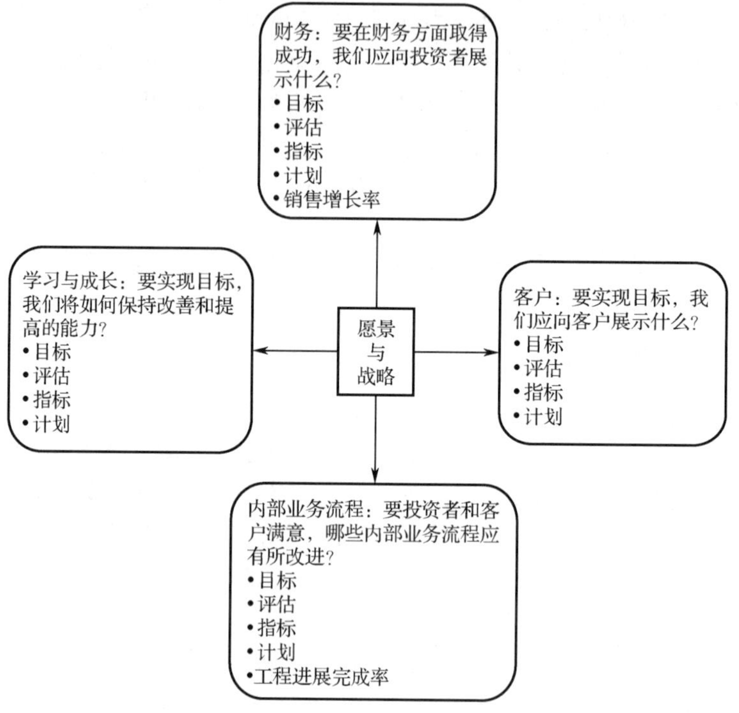

图 12-1 平衡计分卡的四个维度业绩衡量

1．制订战略地图

企业首先应制订战略地图，即基于企业愿景与战略，将战略目标及其因果关系、价值创造路径以图示的形式直观、明确、清晰地呈现。战略地图的制订参照《管理会计应用指引第 101 号——战略地图》。

战略地图基于战略主题构建，战略主题反映企业价值创造的关键业务流程，每个战略主题包括相互关联的 1～2 个目标。

2．制订以平衡计分卡为核心的绩效计划

战略地图制订后，应以平衡计分卡为核心编制绩效计划。绩效计划是企业开展绩效评价工作的行动方案，包括构建指标体系、分配指标权重、确定绩效目标值、选择计分方法和评价周期、签订绩效责任书等一系列管理活动。制订绩效计划通常从企业级开始，层层分解到所属单位（部门），最终落实到具体岗位和员工。

平衡计分卡指标体系的构建应围绕战略地图，针对财务、客户、内部业务流程和学习与成长四个维度的战略目标，确定相应的评价指标。

构建平衡计分卡指标体系的一般程序：

（1）制定企业级指标体系。根据企业层面的战略地图，为每个战略主题的目标设定指标，每个目标至少应有 1 个指标。

（2）制定所属单位（部门）级指标体系。依据企业级战略地图和指标体系，制定所属单位（部门）的战略地图，确定相应的指标体系，协同各所属单位（部门）的行动与战略目标保持一致。

（3）制定岗位（员工）级指标体系。根据企业、所属单位（部门）级指标体系，按照岗位职

责逐级形成岗位（员工）级指标体系。

平衡计分卡指标体系构建时，应注重短期目标与长期目标的平衡、财务指标与非财务指标的平衡、结果性指标与动因性指标的平衡、企业内部利益与外部利益的平衡。平衡计分卡每个维度的指标通常为4～7个，总数量一般不超过25个。

平衡计分卡指标体系构建时，企业应以财务维度为核心，其他维度的指标都与核心维度的一个或多个指标相联系。通过梳理核心维度目标的实现过程，确定每个维度的关键驱动因素，结合战略主题，选取关键绩效指标。

财务维度以财务术语描述了战略目标的有形成果。其目标是解决“股东如何看待我们”的问题。现代企业财务管理目标是企业价值最大化，而对企业价值目标的计量是离不开相关财务指标的。企业常用指标有投资资本回报率、净资产收益率、经济增加值、息税前利润、自由现金流、资产负债率、总资产周转率等。

客户维度界定了目标客户的价值主张。其目标是解决“客户如何看待我们”的问题。客户是现代企业的利润来源。企业应当从时间、质量、服务效率以及成本等方面了解市场份额、顾客需求和顾客满意程度。企业常用指标有市场份额、客户满意度、客户获得率、客户保持率、客户获利率、战略客户数量等。

内部业务流程维度确定了对战略目标产生影响的关键流程。其目标是解决“我们的优势是什么”的问题。企业要想按时向顾客交货，满足现在和未来顾客的需要，必须明确自身的核心竞争能力。企业常用指标有交货及时率、生产负荷率、产品合格率、存货周转率、单位生产成本等。

学习与成长维度确定了对战略最重要的无形资产。其目标是解决“我们是否能继续提高并创造价值”的问题。只有持续不断地开发新产品，为客户创造更多价值并提高经营效率，企业才能打入新市场，才能赢得客户的满意，从而增加股东价值。企业常用指标有员工保持率、员工生产率、培训计划完成率、员工满意度等。

企业可根据实际情况建立通用类指标库，不同层级单位和部门结合不同的战略定位、业务特点选择适合的指标体系。

平衡计分卡指标的权重分配应以战略目标为导向，反映被评价对象对企业战略目标贡献或支持的程度，以及各指标之间的重要性水平。企业绩效指标权重一般设定为0%～5%，对特别重要的指标可适当提高权重。对特别关键、影响企业整体价值的指标可设立“一票否决”制度，即如果某项绩效指标未完成，无论其他指标是否完成，均视为未完成绩效目标。

平衡计分卡绩效目标值应根据战略地图的因果关系分别设置。首先确定战略主题的目标值，其次确定主题内的目标值，然后基于平衡计分卡评价指标与战略目标的对应关系，为每个评价指标设定目标值，通常设计3～5年的目标值。

平衡计分卡绩效目标值确定后，应规定因内外部环境发生重大变化、自然灾害等不可抗力因素对绩效完成结果产生重大影响时，对目标值进行调整的办法和程序。一般情况下，由被评价对象或评价主体测算确定影响程度，向相应的绩效管理工作机构提出调整申请，报薪酬与考核委员会或类似机构审批。

绩效评价计分方法和周期的选择、绩效责任书的签订、激励计划的制订，参照《管理会计应用指引第600号——绩效管理》。

3. 制订战略性行动方案

绩效计划与激励计划制订后，企业应在战略主题的基础上，制订战略性行动方案，实现短期行动计划与长期战略目标的协同。战略性行动方案的制订主要包括以下内容。

（1）选择战略性行动方案。制订每个战略主题的多个行动方案，并从中区分、排序和选择最优的战略性行动方案。

（2）提供战略性资金。建立战略性支出的预算，为战略性行动方案提供资金支持。

（3）建立责任制。明确战略性行动方案的执行责任方，定期回顾战略性行动方案的执行进程和效果。

4．执行绩效计划与激励计划

绩效计划与激励计划执行过程中，企业应当按照纵向一致、横向协调的原则，持续地推进组织协同，将协同作为一个重要的流程进行管理，使企业和员工的目标、职责与行动保持一致，创造协同效应；企业还应当持续深入地开展流程管理，及时识别存在问题的关键流程，根据需要对流程进行优化完善，必要时进行流程再造，将流程改进计划与战略目标相协同。

绩效计划与激励计划的执行、实施及编制报告参照《管理会计应用指引第600号——绩效管理》。

三、平衡计分卡的主要特征

与传统的业绩衡量方法相比，平衡计分卡具有以下主要特征。

（1）平衡计分卡是一个系统性的战略管理体系，是根据系统理论建立起来的管理系统。平衡计分卡是一个核心的战略管理与执行的工具，是在对企业总体发展战略达成共识的基础上，通过设计实施，将其四个维度的目标、指针，以及初始行动方案有效地结合在一起的一个战略管理与实施体系。它的主要目的是将企业战略转化为具体的行动，以创造企业的竞争优势。

（2）平衡计分卡是一种先进的绩效衡量工具。平衡计分卡将战略分成四个不同维度的运作目标，并依此四个维度分别设计适量的绩效衡量指标。因此，它不但为企业提供了有效运作所必需的各种信息，克服了信息的庞杂性和不对称性的干扰，更重要的是，它为企业提供的这些指标具有可量化、可测度、可评估性，从而更有利于企业进行全面系统的监控，促进企业战略与远景目标的达成。

（3）平衡计分卡作为一种沟通工具。这是整个系统最基础和最强大的特性。一个精心设计的清晰而有效的绩效指标，清楚地描述你指定的战略并使抽象的远景与战略变得栩栩如生。

（4）平衡计分卡绩效指标之间的因果关系。平衡计分卡与其他绩效管理系统的差别在于注重因果关系。

可见，平衡计分卡不仅是一种管理手段，也体现了一种管理思想，即只有量化的指标才是可以考核的，必须将要考核的指标进行量化；组织愿景的达成要考核多方面的指标，不仅是财务要素，还应包括客户、业务流程、学习与成长。其核心思想就是通过财务、客户、内部流程及学习与成长四个方面的指标之间的相互驱动的因果关系展现企业的战略轨迹，是实现绩效考核—绩效改进以及战略实施-战略修正的战略目标过程。它把绩效考核的地位上升到企业的战略层面，使之成为企业战略的实施工具。

四、应用平衡计分卡的条件

企业应用平衡计分卡工具方法，除应遵循《管理会计应用指引第600号——绩效管理》中对应用环境的一般要求外，还应当具备下列条件。

（1）企业应用平衡计分卡工具方法，应有明确的愿景和战略。平衡计分卡应以战略目标为核心，全面描述、衡量和管理战略目标，将战略目标转化为可操作的行动。

（2）平衡计分卡可能涉及组织和流程变革，包含创新精神、变革精神的企业文化有助于成功实施平衡计分卡。

（3）企业应对组织结构和职能进行梳理，消除不同组织职能间的壁垒，实现良好的组织协同，既包括企业内部各级单位（部门）之间的横向与纵向协同，也包括与投资者、客户、供应商等外部利益相关者之间的协同。

（4）企业应注重员工学习与成长能力的提升，以更好地实现平衡计分卡的财务、客户、内部业务流程目标，使战略目标贯彻到每一名员工的日常工作中。

（5）平衡计分卡的实施是一项复杂的系统工程。企业一般需要建立由战略管理、人力资源管理、财务管理和外部专家等组成的团队，为平衡计分卡的实施提供机制保障。

（6）企业应建立高效集成的信息系统，实现绩效管理与预算管理、财务管理、生产经营等系统的紧密结合，为平衡计分卡的实施提供信息支持。

五、平衡计分卡的优缺点

平衡计分卡的主要优点是：一是战略目标逐层分解并转化为被评价对象的绩效指标和行动方案，使整个组织行动协调一致；二是从财务、客户、内部业务流程、学习与成长四个维度确定绩效指标，使绩效评价更为全面完整；三是将学习与成长作为一个维度，注重员工的发展要求和组织资本、信息资本等无形资产的开发利用，有利于增强企业可持续发展的动力。

应用平衡计分卡的主要缺点是：一是专业技术要求高，工作量比较大，操作难度也较大，需要持续地沟通和反馈，实施比较复杂，实施成本高；二是各指标权重在不同层级及各层级不同指标之间的分配比较困难，且部分非财务指标的量化工作难以落实；三是系统性强、涉及面广，需要专业人员的指导、企业全员的参与和长期持续地修正与完善，对信息系统、管理能力有较高的要求。

训练巩固

在线测试

思考题

1. 何谓绩效管理？它包括哪些主要原则？
2. 什么是关键绩效指标？其如何分类？有何优缺点？
3. 简述关键绩效指标法的应用程序
4. 什么是经济增加值？其应如何计算？有何优缺点？
5. 简述经济增加值的应用程序
6. 什么是平衡计分卡？其有何特征？有何优缺点？
7. 简述平衡计分卡的基本内容。
8. 企业如何实施平衡计分卡？

实训题

1. 弋江公司系上市公司。采用经济增加值（EVA）业绩考核办法进行业绩计量和评价，有关资料如下：

（1）本年该公司平均占用的资产为 8 500 000 万元，其中在建工程平均为 1 500 000 万元、确认的递延所得税资产为 25 000 万元。其资本来源于所有者权益平均为 6 000 000 万元，负债平均为

2 500 000万元，其中经营负债平均为500 000万元。

（2）本年该公司的净利润为1 650 000万元，利息支出为160 000万元，研究开发费用为700 000万元，计提的存货跌价准备为100 000万元，非经常性损益为300 000万元。

（3）无风险报酬率为3%，市场组合的必要报酬率为13%；该公司所有者权益的β系数为1.2，债务资本成本为8%，适用的企业所得税税率为25%。

（4）该公司本年的经济增加值（EVA）为1 280 000万元。假设不考虑其他因素。

要求：计算该公司本年的经济增加值（EVA）和期望的经济增加值改善值（ΔEVA）（将计算结果直接填入表12-1中）。

表12-1　弋江公司经济增加值和期望的经济增加值改善值计算表　　单位：万元

项　　目	金　　额
净利润	
加：利息支出	
研究开发费用	
资产减值损失	
减：非经常性损益	
减：递延所得税收益	
一、税后净营业利润	
平均资产	
减：平均在建工程	
平均递延所得税资产	
加：平均资产减值准备	
平均资产占用	
减：平均经营负债	
二、平均资本占用	
三、加权平均资本成本	
资本成本	
四、经济增加值（EVA）	
上年的经济增加值	
五、期望的经济增加值改善值（ΔEVA）	

项目十三　责 任 会 计

【学习导航】

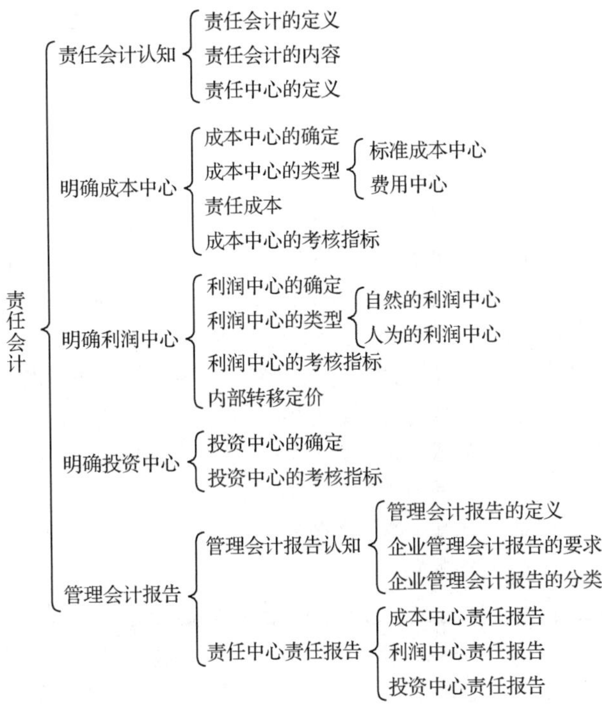

【学习目标】

☆ 理解责任会计的定义及其主要内容
☆ 掌握各种责任中心及其考核
☆ 掌握各种责任报告的内容及其编制
☆ 掌握内部转移定价的定义及其种类
☆ 理解内部转移定价的应用原则
☆ 理解管理会计报告的定义及其目标
☆ 理解企业管理会计报告的分类及其编制要求
☆ 培养诚信服务意识

【引言导读】

随着经济全球化的深入发展，现代企业的商业竞争愈演愈烈。传统的集权管理模式无法适应迅速变化的市场需求，分权管理成为现代企业管理的必然选择。现代企业如何建立一套有效的控制制度来促进分权管理模式的实施？责任会计便应运而生了。本项目在阐述责任会计基本概念的基础上，重点讲述其预算、控制和报告等内容。

任务一　责任会计认知

一、责任会计的定义

责任会计（Responsibility Accounting）是指在企业内部，按各部门所承担的经济责任把它们划分为若干不同种类、不同层次的责任中心，并为之编制责任预算，确定责任目标，对其工作业绩进行核算、控制、分析、考核的内部控制制度。

责任会计的对象是责任中心而不是产品，强调对责任中心进行事前、事中、事后的全过程管理。企业实行责任会计，需要在传统的会计系统之外，建立一套针对责任中心的会计确认、计量、记录和报告系统。

二、责任会计的内容

责任会计是现代分权管理模式的产物，它通过在企业内部建立若干个责任中心并利用会计信息对其分工负责的经济业务事项进行预算、核算、控制与考核。其主要内容包括以下几个方面。

（1）划分责任中心，确定权责范围。实行责任会计，首先应根据企业内部管理的要求和业务活动特点，合理划分责任中心。企业应根据所属行业的特征、业务流程、组织结构等情况和实际需要明确各责任中心及其主要责任。一般情况下，企业可将直接对外销售或有一定销售决策权的责任单位设置为内部利润中心，内部利润中心是既对成本费用负责又对利润负责的责任中心；将中间产品（或服务）、辅助产品（或服务）的提供方设置为内部成本中心，内部成本中心是主要对成本费用负责的责任中心。企业出于管理需要，也可以将中间产品（或服务）、辅助产品（或服务）的提供方设置为模拟的内部利润中心，该中心除降低成本外还承担优化品种结构、提高产品（或服务）质量、降低资金占用等责任。

（2）编制责任预算，确定考核标准。企业的全面预算是按照生产经营过程来落实企业的总体目标的，而责任预算则是按照责任中心来落实企业的总体目标的，即将企业的总体目标层层分解，具体落实到每一个责任中心，作为其开展经营活动、评价工作业绩的基本标准和主要依据。

（3）建立跟踪系统，进行反馈控制。在预算的实施过程中，每个责任中心应建立一套责任预算执行情况的跟踪系统，定期编制“责任报告”或“业绩报告”，将实际数和预算数进行对比，据以找出差异，分析原因，并通过信息反馈，控制和调解经营活动，以保证企业总体目标的实现。

（4）分析评价业绩，建立奖惩制度。通过定期编制业绩报告，对各个责任中心的工作成果进行全面分析和评价，并按实际工作成果的好坏进行奖惩，做到功过分明，奖惩有据，最大限度地调动各个责任中心的积极性，促使其相互协调并卓有成效地开展各项活动。

三、责任中心的定义

责任中心（Responsibility Center）是指企业内部独立提供产品（或服务）、资金等，并拥有相应管理权限和享受相应利益的责任主体。

一般来说，按照责任中心的责任和控制范围的大小，责任中心可以分为成本中心（Cost Center）、利润中心（Profit Center）和投资中心（Investment Center）等三种。

任务二　明确成本中心

一、成本中心的确定

一个责任中心，如果不形成或者不考核其收入，而着重考核所发生的成本和费用，这类中心称为成本中心。

成本中心往往是没有收入的。例如，一个生产车间，它的产成品和半成品并不由自己出售，没有销售职能，没有货币收入。有的成本中心可能有少量收入，但不成为主要的考核内容。例如，生产车间可能会取得少量外协加工收入，但这不是它的主要职能，不是车间考核的主要内容。一个成本中心可以由若干个更小的成本中心组成。例如，一个分厂是成本中心，它由几个车间组成，而每个车间可以划分为若干个工段，这些工段是更小的成本中心。任何发生成本的责任领域，都可以确定为成本中心，大的成本中心可能是一个分公司，小的成本中心可能是一台卡车和两个司机组成的单位。成本中心的职责，是用一定的成本去完成规定的具体任务。

二、成本中心的类型

成本中心一般有标准成本中心和费用中心两种类型。

1．标准成本中心

标准成本中心是指那些生产的产品稳定，并且已经知道单位产品所需要的投入量的责任中心。通常，标准成本中心的典型代表是制造业工厂、车间、工段、班组等。在生产制造活动中，每个产品都可以有明确的原材料、人工和间接制造费用的数量标准和价格标准。实际上，任何一种重复性活动都可以建立标准成本中心，只要这种活动能够计量产出的实际数量，并且能够说明投入和产出之间可望达到的函数关系。因此，各种行业都可能建立标准成本中心。银行业根据经手支票的多少，医院根据接受检查或放射治疗的人数，快餐业根据售出的盒饭多少，都可以建立标准成本中心。

2．费用中心

费用中心是指那些产出物不能用财务指标来衡量，或者投入和产出之间没有密切关系的责任中心。这些中心包括一般行政管理部门，如会计、人事、劳资、计划等；研究开发部门，如设备改造、新产品研制等；以及某些销售部门，如广告、宣传、仓储等。一般行政管理部门的产出难以度量，研究开发和销售活动的投入量和产出量之间没有密切的联系。对于费用中心，唯一可以准确计量的是实际费用，无法通过投入和产出的比较来评价其效果和效率，进而限制无效费用的支出，因此，有人称之为“无限制的费用中心”。

三、责任成本

责任成本（Responsibility Cost）是以具体的责任中心（部门、单位或个人）为对象，以其承担的责任为范围所归集的成本，也就是特定责任中心的全部可控成本。

1．可控成本与不可控成本

可控成本（Controllable Cost）是指在特定时期内、特定责任中心能够直接控制发生的成本。其对称概念是不可控成本。

可控成本总是针对特定责任中心来说的。一项成本，对某个责任中心来说是可控的，对另外的责任中心则是不可控的。例如，耗用材料的进货成本，采购部门可以控制，使用材料的生产单位则不能控制。有些成本，对于下级单位来说是不可控的，对于上级单位来说则是可控的。例如，车间主任不能控制自己的工资（尽管它通常要计入车间成本），而他的上级则可以控制。

区分可控成本和不可控成本，还要考虑成本发生的时间范围。一般来说，在消耗或支付的当期成本是可控的，一旦消耗或支付就不再可控。有些成本是以前决策的结果，如折旧费、租赁费等，在添置设备和签订租约时曾经是可控的，而使用设备或执行契约时已无法控制。

从整个企业的空间范围和很长的时间范围来观察，所有成本都是人的某种决策或行为的结果，都是可控的。但是，对于特定的人或时间来说，则有些是可控的，有些是不可控的。

2. 可控成本与直接成本、变动成本

直接成本和间接成本的划分依据，是成本的可追溯性。可追溯到个别产品或部门的成本是直接成本；大多数直接材料和直接人工是可控的，但也有部分是不可控的。例如，工长的工资可能是直接成本，但工长无法改变自己的工资，对他来说该成本是不可控的。最基层单位无法控制大多数的间接成本，但有一部分是可控的。例如，机物料的消耗可能是间接计入产品的，但机器操作工却可以控制它。

变动成本和固定成本的划分依据，是成本与产量的依存性。随产量正比例变动的成本，称为变动成本。在一定幅度内不随产量变动而基本上保持不变的成本，称为固定成本。对生产单位来说，大多数变动成本是可控的，但也有部分不可控。例如，按产量和实际成本分摊的工艺装备费是变动成本，但使用工艺装备的生产车间未必能控制其成本的多少，因为产量是上级的指令，其实际成本是制造工艺装备的辅助车间控制的。固定成本和不可控成本也不能等同，与产量无关的广告费、科研开发费、教育培训费等酌量性固定成本都是可控的。

3. 责任成本计算、变动成本计算和完全成本计算

责任成本计算、变动成本计算和完全成本计算是三种不同的成本计算方法。其主要区别是：第一，核算的目的不同。计算产品的完全成本是为了按会计准则确定存货成本和期间损益；计算产品的变动成本是为了经营决策；计算产品的责任成本是为了评价成本控制业绩。第二，成本计算对象不同。变动成本计算和完全成本计算以产品为成本计算的对象；责任成本以责任中心为成本计算的对象。第三，成本的范围不同。完全成本计算的范围是全部制造成本，包括直接材料、直接人工和全部制造费用；变动成本计算的范围是变动成本，包括直接材料、直接人工和变动制造费用；责任成本计算的范围是各责任中心的可控成本。第四，共同费用在成本对象间分摊的原则不同。完全成本计算按受益原则归集和分摊费用，谁受益谁承担，要分摊全部的间接费用；变动成本计算只分摊变动成本，不分摊固定成本；责任成本计算按可控原则把成本归属于不同责任中心，谁能控制谁负责，不仅可控的变动间接费用要分配给责任中心，可控的固定间接费用也要分配给责任中心。可见，责任成本法是介于完全成本法和变动成本法之间的一种成本方法，有人称之为“局部吸收成本法”或“变动成本法和吸收成本法结合的成本方法”。

4. 责任成本与标准成本、目标成本

标准成本和目标成本主要强调事先的成本计算，而责任成本重点是事后的计算、评价和考核，是责任会计的重要内容之一。标准成本在制定时是分产品进行的，事后对差异进行分析时才判别责任归属。目标成本管理要求在事先规定目标时就考虑责任归属，并按责任归属收集和处理实际

数据。不管使用目标成本还是标准成本作为控制依据，事后的评价与考核都要求核算责任成本。

5. 计算责任成本的关键

计算责任成本的关键是判别每一项成本费用支出的责任归属。

（1）判别成本费用支出责任归属的原则。通常，可以按以下原则确定责任中心的可控成本。

一是假如某项责任中心通过自己的行动能有效地影响一项成本的数额，那么该中心就要对这项成本负责。

二是假如某项责任中心有权决定是否使用某种资产或服务，它就应对这些资产或服务的成本负责。

三是某管理人员虽然不直接决定某项成本，但是上级要求他参与有关事项，从而对该项成本的支出施加了重要影响，则他对该成本也要承担责任。

（2）制造费用的归属和分摊方法。将发生的直接材料和人工费用归属于不同的责任中心通常比较容易，而制造费用的归属则比较困难。为此，需要仔细研究各项消耗和责任中心的因果关系，采用不同的分配方法。一般是依次按下述五个步骤来处理。

一是直接计入责任中心。将可以直接判别责任归属的费用项目，直接列入应负责的成本中心。例如，机物料消耗、低值易耗品的领用等，在发生时可判别耗用的成本中心，不需要采用其他标准进行分配。

二是按责任基础分配。对不能直接归属于责任中心的费用，优先采用责任基础分配。有些费用虽然不能直接归属于特定成本中心，但它们的数额受成本中心的控制，能找到合理依据来分配，如动力费、维修费等。如果成本中心能自己控制使用量，可以根据其用量来分配。分配时要使用固定的内部结算价格，防止供应部门的责任向使用部门转嫁。

三是按受益基础分配。有些费用不是专门属于某个责任中心的，也不宜用责任基础分配，但与各中心的受益多少有关，可按受益基础分配，如按装机功率分配电费等。

四是归入某一个特定的责任中心。有些费用既不能用责任基础分配，也不能用受益基础分配，则考虑有无可能将其归属于一个特定的责任中心。例如，车间的运输费用和试验检验费用，难以分配到生产班组，不如建立专门的成本中心，由其控制此项成本，不向各班组分配。

五是不能归属于任何责任中心的固定成本，不进行分摊。例如，车间厂房的折旧是以前决策的结果，短期内无法改变，可暂时不加控制，作为不可控费用。

四、成本中心的考核指标

成本中心的考核指标包括责任成本的变动额和变动率两种指标，其计算公式为：

$$\text{责任成本的变动额}=\text{实际责任成本}-\text{预算责任成本} \tag{13-1}$$

$$\text{责任成本的变动率}=\frac{\text{责任成本的变动额}}{\text{预算责任成本}}\times 100\% \tag{13-2}$$

在对成本中心进行考核时，如果预算产量与实际产量不一致，应注意按弹性预算的方法先行调整预算指标，然后再按上述指标计算。

【例 13-1】 皖巢公司第一车间是一个成本中心，只生产甲产品。其预算产量为 3 000 件，单位标准材料成本为 100 元/件（即 10 元/千克×10 千克/件）；实际产量为 3 500 件，实际单位材料成本为 96 元/件（即 12 元/千克×8 千克/件）。假定其他成本忽略不计。

要求：计算该成本中心消耗的直接材料责任成本的变动额和变动率，分析并评价该成本中心的成本控制情况（说明：不利差异用 U 表示，有利差异用 F 表示，后同）。

根据上述资料，可得：

$$责任成本的变动额=96\times3\ 500-100\times3\ 500=-14\ 000（元）（F）$$

$$责任成本的变动率=\frac{-14\ 000}{100\times3\ 500}\times100\%=-4\%（F）$$

计算结果表明，该成本中心的成本降低额为 14 000 元，降低率为 4%。其原因分析如下。

由于材料价格上升对成本的影响：

$$(12-10)\times8\times3\ 500=56\ 000（元）（U）$$

由于材料用量降低对成本的影响：

$$10\times(8\times3\ 500-10\times3\ 500)=-70\ 000（元）（F）$$

该成本中心的直接材料成本节约了 14 000 元。

原因分析与评价：材料采购价格上升致使成本超支 56 000 元，这属于一车间的不可控成本，应将此超支责任由车间转出，转给采购部门承担；材料用量降低使得成本节约了 70 000 元，属于该中心取得的成绩。

任务三　明确利润中心

一、利润中心的确定

成本中心的决策权利是有限的。标准成本中心的管理人员可以决定投入，但产品的品种和数量往往要由其他人员来决定。费用中心为本企业提供服务或进行某一方面的管理。收入中心负责分配和销售产品，但不控制产品的生产。当某个责任中心被同时赋予生产和销售职能时，该中心的自主权就会显著地增加，管理人员能够决定生产什么，如何生产，产品质量的水平，价格的高低，销售的办法，以及生产资源如何在不同产品之间进行分配等。这种责任中心出现在大型分散式经营的组织中，小企业很难或不必采用分散式组织结构，如果大企业采用集权式管理组织结构也不会使下级具有如此广泛的决策权。这种具有几乎全部经营决策权的责任中心，可以被确定为利润中心或投资中心。

一个责任中心，如果能同时控制生产和销售，既要对成本负责又要对收入负责，但没有责任或没有权利决定该中心资产投资的水平，因而可以根据其利润的多少来评价该中心的业绩，那么，该责任中心称为利润中心。

二、利润中心的类型

利润中心一般有自然的利润中心和人为的利润中心两种类型。

1. 自然的利润中心

自然的利润中心是指直接向企业外部出售产品，在市场上进行购销业务的责任中心。例如，某些公司采用事业部制，每个事业部均有销售、生产、采购的职能，有很大的独立性，这些事业部就是自然的利润中心。

2. 人为的利润中心

人为的利润中心指主要在企业内部按照内部转移价格出售产品的责任中心。例如，大型钢铁公司分成采矿、炼铁、炼钢、轧钢等几个部门，这些生产部门的产品主要在公司内部转移，他们只有少量对外销售，或者全部对外销售由专门的销售机构完成，这些生产部门可视为利润中心并

称为人为的利润中心。再如，企业内部的辅助部门，包括修理、供电、供水、供气等部门，可以按固定的价格向生产部门收费，它们也可以确定为人为的利润中心。

通常，利润中心被看成是一个可以用利润衡量其一定时期业绩的组织单位。但是，并非可以计量利润的组织单位都是真正意义上的利润中心。利润中心组织的真正目的是激励下级制定有利于整个公司的决策并努力工作。仅仅规定一个组织单位的产品价格并把投入的成本归集到该单位，并不能使该组织单位具有自主权或独立性。从根本目的上看，利润中心是指管理人员有权对其供货的来源和市场进行决策的单位。一般来说，利润中心要向顾客销售其大部分产品，并且可以自由地选择大多数材料、商品和服务等项目的来源。根据这一定义，尽管某些企业也采用利润指标来计算各生产部门的经营成果，但这些部门不一定就是利润中心。把不具有广泛权利的生产或销售部门定为利润中心，并用利润指标去评价它们的业绩，往往会引起内部冲突或次优化，对加强管理反而是有害的。

三、利润中心的考核指标

对于利润中心进行考核的指标主要是利润。但是，也应当看到，任何一个单独的业绩衡量指标都不能够反映出某个组织单位的所有经济效果，利润指标也是如此。因此，尽管利润指标具有综合性，利润计算具有强制性和较好的规范化程度，但仍然需要一些非货币的衡量方法作为补充，包括生产率、市场地位、产品质量、职工态度、社会责任、短期目标和长期目标的平衡等。这里我们讨论部门利润的计算。

在计量一个利润中心的利润时，我们需要解决两个问题：第一，选择一个利润指标，包括如何分配成本到该中心；第二，为在利润中心之间转移的产品或服务规定价格。

利润并不是一个十分具体的概念，在这个名词前边加上不同的定语，可以得出不同的概念。在评价利润中心业绩时，我们至少有三种选择：边际贡献、可控边际贡献、部门税前经营利润。

【例 13-2】　皖巢公司甲部门的有关数据如下：（单位：元）

部门销售收入	15 000
已销商品变动成本和变动销售费用	10 000
部门可控固定间接费用	800
部门不可控固定间接费用	1 200

要求：编制皖巢公司甲部门的利润表，并进行相应的分析。

现编制皖巢公司甲部门的利润表，如表 13-1 所示。

表 13-1　皖巢公司甲部门利润表　　单位：元

项　目	行　次	金　额
销售收入	1	15 000
减：变动成本	2	10 000
边际贡献	3	5 000
减：可控固定成本	4	800
部门可控边际贡献	5	4 200
减：不可控固定成本	6	1 200
部门税前经营利润	7	3 000

以边际贡献 5 000 元作为业绩评价依据不够全面。部门经理至少可以控制某些固定成本，并且在固定成本和变动成本的划分上有一定选择余地。以边际贡献为评价依据，可能导致部门经理

尽可能多地支出固定成本以减少成本支出，尽管这样做不能降低总成本。因此，业绩评价时至少应包括可控制的固定成本。

以可控边际贡献 4 200 元作为业绩评价依据可能是最好的，它反映了部门经理在其权限和控制范围内有效使用资源的能力。部门经理可控制收入、变动成本和部分固定成本，因而可以对可控边际贡献承担责任。这一衡量标准的主要问题是可控固定成本和不可控固定成本的区分比较困难。例如折旧、保险等，如果部门经理有权处理这些有关的资产，那么它们就是可控的；反之，则是不可控的。又如，雇员的工资水平通常是由企业集中决定的，如果部门经理有权决定本部门雇用多少职工，那么工资成本是他的可控制成本；如果部门经理既不能决定工资水平，又不能决定雇员人数，则工资成本是不可控成本。

以部门税前经营利润 3 000 元作为业绩评价依据，可能更适合评价该部门对企业利润和管理费用的贡献，而不适合于部门经理的评价。如果要决定该部门的取舍，部门税前经营利润是有重要意义的信息。如果要评价部门经理的业绩，由于有一部分固定成本是过去最高管理阶层投资决策的结果，现在的部门经理已很难改变，部门税前经营利润则超出了经理人员的控制范围。

四、内部转移定价

1. 内部转移定价的定义

内部转移定价（Internal Transfer Pricing）是指企业内部转移价格的制定和应用方法。内部转移价格（Internal Transfer Price），也称为内部结算价格（Internal Settlement Price），是指企业内部分公司、分厂、车间、分部等责任中心之间相互提供产品（或服务）、资金等内部交易时所采用的计价标准。内部转移价格采取了“价格”的形式，使两个责任中心处于交易的“买”“卖”双方，具有与外部的市场价格相类似的作用，促使双方降低成本，提高经济效益。

分散经营的组织单位之间相互提供产品或服务时，需要制定一个内部转移价格。转移价格对于提供产品（或服务）、资金的生产部门来说表示收入，对于使用这些产品或服务的责任中心来说则表示成本。因此，转移价格会影响这两个部门的获利水平，使得部门经理非常关心转移价格的制定，并经常引起争论。

制定转移价格的目的有两个：一是防止成本转移带来的部门间责任转嫁，使每个利润中心都能作为单独的组织单位进行业绩评价；二是作为一种价格机制引导下级部门采取明智的决策。生产部门据此确定提供产品的数量，购买部门据此确定所需要的产品数量。

2. 应用内部转移定价工具方法的原则

具有一定经营规模、业务流程相对复杂、设置了多个责任中心且责任中心之间存在内部供求关系的企业，为了界定各责任中心的经济责任，计量其绩效，需要制定一个内部转移价格，为实施激励提供可靠依据。

企业应用内部转移定价工具方法，一般应遵循以下原则。

（1）合规性原则。内部转移价格的制定、执行及调整应符合相关会计、财务、税收等法律法规的规定。

（2）效益性原则。企业应用内部转移定价工具方法，应以企业整体利益最大化为目标，避免为追求局部最优而损害企业整体利益的情况；同时，应兼顾各责任中心及员工利益，充分调动各方积极性。

（3）适应性原则。内部转移定价体系应当与企业所处行业特征、企业战略、业务流程、产品

（或服务）特点、业绩评价体系等相适应，使企业能够统筹各责任中心利益，对内部转移价格达成共识。

3. 内部转移定价的类型

企业一般由绩效管理委员会或类似机构负责搭建内部交易和内部转移价格管理体系，建立与所采用的内部转移定价体系相适应的内部交易管理信息系统，制定相关制度，审核、批准内部转移定价方案，并由财务、绩效管理等职能部门负责编制和修订内部转移价格、进行内部交易核算，对内部交易价格执行情况进行监控和报告，及时获取所需的内部转移价格，灵活确定有关定价方式，以客观反映各责任中心绩效。

企业绩效管理委员会或类似机构应根据各责任中心的性质和业务特点，分别确定适当的内部转移定价形式。内部转移定价通常分为价格型内部转移定价、成本型内部转移定价和协商型内部转移定价三种。

（1）价格型内部转移定价。价格型内部转移定价是指以市场价格为基础制定的、由成本和毛利构成内部转移价格的方法，一般适用于内部利润中心。责任中心所提供的产品（或服务）经常外销且外销比例较大的，或所提供的产品（或服务）有外部活跃市场可靠报价的，可以外销价或活跃市场报价作为内部转移价格。责任中心一般不对外销售且外部市场没有可靠报价的产品（或服务），或企业管理层和有关各方认为不需要频繁变动价格的，可以参照外部市场价或预测价制定模拟市场价作为内部转移价格。没有外部市场但企业出于管理需要设置为模拟利润中心的责任中心，可以在生产成本基础上加一定比例毛利作为内部转移价格。

（2）成本型内部转移定价。成本型内部转移定价是指以标准成本等相对稳定的成本数据为基础，制定内部转移价格的方法，一般适用于内部成本中心。

（3）协商型内部转移定价。协商型内部转移定价是指企业内部供求双方为使双方利益相对均衡，通过协商机制制定内部转移价格的方法，主要适用于分权程度较高的情形。协商价的取值范围通常较宽，一般不高于市场价，不低于变动成本。

除以外销价或活跃市场报价制定的内部转移价格可能随市场行情波动而变动较频繁外，其余内部转移价格应在一定期间内保持相对稳定，以使需求方责任中心的绩效不受供给方责任中心绩效变化的影响。

企业可以根据管理需要，核算各责任中心资金占用成本，将其作为内部利润的减项，或直接作为业绩考核的依据。责任中心占用的资金一般指货币资金，也可以包括原材料、半成品等存货以及应收款项等。占用资金的价格一般参考市场利率或加权资本成本制定。

企业应及时对内部转移定价形成的结果进行汇总分析，作为考核责任中心绩效的依据；同时，应监测内部转移定价体系运行情况，协调、裁决交易中的争议，保障内部转移定价体系运转顺畅。此外，企业应定期开展内部转移定价应用评价工作，根据内外部环境变化及时修订、调整定价策略。

4. 内部转移定价的优缺点

内部转移定价的主要优点是能够清晰反映企业内部供需各方的责任界限，为绩效评价和激励提供客观依据，有利于企业优化资源配置。诚然，可能受到相关因素影响，内部转移定价体系产生的定价结果不合理，造成信息扭曲，误导相关方行为，从而损害企业局部或整体利益。

任务四　明确投资中心

一、投资中心的确定

投资中心是指某些分散经营的单位或部门，其经理所拥有的自主权不仅包括制定价格、确定产品和生产方法等短期经营决策权，而且还包括投资规模和投资类型等投资决策权。投资中心的经理不仅能控制除公司分摊管理费用外的全部成本和收入，而且能控制占用的资产。因此，不仅要衡量其利润，而且要衡量其资产并把利润与其所占用的资产联系起来。

二、投资中心的考核指标

1. 投资报酬率

这里所说的投资报酬率（Return On Investment，ROI）是指部门税前经营利润除以该部门占用的平均净经营资产。即：

$$\text{投资报酬率}=\frac{\text{部门税前经营利润}}{\text{该部门占用的平均净经营资产}}\times 100\% \qquad (12\text{-}3)$$

【例 13-3】 皖巢公司甲部门的平均净经营资产为 15 000 元，部门税前经营利润为 3 000 元。

要求：计算该公司甲部门的投资报酬率。

$$\text{投资报酬率}=\frac{3\,000}{15\,000}\times 100\%=20\%$$

用投资报酬率来考核投资中心业绩有许多优点：它是根据现有的会计资料计算的，比较客观，可用于部门之间，以及不同行业之间的比较。投资人非常关心这个指标，公司总经理也十分关心这个指标，用它来评价每个部门的业绩，能够促使每个部门提高本部门的投资报酬率，从而有助于提高整个企业的投资报酬率。部门投资报酬率可以分解为投资周转率和部门税前经营利润率两者的乘积，并可进一步分解为资产的明细项目和收支的明细项目，从而对整个部门经营状况做出评价。

部门投资报酬率指标的不足也是十分明显的：部门经理会放弃高于资本成本而低于目前部门投资报酬率的机会，或者减少现有的投资报酬率较低但高于资本成本的某些资产，使部门的业绩获得较好的评价，但却伤害了企业整体的利益。

【例 13-4】 承例 13-3 资料。皖巢公司要求的投资税前报酬率为 15%。甲部门经理面临一个投资报酬率为 17%的投资机会，投资额为 10 000 元，每年部门税前经营利润为 1 700 元。

要求：做出该公司甲部门的投资决策。

尽管对整个企业来说，由于投资报酬率高于公司要求的报酬率，应当利用这个投资机会，但是它却使甲部门的投资报酬率由过去的 20%下降到 18.8%。

$$\text{投资报酬率}=\frac{3\,000+1\,700}{15\,000+10\,000}\times 100\%=18.8\%$$

【例 13-5】 承例 13-4 资料。皖巢公司要求的投资税前报酬率为 15%。假设甲部门现有一项经营资产价值 5 000 元，每年税前获利 850 元。

要求：做出该公司甲部门的投资决策。

尽管该项经营资产投资税前报酬率为 17%，超过了公司要求的报酬率，甲部门经理却愿意放弃该项资产，以提高本部门的投资报酬率。

$$投资报酬率=\frac{3\,000-850}{15\,000-5\,000}\times100\%=21.5\%$$

可见，当使用投资报酬率作为企业考核标准时，甲部门经理可以通过加大公式分子或减少公式的分母来提高这个比率。实际上，减少分母更容易实现。这样做，会失去可以扩大股东财富的项目。从引导部门经理采取与企业总体利益一致的决策来看，投资报酬率并不是一个很好的指标。

2. 剩余收益

为了克服由于使用比率衡量部门业绩带来的次优化问题，许多企业采用绝对数指标来实现利润与投资之间的联系，这就是剩余收益（Residual Income）指标。

剩余收益=部门税前经营利润−部门平均净经营资产应计报酬

=部门税前经营利润−部门平均净经营资产×要求的报酬率　　（13-4）

剩余收益的主要优点是可以使业绩评价与企业的目标协调一致，引导部门经理采纳高于企业资本成本的决策。

【例 13-6】 承例 13-3～例 13-5 资料。皖巢公司甲部门要求的税前报酬率为 15%。

要求：做出该公司甲部门的投资决策。

根据上述资料，可得:

目前甲部门剩余收益=3 000−15 000×15%=750（元）

采纳增资方案后剩余收益=(3 000+1 700)−(15 000+10 000)×15%=950（元）

采纳减资方案后剩余收益=(3 000−850)−(15 000−5 000)×15%=650（元）

甲部门经理会采纳增资方案而放弃减资的方案，这正是与企业总目标相一致的。

采用剩余收益指标还有一个好处，就是允许使用不同的风险调整资本成本。从现代财务理论来看，不同的投资有不同的风险，要求按风险程度调整其资本成本。因此，不同行业部门的资本成本不同，甚至同一部门的资产也属于不同的风险类型。例如，现金、短期应收账款和长期资本投资的风险有很大区别，要求有不同的资本成本。在使用剩余收益指标时，可以对不同部门或者不同资产规定不同的资本成本百分数，使剩余收益这个指标更加灵活。而投资报酬率评价方法并不区别不同资产，无法分别处理风险不同的资产。

当然，剩余收益是绝对指标，不便于不同部门之间的比较。规模大的部门容易获得较大的剩余收益，而它们的投资报酬率并不一定很高。在这里，我们再次体会到引导决策与评价业绩之间的矛盾。因此，许多企业在使用这一方法时，事先建立与每个部门资产结构相适应的剩余收益预算，然后通过实际与预算的对比来评价部门业绩。

剩余收益和经济增加值都与投资报酬率相联系。剩余收益业绩评价旨在设定部门投资的最低报酬率，防止部门利益伤害整体利益；而经济增加值旨在使经理人员赚取超过资本成本的报酬，促进股东财富最大化。

剩余收益和经济增加值也有区别。部门剩余收益通常使用税前部门营业利润和税前投资报酬率计算，而部门经济增加值使用部门税后净营业利润和加权平均税后资本成本计算。当税金是重要因素时，经济增加值比剩余收益可以更好地反映部门盈利能力。如果税金与部门业绩无关时，经济增加值与剩余收益的效果相同，只是计算更复杂。由于经济增加值与公司的实际资本成本相联系，因此是基于资本市场的计算方法，资本市场上权益成本和债务成本变动时，公司要随之调整加权平均资本成本。计算剩余收益使用的部门要求的报酬率，主要考虑管理要求以及部门个别风险的高低。

需要说明的是，成本中心、利润中心和投资中心彼此并非孤立存在，每个责任中心都要承担相应的经营责任。最基层的成本中心应就其经营的可控成本向其上层成本中心负责；上层的成本中心应就其本身的可控成本和下层转来的责任成本一并向利润中心负责；利润中心应就其本身经营的收入、成本（含下层转来的成本）和利润（或边际贡献）向投资中心负责；投资中心最终就其经营的投资利润率和剩余收益向总经理和董事会负责。总之，企业各种类型和层次的责任中心形成一个“连锁责任”体系，这就促使每个责任中心为保证经营目标一致而协调运转。

任务五　管理会计报告

一、管理会计报告认知

1．管理会计报告的定义

管理会计报告（Management Accounting Reports）是指运用管理会计方法，根据财务和业务的基础信息加工整理形成的，满足企业价值管理和决策支持需要或非营利组织目标管理需要的内部报告。

2．企业管理会计报告的要求

为了达到为企业各层级进行规划、决策、控制和评价等管理活动提供有用信息的目标，企业管理会计报告应符合以下要求。

（1）岗位设置。企业应建立管理会计报告组织体系，根据需要设置管理会计报告相关岗位，明确岗位职责。企业各部门都应履行提供管理会计报告所需信息的责任。

（2）报告形式要件。企业管理会计报告的形式要件包括报告的名称、报告期间或时间、报告对象、报告内容以及报告人等。

（3）报告对象。企业管理会计报告的对象是对管理会计信息有需求的各个层级、各个环节的管理者。

（4）报告期间。企业可根据管理的需要和管理会计活动的性质设定报告期间。一般应以日历期间（月度、季度、年度）作为企业管理会计报告期间，也可根据特定需要设定企业管理会计报告期间。

（5）报告内容。企业管理会计报告的内容应根据管理需要和报告目标而定，易于理解并具有一定灵活性。

（6）报告流程。企业管理会计报告的编制、审批、报送、使用等应与企业组织架构相适应。

（7）报告体系。企业管理会计报告体系应根据管理活动全过程进行设计，在管理活动各环节形成基于因果关系链的结果报告和原因报告。

3．企业管理会计报告的分类

企业管理会计报告体系可按照多种标准进行分类，包括但不限于：

（1）按照企业管理会计报告使用者所处的管理层级分类。按照企业管理会计报告使用者所处的管理层级可分为战略层管理会计报告、经营层管理会计报告和业务层管理会计报告。战略层管理会计报告是为战略层开展战略规划、决策、控制和评价以及其他方面的管理活动提供相关信息的对内报告。其报告对象是企业的战略层，包括股东大会、董事会和监事会等。战略层管理会计报告主要包括但不仅限于战略管理报告、综合业绩报告、价值创造报告、经营分析报告、风险分析报告、重大事项报告、例外事项报告等。这些报告可独立提交，也可根据不同需要整合后提交。

战略管理报告的内容一般包括内外部环境分析、战略选择与目标设定、战略执行及其结果，以及战略评价等。综合业绩报告的内容一般包括关键绩效指标预算及其执行结果、差异分析以及其他重大绩效事项等。价值创造报告的内容一般包括价值创造目标、价值驱动的财务因素与非财务因素、内部各业务单元的资源占用与价值贡献，以及提升公司价值的措施等。经营分析报告的内容一般包括过去经营决策执行情况回顾、本期经营目标执行的差异及其原因、影响未来经营状况的内外部环境与主要风险分析、下一期的经营目标及管理措施等。风险分析报告的内容一般包括企业全面风险管理工作回顾、内外部风险因素分析、主要风险识别与评估、风险管理工作计划等。重大事项报告是针对企业的重大投资项目、重大资本运作、重大融资、重大担保事项、关联交易等事项进行的报告。例外事项报告是针对企业发生的管理层变更、股权变更、安全事故、自然灾害等偶发性事项进行的报告。战略层管理会计报告应精炼、简洁、易于理解，报告主要结果、主要原因，并提出具体的建议。

经营层管理会计报告是为经营管理层开展与经营管理目标相关的管理活动提供相关信息的对内报告。其报告对象是经营管理层。经营层管理会计报告主要包括全面预算管理报告、投资分析报告、项目可行性报告、融资分析报告、盈利分析报告、资金管理报告、成本管理报告、绩效评价报告等。全面预算管理报告的内容一般包括预算目标制定与分解、预算执行差异分析以及预算考评等。投资分析报告的内容一般包括投资对象、投资额度、投资结构、投资进度、投资效益、投资风险和投资管理建议等。项目可行性报告的内容一般包括项目概况、市场预测、产品方案与生产规模、厂址选择、工艺与组织方案设计、财务评价、项目风险分析，以及项目可行性研究结论与建议等。融资分析报告的内容一般包括融资需求测算、融资渠道与融资方式分析及选择、资本成本、融资程序、融资风险及其应对措施和融资管理建议等。盈利分析报告的内容一般包括盈利目标及其实现程度、利润的构成及其变动趋势、影响利润的主要因素及其变化情况，以及提高盈利能力的具体措施等。企业还应对收入和成本进行深入分析。盈利分析报告可基于企业集团、单个企业，也可基于责任中心、产品、区域、客户等进行。资金管理报告的内容一般包括资金管理目标、主要流动资金项目（如现金、应收票据、应收账款、存货）的管理状况、资金管理存在的问题以及解决措施等。企业集团资金管理报告的内容一般还包括资金管理模式（集中管理还是分散管理）、资金集中方式、资金集中程度、内部资金往来等。成本管理报告的内容一般包括成本预算、实际成本及其差异分析，成本差异形成的原因以及改进措施等。绩效评价报告的内容一般包括绩效目标、关键绩效指标、实际执行结果、差异分析、考评结果，以及相关建议等。经营层管理会计报告应做到内容完整、分析深入。

业务层管理会计报告是为企业开展日常业务或作业活动提供相关信息的对内报告。其报告对象是企业的业务部门、职能部门以及车间、班组等。业务层管理会计报告应根据企业内部各部门、车间或班组的核心职能或经营目标进行设计，主要包括研究开发报告、采购业务报告、生产业务报告、配送业务报告、销售业务报告、售后服务业务报告、人力资源报告等。研究开发报告的内容一般包括研发背景、主要研发内容、技术方案、研发进度、项目预算等。采购业务报告的内容一般包括采购业务预算、采购业务执行结果、差异分析及改善建议等。采购业务报告要重点反映采购质量、数量以及时间、价格等方面的内容。生产业务报告的内容一般包括生产业务预算、生产业务执行结果、差异分析及改善建议等。生产业务报告要重点反映生产成本、生产数量以及产品质量、生产时间等方面的内容。配送业务报告的内容一般包括配送业务预算、配送业务执行结果、差异分析及改善建议等。配送业务报告要重点反映配送的及时性、准确性以及配送损耗等方面的内容。销售业务报告的内容一般包括销售业务预算、销售业务执行结果、差异分析及改善建议等。销售业务报告要重点反映销售的数量结构和质量结构等方面的内容。售后服务业务报告的内容一般包括售后服务业务预算、售后服务业务执行结果、差异分析及改善建议等。售后服务业务报告重点反映售后服务的客户满意度等方面的内容。人力资源报告的内容一般包括人力资源预算、人力资源执行结果、差异分析及改善建议等。人力资源报告重点反映人力资源使用及考核等方面的内容。业务层管理会计报告应做到内容具体，数据充分。

（2）企业管理会计报告体系的其他分类。按照企业管理会计报告内容可分为综合企业管理会计报告和专项企业管理会计报告；按照管理会计功能可分为管理规划报告、管理决策报告、管理控制报告和管理评价报告；按照责任中心可分为投资中心报告、利润中心报告和成本中心报告；按照报告主体整体性程度可分为整体报告和分部报告。

二、责任中心责任报告

企业内部责任中心的业绩评价应当通过编制责任报告来完成。责任报告（Responsibility Report），也称为业绩报告或绩效报告，是指根据责任会计记录编制的反映责任预算实际执行情况，揭示责任预算与实际执行差异的内部管理会计报告。由于责任中心是逐级设置的，所以责任报告也应当逐级编制，但通常只采用自下而上的程序逐级编报。

责任报告主要有报表、数据分析和文字说明等几种形式。将实际业绩、预期业绩以及实际业绩与预期业绩之间的差异用报表予以列示是责任报告的基本形式。在揭示差异时，还必须对重大差异予以定量分析和定性分析。定量分析旨在确定差异的发生程度，定性分析旨在分析差异产生的原因，并根据这些原因提出改进建议。在实务中，责任报告往往将报表、数据分析和文字说明等几种形式结合起来使用。

1. 成本中心责任报告

成本中心的责任报告应以该成本中心的可控成本为重点，以便使管理人员了解与其有关的责任成本全貌。

【例 13-7】 皖巢公司甲分公司的制造部是一个成本中心，下属两个车间。相关成本费用如表 13-2 所示。

要求：编制皖巢公司甲分公司的制造部的成本中心责任报告。

现编制该分公司制造部的成本中心责任报告，如表 13-2 所示。

表 13-2　成本中心责任报告

编制单位：皖巢公司甲分公司制造部　　　　2022 年 9 月　　　　单位：万元

项　目	本　月			本年累计		
	实际	预算	差异	实际	预算	差异
第一车间可控成本：						
变动成本						
直接材料	113	100	13（U）	1 017	900	117（U）
直接人工	54	60	-6（F）	486	540	-54（F）
变动制造费用	22	20	2（U）	198	180	18（U）
变动成本合计	189	180	9（U）	1 701	1 620	81（U）
固定成本						
固定制造费用	18	20	-2（F）	162	180	-18（F）
第一车间可控成本合计	207	200	7（U）	1 863	1 800	63（U）

续表

项　　目	本　　月			本年累计		
	实际	预算	差异	实际	预算	差异
制造部可控成本：						
变动成本						
第一车间变动成本	189	180	9（U）	1 701	1 620	81（U）
第二车间变动成本	149	150	-1（F）	1 341	1 350	-9（F）
变动成本合计	338	330	8（U）	3 042	2 970	72（U）
固定成本						
第一车间固定成本	18	20	-2（F）	162	180	-18（F）
第二车间固定成本	18	20	-2（F）	162	180	-18（F）
固定成本合计	36	40	-4（F）	324	360	-36（F）
管理费用	10	10	0	90	90	0
制造部可控成本合计	384	380	4（U）	3 456	3 420	36（U）

从表13-2可知，皖巢公司甲分公司制造部的可控成本产生了不利差异，且其不利差异主要是第一车间可控变动成本引起的；从第一车间看，引起不利差异的主要原因是其原材料（直接材料）和制造费用成本超支了，且原材料成本超支远大于制造费用成本超支。成本中心的各级经理人，就其权责范围编制业绩报告并对其负责部门的成本差异负责，寻找原因对症下药，以便对成本费用实施有效的管理控制，从而提高业绩水平。

2. 利润中心责任报告

为明确各利润中心的责任，既可编制各利润中心的责任报告，也可根据企业的组织结构加以设置，以反映各责任层次的责任和业绩。通过实际与预算的对比，分别计算差异，据此调查、分析产生差异的原因。

【例13-8】　承例13-7资料。皖巢公司甲分公司是一个利润中心，下属制造部、行政部和销售部等三个部门。

要求：编制皖巢公司甲分公司的利润中心责任报告。

现编制该分公司的利润中心责任报告，如表13-3所示。

表13-3　利润中心责任报告

编制单位：皖巢公司甲分公司　　　　2022年9月　　　　单位：万元

项　　目	本　　月			本年累计		
	实际	预算	差异	实际	预算	差异
销售收入						
东北地区销售收入	190	170	20（F）	1 710	1 530	180（F）
华北地区销售收入	250	227	23（F）	2 250	2 043	207（F）
华东地区销售收入	210	221	-11（U）	1 890	1 989	-99（U）
中南地区销售收入	158	150	8（F）	1 422	1 350	72（F）
西南地区销售收入	100	110	-10（U）	900	990	-90（U）

续表

项目	本月			本年累计		
	实际	预算	差异	实际	预算	差异
西北地区销售收入	98	102	-4（U）	882	918	-36（U）
出口销售收入	120	100	20（F）	1 080	900	180（F）
销售收入合计	1 126	1 080	46（F）	10 134	9 720	414（F）
减：变动成本	384	380	4（U）	3 456	3 420	36（U）
边际贡献	742	700	42（F）	6 678	6 300	378（F）
减：经理人员可控的可追溯固定成本						
制造部固定成本	50	50	0	450	450	0
销售部固定成本	90	80	10（U）	810	720	90（U）
行政部固定成本	56	60	-4（F）	504	540	-36（F）
经理人员可控的可追溯固定成本合计	196	190	6（U）	1 764	1 710	54（U）
甲分公司经理边际贡献	546	510	36（F）	4 914	4 590	324（F）
减：甲分公司经理不可控但公司管理部门可控的可追溯固定成本	100	110	-10（F）	900	990	-90（F）
甲分公司部门边际贡献	446	400	46（F）	4 014	3 600	414（F）

从表13-3可知，无论从边际贡献，还是分公司经理边际贡献，还是分公司部门边际贡献都是有利差异，都超额完成了预算指标。

3. 投资中心责任报告

以投资报酬率、剩余收益等作为投资中心的业绩评价指标，在实践中被广泛应用。所以，据此编制责任报告，将有助于企业高层管理部门进行财务评价。

【例13-9】 承例13-7、例13-8资料。皖巢公司是一个投资中心，该公司规定的最低报酬率为13%。

要求：编制皖巢公司的投资中心责任报告。

现编制该公司的投资中心责任报告，如表13-4所示。

表13-4　投资中心责任报告

编制单位：皖巢公司　　2022年9月　　单位：万元

项目	本月			本年累计		
	实际	预算	差异	实际	预算	差异
公司边际贡献						
甲分公司部门边际贡献	446	400	46（F）	4 014	3 600	414（F）
乙分公司部门边际贡献	520	480	40（F）	4 680	4 320	360（F）
公司边际贡献合计	966	880	86（F）	8 694	7 920	774（F）
减：公司所得税（所得税税率为25%）	241.50	220	21.50（U）	2 173.50	1 980	193.50（U）
公司经营净利润	724.50	660	64.50（F）	6 520.50	5 940	580.50（F）

续表

项　　目	本　　月			本年累计		
	实际	预算	差异	实际	预算	差异
公司净经营资产平均占用额[①]	2 898	2 750	148（U）	26 082	24 750	1332（F）
投资报酬率	25%	24%	1%（F）	25%	24%	1%（F）
要求的最低报酬率[②]	13%	13%	—	13%	13%	—
要求的最低投资收益	376.74	357.50	19.24（F）	3 390.66	3 217.50	173.16（F）
剩余收益	347.76	302.50	45.26（F）	3 129.84	2 722.50	407.34（F）

从表 13-4 可知，该公司实际的投资报酬率和剩余收益均超过了预算数，说明该投资中心的经营业绩较好。

训练巩固

在线测试

思考题

1. 何谓责任会计？包括哪些主要内容？
2. 责任中心的基本形式主要有哪几种？
3. 责任成本与产品成本有何区别？
4. 什么是成本中心？成本中心的考评指标是怎样的？如何对成本中心的业绩进行考评？
5. 什么是利润中心？利润中心的考评指标是怎样的？如何对利润中心的业绩进行考评？
6. 什么是投资中心？投资中心的考评指标是怎样的？如何对投资中心的业绩进行考评？
7. 什么是内部转移定价？
8. 内部转移定价的种类有哪些？
9. 简述应用内部转移定价的原则。
10. 什么是管理会计报告？其有何特征？有何优缺点？
11. 简述企业管理会计报告的分类。
12. 简述企业管理会计报告的编制要求。
13. 成本中心、利润中心和投资中心的业绩报告的内容包括哪些？

实训题

1. 三江公司甲、乙、丙、丁四个投资中心有关资料如表 13-5 所示。

要求：计算填列表 13-5 中用括号表示的项目。

表 13-5　计算资料表

单位：元

项　　目	甲投资中心	乙投资中心	丙投资中心	丁投资中心
销售收入	500 000	（　）	450 000	—
销售成本费用	480 000	（　）	（　）	—

① 公司净经营资产平均占用额是根据管理用的预计资产负债表或实际资产负债表中的净经营资产的年初年末平均后求得的。

② 计算剩余收益时，其最低报酬率可按行业平均或企业的最低报酬率求得。

续表

项　目	甲投资中心	乙投资中心	丙投资中心	丁投资中心
税前经营利润	（　）	（　）	22 500	—
净经营资产平均占用额	（　）	100 000	90 000	—
净经营资产周转率	（　）	3次	（　）	4次
销售成本率	（　）	（　）	（　）	80%
成本费用利润率	（　）	（　）	（　）	（　）
投资利润率	10%	24%	（　）	16%

2．已知有三个不相关的公司，有关资料如表13-6所示。

表13-6　计算资料表　　单位：元

项　目	A 公 司	B 公 司	C 公 司
税前经营利润	36 000	840	4 000
净经营资产平均占用额	300 000	7 000	80 000
股东权益	250 000	6 000	65 000
规定的最低投资报酬率	10%	12%	8%

要求：

（1）分别计算各公司的剩余收益。

（2）说明如果现有一项可带来11%报酬率的投资机会，上述三家公司是否愿意进行投资。

3．皖巢公司下设A、B两个投资中心。A中心的净经营资产为2 000 000元，投资报酬率为15%；B中心的投资利润率为17%，剩余收益为80 000元；该公司要求的投资报酬率为12%。该公司决定追加经营资产1 000 000元，若投向A中心，每年增加税前经营利润200 000元；若投向B中心，每年增加税前经营利润150 000元。

要求：

（1）计算追加经营资产前A中心的剩余收益。

（2）计算追加经营资产前B中心的净经营资产。

（3）计算追加经营资产前该公司的投资利润率。

（4）若A中心接受追加经营资产，计算其剩余收益。

（5）若B中心接受追加经营资产，计算其投资利润率。

4．皖巢公司下设甲、乙两个投资中心，其相关资料如表13-7所示。

表13-7　计算资料表　　单位：元

项　目	甲 中 心	乙 中 心	总 公 司
税前经营利润	100 000	450 000	550 000
净经营资产平均占用额	2 000 000	3 000 000	5 000 000
总公司规定的投资报酬率	10%	10%	10%
投资报酬率	5%	15%	11%
剩余收益	−100 000	150 000	50 000

现有两个追加投资的方案可供选择：第一，若甲中心追加投入1 000 000元经营资产，每年将

增加 80 000 元税前经营利润；第二，若乙中心追加投入 2 000 000 元经营资产，每年将增加 290 000 元税前经营利润。假定资金供应有保证，剩余资金无法用于其他方面，暂不考虑剩余资金的机会成本。

要求：

（1）计算甲中心追加经营资产后该中心的投资报酬率和剩余收益及总公司新的投资报酬率和剩余收益（计算结果填入表 13-8）。

表 13-8　甲中心追加经营资产后相关指标计算表　　单位：元

项　目	甲中心		乙中心	总公司	
	变动后	变动量		变动后	变动量
税前经营利润					
净经营资产平均占用额					
总公司规定的投资报酬率	10%	—	10%	10%	—
投资报酬率					
剩余收益					

（2）计算乙中心追加经营资产后该中心的投资报酬率和剩余收益及总公司新的投资报酬率和剩余收益（计算结果填入表 13-9）。

表 13-9　乙中心追加经营资产后相关指标计算表　　单位：元

项　目	甲中心	乙中心		总公司	
		变动后	变动量	变动后	变动量
税前经营利润					
净经营资产平均占用额					
总公司规定的投资报酬率	10%	10%	—	10%	—
投资报酬率					
剩余收益					

（3）根据投资报酬率指标，分别从甲中心、乙中心和总公司的角度评价上述追加投资方案的可行性，并据此评价该指标。

（4）根据剩余收益指标，分别从甲中心、乙中心和总公司的角度评价上述追加投资方案的可行性，并据此评价该指标。

附录 A　一元复利终值系数表

附录 B　一元复利现值系数表

附录 C　一元年金终值系数表

附录 D　一元年金现值系数表

参 考 文 献

[1] 财政部．管理会计应用指引（2019 年版）．上海：立信会计出版社，2019．

[2] 中国注册会计师协会．财务成本管理．北京：中国财政经济出版社，2022．

[3] 中国注册会计师协会．公司战略与风险管理．北京：经济科学出版社，2022．

[4] 财政部会计资格评价中心．财务管理．北京：中国财政经济出版社，2022．

[5] 亨格瑞．管理会计．14 版．北京：北京大学出版社，2011．

[6] 亨格瑞，达塔尔，福斯特，等．成本与管理会计．13 版．北京：中国人民大学出版社，2010．

[7] 唐·R. 汉森，玛丽安娜·M. 莫温，陈良华，等．管理会计．8 版．北京：北京大学出版社，2010．

[8] 贾成海．成本会计．北京：北京邮电大学出版社，2013．